“十三五”国家重点图书、音像、电子出版物出版规划项目；
2017年度国家出版基金资助项目；
广州市人文社会科学重点研究基地“广州与中外文化交流研究中心”项目；
中山大学西学东渐文献馆项目。

晚清西学丛书

主编：周伟驰　姚达兑

格物探原

〔英〕韦廉臣／著

张洪彬／校注

南方日报出版社
NANFANG DAILY PRESS

中国·广州

图书在版编目（CIP）数据

格物探原 /(英)韦廉臣著；张洪彬校注. — 广州：南方日报出版社，2018.4
ISBN 978-7-5491-1774-1

Ⅰ.①格… Ⅱ.①韦… ②张… Ⅲ.①自然神学 Ⅳ.①B921

中国版本图书馆 CIP 数据核字（2017）第 312730 号

GEWU TANYUAN
格物探原

著　　者：(英)韦廉臣
校　　注：张洪彬
出版发行：南方日报出版社
地　　址：广州市广州大道中 289 号
出 版 人：周洪威
出版统筹：谭庭浩
策划编辑：黎　衡
责任编辑：陈　静
装帧设计：邓晓童
责任校对：阮昌汉
责任技编：王　兰
经　　销：全国新华书店
印　　刷：广州市岭美彩印有限公司
开　　本：889mm×1194mm　1/32
印　　张：16.25
字　　数：297 千字
版　　次：2018 年 4 月第 1 版
印　　次：2018 年 4 月第 1 次印刷
定　　价：68.00 元

投稿热线：（020）87373998-0503　读者热线：（020）87373998-0502
网址：http://www.nanfangdaily.com.cn/press　http://www.southcn.com/ebook

总　序

周伟驰

一、晚清西学东渐的译述时期与转译时期

历史上发生过几次大规模的知识传播运动，表现为大规模的翻译运动，如希腊经典被译为阿拉伯语（百年翻译运动），阿拉伯语的希腊经典被译为拉丁语，印度佛典被译为汉文，日本明治维新后对于西方著作的翻译等。明清之际，西方知识开始向中国传播，虽然中间有过停顿，但西学东渐规模越来越大，在晚清呈现上升趋势，到民国达到一个高潮。改革开放后，更是以前所未有的速度快速进行，目前的态势用“方兴未艾”来形容也不为过。“西学东渐”作为一个过程，跟“中学西传”是一体两面。就西学东渐本身来说，在这个过程中，虽然也有少量著作是撰写的，但主要还是以翻译著作居多，可以说西学东渐是一个翻译的过程。

在明末以来这个生机勃勃的“400年翻译运动”中，晚清占有特殊地位。晚清译介者[1]来源是多种多样的，既有西方传教士也有中国学者，既有教会组织也有政府机构。翻译内容五花八门，从宗教知识到世俗知识，呈现出阶段性的特征。我们可以根据翻译活动的方式是直接翻译还是转译，是合作翻译还是独自翻译，概括地将晚清西学翻译分为两个时期，时间上大致以甲午战争至维新变法为界。甲午战争前是“译述时期”，维新变法失败后是“转译时期”。

[1]本文所说的“西学东渐”是指西方知识在中国的传播，它们有些是通过直接翻译实现的，有些则是由一些人撰写著作实现的。本文重视翻译，但也重视介绍西方知识的著作。一般模糊地称为“译撰”或“译介”，如林乐知、花之安，既翻译又自己撰写、介绍西方的知识。再如一些中国学者，可能在不懂外文或仅是略懂外文的情况下，也编写一些西学著作，如王韬、王炳耀都可以放在西学东渐传播西学范围之下。

从马礼逊来华到甲午战争，翻译者主要是西方传教士及其中国助手，一般情况下是传教士“口译”，中国助手“笔述”。当然，这时期不是没有个别人士可以单独地进行翻译（如颜永京），但总体来说这样的人凤毛麟角，因此，我们可以把这一时期（1807—1898年）称为“译述时期”。这一时期的翻译者如果受雇于教会，则其翻译内容多为宗教类著作；如果受雇于清政府（如江南制造局翻译馆），则其翻译多为军事科技类著作；如果是自立的学会（如广学会），则人文社科类著作会多一些。

“译述时期”大致可分成三个阶段。从1807年马礼逊来华学习中文翻译《圣经》到第一次鸦片战争，为第一个阶段，翻译的主体为传教士及其中国助手，他们主要在中国的广州、澳门以及东南亚一带，翻译的内容主要是宗教书籍，也有一些地理、历史、科技的著作，还办了一些中文杂志。

第一次鸦片战争到第二次鸦片战争，为第二个阶段。这时香港被割让，广州之外，福州、厦门、宁波、上海成为通商口岸，太平天国使得帝国南部陷入战乱。以上海为中心，传教士在各大口岸与其中国助手翻译了一些宗教著作与文化著作，创办了一些中文杂志[1]。

在这两个阶段中，著名的译撰者有马礼逊、米怜、郭士立、麦都思、合信、俾士、湛约翰、罗孝全、艾约瑟、慕维廉、玛高温、伟烈亚力等，与之合作的中国人有李善兰、王韬、管嗣复、张福僖等人。这些传教士所出中文书

[1]第一、二个阶段的主要译著，可参考熊月之：《西学东渐与晚清社会》，北京：中国人民大学出版社2011年版，第105—109页及第三章。其出版数据主要依据伟烈亚力《基督教在华传教士纪念录》及苏精《马礼逊与中文印刷出版》。

刊对林则徐、梁廷楠、徐继畬、魏源都有影响，使他们成为第一批睁眼看世界的中国人。较出名的出版中心有宁波华花圣经书房（1860年迁到上海后改名美华书馆）、上海墨海书馆等。

第二次鸦片战争到甲午战争和维新变法期间，为第三个阶段。这一阶段，太平天国被镇压，同光中兴，洋务运动兴起，以传教士为主的西方人士有一些服务于北京、上海、广州、福州、天津等地的清政府机构，与中国助手翻译了大量军事、科技、史地类著作。一些为教会服务的翻译了一些宗教著作。一些有“文化传教”情怀的传教士则创办了广学会这类文化机构，他们办刊、出书，译述了一些社会科学类的著作。西学翻译的中心，在教会方面主要有广学会、益智书会、美华书馆、博济医局、上海土山湾印书馆、金陵汇文书院、福州美华书局，在官方和中国知识分子方面则主要有同文馆、江南制造局翻译馆、天津机器局、天津武备学堂、上海译书公会、农学报社、申报馆等[1]。活跃的口译者有嘉约翰、傅兰雅、金楷理、林乐知、李提摩太、艾约瑟、慕维廉、花之安、韦廉臣、舒高第[2]等人，著名的笔述者则有中国的王韬、沈毓桂、蔡尔康、徐寿、徐建寅、华蘅芳、钟天纬、瞿昂来、李凤苞、任廷旭、范祎等人，能从事独立翻译的有李问渔、颜永京等

[1]熊月之列出了主要出版中心书目、京师同文馆译著书目，见熊月之：《西学东渐与晚清社会》，北京：中国人民大学出版社2011年版，第253—254页；江南制造局翻译馆译书目录，见第423—432页；广学会出版西书目录（1900年以前），见第446—447页。

[2]舒高第是中国人，在美国学习过很长时间，中文笔译能力似不甚佳，翻译时尚需助手笔述。

少数几人[1]。他们译介的西方知识对洋务派、维新派、革命派，如李鸿章、张之洞、康有为、梁启超、谭嗣同等人都有影响，西方知识传播者的影响力在维新变法中达到顶峰。

甲午战争的战败意味着洋务运动的失败。向西方学习几乎成了朝野上下的共识，日本因为“同文同种”、路近学费低、现代化成绩较好而获得了梁启超、张之洞等人的青睐，他们认为留学日本学习西学是一个捷径。在他们的提倡下，清政府自1896年开始向日本派出留学生，人数逐年增多[2]。在废除科举的1905年和次年，留日人数达到顶峰，分别是8000人和1.2万人。1898年维新变法失败后逃亡日本的梁启超[3]，加上留日学生，使得从日文“转译西学”大为兴盛，翻译数量快速地超过了“译述时期”[4]，我们可将这一时期（1898—1911年）称为“转译时期”。这不是说在此阶段已没有“译述”和单独直译，广学会、

[1]有些学者认为，晚清条约口岸围绕着当时传教士和清政府的翻译活动，出现了一批了解西学、倾向西学的中国知识分子，参考段怀清：《传教士与晚清口岸文人》，广州：广东人民出版社2007年版；王立群：《中国早期口岸知识分子形成的文化特征：王韬研究》，北京：北京大学出版社2009年版。

[2]黄福庆：《清末留日学生》，台北：“中央研究院”近代史研究所1975年版，第2—3页。

[3]梁启超在去日本之前的西学知识主要来源于译述，流亡日本后他凭借自创的“和文汉读法”，能够阅读日文著作。关于梁启超与明治思想界的关系，可参考狭间直树编：《梁启超·明治日本·西方》，北京：社会科学文献出版社2012年版；狭间直树主讲：《东亚近代文明史上的梁启超》，上海：上海人民出版社2016年版；郑匡民：《梁启超启蒙思想的东学背景》，上海：上海书店出版社2009年版。与梁启超相关的近代中日之间西学概念的翻译与传播，可参考狭间直树、石川祯浩主编，袁广泉等译：《近代东亚翻译概念的发生与传播》，北京：社会科学文献出版社2015年版；石川祯浩：《中国近代历史的表与里》，北京：北京大学出版社2015年版。

[4]实藤惠秀：《中国人留学日本史》，北京：北京大学出版社2012年版，第167—207页。

严复、林纾亦仍在翻译，而只是说，在规模和影响上，这一阶段是以从日文“转译”过来的西学为主。民国后才进入对于西学大规模的“独立直译”阶段。

这一时期译介西学的机构有商务印书馆、译书汇编社、南洋公学译书院、广智书局、作新社、文明书局、会文学社（会文堂书局）、金粟斋译书处、教育世界出版社、新学会社、中国医学会等，翻译的内容侧重于社会科学和史地书籍，而应用科学与自然科学比重减少。译介者大多是留日者，如樊炳清、蔡元培、王国维、范迪吉等。

在“转译时期”，明治时期由日本学者创制的对译西方名词的“和制汉词”大量进入中文，有很多取代了“译述时期”的译法，成为今天我们仍然在应用的主流译词。这可能是自佛教词汇之后最大规模的“外来词”群体。像“哲学”“社会”“文学”“经济”“政治”“宗教”“自由”这类人文社科名词，都是来自和制汉词。这些词的总量在1000个左右[1]，实际数量可能远不止此。由于“转译”在广度和深度上远超此前的“译述”，和制汉词逐渐占据主流，替代了“译述时期”的许多译法，而使汉语基本词汇实现了“急速现代化”[2]。不过，明治和制汉词本身对于日本来说只是一个历史阶段现象。随着日本减少汉字学习，以及用“和制英语”的人越来越多，汉词

[1]周圣来：《美意识的种子：和制汉词对中国现代文学的影响》，香港：香港练习文化实验室有限公司2016年版，第89—93页；和制汉词总表参见第335—341页。

[2]朗宓榭等著：《新词语新概念：西学译介与晚清汉语词汇之变迁》，济南：山东画报出版社2012年版，引言。

及和语逐渐不用或少用[1]，汉字在日本的使用本身呈萎缩状态。但是，明治和制汉词在中文世界中反而站稳脚根。可以说，今天中文世界的翻译已难以离开和制汉词。虽然里面问题很多，但是约定俗成，即使要改良也只能逐步地进行了。

由“译述”逐渐向“转译”发展，这在书目汇编的变化中体现出来了。晚清新书的编目，除了出版者（如广学会）的年报外，比较集中的有：傅兰雅《译书事略》（江南制造局翻译西书事略），《格致汇编》1880年5—8月连载。孙维新《泰西格致之学与近刻翻译诸书详略得失何者为最要论》，本为上海格致书院作业，对140本西书做出比较评价，后刻印出来。梁启超《西学书目表》[2]，《时务报》报馆1896年版，录通商后西书名352种，附表录通商前西书名86种、近译未印书目88种。沈桐生《东西学书录提要总叙》，读有用书斋1897年出版。黄庆澄编《中西普通书目表》，上海算学报馆1898年刻，里面西学部分多取自梁启超《西学书目表》。徐维则编《东西学书录》，1899年出版。这些书目所录的绝大多数是“译述”著作。沈桐生《东西学书录》后来得到顾燮光帮助，顾燮光补充了从日文译为中文的西书，二人合编《增版东西学书录》，1902年出版。赵惟熙编《西学书目答问》，1901年出版。而上海通雅书局在1903年、1904年出版的《新学

[1]周圣来：《美意识的种子：和制汉词对中国现代文学的影响》，香港：香港练习文化实验室有限公司2016年版，第71—73页。

[2]《西学书目表》，1896年质学会重校本。该本前言《西学书目表序例》，亦载《时务报》（第八册），见《时务报》报馆编：《强学报时务报》（第一卷），北京：中华书局1991年版，第488—494页。

书目提要》，编者可能是一群留日学生。顾燮光《译书经眼录》，杭州金佳石好楼1934年印。这些书目中，最齐全的可以说是《增版东西学书录》和《译书经眼录》[1]。从这两本书可以看出，1900年后从日文转译的西学著作已成为当时翻译书的主流，在社会科学著作中占有绝对地位。据不完全统计，1896—1911年，中国翻译的日文书至少有1014种。这个数字远远超过此前半个世纪以来中国翻译西文书数量的总和，也大大超过同时期中国翻译西文书的数量[2]。而其中社会科学著作达366部，法律图书98部，政治图书96部[3]。

上面所说的西学著作多指图书，但是晚清介绍西学的还有一些中文报刊，不少著作都是先在报刊上登出再出单行本的。近代报刊的一般情况，可以参考戈公振《中国报学史》[4]的第三章“外报创始时期”以及美国白瑞华《中国近代报刊史》等[5]。关于这些报刊的详细目录，可以参考《中国近代期刊篇目汇录》[6]。

---

[1]这两个目录被收入熊月之：《晚清新学书目提要》，上海：上海世纪出版股份有限公司2014年版，前言。该书索引亦很有价值。

[2]熊月之：《西学东渐与晚清社会》，北京：中国人民大学出版社2011年版，第509页。

[3]谭汝谦主编：《中国译日本书综合目录》，香港：香港中文大学出版社1981年版。转自滕超：《权力博弈中的晚清法律翻译》，北京：中国社会科学出版社2014年版，第335页。

[4]戈公振：《中国报学史》，上海：上海世纪出版股份有限公司2013年版。

[5]白瑞华：《中国近代报刊史》，北京：中央编译出版社2013年版；赵晓兰、吴潮：《传教士中文报刊史》，上海：复旦大学出版社2011年版。传教士中文报刊对维新派报刊有影响，可参考徐松荣著：《维新派与近代报刊》，太原：山西古籍出版社1998年版。

[6]上海图书馆编：《中国近代期刊篇目汇录》（一），上海：上海人民出版社1965年版。该书于1980年重印。

《西学书目表》《增版东西学书录》和《译书经眼录》，都侧重于科技类与社会科学类译著，许多书被遗漏，比如新教人士的著作。早期新教来华传教士所译撰的著作，可以参考伟烈亚力1967年出版的《基督新教传教士在华名录》[1]；1860年后的新教译撰著作散落各处，近已有人系统整理，如黎子鹏的《中国基督教文字事业编年史：1860—1911》[2]。

二、译述时期的主要译撰者及其观念

从1807年马礼逊来华并准备翻译《圣经》到1911年清王朝覆灭，晚清可以说是经历了一个“百年翻译”运动。如果说最后15年（1896—1911年）是“转译”由无到有到兴盛的过程，那么，在此之前的近90年（1807—1895年）则是“译述时期”。虽然有不少翻译机构，但如果看最活跃的翻译者，我们会惊讶地发现，他们大多是新教传教

[1] Alexander Wylie, *Memorials of Protestant Missionaries giving a List of Their Publications, and Obituary Notices of the Deceased.* With copious Indexes. Taipei: Ch’Eng-wen Publishing Company, 1967. 伟烈亚力著，赵康英译：《基督教新教传教士在华名录》，天津：天津人民出版社2013年版。

[2] 黎子鹏编著：《中国基督教文字事业编年史：1860—1911》，香港：基督教文艺出版社有限公司2015年版。

士[1]。译得最多也最有名的，几乎全是传教士[2]，如伟烈亚力[3]、傅兰雅[4]、林乐知[5]、丁韪良[6]、李提摩太[7]、金楷理等人，因为当时愿意来华且愿意从事文化传播的西方人士只有传教士。西方本土的知识分子没有机会、动力和经费来华，中国人也没有主动去请他们。这种局面要等到

[1]有的学者将传教士翻译分为三个阶段：1815—1842年，从南洋创办《察世俗每月统记传》至上海墨海书馆建立；1843—1887年，从上海墨海书馆建立至上海广学会成立；1888—1898年，广学会成立至维新变法失败。并列出了各时期的主要非宗教类著作。参考何绍斌：《越界与想象：晚清新教传教士译介史论》，上海：上海三联书店2008年版，第44—45页及第一章。这种分期法过分以上海为中心，而且太细。其实，无论宗教还是非宗教类书籍，晚清译述是多中心的，上海当然最活跃，但北京、广州、宁波、武汉等地也从未中断过。

[2]改革开放后，对作为中国近代史上重要一环的传教士展开了大规模的翻译和研究。翻译中较为重要的系列是周振鹤教授主编并由广西师范大学出版社出版的“来华基督教传教士传记”丛书，黄兴涛、杨念群主编并由中华书局出版的“西方的中国形象”丛书。此外，亦有不少零散出版的传教士传记。

[3]汪晓勤：《伟烈亚力：中西科学交流的功臣》，北京：科学出版社2000年版。

[4]王扬宗：《傅兰雅与近代中国的科学启蒙》，北京：科学出版社2000年版。傅兰雅在加州大学的全部英文档案已收入戴吉礼编：《傅兰雅档案》，桂林：广西师范大学出版社2010年版。

[5]贝奈特：《传教士新闻工作者在中国：林乐知和他的杂志（1860—1883）》，桂林：广西师范大学出版社2014年版；梁元生：《林乐知在华事业与〈万国公报〉》，香港：香港中文大学出版社1978年版；卢明玉：《译与异：林乐知译述与西学传播》，北京：首都经济贸易大学出版社2010年版。单篇论文当然更多，如查时杰：《林乐知的生平与志事》，载林治平主编：《基督教入华百七十年》，台北：台北宇宙光出版社1977年版。

[6]丁韪良：《汉学菁华》，北京：世界图书出版公司2010年版；丁韪良：《中国觉醒》，北京：世界图书出版公司2010年版。目前关于丁韪良最好的研究著作，可参考王文兵：《丁韪良与中国》，北京：外语教学与研究出版社2008年版。

[7]李提摩太：《亲历晚清四十五年——李提摩太在华回忆录》，天津：天津人民出版社2005年版。他人撰写的李提摩太传记，立场差异较大，主要有丁则良：《李提摩太》，上海：开明书店1951年版；苏慧廉著，山西大学外语学院《李提摩太传》翻译组译：《李提摩太传》，香港：香港世华天地出版社2002年版；苏慧廉著，关志远等译：《李提摩太在中国》，桂林：广西师范大学出版社2007年版（按：后两书实为同一书，译者不同而已）。

“五四”前后杜威、罗素受邀来华方有改变。传教士撰译宗教书籍是其来华的本行和义务，而译介科技、史地、人文社科著作，要么是因为受雇于清政府，要么是被“文化传教”“社会福音”的淑世情怀驱动[1]。如广学会的几位传教士，他们避开了直接传教的做法，也避免只译介实用性的技术，而是通过《万国公报》[2]等报刊和著书立说，对西方文明进行比较全面的介绍，这跟他们背后的一些基本信念有关。

19世纪来华的新教传教士，跟当时的西方人一样，都自觉不自觉地持有西方中心论，认为西方文明要优越于其他文明，西方的政治制度（民主、自由等）要优越于东方。对于他们来说，优越的根本原因是新教优越于别的宗教。这种观点可以称为“新教文明等级观”[3]，主要包括几个信念：从事实来看，西方文明无论在政治、经济、商贸、军事、科技方面都超出非西方文明，非西方文明逐步屈从于西方即真实的证据；追溯西方文明强大的根源，在

---

[1]近代传教士创办的中文报刊情况，可参考赵晓兰、吴潮：《传教士中文报刊史》，上海：复旦大学出版社2011年版。由于传教士是中文报纸的先驱，因此，在晚清早期，其办报史跟中国近代报刊史基本是重叠的。大陆较早系统地研究传教士与晚清现代化关系的，可参考王立新：《美国传教士与晚清中国现代化》，天津：天津人民出版社1997年版。该书于2008年出版第二版。

[2]关于《万国公报》，早期有台湾王树槐和香港梁元生的研究，大陆较系统的研究有王林：《西学与变法：〈万国公报〉研究》，济南：齐鲁书社2004年版（该书根据作者1996年博士论文改编）；杨代春：《〈万国公报〉与晚清中西文化交流》，长沙：湖南人民出版社2002年版。

[3]周伟驰：《晚清新教传教士的文明等级观》，《文景》，2012年第9期。亦见周伟驰：《太平天国与启示录》，北京：中国社学科学出版社2013年版，第276—308页。近来，一些学者对19世纪西方的一般文明等级观及其对中国的影响进行了研究，可参考刘禾主编：《世界秩序与文明等级》，北京：生活·读书·新知三联书店2016年版。

于基督教，它使西方人有道德，有博爱精神，重团结，乐群，有求知精神，追求知识，在教育、慈善等方面都具有宗教精神；当时的国家富强等级是新教国家（英美德）强过天主教国家（法意西），基督教国家强过中国、印度、日本、土耳其等“半文半野”国家，更强过非洲、南太平洋野蛮人国家，这表明新教要优于天主教，基督教要优于异教；像日本这样的国家之所以进步，是因为吸收了西方“教化”（文明）的长处，当然，它现在还没有学到“教道”（新教）。而拒绝学习西方的国家（如中国和土耳其），则往往面临险境。国家想强盛，就要像日本那样学习西方“教化”与“教道”。与启蒙主义思想家从“自由、平等、博爱”及“科学、民主、道德”等世俗价值观来看文明等级不同，传教士是从宗教的角度来看文明的本质和等级的。广学会的几个主要撰稿人如林乐知、李提摩太、韦廉臣、花之安[1]、艾约瑟、慕维廉、沈毓桂[2]都坚持这个观念。从某个角度上看，他们是马克斯·韦伯之前的“马克斯·韦伯”。

新教文明论的论述，在韦廉臣、花之安、李提摩太等人那里都有具体的论述，但在林乐知、沈毓桂的“三伦说”里得到了集中的表达。它认为，人上要面对上帝，下

[1]对花之安的研究，可参考张硕：《汉学家花之安思想研究》，北京：知识产权出版社2014年版。

[2]易惠莉：《西学东渐与中国传统知识分子：沈毓桂个案研究》，长春：吉林人民出版社1993年版。较早的对传教士个体的介绍可参考顾长声：《从马礼逊到司徒雷登：来华新教传教士评传》，上海：上海书店出版社2005年版。至于艾约瑟、慕维廉、韦廉臣，尚未看到相关的研究专著。在对待基督教与中国文化的高低评估上，传教士虽然总体上扬耶抑儒，但个体存在着程度上的差异，如李提摩太和李佳白较为和缓，林乐知则较为严峻。

要处理万物，中间要对待同类，因此而有神伦、物伦和人伦。只有崇拜真神，才能正确地对待他人，以平等、自由、民主处之，才能正确地对待万物，发展科技，利用厚生。如果说神伦是强调基督教排他一神论，物伦则是要引入西方科技观念，以破除中国人的泛灵论和风水迷信之类阻碍现代化的观念（如风水严重阻碍了修铁路和开矿），那么人伦跟中国传统的人伦有什么不一样呢？在《教会新报》阶段，林乐知尚侧重耶儒在仁义礼智、忠孝节义、戒律上的一致，但随着甲午战争严重暴露中国文化的负面因素，林乐知开始强调新教人伦异于且优越于儒教之处，以美国式的自由、民主、平等来反衬儒教的专制、束缚、愚昧，较为系统地揭露并批判了儒教的负面影响。正如在印度的传教士对印度文化的批判促进了印度知识分子的启蒙主义一样，传教士与中国基督徒对中国文化风俗陋习的系统批判（从男尊女卑、缠足到专制），启发了从康有为、梁启超到新文化运动的文化反思与启蒙主义。

今天，如果我们系统地阅读《教会新报》和《万国公报》上中外作者的文章，就会发现，对中国传统宗教的批判，对皇权、族权、夫权、神权的批判，对国民性的批判上，以及提倡白话文、汉字拼音化，在晚清已经全面展开，只不过用词没有那么激烈。他们的这种反思与批判，可以称为近代第一波启蒙主义运动。如果说陈独秀、鲁迅、胡适等人是以现代西方科学民主思想来批判中国传统文化，那么这第一波启蒙主义运动就是以现代新教思想[1]来批判中国传统文化。

西学对晚清各方面，尤其对政治和思想方面，一直持续发挥着影响。从林则徐、魏源、徐继畬到洪仁玕和冯桂芬这样的新式思想家，一步步地向前深化，直到在戊戌运动中达到高潮。康有为、梁启超、谭嗣同[2]等人受李提摩太、林乐知的影响是十分显著的[3]，他们的许多改革建议、新知识和新思想，直接来源于广学会、江南制造局翻译馆的著作[4]。经过义和团运动的反西方文明后，清朝痛定思痛，决定实行君主立宪，不仅西学在“转译”中迎来新一波高潮，连民教关系也在双方的反思和克制下开始缓和，基督教迎来一个平稳增长期。西学不仅对经世派、改良派、洋务派、维新派有影响，对一早一晚以洪秀全和孙中山为代表的反清人士亦有影响。太平天国与基督教的

[1]现代新教思想是在基督教的视野下容纳科学与民主，它跟苏格兰启蒙、英美温和的改良传统有关，它并不认为基督教与科学、民主是矛盾的。这种兼容论的思想视野，在民国初期的赵紫宸那里都还存在。而新文化运动的主导方向则是排除了信仰的科学与民主，近似于法俄无神论与世俗化传统。

[2]张灏：《烈士精神与批判意识：谭嗣同思想的分析》，北京：中央编译出版社2016年版，第45—51页。朱维铮先生在谈到西学对谭嗣同的影响时说：“谭嗣同非但同意彻底西化，甚至像王韬一样，以为西方列强侵略中国是好事，可以加速中国的革新。”参考李天纲编校：《万国公报文选》，上海：中西书局2012年版，第24页。

[3]王树槐：《外人与戊戌变法》，上海：上海书店出版社1998年版（原书于1965年在台湾出版）；梁元生：《林乐知在华事业与〈万国公报〉》，香港：香港中文大学出版社1978年版；房德邻：《〈万国公报〉与戊戌变法》，《北京师范大学学报》，1986年第6期。

[4]强学会办的《万国公报》（与上海《万国公报》同名）和《中外纪闻》，许多内容即直接转自传教士所办刊物。关于维新派所办报刊的一般情况，可参考徐松荣：《维新派与近代报刊》，太原：山西古籍出版社1998年版。

关系甚深，尤其深受《圣经》《劝世良言》的影响[1]。孙中山早年自命“洪秀全第二”，1894年他曾在《万国公报》上发表《上李傅相书》[2]，改良不成后，决定采取革命方式再造中华，其早期追随者与起义人员中多为基督教徒[3]。这是因为他们受到西方现代思想的影响，具有了新的世界观和价值观，不能再忍受清朝的腐败统治。在晚清，香港、广东、上海等沿海地区和海外，中国基督教徒已呈现网络状分布，通过与西方基督教世界的连接，他们中间正酝酿着一些新的思想和人群、改造社会和国家的力量，也酝酿着新世界各行业的领袖[4]。

梁启超在关于明清学术思想史的著作[5]中，对西学的影响和意义做了高度评价。但是，后来者在撰写中国近代史时，由于种种原因，对于晚清西方人士如何译介西学，将新的思想和观念传递给中国知识分子（口岸文人），并通过他们的笔影响到中国思想界，进而影响到中国历史，整体上的研究尚不足。比如，桑兵主编的近800页的巨著

[1]可参考周伟驰：《太平天国与启示录》，北京：中国社会科学出版社2013年版。

[2]李天纲编校：《万国公报文选》，上海：中西书局2012年版，第269—279页。

[3]梁寿华：《革命先驱：基督徒与晚清中国革命的起源》，香港：香港宣道出版社2007年版；李志刚：《洪秀全与孙中山对耶儒的认识》，载《基督教与中国近代文化》，香港：香港基督教文艺出版社2009年版；李志刚主编：《辛亥革命与香港基督教》，香港：香港基督教文艺出版社2009年版。

[4]罗元旭：《东成西就：七个华人基督教家族与中西交流百年》，北京：生活·读书·新知三联书店2014年版。讲述了上海互有姻亲关系的七大基督教家族的崛起历史。其实，在香港、广东、福建也有不少这样的基督教世家。

[5]梁启超：《论中国学术思想变迁之大势》，上海：上海古籍出版社2001年版，第135—136页；梁启超：《清代学术概论·儒家哲学》，天津：天津古籍出版社2003年版，第85—87页；梁启超：《中国近三百年学术史》，天津：天津古籍出版社2003年版，第30—31页。

《近代中国的知识与制度转型》[1]，就很少谈到晚清译述带来的知识变化，而直接从日本的影响开始。相比之下，《剑桥中国晚清史》[2]，则用了《1900年以前的基督教传教活动及其影响》一章专门讨论这种影响，显得比较平衡。

在资料上，与明清时期西学东渐重要文献逐渐得到系统出版[3]不同，晚清西学文献（包括宗教文献）一直没有得到系统整理出版，相关著作的出版只能比较孤立而零散地进行。比如，在人文社科书籍方面，上海书店出版社2002年“近代文献丛刊”出版过晚清几本产生过重要影响的西学书，如李提摩太译《泰西新史揽要》、花之安编著《自西徂东》、林乐知译《文学兴国策》、丁韪良译《万国公法》、傅兰雅译《佐治刍言》等。上海科学技术文献出版社2012年出版了《江南制造局译书丛编》，将当年江南制造局翻译馆的译著予以出版，除了工程类书籍外，还选了较有思想性的“政史类”书籍，收入《佐治刍言》《列国岁计政要》《西美战史》《俄国新志》《法国新志》《埏纮外乘》《四裔编年表》《各国交涉公法论》《各国交涉便法论》《公法总论》《美国宪法纂释》《欧

[1]桑兵主编：《近代中国的知识与制度转型》，北京：经济科学出版社2013年版。

[2]费正清编，刘广京译：《剑桥中国晚清史》，北京：中国社会科学出版社2006年版。

[3]最近代表为张西平等主编：《梵蒂冈图书馆藏明清中西文化交流史文献丛刊》（第一辑），河南：大象出版社2014年版。它基本涵盖了以往相关的出版物。另可参考钟鸣旦等编：《法国国家图书馆明清天主教文献》，台北：台北利氏学社2009年版；周岩编校：《明末清初天主教史文献新编》，北京：国家图书馆出版社2013年版。黄兴涛、王国荣编：《明清之际西学文本》，北京：中华书局2013年版。

洲东方交涉记》《英俄印度交涉书》《东方时局论略》等。2014年，上海书店出版社影印出版了全套《万国公报》，在清晰度上超过了当年曾普惠于学界的台版《万国公报》。在宗教类书籍方面，最近几年，上海大学陶飞亚教授对近代基督教（包括新教）文献的总量和馆藏情况做了一个系统摸底，取得了很大成就，可以作为以后出版的一个路线图。在港台，一些新教传教士的著作开始得到搜集、整理和出版，郭士立、丁韪良、米怜、宾为霖、理雅各、杨格非等人的中文著作选集开始出现[1]。

不过，跟晚清西学的总量相比，这只是沧海一粟。仅仅由广学会出版的著作，当年数千卷著作中，今日有机会重出的也是寥寥无几。

我们出版这套“晚清西学”丛书，是希望能搜集、整理出一些具有代表性的晚清西学译撰著作，填空补缺，为还原晚清思想的全貌做一些添砖加瓦的工作。我们希望能促进对晚清西学的研究和重新评估，将之作为明末清初至今完整的“西学东渐”上的重要一环，予以独立的突显。

三、广东在晚清西学东渐中的地位

鸦片战争之前，广州是清朝对外开放的唯一港口，也因此是西学东渐的唯一口岸。以新教传教士为代表的具

[1]周联华主持，曾庆豹、吴昶兴主编的“汉语基督教经典文库集成”系列，在香港橄榄出版有限公司出版，已出版的晚清传教士文献有黎子鹏编注：《晚清基督教叙事文学选粹》（2012年）、《赎罪之道传：郭实猎基督教小说集》（2013年）、《天道溯源：丁韪良基督教作品选粹》（2013年）。

有现代知识的西方人士，都是先到广州[1]，如马礼逊、裨治文、卫三畏等人；鸦片战争后，香港被割让，上海、厦门、福州、宁波开放后，西方人士才逐渐分头奔向这些沿海城市。在很长一个时期内，广州在西学东渐中占有优势，但后来逐渐被上海赶超。关于广州为何被上海赶超[2]，以及何时被上海超过，曾经有过讨论。一个主要的可能原因是，鸦片战争后，按《南京条约》的规定广州应对英国人开放，但广州人抗拒，前前后后拖了十五年[3]，正是在这一时期，一些西方人士开始从广州迁往上海，广州西学人才外流。虽然如此，广州也仍旧是近代文化中一个极其重要的中心点。广东人容易接受新的生活方式和思想观念。反观一下中国近现代史就能知道，从太平天国起，“南风北吹”跟“西学东渐”几乎是同步的。这种态势甚至持续到改革开放的今天。

在近代报刊创办上，广州领先一步。广州原为清朝唯一通商口岸，早期来华西方人士为让西方人了解中国而创办了一些英文期刊，同时又创办了一些中文报刊，一是为了向中国人传教，二是为了让中国人了解西方，促进文化交流，增加西方文明对中国人的影响。中文报刊中，较为

---

[1]梁碧莹教授介绍了跟广州关系密切的20多位美国人，其中有一小半是传教士。参考梁碧莹：《美国人在广州：1784—1912》，广州：广东人民出版社2014年版。雷雨田主编：《近代来粤传教士评传》，上海：上海百家出版社2004年版。晚清来华传教士介绍了马礼逊、郭士立、米怜、麦都思、裨治文、卫三畏、伯驾、嘉约翰、罗孝全、理雅各、合信、明稽章。

[2]熊月之：《西学东渐与晚清社会》，北京：中国人民大学出版社2011年版，第167—168页。

[3]王毅：《皇家亚洲文会北中国支会研究》，上海：上海书店出版社2005年版，第4—5页。

连贯且有影响的，包括《东西洋考每月统记传》《察世俗每月统记传》《遐迩贯珍》，都是在广州、香港与南洋创办的。后来，上海和北京的发展速度超过广州，《六合丛谈》《格致汇编》《万国公报》均在上海创办，《中西闻见录》则在北京创办。维新时期京沪涌现了一些报刊，如《中外纪闻》《强学报》《时务报》等。同一时期在广州也有一些新的报刊，但是影响力主要在南方和南洋一带。

西方知识也以著作的形式在广东出现。1834年，西方人士在广州成立了“在华实用知识传播会”（Society for the Diffusion of Useful Knowledge in China），裨治文和郭士立（郭实腊）是其中主力。该会出版的著作包括：郭士立《大英国统志》（1834年）、郭士立《古今万国纲鉴录》（1838年）、《犹太国史》（1839年）、《贸易通志》（1840年）、《万国地理全集》（1838年）、郭士立主编《东西洋考每月统记传》（1837—1838年）、裨治文《美理哥合省国志略》（1838年）、罗伯聃《意拾喻言》（1838年）、裨治文《广东方言撮要》（*Chinese Chrestomathy in Canton Dialect*）[1]。1843—1860年之间，西方人士在广州出版的中文书刊，除了《圣经》、传教小册子、词典和年鉴外，还主要有裨治文《亚墨理格合众国志略》（1844年）、合信《天文略论》（1849年）、合信《全体新论》（1851年）、哈巴安德《耶稣教要理问答》（1851年）和《耶稣正教问答》（1852年）、合信《博物

[1]沈国威：《打造专业术语：以19世纪的英汉词典为中心》，载朗宓榭等著：《新词语新概念：西学译介与晚清汉语词汇之变迁》，济南：山东画报出版社2012年版，第299页。

新编》（1855年）、湛约翰《上帝总论》（1856年）、俾士《地理略论》（1859年）、纪好弼《醒世要言》（1859年）和《真教问答》（1859年）、嘉约翰《经验奇症略述》（1860年）等[1]。鸦片战争后，原在广州的一些西方人士逐渐转移到上海。1857年，裨治文、卫三畏、艾约瑟、雒魏林等18人决定成立"上海文理学会"，后来它成为皇家亚洲文会北中国支会[2]。上海的西方人士办报著书的越来越多，使上海成为传播西学的最大中心，但广东仍有叶纳清（1864年去世）、花之安（1839—1899）等人在从事译撰活动。花之安于1886年去上海，但其主要著作是在广东时完成的。

广州作为晚清最重要的西学中心之一，其西学传播从来就没有停止过。上文显示，在广州及广东的西学著作以宗教类和医学类为突出，马礼逊、梁发、合信、嘉约翰都是显著者。一些用粤语翻译的文学著作，如《天路历程》、《人灵战纪》、《辜苏历程》（即《鲁滨孙漂流记》），在粤语文学中有一席之地，可视为《虾球传》的先驱。即便在近代国际公法方面，也是广州的伯驾节译瓦泰尔《国际法》在前[3]，丁韪良翻译惠顿《万国公法》在后。

由于开放最早，广东得风气之先，其西学视野领先内地一步，不少广东人从事西学的介绍或引进。如鸦片战

[1]熊月之：《西学东渐与晚清社会》，北京：中国人民大学出版社2011年版，第129—130页。

[2]王毅：《皇家亚洲文会北中国支会研究》，上海：上海书店出版社2005年版，第11—13页。

[3]谭树林：《美国传教士伯驾在华活动研究：1834—1857》，北京：群言出版社2010年版，第179页。

争前，对西方最了解的中国人是梁廷枏，他著有《海国四说》《夷氛纪闻》等。跟随马礼逊和米怜学习的梁发，其《劝世良言》直接影响了太平天国运动。洪仁玕在香港与传教士韩山文、理雅各等人交往，阅读他们出版的中文著作，使他能够写出中国近代第一个现代化纲领《资政新篇》。再如跟德国人关系密切的东莞世族王家，第一代王元琛是郭士立的弟子，王元琛之子王炳耀和王炳堃跟叶纳清、花之安等人有师承关系，交往密切，王炳耀与孙中山也有深厚友情，其子王宠惠后来成为民国外交部长和总理，他们都有西学著译问世。再如南海人何进善（福堂），他是理雅各在马六甲任教于英华书院时的学生，著有宗教书多部，其子何启是维新派思想家，女婿伍廷芳曾任清廷驻美公使和民国外交总长。像王元琛、何进善这样的世家尚有不少。至于郑观应、康有为、梁启超、黄遵宪等思想家，张荫桓、何如璋等具有新思想的官员就不多说了。甚至康有为的弟子、创办孔教会的高要人陈焕章，也到美国拿了一个博士学位（1911年），其英文著作《孔门理财学》还被马克斯·韦伯引用过。其对儒教的认识已经是在全球化的视野中，含有与西学比较的问题意识，跟传统的儒家大为不同。广东人久在西学熏染中，自觉不自觉地以西学促中学，以中学解西学，融会贯通，创立新学。康有为之参照基督教创立孔教就是一例。

四、编选说明

我们这套丛书，选取了晚清西学中较重要的一部分进行校注。在“西学”范围上，我们不做严格限定，而大致指跟泛称“西方”有关的知识和思想。在时间方面，我们所说的“晚清”，限定在1807—1911年之间，若有个别作品或作者实在重要而延伸至明末清初或民国，也可做灵活的处理。比如，某些译者或作者的选集文章发表时代横跨清朝、民国两个时期。在地域方面，凡是以汉文译撰的著作，不管它们是在南洋、港澳或内地产生的，都可以入选。在作者方面，不管是西方人还是中国人，是直接翻译还是借鉴后独创，都可以入选。由于是立足于广州和广东，我们会侧重广东的西学传统。

我们选书的考虑，大致有如下几个方面：

第一，对晚清思想界和社会产生过影响的西学著作，比如，影响过晚清经世派、洋务派、维新派、革命派甚至保守派的著作。产生影响的译撰著作不一定是在西方本身重要的著作，但在当时晚清的形势下，它们影响了很多中国人，甚至改变了中国的历史进程。如《佐治刍言》《泰西新史揽要》《百年一觉》《大同学》《中东战纪本末》《中西关系略论》《治心免病法》《西学略述》《列国变通兴盛记》《时事新论》《西学考略》《格物探原》等。

第二，有些书的影响较小或几乎没什么影响，但它们在西方本身有重要的历史地位，也有永久的价值，因此是值得重视的，如哲学名著培根的《格致新机》（即《新工具》）[1]，以及一些文学名著，如《天路历程》《鲁滨孙漂流记》等。这些名著在民国还有不同的译本，甚至直到

[1]邹振环：《影响中国近代社会的一百种译作》，北京：中国对外翻译出版公司1996年版，第80—87页。该书较详细地介绍了《谈天》《重学》《佐治刍言》《心灵学》《泰西新史揽要》《治心免病法》《文学兴国策》《百年一觉》等书。

今天还在产生新的译本。回过头去看晚清的译本，一些词语和概念的不同译法，显得别有一番风味。

第三，还有些是因为晚清译本提供了另一种翻译的可能性，具有语言考古价值。晚清译述出现在日语转译之前，译撰者尚未受到和制汉词的影响，而根据汉语自身的规则与历史进行翻译，因此为今日西学的翻译提供了另外的可能性。比如颜永京、丁韪良关于心理学的著译，艾约瑟、傅兰雅关于政治经济学的著译，里面很多关键词语的译法跟现代汉语译法（大部分为和制汉词）颇为不同，值得玩味。这就如同在文学上，新文化运动掀起白话文革命之初，涌现了很多种白话文的可能性，在今天语言越来越趋于统一和相同的情况下，回过头去考察白话文革命之初的种种表达方式，有可能敞开新的空间一样。在一种语言的构成中，词语是基本细胞，作为思想的直接现实，语言意味着思想的界限，重新审视汉语革命的历史，也就是对现代思想史的一种反省。近年来，学界对中国哲学史、思想史有过反思和争论，如现代中国人用“现代汉语”来研究中国古代“哲学”等，是否等于“汉话胡说”，是否在“以西解中”？对于近代以来学科的分类、变迁，基本词语和概念的巨大变革，我们可以借由对这些处于变革前夜的晚清西学译著典籍的“渐变”所进行的微观考察，来重新把握和理解现代中国人思维内容与方式变革的过程，也对诸如“自由”“哲学”这类重要译词是否能准确表达西文原词展开反思和探讨。与此相关，对于一些在和制汉词中传过程中起到了重要作用但今天很少被人提起的转译本，我们也会予以注意。比如王国维翻译桑木严翼的《哲学概论》、元良勇次郎的《心理学》及《伦理学》等等，就既对王国维本人的思想发展起过作用[1]，也对哲学类和制汉词进入中文世界有所影响。在译述和转译之间，相对来说，我们会侧重于译述时期的译撰著作。

第四，虽然我们所理解的“西学”是广义的西学，但由于出版数量有限，我们会侧重于考虑各领域的代表作。比如天文学，晚清相关著译是相当多的，我们可能只选最早也最具代表性的伟烈亚力和李善兰译述本《谈天》，以及他们两人译述的《几何原本》和《代数学》，艾约瑟和李善兰译述的《重学》，合信编译的《博物新编》。当时有开创性的植物学、动物学等自然科学著译也将酌情选入，当然，如果今天其他出版社已有出版，我们会尽量避免重复[2]。晚清历史、地理的著译相当多[3]，我们也只选有代表性的。在人文社会科学方面，可以考虑比较中英法律、详细介绍英美陪审团制度的哲美森《华英谳案定章考》，中国人介绍英法政治制度的刘启彤《英政概》《法政概》，徐建寅《德国议院章程》，李佳白比较各国政治制度的《列国政治异同考》，详细介绍美国宪法的林乐知《环游地球略述》，以及舒高第、郑昌棪译述的《美国宪法纂释》（1907年）等。在西方思想的译介上，虽然只是到了“转译时期”才大盛，但译述中也有不少，比如李提摩太和马林对社会主义的介绍，尤其是马林发表在《万国

[1]可参考佛雏：《王国维哲学译稿研究》，北京：社会科学文献出版社2006年版。

[2]韦廉臣、艾约瑟口译，李善兰笔述：《植物学》，上海：上海交通大学出版社2014年版。该书原于1858年由上海墨海书馆出版，拟定了许多专有名词，对后世有影响。该书此次是作为刘华杰主编的“博物学文化”丛书中的一本出版的。

[3]艾约瑟译的《希腊志略》《罗马校略》得到出版，参考陈德正、韩薛兵校注：《〈希腊志略〉〈罗马志略〉校注》，北京：商务印书馆2014年版。

公报》上含有基督教社会主义成分的关于地租、公正、平等的文章，对孙中山等人产生过影响。在宗教方面，宣教著作我们不会选，但比较有特色或者有历史价值，或者在今天仍有比较宗教、比较经学和比较神学意义的少量译撰著作，会适当选入。韦廉臣、艾约瑟对古埃及、波斯、希腊、罗马的宗教情况做了较多的介绍。在哲学思想等方面，艾约瑟、林乐知等人介绍了古希腊、古罗马和中世纪哲学，林乐知的包含十四本书的《自历明证》丛书，就详细介绍了基督教八大教父中的两位即奥古斯丁和金口约翰的生平与学说，以及日本明治维新时期同志社大学的创办人新岛襄的传记，其篇幅在中文世界里都是前无古人的。在文学方面，比如艾约瑟对弥尔顿、库柏诗歌的译介，都堪称最早。

第五，如前所说，广州在晚清西学东渐中有特殊地位，西学对广东敢为天下先的近现代文化有着潜移默化的影响，并随着广东人走向全国而在全国产生影响。我们将选择有广东特色的译撰著作，包括方言作品，以呈现一个鲜活的广东近代西学传统。

第六，虽然晚清西学著译不少，但我们侧重于以往不太受重视和整理的那些著作，而对于已得到很好整理、校注或市面上易得的著作，如严译、容闳的《西学东渐》等，则尽量避免重复，因此我们的选择含有一种“补遗”的意味，以呈现一个更丰富、更立体、更多面的历史。

五、致谢

在倪梁康教授的主持下，中山大学在2006年成立西学东渐文献馆，搜集、整理西学东渐文献与资料，并定期出版《西学东渐研究》，目前主要有法国籍的梅谦立教授做明清天主教文献研究，倪教授本人做唯识学和现象学的比较研究。我本科毕业于中山大学哲学系，中山大学是我的母校，我跟中山大学有特殊的情谊。近些年我在做晚清新教研究，涵盖的范围从太平天国到广学会和康有为、梁启超维新派之关系，正属于“晚清西学东渐”范围。因我父母在广东，每次我回家探亲，都会去看望在中山大学的师友，如哲学系的陈立胜老师和中文系的新进学者姚达兑。姚达兑是80后学者，他对近代西方文学的中译颇有研究，对出版晚清西学很有兴趣。2015年夏天，我与陈立胜老师拜见倪梁康教授，谈起西学东渐，说起我和姚达兑约了几个海内外同人想做晚清西学校注，只是出版资金一时遇到困难。倪教授听闻后，觉得此事有益于西学东渐研究，也有益于社会和学界，乐意促进此事，于是决定将这套丛书置于西学东渐文献馆的项目当中，通过广州市人文社会科学重点研究基地“广州与中外文化交流研究中心”及广州市科创委“西学东渐与广州21世纪海上丝绸之路”专项基金的经费予以资助。我们决心放眼长远，编出一套有参考价值的丛书。

晚清西学的校注与普通古籍的校注尚有不同，在文言之外，尚有外语（英法德日）及西学知识的问题，校注起来有额外的难度，相关人员寻找起来非常不容易。为找到这套丛书每本书的校注者，姚达兑和我可没有少在网上和微信上讨论。最后，对丛书第一辑的校注，我们找到了几位学贯中西、学养上佳的年轻学者，他们都是海内外名校毕业的博士，有的长期从事中西文化比较的工作，堪称

“合适的人做合适的事”。

此项计划的完成，有赖于一些机构和个人的帮助。尤其是以下机构：中山大学西学东渐文献馆、广州与中外文化交流研究中心、“十三五”国家重点图书出版规划、国家出版基金和“西学东渐与广州21世纪海上丝绸之路”专项基金；以下个人：中山大学哲学系教授倪梁康，南方日报出版社编辑黎衡，以及加盟本项目校注工作的学者肖清和、马永康、赵璐、张洪彬、李彬、王雨、龚昊、孙若圣、韩晓、葛小辉、窦新光、杨汤琛、叶杨曦和陈思行等。姚达兑在联系校注者和出版社方面付出了大量劳动，很多实际的工作也是他在做，在此我要特别感谢他。希望我们的丛书能够有益于读者与学术界，越做越好。

2017年6月26日

《格物探原》导读

张洪彬

一、韦廉臣的生平

本书作者韦廉臣（Alexander Williamson，1829年12月5日—1890年8月28日），出生于英国苏格兰福尔柯克（Falkirk），曾在贸易公司工作，之后进入苏格兰格拉斯哥大学（University of Glasgow）学习，完成人文和神学教育后，1855年被英国伦敦布道会（London Missionary Society）派遣至上海传教，其妻伊莎贝尔·韦廉臣（Iasbelle Williamson）也同样作为传教士被伦敦布道会一起派往中国。随后，韦廉臣主要在上海墨海书馆（London Missionary Society Press）[1]工作，学习和研究中国文化，宣传基督教神学，并编译了《植物学》一书，于1858年由墨海书馆出版，该书被认为是“中国第一部近代意义上的植物学著作”[2]。

1858年，韦廉臣因病返回英国休假治疗。1863年又被苏格兰圣经会（National Bible Society of Scotland）派往中国传教，他先在浙江活动，因苏格兰圣经会在山东烟台，随后前往烟台并长期在那里活动。在此期间，他与妻子一同游历了北京、辽宁、黑龙江、蒙古等地，考察风土人情并散发《圣经》，并曾到中朝边境发售《圣经》及其他基督教材料。韦廉臣著有英文两卷本的《中国北方游记》一

[1]有关墨海书馆，详参熊月之：《西学东渐与晚清社会》，上海：上海人民出版社1994年版，第183—219页；叶斌：《上海墨海书馆的运作及其衰落》，《学术月刊》，1999年第11期；任莎莎：《墨海书馆研究》，山东师范大学硕士学位论文，2013年。

[2]比较容易获得的版本是韦廉臣、艾约瑟辑译，李善兰笔述：《植物学》（影印版），上海：上海交通大学出版社2014年版。引语出自同书所载刘华杰教授所撰《影印〈植物学〉说明》一文。

书[1]，其妻著有英文《中国古老的大道》一书[2]，记录了他们的游历。1869年，韦廉臣的弟弟、同是伦敦布道会传教士的James Williamson，在天津附近被杀害。当年，韦廉臣返回英国休假。1871年，因为他关于中国的著述，韦廉臣被格拉斯哥大学授予荣誉法学博士学位。1871至1883年间，他作为苏格兰圣经会的代理人常驻烟台，并与苏格兰长老会保持密切联系。[3]

1874年8月，烟台长老会传教士开会，倡议在华的长老会传教士建立更为广泛、密切的联系，韦廉臣与倪维思（John Livingstone Nevius，1829—1893）、海雅西（Jesse Boardman Hartwell，1835—1912）被推举为筹备委员。经过几年的联络和筹备，1877年5月10—24日，第一次来华传教士大会（the Conference of Missionaries）在上海成功举办。[4]在韦廉臣的建议下，会议成立的文字工作委员会（Committee on Literature）提议设立一个专门委

[1] Alexander Williamson, *Journeys in North China, Manchuria, and Eastern Mongolia, With Some Account of Corea*, London: Smith, Elder & Co., 2Vols, 1870. 比较容易获得的英文版有Alexander Williamson, *Journeys in North China, Manchuria, and Eastern Mongolia, With Some Account of Corea*, Cambridge: Cambridge University Press, 2012; 韦廉臣：《中国北方游记》(*Journeys in North China*)，收入李国庆整理：《中国研究外文旧籍汇刊·中国记录-第二辑》(第4种)，桂林：广西师范大学出版社2011年版。另可参王景泽：《韦廉臣来黑龙江的准确时间》，《北方文物》1998年第2期。

[2] Iasbelle Williamson, *Old HighWays in China*, New York: American Tract Society, 1884. 另可参见耿昇：《英国传教士韦廉臣夫人对烟台与山东半岛的记述》，载耿昇：《中法文化交流史》，昆明：云南人民出版社2013年版，第277—289页。

[3] 参见维基百科韦廉臣条：https://en.wikipedia.org/wiki/Alexander_Williamson (missionary).

[4] *Records of the General Conference of the Protestant Missionaries of China*, Shanghai: Presbyterian Misson Press, 1877.

员会——学校教科书委员会（School and Textbook Series Committee），中文名称为益智书会，主要替当时各教会学校编辑出版学校教科书。第一届（1877—1885年）委员会主席为丁韪良（William Alexander Parsons Martin，1827—1916），韦廉臣被选为6名委员之一，并在1878年接替傅兰雅（John Fryer，1839—1928）担任秘书，直至1890年去世。[1]

1883年，因为健康原因，韦廉臣再次返回苏格兰休假。1884年12月，他在苏格兰格拉斯哥发起成立了中国图书和圣经协会（the Book and Tract Society for China）。该协会提供了一大笔资金，以供在上海购置印刷设备，促进基督教书籍的传播。1886年，韦廉臣返回中国，在上海开设印刷厂。同年，妻子伊莎贝尔去世。1887年11月，韦廉臣联合海关总税务司赫德（Robert Hart，1835—1911）和传教士林乐知（Young John Allen，1836—1907）、慕维廉（William Muirhead，1822—1900）等人在上海成立同文书会（the Society for the Diffusion of Christian and General Knowledge among the Chinese，直译为“在中国人中间传布基督教及一般知识的学会”），会址在虹口熙华德路（今长治路），以公司形式运营。会员全为在华西人，除传教士之外，尚有供职于外交界、金融界等行业的人士。韦廉臣出任同文书会首任总干事，为实际负责人。1890年韦廉臣去世后，慕维廉、李提摩太（Timothy Richard，1845—

[1]王宏凯：《清末“学校教科书委员会”史略》，《首都师范大学学报》（社会科学版），1998年第3期；张龙平：《益智书会与晚清时期的教科书事业》，载桑兵、赵立彬主编：《转型中的近代中国：近代中国的知识与制度转型学术研讨会论文选》（上卷），北京：社会科学文献出版社2011年版。

1919）等人先后接任同文书会总干事。1892年2月，同文书会中文名改为广学会，英文名称保持不变。同文书会出版了大量书刊，是晚清知识分子接受新知识的重要渠道。[1]

1890年8月28日（光绪十六年七月十三日），韦廉臣因病去世，享年61岁，葬于烟台毓璜顶外国人公墓。[2]其墓在抗美援朝战争期间被毁，现已不存。[3]

二、《格物探原》与晚清的自然神学

就目前所知，除了前述以英文出版的《中国北方游记》之外，韦廉臣的著作主要为中文作品。从形式上又可以分为两类，一类为发表于各期刊的文章，一类为辑译的专著；若从内容上看，其中文著作主要涉及宗教教义与科学知识，而且大部分作品同时包含了宗教教义与科学知识，最重要的作品《植物学》和《格物探原》均是如此。实际上，宗教教义与自然科学知识的混溶，在晚清传教士著述中是一个相当普遍的现象。

长期以来，因为受制于科学与宗教二元对立的思想预设，许多人认定科学越发达，宗教就会越衰弱，乃至衰亡。但是，让人困惑的是，如果科学与宗教之间的关系如此紧张，乃至于是非此即彼的话，那么志在传教的晚清传

[1]详参陈建明：《清末基督新教在华出版机构同文书会研究》，《宗教学研究》，2015年第3期。

[2]沈毓桂：《韦廉臣先生传》，《万国公报》第21期，1890年；刘广定：《〈格物探原〉与韦廉臣的中文著作》，载杨翠华、黄一农主编：《近代中国科技史论集》，台北："中央研究院"近代史研究所1991年版，第196页；田勇：《韦廉臣在华的西学传播与传教》，首都师范大学硕士学位论文，2006年。

[3]贺卫方：《消失的墓地》，《南都周刊》，2011年2月25日。

教士为什么要在中国传播科学知识？惟有超越宗教与科学的二元对立框架，才能就此问题做出更具说服力的解释。熊月之在论及《格物探原》时，曾以“宗教为体，科学为用”来概括其中宗教与科学的关系，但体/用的表述仍稍显模糊，有待更为准确的概括。[1]笔者以为，要准确把握晚清传教士著述中宗教与科学的关系，更为重要的是要抓住“自然神学”这一概念，并追溯其思想来源。自然神学，尽管有人认为它甚至可以追溯至耶稣诞生之前，但它主要还是作为基督教神学的一个分支来理解的。自然神学认为人在接受上帝的启示之前，亦可通过观察上帝所造的大自然，加以理性推理，了解到上帝及其品性、旨意。[2]有学者更简明扼要地指出，自然神学就是“从世界的秩序和美中推测上帝的存在和智慧的实践”。[3]需要强调的是，自然神学（natural theology）与自然宗教（natural religion）在历史上是有明显区别的概念，自然宗教“通常用来指把自然本身视为神圣的泛神论学说”，而自然神学则正好相反，“起初（现代通常仍是如此）是用来指通过基于观察到的自然事实来论证上帝存在的做法”。[4]因此自然神学是基督教神学的一支，而自然宗教往往是指对基督教构成

[1]熊月之：《西学东渐与晚清社会》，上海：上海人民出版社1994年版，第397页。

[2]任继愈主编：《宗教词典》“自然神学”条，上海：上海辞书出版社1981年版，第424—425页。

[3]Matthew D. Eddy & David Knight，Introduction，William Paley，*Natural Theology*，Oxford：Oxford University Press，2006，P. ix.

[4]参见Andrew Chignell and Derk Pereboom，“Natural Theology and Natural Religion”，*The Stanford Encyclopedia of Philosophy*（Fall 2015 Edition），Edward N. Zalta （ed.），URL = <http：//plato. stanford. edu/archives/fall2015/entries/natural-theology/>.

挑战的泛神论（pantheism）。

受益于牛顿的机械论宇宙观，自然神学在17至19世纪的欧洲思想界扮演了相当重要的角色。一方面，它使得基督教无须与自然科学为敌，可以与时俱进地更新其宇宙观念；另一方面，在当时它也可以让科学显得严肃、重要，且能缓解与传统道德观念、宗教权威之间的紧张。[1]威廉·佩里（William Paley，1743—1805）的自然神学著作在18世纪后半期和19世纪极为流行，是自然神学鼎盛时期的代表。其著作原创性不强，但清晰通晓，在举证方面注重选取时人熟悉的例证（比如代表着当时顶尖科技的钟表、轮船等），因而流传极广，影响甚大，在一定程度上代表了时代潮流。其代表作《自然神学》初版于1802年，在接下来的一百年中有无数个版本，仅在英国就有50多个版本。[2]在面世后的数十年中，它不仅是基督教培养牧师的必读书，在一般的大学教育中也是基本读物。有学者认为该书是英文自然神学著作中的代表性作品，为一个时代的人设定了标准，塑造了至少那个时代的人们的观念。[3]

日本学者八耳俊文曾论及，威廉·佩里的自然神学在晚清传教士中影响甚大，丁韪良《天道溯原》、韦廉臣《植物学》、韦廉臣分期刊载于《六合丛谈》的《真道实证》、韦廉臣《格物探原》等文献均渗透着自然神学

[1] Matthew D. Eddy & David Knight, Introduction, William Paley, *Natural Theology*, Oxford: Oxford University Press, 2006, P. xiii.

[2] Alister McGrath, *Darwinism and the divine : Evolutionary Thought and Natural Theology*, Oxford: Wiley-Blackwell, 2011, pp. 85-86.

[3] Alister McGrath, *Darwinism and the divine : Evolutionary Thought and Natural Theology*, Oxford: Wiley-Blackwell, 2011, p107.

的精神。[1]孙邦华先生也曾简要论及晚清传教士的自然神学。[2]王文兵《丁韪良与中国》一书有较大篇幅涉及丁韪良的自然神学思想，其中着重介绍了丁韪良《天道溯原》一书的自然神学思想及其影响。[3]晚清传教士如何处理宗教与科学的关系，论列最详的是胡卫清教授所著《普遍主义的挑战：近代中国基督教教育研究，1877—1927》一书。[4]刘华杰教授在一篇考察韦廉臣《植物学》的自然神学思想的论文中，提出了相当有启发意义的看法。他批评我们今天往往以后设的科学观念去理解历史上的科学观念，因而许多科学史研究总是力图打捞历史文献中的“科学价值”“科学含金量”，而同时力图“去伪存真”，对其中的宗教、“迷信”的内容，视而不见。他指出：“传教士从来都有自己的目的，这一点无须多说。我们不能因为今天人们喜爱科学，在他们的活动和作品中就只看到科学，不能因为不喜欢宗教而想从其中简单地把它分离出去。”他提出，类似于《植物学》这样的历史文献的定位，与其说是自然科学著作，不如说是“科学-自然神学”作品。实际上，“在1859年达尔文《物种起源》出版之前，在西方国家，自然科学与自然神学结合在一起是正常

[1]八耳俊文著，季忠平译：《在自然神学与自然科学之间——〈六合丛谈〉的科学传道》，载沈国威编著：《六合丛谈：附解题·索引》，上海：上海辞书出版社2006年版，第117—138页。

[2]孙邦华：《从〈万国公报〉看自然神学在近代中国的传播》，载卓新平、许志伟主编：《基督宗教研究》（第五辑），北京：宗教文化出版社2002年版，第490—506页。

[3]王文兵：《丁韪良与中国》，北京：外语教学与研究出版社2008年版。

[4]详参胡卫清：《普遍主义的挑战：近代中国基督教教育研究，1877—1927》，上海：上海人民出版社2000年版，第143—188页。

状态，分离反而是反常”。[1]

在晚清诸多的自然神学作品中，《格物探原》恐怕是篇幅最长、最具系统性的一种。其写作时间也甚长。早在1857年，即首次来华的第三年，韦廉臣就以《真道实证》为题发表了部分章节。[2]韦廉臣1855年到达中国后在上海墨海书馆工作。主持墨海书馆工作的传教士伟烈亚力（Alexander Wylie，1815—1887）主编了一份月刊《六合丛谈》，该刊出版发行时间为1857年1月至1858年6月，共出版15期。该刊第2号开始连载韦廉臣的《真道实证》。兹列各章标题如下：《上帝必有》（第1卷第2号）、《万物之根是上帝非太极》（第1卷第3号）、《上帝莫测》（第1卷第4号）、《上帝自然而有无生死无始终》（第1卷第5号）、《上帝唯一不能有二》（第1卷第5号）、《上帝无不在》（第1卷第7号）、《上帝无不知》（第1卷第7号）、《上帝乃神》（第1卷第8号）、《上帝万物惟上帝是主》（第1卷第8号）、[3]《论性》（第1卷第9号）、

[1]刘华杰：《〈植物学〉中的自然神学》，《自然科学史研究》，2008年第2期。刘华杰教授是国内少有的重视博物学与自然神学的学者，他主持出版了一系列相关著作，如约翰·雷著，熊姣译：《造物中展现的神的智慧》，北京：商务印书馆2013年版；韦廉臣、艾约瑟辑译：《植物学》（影印版），上海：上海交通大学出版社2014年版；熊姣：《约翰·雷的博物学思想》，上海：上海交通大学出版社2014年版；查德伯恩：《自然神学十二讲》，上海：上海交通大学出版社2014年版；刘华杰：《博物学文化与编史》，上海：上海交通大学出版社2014年版。

[2]台湾大学刘广定先生认为《格物探原》的撰写始自1872年。见刘广定：《中国科学史论集》，台北：台湾大学出版中心2013年版，第132页。但如果注意到《真道实证》被整体整合进《格物探原》，我们也可以认为《格物探原》的写作始自1857年。

[3]各章俱见沈国威编著：《六合丛谈：附解题·索引》，上海：上海辞书出版社2006年版。《六合丛谈》所载韦廉臣的文章，另有《约书略说》（第1卷第1号）、《格物穷理论》（第1卷第6号）、《论孝》（第2卷第2号）。

《论性》（第1卷第10号）、《灵魂说》（第1卷第11号）。对比《真道实证》与《格物探原》，可以发现《真道实证》各章节后来被完全整合进《格物探原》了，可以说后者是前者的扩充。此外，在《六合丛谈》各期英文目录中，“真道实证”对应的英文标题正是Natural Theology（自然神学）。总之，据此可以认定，《格物探原》的写作最晚始自1857年。

自1872年起，《教会新报》开始连载《格物探原》第一、二卷。[1]1874年，《教会新报》更名《万国公报》后，继续连载该书第三卷。[2]据刘广定先生考证，《格物探原》的第一个单行本出版于1876年（光绪二年），为上海美华书局的三卷本，前两卷依照威廉·佩里和布里奇沃特系列论著[3]写成，第三卷据M' Cosh的*The Method of*

[1]第一篇见韦廉臣：《格物探原·论天地第一》，《教会新报》第220期，1873年。

[2]第一篇见韦廉臣：《格物探原·小引》，《万国公报》第301期，1874年。

[3]布里奇沃特论著，十九世纪三十年代英国学者受布里奇沃特伯爵（Earl of Bridgewater）资助撰写的8本自然神学专著，统称The Bridgewater Treaties on The Power，Wisdom，and Goodness of God，As Minifested in the Creation. 这8本著作分别是Thomas Chalmers，D. D，*On The Adaptation of External Nature to the Moral and Intellectual Condition of Man*；John Kidd，M. D.，*On The Adaptation of External Nature to the Physical Condition of Man*；William Whewell，D. D.，*Astronomy and General Physics considered with reference to Natural Theology*；Sir Charles Bell.，*The hand，its Mechanism and Vital Endowments as evincing Design*；Peter Mark Roget.，*Animal and Vegetable Physiology considered with reference to Natural Theology*；William Buckland，D. D.，*Geology and Mineralogy considered with reference to Natural Theology*；William Kirby.，*On the History，Habits and Instincts of Animals*；William Prout，M. D.，*Chemistry，Meteorology，and the Function of Digestion，considered with reference to Natural Theology.*

*the Divine Government*一书[1]写成。[2]此外，1877年《万国公报》报道，日本天皇特许刻印《格物探原》一书。[3]次年，日本出版了五卷中文本，该书附有日本学者中村正直（1832—1891）、山内贲所撰两篇序言。[4]而本次整理时，所据版本为1880年六卷本，繁体竖排，扉页印有“光绪六年岁在庚辰活字板印”字样，未注明出版机构[5]，但疑为墨海书馆出版，因1889年复刊后的《万国公报》刊登《墨海书局各书价目》，第一种即是“《格物探原》，六本，洋九角”。[6]

自然神学的思想贯穿全书始终。该书“凡例”中第一段中就说到“今所著书，正如小儿对客指点堂室陈设，使知主人之荣耀耳”，已经很清晰地点出了全书的写作思路，正是典型的自然神学进路。再如全书第一段中，作者自陈“欲人知世间凡物内，各有意义存焉，有意义，

---

[1]James M'Cosh, *The Method of the Divine Government: Physical and Moral*, New York: Robert Cater & Brothers, 1853. 该书最早出版于爱丁堡，时间应在1850年前，因1850年已经出到第5版。

[2]刘广定：《中国科学史论集》，台北：台湾大学出版中心2013年版，第140页；田勇：《韦廉臣在华的西学传播与传教》，首都师范大学硕士学位论文，2006年，第24—25页。

[3]《大日本国事 东洋刻印格物探原》，《万国公报》第430期，1877年。

[4]韦廉臣著，熊野与训点，奥野昌纲校订：《训点格物探原》（5卷），东京十字屋藏版，明治十一年（1878年）。

[5]多种版本陆续推出，可以折射其流传情况。另有研究曾指出，广学会曾多次在科举考场外赠送该书，并通过各种关系向中央和地方官员赠送该书。比如，1888年9月乡试时，广学会在各地考场派送了2000册《格物探原》，1889年送出1004册。参见熊月之：《西学东渐与晚清社会》，上海：上海人民出版社1994年版，第555页；田勇：《韦廉臣在华的西学传播与传教》，首都师范大学硕士学位论文，2006年，第18页。此外，正如本书正文第276页注释中所说，从“海乙那”一词的使用，也可管窥该书对章太炎、鲁迅、周作人等人的影响。

[6]《墨海书局各书价目》，《万国公报》第1卷第1期，1889年。

必有无量无限之主宰，创造之，措置之，则上帝是也”。世间万物各有意义，意即各有其目的，这也正是自然神学中包含的一个要素——目的论证明。[1]紧接着，作者用的轮船类比也是自然神学中典型的例子。其论证步骤如下：首先，轮船各构件各有其功能（目的）；其次，各构件之间构成完美的适配关系（秩序），且精美异常（美）；第三，一艘显然具有目的和秩序的轮船，必然有设计者和制造者，且其设计者和创造者定然有很高的智慧和能力；第四，把这种逻辑平移到世界与造物主的关系上：我们所处的世界，各种事物也各有其功能（目的），事物之间构成良好的适配关系（各极宜人），世界必然由造物主创造而成，且其造物主必定具有极高智能，对世人充满仁爱。[2]该书包含的天文学、地理学、博物学、解剖学、物理学、化学等知识，在当时的西方也代表着相当前沿的科学知识，对于晚清国人来说更足以当作了解科学新知的上佳途径，因此自然神学著作，在晚清有相当多的读者，有的纯然是为了其中的科学知识而去，有的则更多为了其神学论证。

基督教自然神学中，宇宙是绝对的被创造物，并不具备原初的自我生成能力，其存在势必需要被追溯到一个外在的造物主。这样的宇宙，与牛顿范式的机械宇宙观是甚为相似的，宗教与科学在自然神学中能够较好地整合在一起。这种格局，将随着达尔文主义的兴起，而发生巨大的变化。

[1]自然神学整合了宇宙论证明和目的论证明。

[2]见本书正文第2—3页。

三、自然神学与中国天道信仰的对话

作为基督教自然神学的一个文本，《格物探原》一书不乏与中国天道信仰传统的对话。我们可借此了解双方的异同，进而更为准确地把握天道信仰传统的一些基本特征。

作者开门见山，在“凡例”中就表明了对中国天道信仰的态度和立场：“自《易》言‘大哉乾元，万物资始’，又云‘乾，天也’，世之儒者遂以天为上帝，不知非也。”这正确地指出了中国天道信仰“以天为上帝”的内核。同样的，以“太极”为“上帝”，他也视为荒谬。[1]他认可的是《诗经》《尚书》中的另一种上帝观，即“尧舜禹汤、文武周孔所称之上帝”。作者频频强调基督教“上帝”与“太极”“道”“理”等的区别。如：

> 《易》云：“太极生两仪，两仪生四象，四象生八卦，而万物皆备于斯矣。”中华文人多谬于此说，而以太极为造物之根源。[2]

又如：

> 五经内每以天之上帝，乃实言上帝也，具明威，有明命，福善祸淫，善者降之祥，不善者降之殃，畏天命之君子，所以兢兢焉。朱子注《论语》，谓

[1]有学者曾撰文指出这一点。参见姚兴富：《19世纪新教传教士对太极说的批评与吸收》，《江海学刊》，2005年第6期。然而何以如此，则有待更进一步的探究。

[2]见本书正文第268页。

> "天，即理也"。今之士人，亦往往称天，乃以虚空之积气实之。此误矣。此悖于古经而移于风俗者也，盖亦未之深思耳。[1]

韦廉臣的推理是：首先，"无者不能生有，虚者不能生实，无心者不能生有心者"，"死者不能生活物，无生命者不能生有生命之物"[2]；然后，根据中国典籍尤其是理学经典，他断定太极、道、理无生机，无动力，无知觉，无智能，因此不具备生发万物的能力；相反，"生天地万物者，必为有生命，且具大智慧、大能力之主宰也"[3]，而这正是基督教的上帝。实际上，上帝的特性又是可以通过观察万物来推断的："死物不能生活物，无魂者不能生有魂之物，无知识者不能生有知识之物，无定见者不能生有定见之物，无良心者亦不能生有良心之物。观此可知，造物者亦必活者，亦必有魂者、有知识者、有定见者、有良心者也。"[4]正如上文所见，通过被造物的特性来推测造物主的特性，正是自然神学的基本思路。

然而，需要指出的是，韦廉臣认为太极、理、道、天等概念所代表的万物源头并无动力、生机，恐并不符合中国文化传统的实际。关于中国的宇宙化生论、宇宙有机论的研究表明，"天""道""理""太极"等表示终极起点的概念，之所以能够担当万物源头的角色，正是因为认为这个终极起点自身具备动力，从"一"到"多"的萌蘖

[1]见本书正文第235—236页。
[2]见本书正文第283页。
[3]见本书正文第228页。
[4]见本书正文第284页。

演变，其动力来自“一”本身，而无须假手一个外在的力量来推动。也正是因为如此，作为万物源头的“一”自身就足以承担“上帝”这一角色。韦廉臣说：

> 儒教谓“无极生太极”，遂有“生生不已”之说。然使无极如果有心力、果有知能，则无极者必上帝之别名也，无他说也。究之，无极者何所为？心力何所为？知能何为而能生万物耶？道教则云“道生万物”，然则道如果系灵动者，则道亦必上帝之尊称也，无他说矣。[1]

笔者以为，易学传统中“天”“道”“理”“太极”“无极”“太一”等概念，只要在指代万物源头这一意涵上使用，都内在包含主观能动性，均同时扮演上帝的角色。中国历史上并没有像基督教中那样超越于宇宙万物的人格化的上帝。天道信仰传统中的上帝，毋宁就是作为万物起点的天（或称“道”“理”“太极”“无极”“太一”等）。此即韦廉臣不以为然的“以天为上帝”。把天等同于上帝，上帝不是外在超越于宇宙之上的另一种存在，它不是区别于宇宙的一个人格神，上帝和宇宙是同一的，借用西方宗教学的术语，这类似于泛神论意义上的上帝。

泛神论在西方可以追溯到古希腊，然而泛神论这个概念，最早始自托兰德（John Toland，1670—1722）。Pantheism这个词由pan和theos构成，pan即all，指万物之整

[1] 见本书正文第308页。

体；theos即God，上帝。大体上说，泛神论就是把万物之整体（即宇宙、自然）视为上帝的思想观念。泛神论认定上帝就是宇宙，“拒绝承认上帝是不同于宇宙的事物”。[1] 泛神论作为一种自然宗教，取消了外在于宇宙的造物主存在的必要，故而对基督教构成了挑战。中国的天道信仰，很接近泛神论，因而更宜被定位为自然宗教，它倾向于取消超越于宇宙的上帝存在的必要性，因此对基督教来说，这是一种变相的无神论，因而对基督教构成了挑战。这可以解释自利玛窦以来的基督教传教士为何普遍反对易学和理学中的“以天为上帝”。

基督教传教士认可的是《诗经》《尚书》中的惩恶扬善的人格化的“上帝”，因此用《诗经》《尚书》中的“上帝”一词来翻译基督教的造物主。不过需要指出的是，《诗经》《尚书》中的“上帝”，至多只能被视为是凌驾于人间的管理者，并无创造天地万物的功劳，不能视为万物源头，因此与基督教中集造物主和统治者于一体的上帝仍有不同。至于诸如玉皇大帝、关公、妈祖、祖宗神灵等人格神，并非处于宇宙原初起点，只是天（道、理、太极等相似概念）的派生物，并不居于神谱的顶点，而只能视为天（以及道、理、太极等概念）的下位神，与基督教的上帝就更不能混为一谈，因此基督教对这些神祇持有强烈的排斥态度，视之为“迷信”（与“正信”相对），这也是一神宗教对多神信仰系统的必然态度。

---

[1] Mander，William，“Pantheism”，*The Stanford Encyclopedia of Philosophy*（Summer 2013 Edition），Edward N. Zalta （ed.），URL = <http：//plato.stanford.edu/archives/sum2013/entries/pantheism/>.

四、几点说明

1. 本书所据为1880年六卷本，其出版机构疑为墨海书馆。

2. 由于所采用版本图片质量不佳，此次整理出版，图片及图片编号采用了东京十字屋明治十一年（1878年）版中的图片。两个版本之间的图片并无太大区别，惟编号有所不同。

3. 原书所引《圣经》为深文理（文言文）委办译本。整理时在脚注中注明和合本修订版相应章节，所依据版本为香港圣经公会出版的《〈圣经〉——中英对照（和合本修订版·新国际版）》，2012年6月初版。

4. 此次整理工作主要包含繁体转简体、标点、脚注。另，由于原文诸多篇章大篇幅不分段，不太符合时下阅读习惯，整理过程中添加了一些分段，并在脚注中说明。

5. 限于整理者水平，恐难免错谬，请见谅，并欢迎批评指正（整理者E-mail：zhb80@126.com）。

格物探原

[英] 韦廉臣　著
张洪彬　校注

韦廉臣（Alexander Williamson）

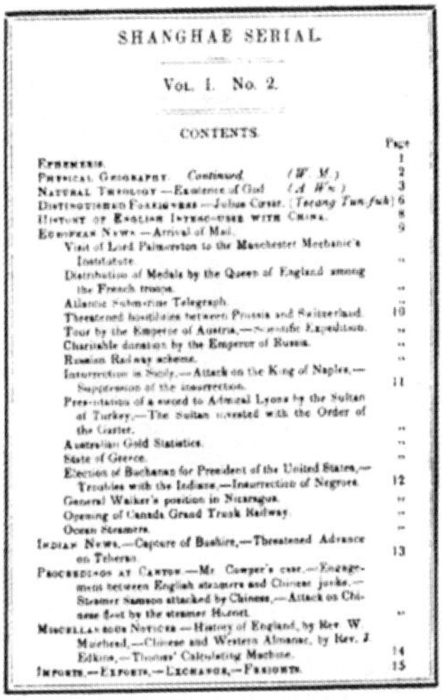

SHANGHAE SERIAL.

Vol. I. No. 2.

CONTENTS.

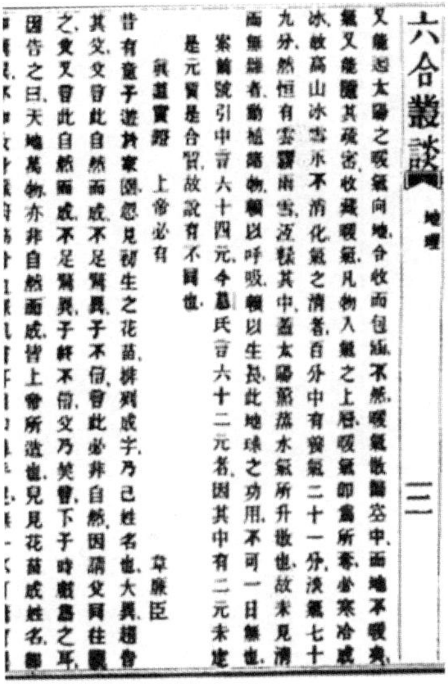

六合叢談　地理　三

又能迎太陽之暖氣向地，合收而包蘊不散，暖氣散歸空中，而地不暖矣，氣又能隱其疎密，收藏暖氣，凡物入氣之上層，暖氣即為所奪，必寒冷成冰，故高山冰雪亦不消化，氣之清者，百分中有養氣二十一分，淡氣七十九分，然恒有雲霧雨雪，滓穢其中，蓋太陽照蒸水氣所升散也，故未見清而無雜者，動植諸物，賴以呼吸，賴以生長，此地球之功用，不可一日無也，察爾號引中言六十四元，今慕氏言六十二元者，因其中有二元未達是元實是合質，故說有不同也，

真道實證　上帝必有　韋廉臣

昔有童子遊於家園，忽見初生之花苗，排列成字，乃己姓名也，大異，趨告其父，父曰此自然而成，不足爲異，子不信，曰此必非自然，因請父同往觀之，父又曰此自然而成，不足爲異，子終不信，父乃笑曰，下子時戲爲之耳，因告之曰，天地萬物，亦非自然而成，皆上帝所造也，兒見花苗成姓名，

《六合丛谈》第1卷第2号开始连载《真道实证》，英文目录中，“真道实证”对应的英文为“Natural Theology”

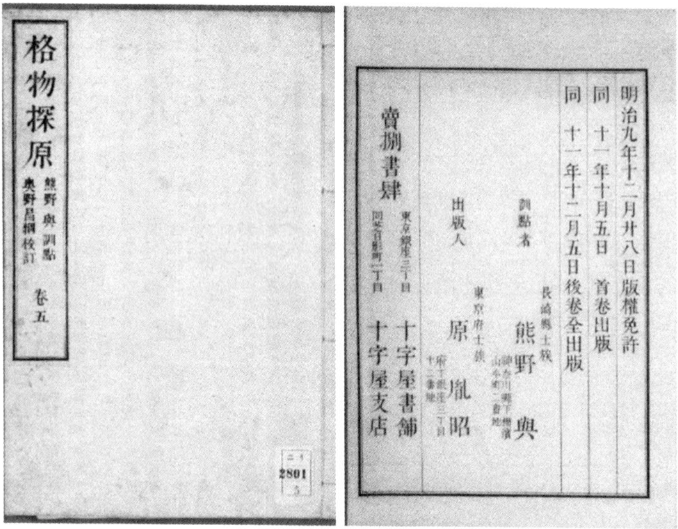

《格物探原》日版五卷本封面、版权页

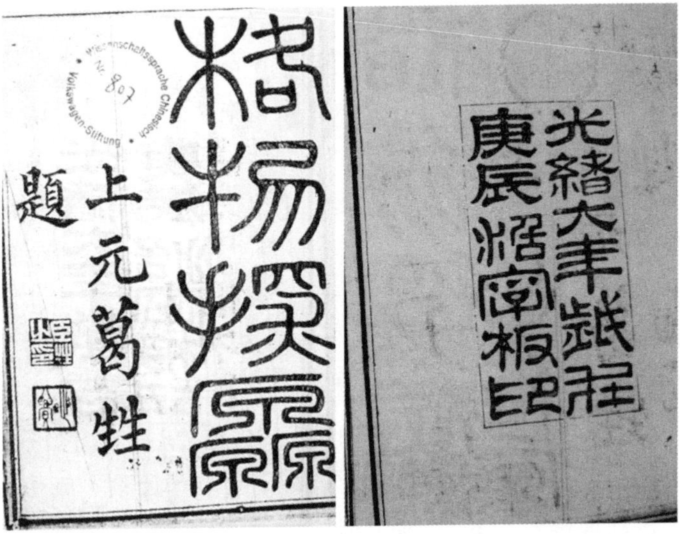

1880年六卷本书影，出版机构疑为墨海书馆

凡 例

一、自《易》言“大哉乾元，万物资始”，又云“乾，天也”，世之儒者遂以天为上帝，不知非也。上帝者，以穹苍为居所，日月星辰为明宫，地球为别馆。其奥妙之创造，皆布满二者之中。今所著书，正如小儿对客指点堂室陈设，使知主人之荣耀耳。

一、上古之世，中国圣人，咸识上帝之荣耀。《诗》《书》所载，如“昭事上帝”“明昭上帝”及“荡荡上帝”等，不能枚举。后之学者，数典而忘其祖，或以太极当之，又或信道家者流，以玉皇为上帝，则尤荒谬之甚矣！是书所云，正尧舜禹汤、文武周孔所称之上帝，非世俗所谓上帝也；亦由古及今、薄海内外、独一无二之上帝，非但为西国上帝也。历述创造之意，归美一尊，正欲作引路人，导中华人士，仍回归中华古道云尔。

一、上帝全知全能、至圣至神，正孔子所谓“成功文章，巍焕难名”者。[1]后生小儒，井观管窥，乌[2]能测其万一？兹所论列，姑就所得诸见闻者言之，欲人知至高至大、临之在上、质之在旁者，乃普天下人之父，其爱普天下人，亦与慈父之爱子等焉。

一、是书所称“上帝”，与别本所称“天主”“天父”“真神”者同，均此独一无二之大主宰也。

[1]“子曰：‘大哉，尧之为君也！巍巍乎！唯天为大，唯尧则之。荡荡乎，民无能名焉。巍巍乎，其有成功也，焕乎其有文章！’”语出《论语·泰伯》。

[2]乌，何，怎。

目　录

一　卷

第一章　论天地

人生斯世，上戴天，下履地，上则日月星象，下则山海万物，娱心悦目者，不可胜计，独吾人为万物之灵，主理万物。故当详求世间凡有之物之体质、性情，与夫利用之实，夫而后吾可以取万物而用之，而万物皆以供吾之利益。不然，则是持家者不识其产业如何、器用如何、服役如何，将何以治理而督率之乎？不惟如此，不能主理乎万物，必为万物之仆；不能役使乎万物，必为万物所用。兹余不要侈谈天地万物、细究格致工夫，但欲人知世间凡物内，各有意义存焉，有意义，必有无量无限之主宰，创造之，措置之，则上帝是也。[1]

比如人遥见一轮船，必知其船不能自然而有，非出自海，非降自天，必有人作成；见其船之前后形状，便于驶行，帆、樯、舵、锚、铁缆，便于旋转，必知作此者之具有聪明；更细查其机器、水柜、铁摆、吸水筒，如许铁轮，彼此牵引，下有铁梁横卧，首出舟尾，外拨水轮，愈触悟于心，知造此者之具大智慧。舟之后有厨庑，器具精洁，肴馔丰美；舟之前有华屋、饭堂、客堂、寝室、浴室；舟之面悬有小艇三五，以备舟有损坏，可资以济；风

[1]此处分段为整理者添加，原文无。

雨表、寒暑表[1]、指南针，上下设有三层；千里镜[2]、大小水龙机器，及拯溺器具，不一其名，亦不一其物，皆多为储置，以备损缺。作此者，不惟具大智慧，抑且爱人无已；不惟爱人，抑且具拯救之至意焉。更试观其坐椅铺垫、牖户幔帐，地设华毡，壁悬名画，种种陈设，光耀夺目，入其中者，心旷神怡，是又作此者之乐于资人兴胜也。[3]

吾人生于斯世，居止甚宜，五谷、百果可以足食；丝绵、布帛、毛皮可以足衣；五金可以足用；马、牛、驴、驼可以服役；石可以筑室，木可以为舟；时序有常，寒暑不紊；昼有日照临化生，夜有星月灿布森列。外此可观者，山海、树木、花草等。花有香有色，木亦有香，鸟有好音，各极宜人。又，人患疾病，有脉足以示人。不惟如此，吾人身内各具才能，自行医治，勿药而效。观此可知，世界早有一聪明、爱人之主宰，为之创造之。倘非主宰之爱人，则世可以无乐土，花草可以无香色，饮食谷果可以臭恶，为其俱属格外[4]也。今俱无此，谓非主宰爱人之至意乎？[5]

或谓无极生太极，一动一静，化生万物，此实不然。假如有人谓吾不能造此轮船，吾亦未见有造之者，是殆自然而然有者，言诚然乎否？假如有人谓铜铁铅木，各有性

[1]寒暑表，温度计。

[2]千里镜，望远镜。

[3]此处分段为整理者添加，原文无。

[4]格外，例外，偶然，非常规。

[5]此处分段为整理者添加，原文无。

情，各有力量，能自作斧、锛、锯、错[1]、槌、钳等器，丝棉麻枲[2]，各具材质，能自作绳缕布帛等，此数者，合力并作，能自成一轮船，其信乎否？假如有人谓，轮船能自生一小轮船，日益增长，亦自成一大轮船，应之者曰，此言轮船自然而然有者之实据，然乎不然？果其如此，则无极、太极生此轮船，必具有无量智慧、无量聪明，为其不但作一轮船，并能予轮船以智能、技巧，令自生一轮船也。或谓土产五谷，如人首生发，又见万物化生，谓此世宙，生生不已，无何始初，亘古以来，自然而然，若是其然乎否？人皆可以白土抟为鸡卵，假如有人更能作卵白、卵黄，并作种子置于卵内，令产雏鸡，孰巧孰拙，不难立辨。如谓其产雏鸡之卵，自然而然，非有造成之者，岂非大愚人乎？东洋有能捻纸成球，掷于水面，登时[3]脱出，或为船，或为人，或为水鸟，诸凡类此，不可胜计，非具有巧妙，乌能有此？又如野鸡卵最小，然内兼有骨肉毛血、眼喙爪翅、羽毛彩色等质，偎于母鸡翅下，迨后产育，体质纯全，羽毛华彩，作此者岂不具有无限无量之智巧乎？假如有人谓，此卵乃野鸡所产，苟无鸡，何有卵，鸡实有聪明。虽然，鸡生卵，卵生鸡，上而推之，必有根本，根本则上帝。鸡本生活，然非自能生活，赖上帝生活。[4]

凡物皆有根本，皆有意义。有意义，必出自智慧。故凡天地万物，必有开首创造之者。

[1]错，用来打磨玉石的石头。此处似与“锉”字意同。

[2]枲，音xǐ，麻类植物的纤维。

[3]登时，顿时。

[4]此处分段为整理者添加，原文无。

第二章　论物质

格致家察世间万物，知系六十二元质[1]配成。元质者，独为一质，一成不易，无他质杂其中，亦无可更化。其中有四十七为金类，十三为非金类。六十二不恒用，恒用者十三。而动植诸物，则又仅用四质成之。四质维何？曰炭气，曰湿气，曰养气，曰淡气。[2]凡植物之花叶、动物之骨肉，皆合此四质成之。有间用硫磺及磷二质者，其偶也。[3]

动植之类甚繁，而仅用四质，其法维何？曰，易一位置，即易一物。如木之位置，为[淡养湿炭]；肉之位置，为[淡湿养炭]；骨之位置，为[湿养淡炭]；乳之位置，为[养湿淡炭]；又如血为[湿淡炭养]；卵白为[淡湿养炭]。又有仅用二质者，如水为[湿养]；有仅用三质者，如糖为[淡湿养]。此六十二元质，配成万物，犹西国之二十六字母，配合成言，如able则为能，bale则为包，lable则为帖。恒用者约六万言，此外亦成六千万余言。既二十六字

[1]元质，元素。

[2]炭气，Carbon，今通译碳，化学式为C；湿气，Hydrogen，今通译氢，化学式为H；养气，Oxygen，今通译氧，化学式为O；淡气，Nitrogen，今通译氮，化学式为N。

[3]此处分段为整理者添加，原文无。

母，足为六千万余言，则六十二元质，尤能成无数万物。二十六字母，能否自行配合，成为语言，或成为一卷书？吾知其必不能也。然则六十二元质，非有具极智慧者配成之，焉能成世界万物？朱子云："理与气合，便能知觉。"[1]此不可解。理是死物，亦属空虚，焉能作为？无人不能成一卷书文，无上帝讵能成世界一物？

[1]"问：'知觉是心之灵固如此，抑气之为邪？'曰：'不专是气，是先有知觉之理。理未知觉，气聚成形，理与气合，便能知觉。譬如这烛火，是因得这脂膏，便有许多光焰。'问：'心之发处是气否？'曰：'也只是知觉。'"黎靖德编，王星贤点校：《朱子语类》（卷第五），北京：中华书局1986年版，第85页。

第三章　论地球形势

地球形圆，亦属扁圆，与柑子等。山原高下不平，亦与柑子外壳等。其据有三：一，如船自远来，先见桅梢，再近渐见篷帆，再近乃见船身；二，如月蚀时，月中黑影，即地之影，如地球非圆，不能出此圆影；三则人能绕地球行，余尝自中国开船，西行至英国，又西行至美国，仍西行至日本，回至中国。地球之圆，无复疑矣。人每日见太阳，东升西坠，非真如此，乃因地球一日一转而然。证据甚多，今试举其一言之。太阳大于地，计一万万三百八十四千四百七十二倍，假如人欲周围烤一平果[1]，其将令屋宇轮转，抑[2]令平果轮转耶？此足证地球绕太阳，非太阳绕地球也。人之所见，特目为其迷耳。

地球之圆，有如此意义。其一为省地故。盖圆则容受人物，比方者较多，且方则不能轮转，人亦不能围绕而行。地面有水，有陆。陆地分有五大洲：亚细亚、欧罗巴、亚非利加、亚美利加、澳大利亚。[3]五大洲形势，南面俱系尖削，其余小者亦多类然。如此形势，具大利

[1]平果，苹果。

[2]抑，抑或，还是。

[3]亚细亚、欧罗巴、亚非利加、亚美利加、澳大利亚，分别为Asia、Europe、Africa、America、Australia的音译，今通译为亚洲、欧洲、非洲、美洲、澳洲。

益。盖以南面多暑，故令其依近洋海，以剂[1]温凉，以资雨露；其尖削东面俱有海岛，西面则无，为朝阳暖气，较西为便。又，东半球大洲，东西横列；西半大洲，南北纵列。纵列者地气兼大冷大热、微冷微热，凡宇内所产之物，亦皆具备，其形势南北极长，东西甚窄，左右洋海，中有大河，无沙漠，皆可种植；横列者约六七分，去海甚远，故热则极热，冷则极冷，旷野、沙漠很多，其近海大国，各有大河，中国有黄河、洋子江[2]、西河，满洲有黑龙江、松花江、大辽河，高丽有哀江，安南有澜沧江，暹罗有湄南河，缅甸有怒江，伊犁有瓦底河，印度有恒河、印度河。故亚细亚东南，近海诸国，地气宜人，亦土产维备。欧罗巴洲三面距海，各国皆有大河。其尤奇者，海股内入，洲之内外，各地距海俱相仿佛，南去赤道亦远，地气温凉，其土产养生诸物内，俱火多水少，足以益人气力，故此洲人民，力量、胆气较多，身体亦较高大。山东、高丽两处，人民亦是如此，为亦三面距海故也。亚非利加洲，东西广大，内仅尼禄[3]、三备西[4]两大河[5]，故自近海诸国以内，无甚著名国度。

地面不平，有高有下。若平，则必无江河水流，雨后水潴[6]成湖，缺水之区，田亩无以资灌溉；若山高相等，亦有不宜，雨后水亦一时齐归入海，雨前无水，雨后无

[1]剂，调剂，调节。

[2]洋子江，即扬子江，指南京以下的长江，亦泛指长江。

[3]尼禄，即Nile River，今通译尼罗河。

[4]三备西，即Zambezi River，今通译赞比西河。

[5]非洲仅有尼罗河、赞比西河两大河一说不确，非洲主要河流有尼罗河、刚果河、尼日尔河、赞比西河、奥兰治河。

[6]潴，音zhū，水积聚。

水。故地球高山不等，或二百尺，或三百尺，或四百尺，或三千尺、五千尺。二百尺者水竭，三百四百尺者续之；二千三千尺者水竭，五千尺者续之。不但此也，尤有奇者，地面上至八千尺，四时皆雪，其之高山，亦恒有积雪，五千尺者水竭，雪为日融，水仍续流，此长江大河之所以不涸也。非惟不涸，炎夏需水孔[1]多，水亦涨溢。为此故，洋子江每岁自端阳后，日涨一日，黄河、松花江二水，亦系如此。所以各大洲内，俱有高山几坐[2]。又，地面若平，无高山，或山高相等，佳景不生，无可游玩，鸟兽亦无潜身巢穴。

[1]孔，很，特别。

[2]坐，座。

第四章　论土宜

地面之土，其质有肥硗[1]、泥沙松紧之不同，其色则为青、为黄、为赤、为白、为黑，故其土产所宜亦异，或宜谷，或宜棉，或宜果蔬草木。其草木亦各有宜，如花榈、铁榈二木，坚致异常，而剖析甚易，此南方所宜，而北方无之；白松产于北方，而南方无之。

论石

地中之石类不一，所异者珍奇石类。其在地中，质甚柔，出于地面，受空气，则日硬一日。山东出一砚石，其入地深者俱柔而润，近地面者俱硬而燥，亦其据也。又一种石曰灰石，所系匪浅。假如无此灰石，石类虽广，无以筑室。五金皆土所产，外复有焊，如土产缺此，凡金属，虽巧工亦不能匠成一器。掘地四围，如许层次，泥土不能存水，惟沙存水，故掘井见沙层，如下系泥层，即见水来。

[1]硗，音qiāo，地坚硬不肥沃。

第五章　论山

山愈高，其上愈冷。上至三百五十尺，以寒暑表测之，增寒二度，如地面上北行二百里相同。上至千丈，五谷不能生，只余树木；再上无大树木；再上凡物不生，只余积雪。[1]

东半球，大岭东西横列，极大者有四；有南北纵列者，其小者也，亦不多见。西半球，大岭南北纵列；有东西横列者，其小者也，亦不多见。要之，无问何岭，两面各异，一系陡面，一系坡面。横列者，陡面向南，坡面向北。东半球，高山自五千丈至二万八千尺，其极高者，在赤道北三十度至三十五度，自北冰洋至此山巅，约八千里，自此山巅南至印度平原，计一千三百三十里。[2]

欧罗巴洲，极高山在赤道北四十七度；自波罗的海[3]至此山巅，计一千五百里；自此山巅，至以大利[4]平原三百三十里。[5]

阿非利加，极高山在赤道南一度；自地中海，至此山

[1]此处分段为整理者添加，原文无。

[2]此处分段为整理者添加，原文无。

[3]波罗的海，Baltic Sea。

[4]以大利，Italy的音译，今通译意大利。

[5]此处分段为整理者添加，原文无。

巅计万有千里，自此山巅，至南方平原二千里。此其间上帝美意存焉。山巅俱在热道，自北水洋，向南渐热渐高，虽其中有高下不等者，然大略如是，故人不患暑，足以生活，物畜谷蔬，亦皆资以长养。[1]

亚细亚高山，其坡面大于陡面约五倍五[2]。假如坡陡南北易置，北方地气本冷，山高益冷，人必以[3]寒死；向南愈下，地气本热，地势亦然，人必以暑死。山之小者，坡陡亦各两面。上帝措置地势，无非益人，于目前亦可会悟。如南山陡面向北，坡面向南，盖以朝阳广阔，便人居止，亦增谷果。如南北易置，人不耐寒，五谷果蔬，亦难茂密。辽海金复盖等州，高山亦系陡于西北，而坡于东南，南风酝酿，雨露长养，气候温和，故其东南诸地，土产稼穑甚饶，而又甘美。[4]

亚美利加高山，南北纵列，俱在大洲两面，距海不远。北亚美利加极高山巅，东去大西洋海[5]，五千三百五十里，西去太平洋海，二千六百里。中亚美利加极高山巅，东去大西洋海，七千七百三十里，西去太平洋海一千里。南亚美利加偏北，极高山巅，东去大西洋六千一百里，西去太平洋二百三十三里。其偏南极高山巅，东去大西洋，五千三百五十里，西去太平洋，六百七十里。其陡面俱向西，其坡面俱向东，每日地面，从早至暮，迎受太阳，其资太阳长养之力殊多，又太阳上

[1]此处分段为整理者添加，原文无。

[2]五倍五，5.5倍。

[3]以，因为。

[4]此处分段为整理者添加，原文无。

[5]大西洋海，今通称大西洋。

升，热力渐增，地面自东而西，势亦愈高。若陡坡东西易置，山巅在东，致阻太阳利益。南亚美利加，在赤道甚热，山亦最高，西去洋海亦甚近，故气候得以温凉调剂。[1]

又东半球，高大平原甚多。西半球多极长山谷，山约居三分之一，谷约居三分之二，故西半球，土产甚饶，而禾稼亦美，树木之畅茂高大，尤属地面罕见，此皆东半球之所不及者也。观此诸事，倘非至圣至善之主宰为之措置，而能如是乎？

[1]此处分段为整理者添加，原文无。

第六章　论空气

人在气中，一如鱼在水中。人上望气为青天，鱼在水仰望，想亦有其天气之清者。每百分中，淡气七十九，养气二十一。其大概每千分中，淡气七百八十八，养气一百九十七，水气十四，炭气一。其厚薄不同，由地以上，十里厚减一半，二十里余四分之一，三十里余八分之一，五十里余三十分之一。盖因近地一分之气，广至五十里，上散为三十分之地，百有五十里，则薄之至矣。或谓气至此止；或谓不止，直入太阳，此说近是。气亦有分量，每方寸气约重十二斤，每人约占二千方寸气，计下压之力，二万四千斤。何为不觉？因人身内，亦受此气涨，外涨压之力，适均故也。

气之高大，为生风故。盖气能吸水气成云，风能推云送至天旱之处，降雨以滋养万物，尤便浮海舟楫往来，非风不行。赤道以北，风恒东北；赤道以南，风恒东南。西人谓之贸易风[1]，为于行海甚便故也。外又有常生之风，如中国冬日风常西北，夏日风常东南。至于城镇市肆，恶

[1]贸易风，今译信风。方向常年不变的风。古代商般都是帆船，它们就是靠着这种方向常年不变的风航行于海上，故名贸易风。称之为信风，是指它的方向不变，很“守信用”。

臭逼人，风能散之，人不染疾。诸如此用，未易悉数。

气之高大，亦能令太阳火力，随气四散，不能直入。若气不如此之高，恐太阳烘力，足以化人。气之多，亦令地暖。若气不如此之多，地必过冷，人不易生。假如人登高山，愈上亦愈冷，其高山积雪，亦久不融，此确据也。气亦无微不入。鳞族皆食养气，如空气不能入，则鳞族不生。草木土石，亦皆资空气以成质，则亦皆空气之所能入矣。

气之配合更为妙奥。假如空气略为加厚，则人之呼吸较难，足以病肺，亦心之动静太缓，血脉不能流通，身体必死。假如空气再为淡薄，心之动静必急，血脉亦急，身体发热，则亦死矣。假如空气中，养气若多几分，人与万物之心，动静必太促数，皆无能生。假如养气三十、淡气七十，石必粉碎，不能筑室，草木之叶皆萎，凡金属皆锈。凡血气者如皆只有养气，世界人物，与几[1]土木金石等形诸类，皆要火灼。淡气、炭气，均足毒人毒物，若者增三分、二分，人物俱受毒死。再如养气、淡气，如有颜色，空气亦必有色，则木不成质，菜蔬多水，不能成熟，人不能食，几[2]有血色者之血，皆不成赤色，不能生肌肤。再如空气，倘有气味，人畜亦必皆死。人物吸养气入肺，合饮食精液入血以成骨肉，其有不宜者，随呼吸出之，即为炭气。此炭气毒甚，亦多甚，人物何堪？上帝令草木吸之，盖草木最宜炭气，非此无以成质。草木吸炭气，复吐养气以资人，彼此循环，互相为益。炭气最

[1]几，当为“凡”。

[2]几，当为“凡”。

重，养气略轻，淡气又轻，水气[1]极轻。假如空气中最下炭气，其次养气，其次淡气，最上水气，人居最下，必受毒死。上帝能令四气彼此呼吸，上下匀配。有一确证，人终夜闭户，炭气定多，一启户则炭气即出，养气即入，不待风来。又，空气诸质，分为许多流质，其质极小，凡有声音，皆由流质递传，如遥闻枪炮，必先睹其烟，非响之后于烟也，由其经过相去之地也，可知必有送此响者。设空气略厚，流质拥挤，声音受阻，其来也必迟。设空气再薄，流质太疏，声音不能传递。合观诸妙，谓非造物主爱民之至意哉？

[1]水气，当为前文所称“湿气”，即氢气。

第七章　论水

水之清者，乃一分湿气、八分养气合成。其大概如江河、湖海、泉源，统计之内亦兼有余质几分。孟子云："民非水火不生活。"[1]水之所系，重矣大矣。沐浴饮馔，茶汤酒醴，陶人抟埴[2]，文人楮墨[3]，皆水之功居多。不特此也，人物体质，统计之，水居四分之三；地面之水，亦约居四分之三。中国俗语论地亦云："三山六水一分田。"尤奇者，水如有味，或类酒，或类醯[4]，或类药，人不能饮，或烹为茶，或酿为酒，其茶与酒之甘旨，无可尝试。其或有色，则善毒莫辨，易致伤人。其或加浓，不能无微不入，草木土石，不能资以生成坚致；其酿为气也，亦复艰涩，火轮舟车与凡火轮机器，皆不易用。上帝造水，皆无此弊，恩何溥[5]欤！

就海而论。海底地势高下不齐，与陆地略同，其深浅约自十有二里至十有五里不等。假如海面水势增高半里许，恐世宙只余高山；增高五里余，则陆地没于水中，人

[1]语出《孟子·尽心上》。

[2]抟埴，音tuán zhí，以黏土捏制陶器的坯。

[3]楮墨，音chǔ mò，纸与墨，借指诗文或书画。

[4]醯，音xī，醋。

[5]溥，音pǔ，广大。

物皆无居止之所矣。假如洋海或再减少，其蒸气必少，雨露亦少，百谷蔬草不实[1]，人苦荒旱。又，洋水质咸，非咸则无以持久，萍生味臭，人易患病；且咸亦不冻，不冻乃可永久不变。其尤奥妙者，上帝令日月呼吸海水，以成潮汛涨落之势。当日月同度，合力吸引，或日月相对，合力吸引，能令水高，潮必大；若日月相距九十度，则力分而潮小。故朔望[2]潮大，两弦[3]潮小。潮汛极大利益，则涨入河口，可通舟楫。尤希奇者，洋海中亦有河流，其最要者，大西洋海中有大江一条，如中土洋子江略同，其发源于赤道，多受太阳蒸而成热，西流于墨西哥，又东北入英之西海，而北而东，又西南回流，附欧罗巴及英国两海滨而行。乃英国所赖以存者，如无此江之暖，和煦地面，则地必严寒，几类冰洋。中国都城在赤道北四十度，英国在赤道北五十一至六十度，以中国都城之冷较之，知英国无此热江之为，尤寒矣。太平洋复有一河，距中土不远，亦发源于赤道，其水亦温，依台湾东，东北流过琉球国，至日本国之东洋，复东北而流。此亦大有赖[4]于日本。日本纬度在中国北，其地气较中国北土亦暖。其更要者，冬日风恒东北，西南舟楫甚为阻碍，赖有此河纵迎，随风前往，亦可日行百里。外此，洋海河流甚多，兹不具述，皆可于他书考之。至于陆地之河，几遍地舆，有大有小，其流有迟有速。其为利益，足供人饮食沐浴，灌溉田园，城

[1]实，动词，结果。

[2]朔望，朔日即农历每月初一，望日即农历每月十五。潮汐随朔望而有所变异。

[3]两弦，即上弦月、下弦月之时，上弦日为农历每月初七、初八，下弦日为农历每月二十二、二十三。

[4]赖，疑为“利”之误。

市村落，诸凡污秽，赖为洗涤，以及水磨工匠，造作纺织诸机器等，皆资乎夫水以代人力。

宇内万物体质，大凡遇冷而缩小，遇热而涨大。其缩也较重，其涨也较轻。人之身体，经寒则拘，受暖则伸，亦其据。惟水独异，寒极而涨而大，如瓶水冻甚，瓶必为冰涨裂；池水冻甚，中必突起，《礼》所谓“水泽腹坚”[1]者是也，其分量亦较轻，故浮而不沉。假令水冻而缩而小而重，必下沉至底。每夜加增一层，日复一日，湖海江河，皆填塞如平原，虽炎夏不能融化，世宙万物，必以冷死。至哉！上帝多方益人，他物皆顺而成之，惟于水则反而用之，以利世人。

地面有雨，则有出口之河水，水流入洋，常带有动植诸质，融为渣滓，成为盐质。陆地有湖，若为河流出入，则其水永淡。若汇众流而潴之，则其水亦咸，可煮为盐。故远海诸区，上帝皆置有大湖，专纳河流，积成盐质，以资民生。如亚细亚、亚非利加、亚美利加诸大洲中间，倘无大湖，则盐无由出，人之饮食失调，人不能居其地，尽成废土矣。且人不但用淡水、咸水，上帝更令地出汤泉，或温，或热，或沸，内俱有许多药质，其大概硫磺质居多，皆足以供人沐浴，医人体疾。谓非上帝爱人之至哉？

湿气、养气二者皆能燃火，几类于油，其合而成水，性即顿反，万无能燃之理。前论空气云，只一养气，世界所有之物，皆要火灼，假如上帝将湿、养二气之水分开，江河湖海，皆类为油，世界即登时火灼矣。故新约书有云

[1]“冰方盛，水泽腹坚，命取冰。”出自《礼记·月令》。

“世界末日，上帝出一言，令世界火焚”[1]，当即如此。

[1]世界火焚当即指烧着硫磺的火湖。《圣经》新约《默示录》21：8：“至于胆怯的、不信的、可憎的、杀人的、淫乱的、行邪术的、拜偶像的和一切说谎话的人，他们将在烧着硫磺的火湖里有份；这是第二次的死。”

第八章　论皮相

凡有血气之物，其大概分为四属：曰羽属，曰毛属，曰鳞属，曰介属。其各属又各有异。如羽之属鸡与鹜异；毛之属羊与牛异，豕与犬与猫异，而猬尤异；鳞之属鲤与鳝异；介之属龟鳖与蚌蛤异。[1]

其各属皮相，各有意义，为与各土、各体合宜，彼此不可移置。设以牛羊之毛移于犬豕，犬豕之毛移于鸡鹜，鸡鹜之羽移于鲤鳝，鲤鳝之鳞移于蚌蛤，再以蚌蛤之壳移于鲤鳝，鲤鳝之鳞移于鸡鹜，鸡鹜之羽移于牛羊犬豕，其俱能生乎？倘无聪明之主宰，恒为之主理，吾知其必有傎[2]矣。惟人之皮相独异，内亦有意义，为其可以衣也，其在寒处者增之，其在热处者减之。倘人生羽毛必不宜于热地，为此故，无问地之冷热，时之寒暑，惟吾人无不合宜。[3]

羽毛鳞介之属，不惟饰体，亦可以护体。如刺猬、鱼鳖、飞禽等，如披盔甲，如持刀兵。亦有兽实披铠甲

---

[1]此处分段为整理者添加，原文无。

[2]傎，音diān，古同“颠”，颠倒，紊乱。

[3]此处分段为整理者添加，原文无。

如一兵将者，西人名曰阿马底罗[1]，状类豕，无细毛，其毛坚硬如龟甲，逐节分披，如人之铠甲，活转适体，其在首尾者圆而小，几类鱼鳞，在脊者略大而方，皆足以自卫。又有箭猪，无长牙利爪，亦不善走，上帝予以绝妙卫体之毛，其毛如箭，在首及后身尤长。倘遇何恶物当前，全体掉转，首足伏地，毛箭四围张护，振振有声，时或出一毛箭，伤毙

鼧鼠

阿馬底羅

剛葛鹿

[1]阿马底罗，armadillo之音译，犰狳，哺乳动物，全身大部生鳞片，腹部多毛，爪锐利，善掘土，属犰狳科，头部和躯体包在由骨质鳞片构成的甲胄内，昼伏夜出，吃昆虫、鸟卵等。

其物。为恶物或啮其毛箭，其断锋直入内腹，不复能出。其毛之管，内空而质甚坚，色间黑白，西人常用以代笔书字，亦用以画，亦用作编篮枝干，实为美观。[1]

鼠之中有最异者曰鼢鼠[2]，常居地中，由地中通穴道行，其穴道之面，高起一线，曲折如蚓之行迹，内有其居止处，则多一突。鼠之形状希奇不具论，其穿穴前行，倘遇石或猫犬等，欲回身；穴细无可掉转，须倒退。如其毛向后生，退行则逆其毛，是为不宜；如其毛向前生，前行则逆其毛，亦不宜。故其毛向上而直，或进或退，均无不宜。且居在泥途，多湿而冷，如其毛与犬类，难禁寒湿，乃其毛厚如极细氄[3]毛，亦多油，故不畏寒而亦利水。皮亦甚坚，刀不易入，石不易伤。此物颇有需用，为其穴地令土脉松活，收入空气以资长养，殆生成之耒耜也。[4]

兽之类如猫如虎，又皆有须，其须能有知觉，尤有善用。为虎猫等善探穴捉生物，如穴小而强入，或不能复出，必致之死，故其左右之须，阔与身等，每遇一穴，先以须试其广狭而后无虑。澳大利亚洲有野兽三两种，又为奇异。最大者名刚葛鹿[5]，四足前短后长，不能平行，恒跳跃食草莱，与山猫等。其牡[6]者身体较大，自首至尾末，长约七尺，重约二百斤。牝者生子，产期极促，子初生时，甚软弱，不能运动，与凡畜子大异。乃其母之腹，

[1]此处分段为整理者添加，原文无。

[2]鼢，音fén。鼢鼠，哺乳动物，在地下打洞，损害农作物的根及牧草，甚至危害河堤。亦称盲鼠、地羊。

[3]氄，音rǒng，鸟兽细软而茂密的毛。

[4]此处分段为整理者添加，原文无。

[5]刚葛鹿，即kangaroo的音译，今译袋鼠。

[6]雄性的鸟或兽，亦指植物的雄株，与“牝”相对。

外生一兜，其子生，即置于兜内，稍长，或出兜，或入兜，各适其意。其余一二种亦类于此。[1]

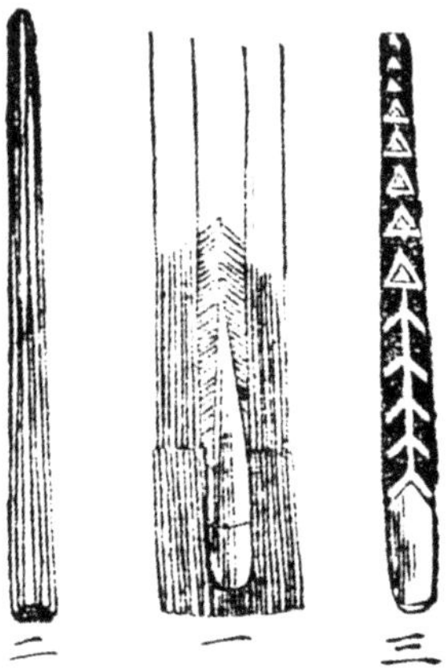

管毛

凡畜属，上帝欲令其暖，又皆令其皮肤内生脂。脂所以护内之暖气，令不外出。极北之畜，脂亦愈厚，故熊貂鲸鲵等，其脂最厚，皆为极北之所产也。尤奇者，羽毛属夏脱秋生，冬更氄毛。物不能衣，亦不需衣，或脱或生，亦如衣之随时增减然，又如衣之更换一袭然。每一茎羽毛，又创造希奇，与花草禾麦之挺生迥异。其皮肤内有孔穴，如天生模范，小大形式，一定不易。中有羽毛，穴孔初生，而弥其孔穴，是为翎管。管底有孔，吸血以资养羽毛。其管先生如笋，再长渐壮，血皆满管。及羽毛成，管底孔闭，血亦枯干，映视[2]之，如有枝干。此其事凡三异。一为模范，一如镕金，一令发生。况一禽之羽毛不齐，或厚或薄，或短或长，其用殊异，其色更相间成文[3]，倘非有具极智巧，无可拟议[4]之主宰，预为经营，安能有此？又，毛属之毛，不入水者，脊多腹少，如狐狼、山猫等是也；入水者腹多脊少，如海虎、水獭、海螺等是也。入水之禽，羽

[1]此处分段为整理者添加，原文无。
[2]映视，意即透视。
[3]文，即纹理。
[4]拟议，行动之前的计划、筹划。

管下皆有氄毛，如水鸭等是也；不入水者无之。水禽之小者，其氄毛色黑，盖色之能御寒者，惟黑为最；其大者非黑，为其血气之力足也。[1]

大抵禽兽之毛色，皆与所产之土地相宜。其大者，兽如虎豹，禽如鹰鹯[2]，有不合于土色，为其力足自护；至其小者，如山猫[3]等，如百龄、鹌鹑等，与其所产之土色，不爽丝毫，盖令人目迷，并令凶恶之禽兽目迷，而为之保护也。此又岂非上帝之美意哉？假如有人，欲作成一飞禽皮毛，甚非易事。为其紧要者有五：其一欲轻，其二欲坚固，其三欲粘连，其四欲利水，其五欲暖。轻则不能坚固，坚固则必重，不粘连则不能利水，亦不能暖。试即一羽毛验之甚悉，其翎管之下皆空，空故轻，又甚坚；其上非空，亦轻，亦坚；毛甚粘连，如拨而开之，仍复合。不惟如此，亦门缝[4]如木板之有簧缝然，亦相挨压，如布瓦栿[5]，故雨不能入，可以利水，可以御寒。其翅外有长翎，便于高飞如挽舟之棹[6]。尾有长翎，便于掉转，如小舟之尾棹，亦兼舵之用，可以令舟旋棹。倘非有一无限聪明之主宰，预为筹画，其能有此乎？假如有人将一野鸡羽毛，尽行拔出，令人再为披上，其能位置妥当，令其颜色相宜，如本来生成者否？吾知其必不能也。此其事之小者，尚不能，况其大者乎？

[1]此处分段为整理者添加，原文无。

[2]鹯，音zhān，鹞类猛禽。

[3]山猫，一般指猞猁，音shē lì。

[4]“门缝”二字疑为衍文，当删除。

[5]栿，长木。

[6]棹，音zhào，划船的一种工具，形状和桨差不多。

第九章　论首

凡物之首与喙，各有意义。或能生擒活物，或能穿土为穴，或捣树木，食哈虫，饮木浆，或食草，或食谷，或嗑核仁，或捞水物，或辨五味，或呼吸叫号，或相触斗，用自卫护，无不相宜。如虎狼狐犬，唇薄而捷，皆能生擒活物；牛则唇厚而博，能茹多草；羊马则善啮萌芽，马牛羊之舌，长而粗涩；豕能掘土觅食，虫豸田鼠俱能穿地为穴，皆赖其喙以为用。假如牛之唇或类豕，或类犬，必不能生。[1]

兽之类惟象为尤奇。其首极大极重，如其颈复长，则首不能举，故其颈短，颈短则首不能及地，亦不便掉转，其何以饮食？故其鼻独长，且伸缩如意，运转自然，几类于手，可以下拾草芥，可以上攀木叶。鼻之末复有一物类如指，按之鼻端，可以拾微物，如针如刺，亦能拾之。鼻有二孔，通入脑，能吸多水，可以自饮，可以澡身，喷而出之如雨雾。昔有剖一死象鼻者，视其内之筋络，具有四万条，故其运动自然，无不能为，亦具有聪明。西国有一裁缝，方工作时，适有一象至，自牖伸其鼻于案上，裁缝以针刺其鼻端而戏之，象从容而去，吸水满鼻，从容

[1]此处分段为整理者添加，原文无。

而来，再伸其鼻入室内，喷而出之，裁缝惧而逃，几乎遭溺。复有长牙二，约六尺余，其重约自六十斤至百五十斤，能作兵刃杀人物，能掘树木，令倒而食其木叶。[1]

犀牛大类于象而差微，体亦极重，胫亦甚短，无角无长鼻，无甚物可以自卫，上帝令其鼻生一角，极长大，甚

---

[1]此处分段为整理者添加，原文无。

锋利。性喜水，宜薮[1]泽，长于斗，能敌象而胜之。昔印度人取其角作医药，或有毒物，以其角试之，角必汗。饮食或有不宜，实于角内即沸溢，或以冷水注于角内，搅以铁箸，水变色可疗疾。[2]

印度东南有一岛曰爪哇，地产野豕，左右颊各有长齿二向上，而其末内勾，其睡时不卧而立，将其左右齿挂于树木，以悬其首。[3]

猿猴喜食果，而凡果皆宜柔条，猿猴上攀不能稳固而足食，亦复手不能携，上帝令其颊下生袋，如人之有囊橐[4]然，故可以怀果以备移时之需，亦以饲其子孙。[5]

亚非利加洲产一兽，喜食蚁，身体极大，无以足食，生一长舌，约三尺余。其舌有味，为蚁所慕，每卧于大树下，隐其体于木叶中，伸其舌于外，待蚁集浓厚，卷而食之。[6]

又一兽，中土无之，西人名曰知儿拉夫[7]。其在兽中，体极高，无与比者，约二十尺，食反嚼[8]，性质约在鹿与骆驼之间，其外貌类如极高马匹，最喜食极高木叶，故其颈极长，尤奇者其舌伸缩如意，愈伸而其末愈细，能伸长若干，缠绕木叶，折下而食其叶。此亦亚非利加洲产

[1]薮，音sǒu，生长着很多草的湖泽。

[2]此处分段为整理者添加，原文无。

[3]此处分段为整理者添加，原文无。

[4]橐，音tuó，口袋。

[5]此处分段为整理者添加，原文无。

[6]此处分段为整理者添加，原文无。

[7]知儿拉夫，即giraffe的音译，今译长颈鹿。

[8]反嚼，意反刍。

也。[1]

凡畜之齿，类有三：一门齿，利于噬；左右椎齿，利于掣裂；后则食齿，食齿不同，有甚利者，亦有不利者，类如旋磨。上下齿相宜。有绝无齿者，即食虫豸者，是为其无需齿也；有齿二类者，门齿、食齿，如山猫、松鼠、家鼠、嗬囒豕[2]等，门齿极长，亦甚利，虽木工铦[3]刃无以过之。又希奇者，人物齿牙生成不易，脱则不复生，此诸畜类其门齿日渐增长，为其啮坚硬易致损，非日长则日销。假如其下门齿脱落，其上门齿无对，而又逐日渐长，必致齿床受损，不食而死。牛羊之齿，二数[4]俱不足，其胃之内，分有四处，几如四胃等，可以助齿力之不足，刍入胃后，能反嚼。象惟食齿，齿力不足，亦非逐渐增长易致伤败，乃其齿之后，每有新齿生来，旧齿伤落，即前挨入旧齿地，后复有新齿生焉。虎狼熊犬，门齿不大，椎齿则大而甚利，善掣生物。凡物畜之齿不同，有宜刍者，若牛羊类；有宜谷者，若鼠类；有宜肉者，若犬类；惟人则无不兼，故食无不宜。凡人初生，齿小而齿床亦狭，及其长也，齿床日阔，其齿则一成不易；然则当小时，其齿亦小，食多不宜，上帝令其初生之齿，及时脱落，而巨齿重生，极为密致焉。

---

[1]此处分段为整理者添加，原文无。

[2]嗬囒豕，荷兰猪，又称几内亚猪（Guinea pig），又称豚鼠，南美洲特产。晚清士人翻译西方国名时，常加“口”旁、“犭”旁，以表达视“夷人”为“犬羊”的蔑视之意。

[3]铦，音xiān，本义为一种农具，后泛指利器，并引申为“锋利”之意。

[4]二数，即偶数。

第十章　论首

飞禽之喙，与走兽甚异，形式不同，体质不同，非骨非肉，乃别为一质，特意造化，类如人之指甲，无数形式，各形式俱甚相宜。雀之喙甚小，其末甚细，凡何细物，皆可拾食，凡何粟粒，皆可以齣[1]。鹰鹯食雀，喙之末下勾，有力而甚利，其剔食骨肉，如人之用刀匕然。又一类其喙交错，有大力，虽甚坚果核，力能齣之。若夫专食虫豸者，其喙长，而末细如针，遇小虫豸，刺而食之，无一逃。又有飞禽极小，其羽毛色色俱备，飞禽之可观者，惟此为最，其性喜食花蕊之蜜浆。食此颇艰，盖无问或草或木，一花不足架一禽，乃上帝令其生极长翎翅，能于空气中自行伫立。蜜浆酿于花心，不破似无以得此浆，上帝不令有损于花，故令其生一极细喙。蜜浆产于热地，蕊极长，此禽之喙亦极长。花蕊非直，此禽之喙亦非直。又有花蕊下垂如倒悬者，此禽喙亦向上微曲，可翻飞仰而食之。水禽之喙尤为奇，喙之内有如锯齿者三四行，实非齿，别有意义，为其可以出入水，漉[2]水物而食之。凡水禽股甚高，喙极长，形各不同，有微上曲，有微下曲，有

[1]齣，音qiā，啃咬。

[2]漉，音lù，液体慢慢地渗下，滤过。

嘴寬闊如小舟

嘴之末下勾

嘴交錯

塘鵝

四鳥頭

两折曲，有宽阔如小舟者。喙之内各有刺，能衔生鱼，鱼不能去。最奇者，塘鹅[1]颔下生一袋，类如猿，其体质大类像皮[2]，能大能小，鼓缩如意，得鱼即入袋内，其袋约

[1]塘鹅是鹈形目鹈鹕科鹈鹕属8种大型游禽的统称。体形粗短肥胖，颈细长。通体白色。喉囊大且具有弹性。栖息于全世界许多地区的湖泊、河流和海滨。

[2]像皮，今通称橡皮。

容大鱼二十尾。飞禽之颈亦甚长，盖凡禽，脊尾皆有油管，内生多油，施洗羽毛，足令滑泽，为美观，亦复利水。惜无操作之手，爪亦复不利用，故特予一长颈，令其首及油管，日吮其油，而洗刷其羽毛焉。

鳞属之喙，形状无算，咸各相宜。试举其一二。鲨鱼之为类不一，或为白，或为蓝，又有别具一奇形者，其取名曰公子帽。性猛悍，善水行，甚速，凡有所遇，或水族，或陆地人物，无不喜食之。假如其喙与凡鳞族同，恐

公子帽

針魚

大筒魚

禽首魚

水族几无存者，上帝令其喙生颔下，翻身仰上，方能就食，故其就食，须延时刻，凡遇之者，皆有暇以避之。舟子悉此情形，故有时失足误溺，倘遇此鱼追食，潜身水底，抽刀刺鱼之背，如此者三四，而鱼即毙。剑鱼之喙，锋利似剑，其取食也，刺之。有俗名针鱼者，喙长而细如针，想亦其流亚[1]欤。又有俗呼为大筒鱼者，其喙如一筒，筒之末系柔皮，善贴物，凡有所遇，以喙贴之，项下气一鼓，即吸而入。虾有长须二，善捉物，其极大者，前有上下二甲，下甲甚坚亦甚利，其用之，几类剪刀。又奇者，印度河产一鱼，体甚圆，其全体如一飞禽首，名曰禽首鱼，性喜食蝇蚋[2]，其遇蝇蚋于空中，或草莱上，自其口喷滴水向蝇蚋，击而食之，如用小枪炮然。土人常活畜之，为小儿玩，小儿有时钳一蝇蚋，遥而示之，彼即出滴水击食之。复有鱼口能作管，能喷如许水落空中，击群飞虫，取而食之。至于鳞属之齿牙，约皆向内侧生，不与凡物同焉。[3]

总之，万物之首，皆与其体质、与其食物、与其所产之地，均无不宜。故或居地面，或居地中，或居空气，或居水际，各自适焉。人之体立，上下一直，故首上擎于脊；物畜横行，故首横悬于脊。人以手饲口，故鼻高于口而亦外出；物畜则其口外出，鼻多内缩，而亦甚小，观猿猴类可悉。假如人以口取食，则触其鼻矣。凡居地中之畜，其口尖细，为其穿穴，如田鼠类是。鳞属又甚异，水

[1]流亚，同一类的人或物。

[2]蚋，音ruì，昆虫，体长1—5毫米，头小，褐色或黑色，胸背隆起，吸人畜的血液，幼虫栖于水中。

[3]此处分段为整理者添加，原文无。

族亦资养气以生活，前论空气，云养气亦能入水，然吸水中养气较难，故上帝令鳞属之口，内有肉唇几行，善吸养气，其吸水入口，过肉唇而养气即为所吸焉。

第十一章 论咽喉胃肠

首之附近者，内有咽喉，各物皆异，悉数难终，要各中其用焉。人之饮食，自上而下，顺而易，故咽喉之内滑。马牛等俯首饮食，乃自下而上，如其咽喉内仍滑，食何以入？故其喉内涩。不惟如此，其喉内有肉筋，连环如螺丝，食入喉内，逐层缩入，渐次至腹。喉内通胃，各物类不同。其最奇者莫如骆驼。驼之胃分为二，一受食物，一受水。受水之胃类如袋，食之时，水胃闭其口，饮则开。水胃凡十二行，如众小袋层布。其饮水先足一行，旁有细管，引至二行，逐次引足十二行，即不饮矣。饮水一次，可十余日不需饮，盖渴则挤一袋之水以润之，复渴复挤，其奇妙如此。世宙有沙漠，俗名旱海，或至千余里地少水，若无此骆驼之奇妙，人不能行，且骆驼不惟能自携水，亦所食无多，亦不虑缺食，则以骆驼皆有肉脊，耸起如峰，或单或双，其内皆脂，倘沙漠无刍[1]，脂能镕入体中以自养。此岂非上帝极为经营妥协[2]，令行沙漠无人之境？故西人号骆驼为旱海之舟。

人之饮食无不宜。凡各食物，无问体质凡几，入胃

[1]刍，音chú，喂牲畜的草。

[2]妥协，协调。

駱駝胃一塊

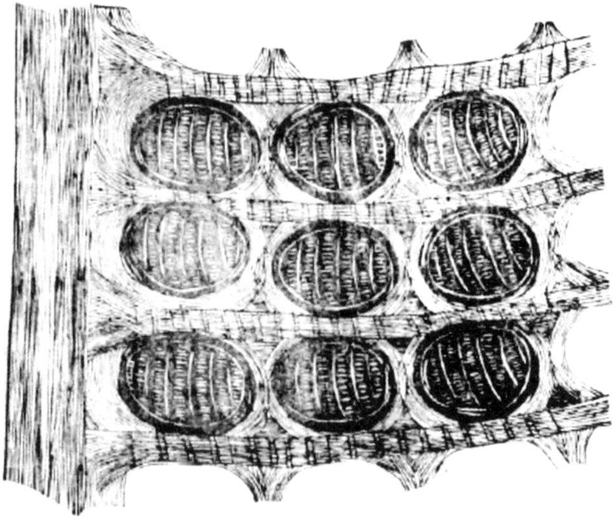

后化为一质，再入肠复化为一质，有如乳。肠之表有如许细管，仅与毛发比，使胃肠内之乳共入脊，再由脊而上，于项于背之间，与血管遇，遂并血入心，后由心而散于全体。其血兹不具论，论乳之作用于全体也何如。作骨，作肉，作脑，作心，作肺，作肝，作胃，作肾，作筋络，作齿牙，作眼睛，作毛发，作指甲等，此如一舟，具有木铁篷帆绳索等。其孰能据有一质，以成如许体质耶？不惟如此，复作口涎、鼻涕、眼泪、耳蜡、毛孔之汁、骨节之油，如车辖之有脂膏；然又作眼睫、食管、气管、肠胃胞膜等，津液、肝胆汁、甜肉汁、乳汁等。凡此诸质，或厚或薄，其味或苦或甜，或辛或酸，或咸或淡，皆自食物生来。夫黍粱可以酿酒，麻豆可以为油，如无人存心积虑，劳力成功，安能有酒，安能有油？乃究有宿学名儒，令人心信从，然无上帝早为经营人之脏腑，此饮食自能成此如许作用，有是理乎？其尤奇者，胃之内各具有天然津液，有无限能力，宇内药号万千，无一具此力者。如酸之属化一物，碱之属化一物，至胃之所受，或为谷，或为肉，或为蔬，或为果，津液无不化之。其有不化者，独一生物焉，盖津液如化及生物，则亦化及胃矣。人有时误食生虫，入口即毙，故胃之津液，仍复化之。至于胃与肠，恒有虫生焉，为其既生，故不为津液化，惟药乃化之。且同一津液，同一饮食，其养成各人物形体，各相宜益，无少舛错。如人如犬，可同一食物，人自成人之官骸，不能有犬之一体，犬亦自成犬之皮毛，不能有人之一体。即人与人，男女老幼，未尝不同一食物，乃其形体亦各异焉，此皆由胃中津液化力而来。其化力人不知觉，人自作人工，津液亦自作其工，人不能兼理其事，令其时而作时而息，其果孰主之者？是为上帝。非上帝，讵能无少误乎？然则世人不惟赖上帝而足食，亦且赖上帝而能化此食矣。[1]

外此之功用则为肠。刍难消化，故草食之畜，其肠长；肉易消化，故肉食之畜，其肠短。其极长者则莫若鹿。昔美国有杀一牝鹿者，其肠长至九十有六尺。羊之肠长于身体三十倍，虎之肠长于身体三倍，鹰鹯之肠直而无曲折，人则无不宜食，故肠之长短亦适宜。尤希奇者，更有妙用焉。畜皆横立，其肠平卧，人则竖立，其肠直下，饮食逐层下压，虑其迅速，无以资养身体也，故人之肠内有大纹绉，阻滞食物，缓为融化，此岂自然而然有者？而且逐日饮食，逐日销磨，亦宜日久益滑。恐食仍速下，乃俱未有此，吾固知其极聪明创造身体之主宰者为之也。

[1]此处分段为整理者添加，原文无。

第十二章　论形体

凡有血气者之形体，亦各相宜。兽有蹄，与陆宜，鱼有翅，与水宜，鸟有翼，与气宜，人皆知之。尤有奇者三两，足悟其中有美意焉。鸟之骨皆无髓而空，假令其骨与兽等，羽毛虽丰，不可以高飞。其皮肤内复有如许极小风胞，亦便于空起。再如鸟之生育，或为兽之胎生，亦复不便，故上帝别具一创造法，令其生卵，卵不能齐生，浸[1]长浸生，其一起之卵俱生，即翼伏之，及期而雏产焉。生卵之数亦有差，野禽自二至十余不等，家禽之卵多生，盖为人之喜食之也。至其足，有为爪者，有为掌者，大抵恒陆居者皆为爪，善水者皆为掌焉。

駱駝

鳞属之体，各与其所产之水、所食之物宜，其骨与禽、与兽亦异。假如鱼为兽之骨，患于重；或为鸟之骨，患于大。故上帝复异其骨，亦甚坚固。非仅此也，其脊内复有风胞，能自大小，亦居脊之中，适于用，如在前，或在后，俱

[1]浸，音jīn，渐渐。

不宜。亦与鸟之风胞异，在鸟者小，在鱼者大；鸟不能自为主，鱼则鼓闭自主之。伤其风胞，鱼必下沉，不能浮其间。有无风胞者，则如比目鱼，常潜水底，浮水不高。鱼亦卵生，味美者卵之多无可数，其恶者颇为减少。

兽之体凡百，首尾股趾，各各适宜。其有意义者，莫如蹄爪。如人手足之有指甲，一能取物，一能行路。如手无指甲，则攫取不便；如足无趾甲，则步履维艰。余曾见人足趾伤去趾甲，步艰于行，几似跛者。人固如此，兽亦宜然。野兽食生物皆为爪。牛羊蹄皆分。马不分蹄，盖分蹄则不复善走。其最奇者莫如骆驼，沙漠难行，凡畜皆不宜，惟骆驼宜。盖其蹄内凹，爪外出，入沙稳固，故其行沙漠如坚平路等。猫之蹄更有一奇，底生毻毛，其行无何动静，故善擒生物，令其不知觉也。[1]

亦有非禽非兽，似禽似兽，不走而飞，胎生不卵，能带子雏，凡物不食，惟食空气中之虻[2]虫等，体有细毛，

[1]此处分段为整理者添加，原文无。

[2]虻，音méng。

口有齿牙，俱与鼠同，是为蝙蝠。有小有大，小如小鼠，大者翅展横约长有五尺。有美观者，有凶恶者。不宜地面，不宜土中，不宜树木，惟恒居空气。空气何以能居？上帝令其大指首屈如钩，几坚如铁，欲栖息则钩自悬焉。验其形体，可悉其体骨间架，比于人而微差。有胸，有肋，有脊，有股，有臂，有肘，有膝，有膝盖小骨，亦有五指。大指短而有钩，其余四指极长，而分排如雨盖之梁；亦有皮连各指，后及足尾，以为其翅。尾善掉转，如掉舟之舵（如图）。日入而出觅食，空中昏夜之间，目明不足，最宜者，其耳善伺飞虫动静。耳有大而长者，如兔，亦有短而小者，皆细薄如膜。耳短虑聪听不足，乃其鼻准向上外出，善取臭味，能于空气中，迹[1]飞虫而食之，如犬之能迹走兔然。其指则更极灵觉[2]，投石击水，

蝙蝠骨圖

[1]迹，意追踪。
[2]灵觉，意灵敏。

有纹旋开，空气中虻虫飞动，此气亦为之动，有如水之旋纹，指能探空气纹动，知蝱之或远或近，或前或后，或左或右，捉取之无遗，亦复不能有触，或石或木，或线索等。冬日气寒，空无虻生，蝙蝠亦不食，而蛰于老屋，或枯木，凡幽暗之处。有分蛰者，有合蛰者。泰西有人曾遇蛰蝠二团，枚数之，一则百八十有五，一则六十有三。其蛰凡阅六月，迨虻虫生，蛰即起。其最喜食者惟蚊，蚊生多之处，蝠亦生多，此又大益人矣。[1]

总之，凡血气之物，各具知识，各中役用，皆所以益人。如犬能守夜，善伺动静；猫能伺鼠，夜作巡捕；鸡能司晨，善辨昏晓，服役于主，不待指挥；马牛突背，可以服軛[2]引重，羁靮[3]鞭辔[4]，亦驱策如意。其大小亦宜，假如犬或大如牛马，可以食人；牛马或小如犬，乘亦不宜。号物之数万万，各具各妙，悉数难终，要无一物虚[5]置，无上帝之美意也。

[1]此处分段为整理者添加，原文无。

[2]軛，音è，指驾车时搁在牛马颈上的曲木。

[3]靮，音dí，马缰绳。

[4]辔，音pèi，驾驭牲口的嚼子和缰绳。

[5]虚，当为处（繁体为“處”）之误。

第十三章　论骨

世有至巧至妙之匠，令其匠成一人之形，能坐，能立，能行，能驰，能俯，能仰，能左右顾盼，能登梯攀树，能拾能取，能擒能纵，能举能扛，能负能载，能作金石土木诸工，能为舟子渔人，能耕作纺织，能自保护，能自书数，能视能听，能思能虑，能自饮食融化，资养身体，复能自行产育；亦别无所予，惟予以土，予以水，予以空气，予以五谷、果蔬、鱼肉，其果孰能为之者乎？此土、水、空气、五谷、果蔬、鱼肉等，能自成此人否？究惟上帝能之。上帝每岁约匠成此人三百万余。[1]

有能造木偶者，即欲其立甚难，须烦思虑。盖欲立须下体阔大，下体阔大则一拥即跌，不复能振，惟人则不然，可以正立，可以斜立，可以足前后立，可以双足擎立，亦可以首戴重物，亦可以戏玩如贯梯、走索等。盖以身体疾速轻重，能自适宜，其要者为骨。统体之骨，除牙齿、指甲外，大小凡二百五十有六[2]。[3]

首之骨上下截分为二，其上为脑骨，脑骨之内即为

[1]此处分段为整理者添加，原文无。

[2]原文数字有误，应为206块。

[3]此处分段为整理者添加，原文无。

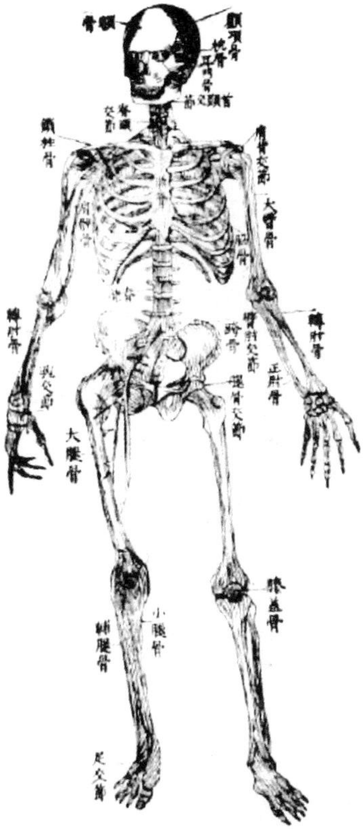

脑。脑之于人也，为性命之原，脑有损则聪悟失，亦为性命忧。故脑骨所以庇其脑，必须固甚，如椟然。故脑骨有八，其大者六，名分为四，其在额曰额骨，额之后左右有二骨曰颅顶骨，最后骨曰枕骨，颅顶骨下左右二骨曰耳门骨。其骨何为有六？有上帝爱人之至意焉。假如脑之骨统为一，一受击触，则全脑骨痛而脑有损伤，体亦因染瘫痪矣。脑骨有六，受击者痛，余则否，讵非良法美意欤？又，六骨虑有不合，或不甚固，乃其六骨外刃皆如锯齿，其缝合俱系交错，内亦有脂，交错之缝甚固，无可究分。惟一法可验，以黄豆实于脑骨内，埋置土中，豆涨[1]而自开焉。又，脑骨圆而不方，如城闉[2]然，如圆桥然，盖圆之较方为固也。婴孩初生，脑骨柔而且软，六骨亦非甚合，此为易产故，亦为其触跌损伤，或裂或凹，无甚艰险。若成人受其

[1]涨，似应作“胀”。

[2]闉，音yīn，瓮城（古代城门外层的曲城）的门。

损伤，必致于死，盖齿[1]愈长而脑骨亦愈坚。乃上帝于此，更有妙用焉。令脑各页，分为二页，内亦生脂，凡三行，其外行比如木，其内行比如磁，其中行则比如极坚牛皮。故其受击时，痛虽不能无，而其内之脑不能动摇。盖髫龄[2]时知虑无多，脑之功用尚微，成人则心思诣力，都归脑用，故上帝更有此妙用以庇护之。其下为面骨，面骨凡十有四云。[3]

脊骨之面

其次则为脊。脊之骨如为一，则梗不能俯，不能仰，不能运转，则是石橛[4]，则是木桩，俗有嗤人为树桩者，殆即谓此。故上帝令一脊共三十三小骨，各小骨皆孔穴，其连属为一长孔筒。三十三小骨连属之缝，又皆有孔向内。凡物有孔者坚，故脊骨甚坚，亦尚有用。脊骨有髓上入脑，周身筋络，皆由脊内孔入而直上系于脑。三十三骨各节之间，又各有脆骨，柔而且软，此有意为其便于踊跃，如无此则踊跃时痛难忍，殆为以骨触骨也。脊骨亦非直，凡三曲，亦有意。如其直，则顶或受击，痛必至尾。惟其非直，故击自顶来，痛至首曲而止，再下无痛；触自尾闾，痛至下曲而止，再上无痛。三十三骨向内，左右又各有外

[1]齿，代指年龄。

[2]髫，音tiáo，古代小孩头上扎起来的下垂头发。髫龄指童年。

[3]此处分段为整理者添加，原文无。

[4]橛，音jué，桩子。

出之骨，形如杵，突其首，乃为绾结左右肌肤，如牖户之上下各有外枢，绾于墙令其固，故人周身至肌肤亦甚固。其尤希奇者，脊之上有交节骨二。一在首与颈之间，与合页等，令首便于低昂，外束以肌肤，以合于寸尺。首槷于脊，较重于前，脑后复有大筋络以维系之，盖微[1]此，则首亦不能上昂。一在颈与脊之间如磨心，令首便于左右，此殆如大千里镜之机，能自上下，能自运转焉。以上各有图志。

[1]微，如果没有。

第十四章　胸膈

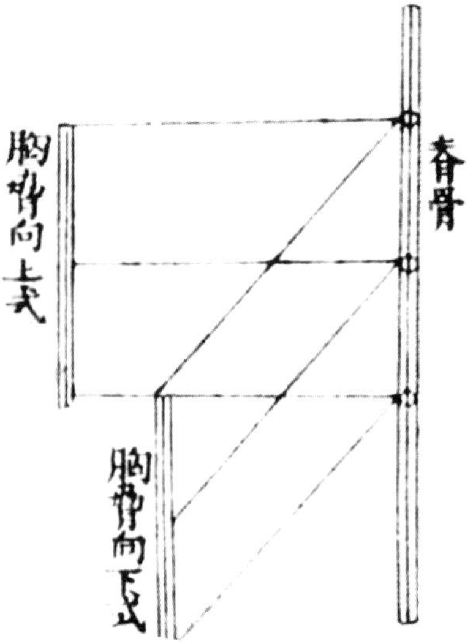

胸膈所以护心肺，乃心肺之安宅，最为紧要，如有损伤，则心与肺俱损伤，故须固，亦须活，能鼓能缩，能上能下，如此然后适于用，而亦为美观，是造此者之具有良法焉。试详论之。上下胸骨居中形如剑，其上首如圆领，合于项。左右肋骨围护，各十二支，七支贯于胸骨，其次四支，递次减小，左右斗角，不贯胸骨，次一支半护脊，不及腹。左右肋骨极坚，出自脊骨，皆中节缝，前贯胸骨，左右凡十有四支，故足以架护心肺，如梁木之能架屋宇焉，极为坚固。各肋骨贯胸贯脊各节，亦斜而不平，盖平则不便呼吸上下。故统胸肋诸骨，皆极活而无一死，如一极奇风箱，吸则诸骨向上，而胸肋鼓大，呼则诸骨向下，而胸肋缩小，一吸一呼，内之炭气出而外之养气入焉。

肩胛骨颇为希奇。此格外[1]物，措置于肉之间，无别用，为二臂榰[2]柱，如无此则臂不适于用。

琐子骨令二臂方正，亦令二臂榰出，不附于颈而致碍。

臂之股大而固，其形其用，极适其宜。肘之骨内外有二，一用以反屈，一用以运转，惟一则不足。其外骨与臂如合页交节，不与腕交节；其内骨与腕合页交节，不与臂交节。二骨两端，亦互相交节，为横合页式，便于运转。腕之外则手，手之骨凡二十有七，盖其用实多，骨亦不复能减也。

上股之骨更为巨，乃全体之冠。骨之上首外出，一骨形如杵而内曲。下股亦有二骨，类于肘。足乃二十有六骨合成，其形凹下凸上，坚固而善立，运动而甚活，以猿猴之足较之可悉。

胫骨小而圆，形如钱，尤为固，盖所以护二骨间之筋络也。

至全体之交节极多，各极奇妙，亦各相宜，如匠作一极奇机具，何节何机何材，各极美备。全体骨交节，有如颈骨、脊骨、舌根骨、下牙床骨、指骨、掌骨、腕骨、肘骨、臂骨、跨[3]骨、臀骨、尻骨、尾骶尾闾骨、股骨、膝骨、足趾骨、足跟骨、足掌前后骨，不一其名，不一其用，不一其妙，兹不毕述。请略举其恒用者凡三，如合页者一，如杵臼者二，一直一横。其一，上臂骨之首圆而大

[1]格外，例外，非常规。

[2]榰，音zhī，本义为柱子下的墩子、基础，引申为支撑。

[3]跨骨，今一般通称胯骨。

如杵，琐柱骨之首凹而小如臼，此有意，为其可以上可以下，可以内可以外，运转如意，活之至。假如琐桂[1]骨之臼大，臂骨之杵小，则臂不能举。其二，自肘至腕，有正肘、辅肘二骨，其交节亦兼杵臼、合页二者，故肘可以反屈，可以圆转，腕亦随之，如缺一不可。其三则股骨。股骨之首不直，向内欹[2]，亦如杵而小，其跨骨之臼则大，盖以其无庸上举也；又有意，盖令其下体宽大而固而美观，亦令二股中离便于行，且令二股踊跃跨，与股相触，痛能止。如其直，则有触痛，必下及足。尤奇妙者，合页交节外有二筋交束作十字式，故其骨不外出，其杵臼交节内，连以极坚之筋，不能割裂，不能击触，盖以圆臼外覆，刀触俱无自而入，且臼内无空气，故臼外空气下压之力甚多，令杵臼永为依附而莫可分离。

二百五十有六骨，其交节亦约二百余，交节多而骨散，宜艰于行动，亦易疼痛，易损伤，故法又有最奇者三。其一，交节二骨，各有脆骨，如镶物然，软而坚，二骨可无损。其二，紧要骨节中有一物，坚如牛皮，令

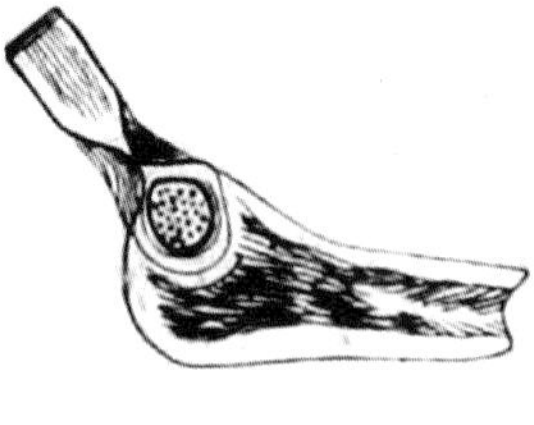

肘臂合頁交節中分式

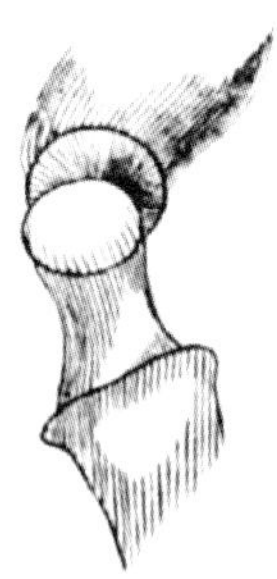

杵臼内相連之筋

[1]桂，当为“柱”之误。
[2]欹，音qī，倾斜。

二骨不相磨砺，此如护车轮者之用牛皮等，火轮舟车亦各有此。其三，各骨交节皆有胞膜，胞膜日生脂膏，凡脂膏无与比者，此如轮船机轴需油孔[1]急，上悬油壶，点滴不息。为此故，凡骨交节，咸足适用，或二十年，或三十年，或四十五十以及百年不毁。假如此肘运传[2]，一时内可周至千百，积至百年而仍如故，此则比诸金石之坚美[3]，较胜千万焉。

[1]孔，很。

[2]传，当为“转”之误。

[3]“此则比诸金石之坚美”，日版作“盖虽比之金石之坚美”。

第十五章　筋肉

木偶中有一极善运动如傀儡者，其内架乃如许线索维系，令其善运动，受驱使，此线索各有意义，无一虚置。况有极善运动之傀儡所万万不足与比者，如吾人身体内之筋肉，其有意义，更不可测矣。无极巧妙之匠，无此善运之偶像；无至圣神之上帝，愈无此极灵活之身体。

骨之外有肉。人皆思全体之肉为一物，复极软弱，不知巨细乃分若干段，段各具一形式，逐段布置，合而成此身体（如图）。图即皮内之肉形。凡身体之肉，俱系两两相对，一令体伸，一令体屈，皆脑气筋为之驱使。其两者对置，非或前或后，则一左一右，如此则各体乃相称，乃美观。假入右腮肉内之脑气筋死，则口必偏而向左。至其与身体为依附也，体伸则肉舒缩，体屈则肉积起中间。其相对之肉，亦各相依附，为伸为屈，令身体无倾跌之虞。此如锯木之工，一推一挽，彼此互为依附者然。

各筋肉与各交节，各极合宜。如交节为合页式，如肘如膝，皆为平直，筋肉亦平直。如交节运转为杵臼式，筋肉亦斜而不直，如颈，如臂，如股。皆可验之（如图）。假如臂与股筋肉平行，则不善运转；肘与膝筋肉斜置，则用无所宜。

筋肉极多，各依其位，各效其用，无相夺伦。计全体之筋，凡四百四十有六，有小有大，有正有斜，有缠绕者，有横贯者，外复有细如发者，有大筋内包细筋，有细筋贯入大筋，出入流动者，四百四十有六，各适各宜，无碍其位，无误其工，无患其痛。倘非具极聪明之主宰，早为经营，措置允当，未有此也。

此貫筋之鉅口乃旁面圖

此是前面

身体之运动，有合于重学之理，如秤杆然。杆分三点，曰力点、重点、倚点，加力之处为力点，所凭之处为倚点，加重之处为重点。倚点偏于重点，则重点之力加，而力点之动速；倚点偏于力点，则力点之力加，而重点之动速。身体之倚点，俱偏于力之一段，以力言之，须多增加。或疑创造身体者之几为误置，不知一端力加，乃一端能速，能速乃运动身体之最为紧要者也，讵有误乎？为此故，运动身体之肉，大约咸与交节相近。运臂肘之肉，即近在臂之前后；运股之肉，即连在跨骨前后（如图）。其上臂交节点为倚点，运臂之肉，即加力点；跨骨交节为倚点，运股之肉，

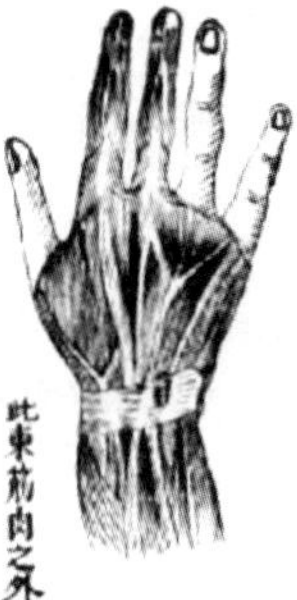

此束筋肉之外面

即加力点。皆其上甚短，其下甚长，故手足之持行，莫速如之。亦有近于交节甚不宜者，如运指之肉近指交节，则指必太巨，不适于观，运趾之肉近趾交节，则不适于履，故生人之主宰，置运指之肉于肘，运趾之肉于下股，运目之肉亦置于脑后（如图）。此其中有二微妙，皆为适用，皆为美观。

肉之末，即为筋，牵连手足者是。但手足或反掌上屈，恐手足腕之筋，空起如张弓之弦，虽外束以皮肤，其力不足。故创造世人之主宰，使外又有肉一段，束此筋络，极为坚固，每筋皆贯此肉，错落布置，如编织然，在手者一，在足者二，并束及掌，有似人之束以带者（如图）。固知此肉非自然而有，无极、太极、理气等，更不能生，必创造世人、具极聪明之主宰预为之备也。

心肺肠胃，时恒运动，其余各体，亦无不然。人不能主理此事，其运动或迟或速，心肺等亦复不能自为运动，果孰主宰是乎？是惟上帝。故人不惟赖上帝而有食，赖上帝而化食，亦且赖上帝而能运动。西国有一人身体爽健，无何疾病，惟目皮之脑气筋死，不能张目，欲张目须拨以指，烦苦无似。是可知非有上帝，恒为主理，人皆烦苦无为爽健者矣。

凡各物筋肉，各极奇妙，此上所言，乃其大略也。试细述其紧要者三。两口之开合，惟下牙床之或上或下，其上似易，其下实难。果何法以处此？假如有筋自下颊之中牵至胸前，引牙床下甚便，而于首甚不便，盖如此则首不复能左右。引牙床下之筋肉，必宜于首，故此甚难。上帝有法，置牵牙床之筋肉于耳后，但此又为牵牙床向后，上帝复置二筋于前颈左右，筋之首皆为纽口，其耳后之筋肉下贯入纽口，再向上而系于下颊之中（如图），故耳后之筋肉突起，即令牙床下引。此非有贯之者，其能自贯之乎？讵非奇妙欤？

各手指屈伸，运动骨节凡三。各指有大筋一，至指之中节复有小筋贯大筋而出于指之末，大者运中节，小者运末节，其贯处如刀割之缝（如图）。足乃更加希奇，则

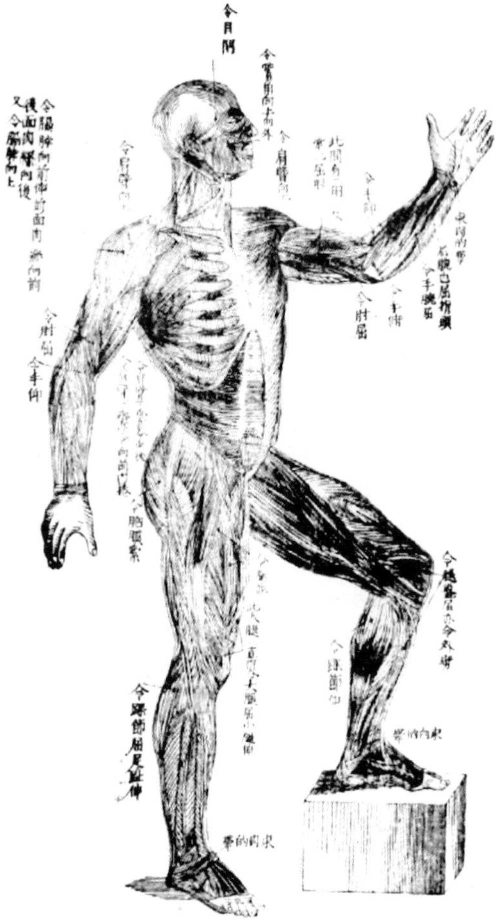

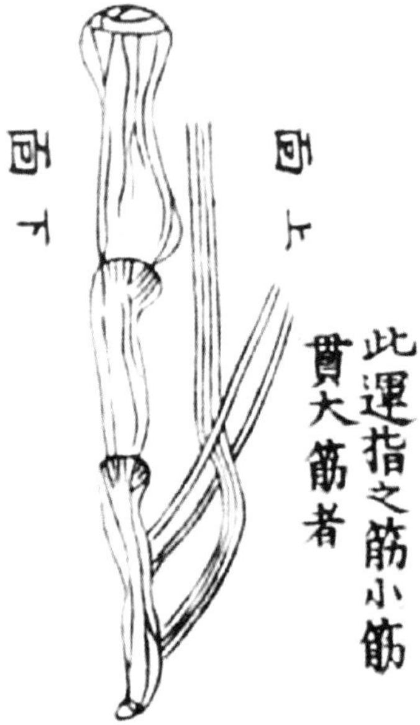

大筋贯小筋焉，二筋皆令指趾圆而适于用。比如手指，能书能数，能琴能画，能迟能速，以及凡百工艺，其为用无穷，要皆其如许筋络之运动使然。

数肉合而成舌。舌之灵捷更不可言。一字一音，平上去入，皆须如许筋络运之。舌音之亮彻与否，亦系于筋。口诵心维，读书而讲贯古今，舌之运动，一时中可成千百。计筋之大者，皆可悉之，皆能计之，尚多极细而无可数者，皆适其用，无误一工。外此复善歌咏，声之长短，高下轻重，俱能适宜。亦用于食，统率齿牙。亦用以尝，善辨五味，不爽毫厘。饮食与语言异，歌咏与饮食复异，至辨味与饮食、言语、歌咏乃更异，究惟此一舌之微，兼理此四功用，几如一人兼四殊异之工，亦读亦耕，亦冶亦弓。倘非有主宰是者，预为措置，一舌之微，讵能兼此功用？

第十六章　论食

太西国[1]有奇妙火轮机具，能自打麦，亦自能播之，自能干之，复自磨之，既成为粉，粗者细者，极粗极细者，各注各处，无或淆乱。粉之所至，水亦至之，点滴缓引，乃自调之压之。亦有利刃割为馒首[2]，或大或小，俱由人意；亦或作为饼饵，割成方圆形式，兼施以花样印号。终以火齐[3]，熟而出之。是一机器之用，入之者麦，而出之则为馒首、饼饵焉。复有机器，能以草或敝[4]衣，自行碎割，自行水煮，分其粗者细者，各出一路，归于平坦，压以圆轴，由端及末，纸遂以成。割以大小，亦各由人，粗者细者，色色俱备。一器之用，一日之间，纸幅之出者无算。复有印书机器，形类风琴，其前皆按指之机，后有如许活字活板，各与机应。指按某机，某字即自行出寨，板孔逐字逐行，砌成语言文理。板完其一，用机移置，复易一板，仍如前法。板完墨至，机自刷之，墨完纸至，机自铺之，机自印之，亦自折而去之。复有织造机

[1]太西国，指西方国家，又作“泰西”。

[2]馒首，即馒头。

[3]齐，音jì，成熟、成功。后作“济”。

[4]敝，破旧。

器，予以绵花[1]，自弹自纺，自织自染，所出之布，粗者细者，华采者，色色俱备，均各由人。外此机具甚多，悉数难终。苟无智巧之人，役其心志，细为经营，无以成此机器；无小心监理此机器者，必致失机误事，莫竟[2]其工。[3]

究此极奇之机器，终不能与吾人之身体比。饮食养育身体，身体驱用饮食，亦似纺成如许巨细筋络、毛发，织成如许皮肤指甲。饮食本柔弱，亦成此坚硬骨干，亦成此口涎、鼻涕、眼泪、耳蜡、毛孔之汗、骨节之油，以及腑脏等如许体质，讵非无量无限之奇妙欤？故欲究此饮食，奚以周行全体，成此如许功用。手取食物，至口牙骨开，唇接入之，齿牙粗嚼，牙床大肉助嚼，舌端抵腭，逼物入喉，喉敛逼物过气管口，食管接物入胃而消化。食管内有连环纹如螺丝，食物入管，逐渐缓行，非速下胃。化物三功用互助：一，运动匀转令化；二，生津液令化；三，本热令化。水先吸入微丝管，余在胃中化为糜，幽门开，糜入小肠，与胆汁、甜肉汁匀合。匀合后，糜质尽变，此时分别精液[4]、渣滓。精液色白如乳，众微吸液管摄吸精液，经肠膜之核，众管合为总液管。上脊骨之前，精液由脊骨中自行向上，内有如许户扇，如人倾跌，户自闭，精液不能回，直至左颈，通回血管，入运行之血。渣滓经阑门入大肠，由大肠传出。外复有肝、胆、脾、肾、膀胱等，亦复有如许不及悉载。统而计之，体质不一，位置不

[1]绵花，今作“棉花”。
[2]竟，完成。
[3]此处分段为整理者添加，原文无。
[4]精液，精华。

一，功用不一，要其中各有良法美意。如欲考究详明，可参阅医书。如现欲细论吾人全体内外，恐十易春秋，功有不足。故撮举一二，令人知上帝之恩爱已耳。

食物入口，无水则舌干不能知味。有生水之穴，左右各三，如井三眼，无涸时，其名曰核。核在口不便，故在后。一在左右耳孔之前，曰而下生水之核。核有管，圆径如麦，长约二三寸，由腮肉内直贯入上牙床骨，由中食齿运水入口。一在左右下牙骨之下，曰牙骨下生水之核。一在舌底左右，曰舌底生水之核。二核之管差小，至舌底左右，各汇为一，运水入口。六核之水不同，功用亦异，耳下之核水清，主于消化，其余水浓，主于胶滑。

又有难焉者。口之下为喉，喉有气管、食管二者。食管居后，专纳饮食；气管居前，专司呼吸，最不宜饮食物，虽少许必致咳嗽。凡饮食物必经气管之口，果奚以越之？气管口有户扇，比于木叶，时恒竖立，名曰会厌。食物过此，则会厌掩盖气管口；食物既入，仍自开之。此为总气管，下通于肺，与其余诸管皆甚异。其余管之质，皆肉皆柔，或启或闭，如食管受食物则开，不受食物则闭；总气管有如许脆骨，圆如玦，逐层排列（如图）。此有意，盖令其不能缩闭，乃能呼吸自如。亦非全

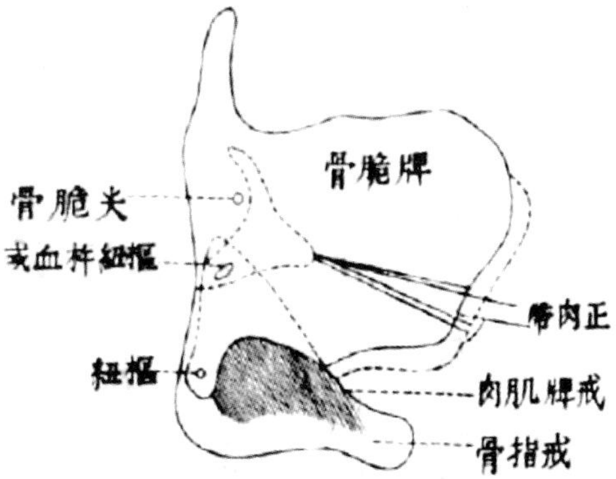

圆，附食管之面，缺少许如缺月，亦柔弱，不然则有碍食物。管之口有一器主发声音，如一乐器然，为脆骨四，为肉带二。二肉带前后横牵脆骨，中成三角形（如图）。有枢纽牵肉带动摇，肉带紧而短则声高，松而长则声低；脆骨节缩短则声高，舒长则声低。声之高下，皆能与笙琴箫管之乐器曲应。不惟如此，虎啸猿啼，莺歌燕语，鸡鸣犬吠，牛号马嘶，各妙一音，惟人则兼擅其长，无不能仿，独一肉带出之，枢纽转之，其奇妙乌有尽哉！

总气管乃两大气管合成。两大气管入左右肺（如图），分为众气管，再分为微气管。微气管根于气胞，气胞合而为肺。肺体满布胸肋，形下阔上锐，下界满抵膈肉，外圆滑，质轻松，有胞膜，胞膜翻转附肋骨，翻转处为气血管所从入，入后支派愈分愈多。肺大叶分左三、右二，小叶极微而多。小叶皆有气血二管（如图）。气管居中，血管左右，一脉管，一回管，为此故紫血入肺，至气管与养气遇，仍化为赤。肺主呼吸，出炭气，接养气，能容生气如许。呼吸迟速，与心相应，一呼一吸，心跃者四。跃与呼吸，非人自主。心肺功用，生命倚赖，心肺相通如斯，肺之微妙如斯，非有具极聪明之主宰，预为经理，奚以有此？

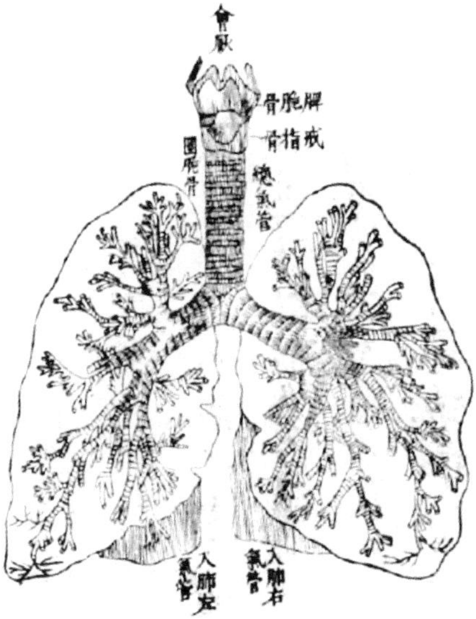
會厭
脾脆骨
戒指骨
圜脆骨
總氣管
入肺左氣管
入肺右氣管

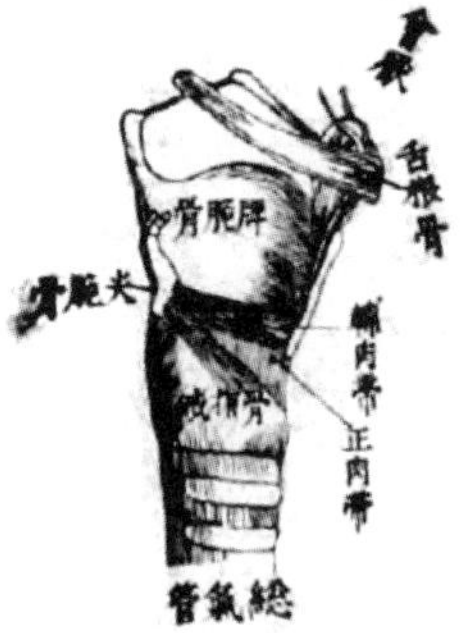
會厭
舌根骨
脾脆骨
尖脆骨
戒指骨
正肉帶
總氣管

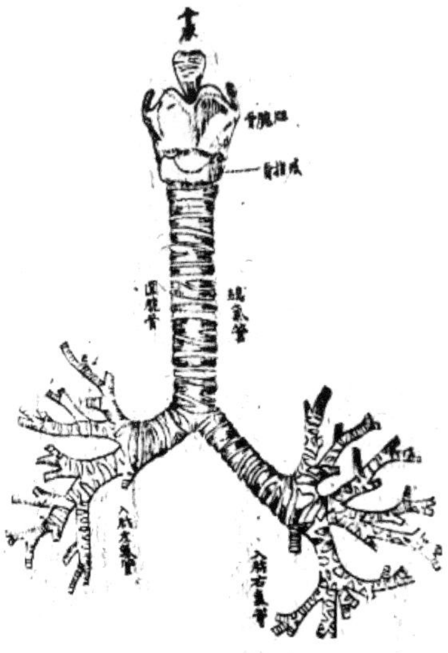
會厭
戒指骨
圜脆骨
總氣管

第十七章　论血

饮食精液，化而为血，色赤，此为正血，由心之左下舍发源，出总脉管，流布周身，资养全体。渐行渐变，迨至微丝管入回血管，变为紫，由回血管运行至心之右上舍，转入下舍，复转入肺，仍变为赤，回心之左上舍，入左下舍，由总脉管而再出之。往来运行，不绝如环。其出自总脉管，直行至四肢之末，必有送此血者；其毕此功用，返入回血管，亦必有促之返者。是为极难。中洲[1]城镇，市肆通衢，咸有沟渠，流其污秽，入于河海。泰西[2]不惟有此，各城市内地中各有沟渠，内置大磁器筒，续连不断，外引清水以便日用。通衢大筒埋置地中，中衢小筒，曲巷极小。推之各屋、各室、各墙壁，各置水管，与通衢之筒小大牵连。虽层楼高阁，亦各置之，令水上行。亦有出水之管之筒，由内及外，亦小大牵连，直达江河。比如寝室之内，设有沐浴等盘，盘之底活孔，启闭由人。壁有水管，管端活机，亦启闭由人。晨起沐浴，引水至盘，沐浴毕则启其孔塞，污水由别管而出，绝不费力，莫便如之。故凡有城市之区，均置磁筒二处，一引水入，一引

[1]中洲，指中国。
[2]泰西，指西方。

水出。此有似吾身之血管有二，一为脉管，一为回管焉。

凡城市地势不齐。如地势高豁，前后逼近山陵，水可自来，亦可自去；如地属平原，无崇山峻岭，水之或入或出，不能自为流通。故泰西凡有城市，咸制极大水龙机器，勉制水入，亦勉制水出。此有似吾人之心，能令脉管、回管之二血，通流往来。泰西水法，因近无佳水，有引水于百里外者，有引水于三百里外者，更有引水于八百里外者，知水龙机器之大用，则知人心之大用矣。虽然，犹有说，假如无至聪至明之人，心领神会，熟悉舆地情形，绘图示众，命作沟渠，置磁筒于衢、于巷、于室，水管口活置机轴，出水、入水，二者俱备，奚便如此？无一聪明更有加者，制为火轮机器，勉制水之出入，其筒管沟渠，亦属子虚。然则无至灵至活之上帝措置，吾身内之脉管、回管，与吾之心不能自有，亦不能自行作为。无聪明者经营、创造，无此引水之功。彼无极太极，与理与气，与动与静之绝无知识者，奚以作此身体？盖身体之微妙，视水法为尤奇矣！

总脉管根于心，散入全体，如树木然，有本，有干，有枝。其木较大，愈上愈分而亦愈细。血之初出甚多，入管由巨而入细颇难，故血乃由心逼出，亦每经一旁支管，即令其旁出。管非坚必致破裂，故脉管系胞膜五层：其外一层，乃如许肉丝结成；次二层如象皮[1]，能自伸缩；次三层较薄，有横纹如环；次四层、五层薄如纸，柔如绵。管之内光滑之至，其外二层，厚薄不等，其一层厚则二层薄，二层厚则一层薄。总脉管逼近于心，其如象皮之层极

[1]象皮，当为“橡皮”。

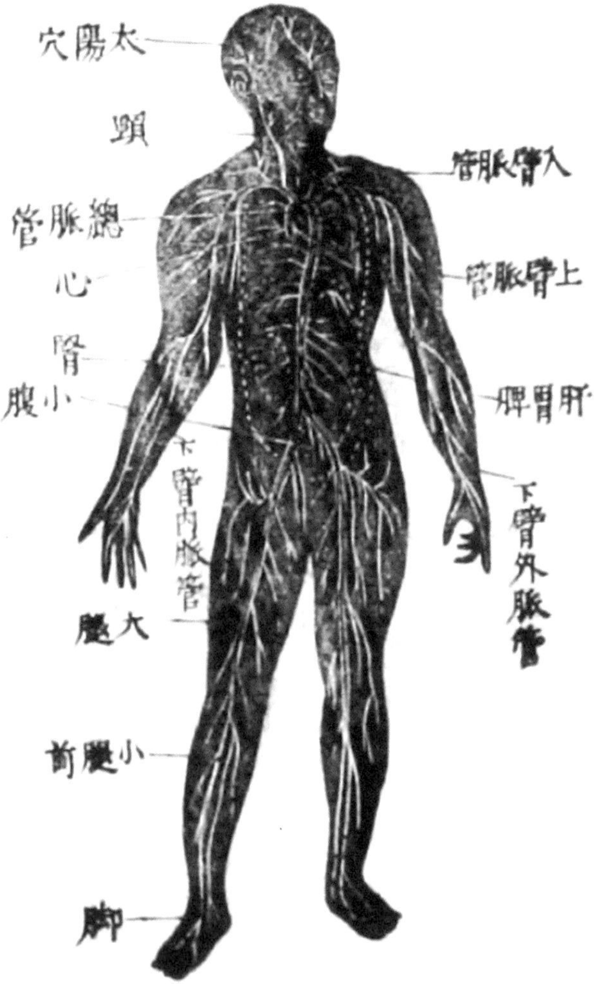

坚极厚，伸缩自然。此其意有二。一令血运通适宜。假如脉管坚硬如木，血之行也，突而无渐，其盈也速，其涸也亦速，故令其伸缩，以合于疾徐。其二，能自伸缩，乃所以助血流通。回血管倒行，乃由小入大，血行渐多，管亦渐大，至心愈大。偶有割裂，所系尚浅，盖以回血管之末，血甚少，无促行之心，其行也亦较缓。脉管则不然。血出自心极多，亦心促之出，其行极速，无可拦阻，遇有割裂，易致于死。护此脉管，最为紧要。故上帝生人，令脉管居内，回管居外。不惟如此，其在肋骨内面，各有衢路，藏此脉管；指骨左右，亦各有衢路，藏此脉管。故虽割指及骨，苟无损于骨，即无损于脉管。亦有二骨夹护脉管，坚如二石者，如手足腕是。亦有骨有孔穴，令脉管贯入者，如下牙床骨是。回血无逼入之心，奚自流通？且回管半多自下而上，其流通更奚自乎？法有二：一，回血管，能令回血自行滋入，如用一薄片之糖或碱，入水少许，立行上润；一，心胞鼓缩，能吸回血上行，如水龙之引水上行然。脉管、回管，凡紧要之节内，各具有户扇，自启自闭，故血自前行，不能中回，虽身体反转倾跌，俱无妨碍。二管几遍周身，试以针刺之，无问或手或足，或耳目，虽一针锋之隙，血无不立见焉，此其实据也。

第十八章　论心

心居胸之左偏，如肉团然。长约五寸，圆径三寸有五分，其大略每人心小大各如每人之拳。平阔向上，尖锐向下，有孔窍运行周身之血，如水龙机器之能运水同。血之资养身体，色赤，迨运至体末返入回管，则变为紫，中有炭气，有毒质，不合于用。故心之功用有四。其一令紫血归肺，化毒，盖肺吸空气，呼炭气与凡毒质令出，故回血入肺，与养气遇，仍变为赤。其二，令既化之正血回。其三，令血入心之左下偏。其四，令血出心，运行周身。[1]

功用有四，须分四舍，故心膈肉居中心分左右，左右心略不相通，亦分上下，上为上舍，下为下舍。四舍具备，小大亦宜。右上舍无别职，惟受紫血，逼入下舍，故其舍差小，其力亦微；右下舍逼紫血入肺，功用大，故其舍大，力亦大；左上舍亦小，亦无别职，惟受赤血，逼入下舍；左下舍逼血运行周身，功用极大，故其舍甚大，其肉甚厚，亦甚坚。四舍凡八口：在上者四，主受血；在中者二，主通血；在下者二，一逼血入肺，一逼血入全体。血之出入，由心之舒缩，缩令血出，舒或令血复入。惟口不足，故口各有户，血每一出，户自闭，血出不能复入。

[1]此处分段为整理者添加，原文无。

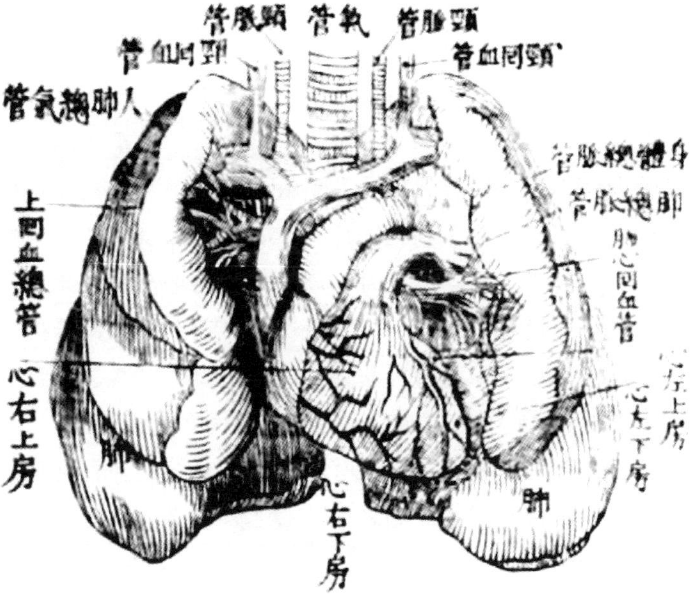
頸脈管
氣管
頸脈管
頸回血管
頸回血管
人肺總氣管
身體總脈管
肺總脈管
肺心回血管
上回血總管
心右上房
心左上房
心左下房
肺
肺
心右下房

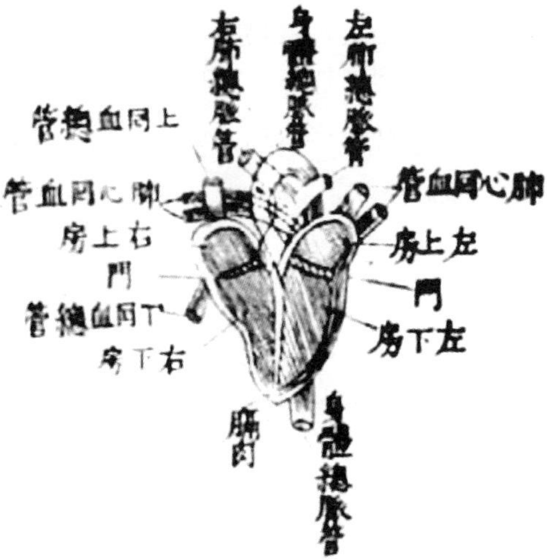
右房總脈管
身體總脈管
左肺總脈管
上回血總管
肺心回血管
肺心回血管
右上房
左上房
門
門
下回血總管
左下房
右下房
膈肉
身體總脈管

户奇甚，亦固甚，形式亦异，扇或两，亦或三，两者对置，三则三角置焉（如图[1]）。心为运血妙器，心舒缩逼血入总脉管，总脉管支分，血布全体。运行之力在心肉，此心肉与全体肉皆异，有如许肉丝交互束缚，类如螺丝，故有如许能力，足以逼血出舍。一舍之血，约重一两，一时中为舒为缩，约各八千，是出入血各八千两，共运行血五百斤。周身之血重约二十斤余，其运行周身，一时中约二十五周，按钟表约五分时一周全体，自项至踵，牙骨指甲，俱一更换新旧之血，讵非奇奥欤？谓人如此，若推及物，如极大之象，与鲸，与鳌等，血更无算，其总脉管圆径一尺，血之运行亦极速，是足见心之力之为无穷矣。

心之所系紧要如是，须有庇护之物，故其外有胞膜，极为坚固，极有能力。胞之内，心之外，亦有水些须，稳置此心，令其运动适宜。

心肉舒缩不息，计一日十二时中，约八万六千四百回，一岁共计三千一百五十三万四千，积至七十、八十以至百年，昼夜不息，此心之机器仍然适用，岂不奇哉？孰主宰是？人固不能令其或迟或速，则惟上帝主之。然则人果不惟赖上帝而食，亦赖上帝运动，敢不恭敬上帝，读书明道，顺其明命也哉？

[1]图见第65页。

第十九章　论脑

人孰不闻电报一事乎？闻之者又孰不惊之、奇之、誉之弗遑也乎？泰西诸国及印度国皆有之矣。各国大路及火车铁路，左右植有木柱，牵连铜线凡二，以通电气往来。线之圆径约二三分许。凡城池市镇遍置之，镇连州邑，州邑连郡，郡连省垣，省连京师，此其常也。其有城镇广大，人民稠密，商旅辐凑，则电报直达京师，无烦转递，出入京师电线无算。此其外也，凡大城垣内，无问官衙贾肆，火轮车舟公司，以及凡百会所，亦各置电报通达，以便音信。此犹传递也，千万里遥，亦可以晤对焉。如人居偏隅，欲通语都会之人，必由城垣，别有司电机者，代为语之。如地属通衢，欲与都会之人言，则直两人自相与语矣。[1]

此犹陆路也，海亦有之。其铜线颇巨，纽为二索，裹以象皮，外复束以铜丝，防其锈也，沉于海底，达于两岸。欧洲各海皆然，通外邦者则由英至印度，印度至香港，香港至上海，上海至日本，日本至俄国，俄国复由陆路至英。其最大者则英美间之西洋海[2]，其海甚深，路甚

[1]此处分段为整理者添加，原文无。

[2]西洋海，今通称大西洋。

远，约万里余，复无旱岛接应，一线直达之。[1]

凡此电机，万事适宜，最要者省约工程，一岁可竟二岁、三岁之工。是令人年齿增高，如人生七十，可竟百五六十年之工，是亦享百五六十之寿矣。至于国都，大臣聚会，公议新政，读书讲道，间出新机，咸即通各电机。别有司新闻者，各于电机器旁，珥[2]笔登记，夕而论定，朝而新闻遍扬通国。又或遇有盗贼逋[3]逃，即于各电机报之，各路要之，缉获无遗；或逆知[4]其所附之火轮舟车，即于其舟车之所往，达以电报，早有司稽察者，伺其舟车之至，就而执之，更为便捷。故泰西盗踪几息焉，此又电机之功用也。[5]

自古不乏明哲之人、格致之学，而电学一事，从未之前闻。百年以前有明哲者，颇晓端倪。前五十年，有明哲者续为扩充其理。由此究电学者增如许人，约三十年而电报出。用尚未奇，此后年多一年，亦日精一日，以迄于今。电学之出也，如此其艰，功用如此其巨。[6]

究不知此事早具于吾人之身。自有生民以来，无一人之体，非此电气之流动者。电报之铜线，在人即为脑气筋；各国之都会，在人即为脑；都会之总电路，在人即为脊髓；总路之旁出小路，在人即凡脑气筋之路；总路旁之城垣驿站，在人即周身之百节。脑气筋分布全体，无体

[1]此处分段为整理者添加，原文无。

[2]珥，音ěr，插戴，如“珥笔”，古代史官、谏官入朝插笔于冠侧，以便随时记录、写作。

[3]逋，音bū，逃亡。

[4]逆知，预知。

[5]此处分段为整理者添加，原文无。

[6]此处分段为整理者添加，原文无。

不有，其质非筋，非肉，非脆骨，并与骨之髓异，别为一质，特意造成，柔而色白，形圆如管，有小有大，分派如绳，如线，如丝，各分外内，外为胞膜，内亦名髓，最为紧要。每管之髓有二，一司知觉，一司运动，咸通于脑，统名之为脑气筋。凡脑气筋之属，于体末者若干，其通于脊、通于脑者亦如之。周身内外，共脑气筋若干，其在脑亦如之。如布于手之脑气筋五十，上至肘，复五十，入而合之，是一管有百脑气筋。再上至臂，复五十，入而合之，是一管有百五十矣。愈上筋愈增多，管亦愈大，通归于脊入脑。或问：脊与脑之为地无几，奚以容如许气筋巨管？曰：脑气筋入脊入脑，逐渐缩细，如织缕然，故凡周身之脑气筋总归入脑，如电报之线，无问地之远近大小，咸达王都。[1]

此脑气筋髓之分司知觉、运动。知觉者，递信入脑；运动者，载命而出。比如指受针刺，知觉者通于脑，脑通于灵魂，灵魂遂感动脑，指挥运动者运指闪避；目有所艳，知觉者通于脑，即令运动者运足前行；背有痛痒，知觉者通于脑，即令运动者运指爬搔。脑气筋髓，或千或百，共一胞膜，管各有条而不紊。假如二百四十有九知觉筋髓，递信入脑，脑亦令二百四十有九之运动筋髓，载命以出，必不能用二百四十有八或二百有五十者，其部位盖纤毫不易云。外有皮肤，其何受伤，即何脑气筋通知于脑，灵魂俱可明析。曾有人鼻梁皮腐，医者割其额皮拖移于鼻，人试以受搔摩其鼻，其脑觉仍在额，不识为鼻，及其痊痾已定，则方知其为鼻矣。脑气筋之流通，最为迅

[1]此处分段为整理者添加，原文无。

全身腦氣筋圖

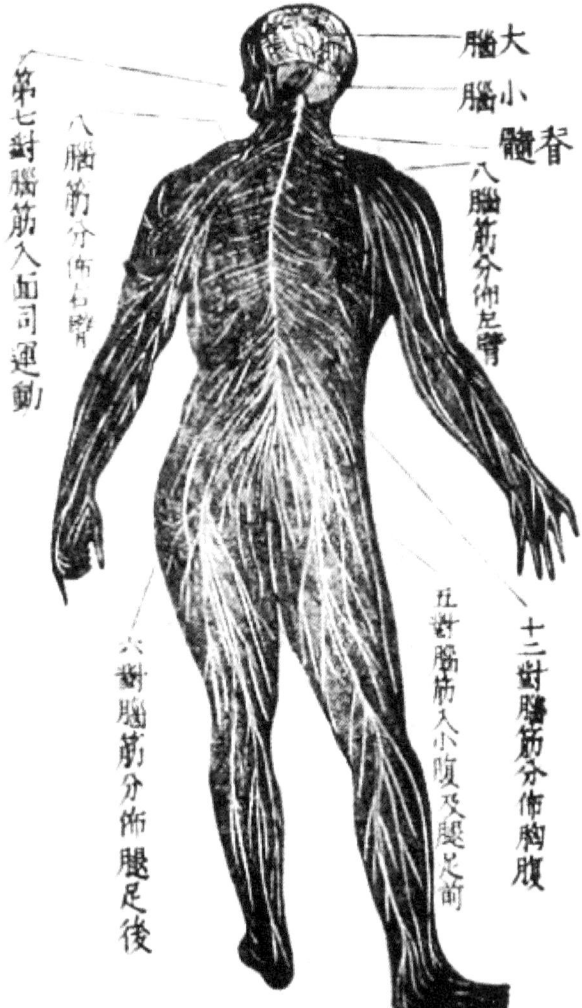
大腦
小腦
脊髓
八腦筋分佈足臂
八腦筋分佈右臂
第七對腦筋入面司運動
六對腦筋分佈腿足後
五對腦筋入小腹及腿足前
十二對腦筋分佈胸腹

速，其间不容呼吸。凡各筋髓，各效各用，知觉者不司运动，运动者不司知觉，司视者不复司听，司味者不复司声。假如一知觉髓所司之路，一时中受伤者三两段，亦三两信通入脑，灵魂能悉伤者皆为何所。假如知觉髓从中割断，其上受伤，脑能悉之，其下受伤，则脑不能悉。运动髓从中断割，其上运动如故，其下则不能。此如电报之铜线既坏，则电无由通。知觉者坏，运动者尚足用；运动者坏，知觉者尚足用。故疾病之躯，有其体能运动而莫知痛痒，亦有其体能知痛痒而莫可运动者。[1]

周身之脑气筋通于脊骨，左右共三十有一对，八对分入全臂，十二对分布胸腹，五对入小腹及腿足前，六对分布腿足后。每支入脊骨，分为前后二根，前根较大，主司运动，后根微小，主司知觉（如图[2]）。证据殊多，举一而足。假如断割前根，其下之体皆不能运动，尚知痛痒；断割后根，其下之体皆不知痛痒，尚能运动。西国曾有人于兔试之。外尚有入脑者凡九对。其一入鼻，司闻香臭。其二入目睛，司观美恶。其三、其四、其六入眼肉，司运动。其五分前、中、后三大支，前首支由眼窠上骨孔而出，分布于首；中次支由眼窠下骨路而出，分布于面，亦分小支入上牙床，散布上齿；后三支入下牙床，分布下齿，由外孔出，分布下颏[3]，又分一支入舌；三支俱司知觉。其七分二支，一入耳内，司听声音，一出耳门下，分布面部，司运动；此支若坏，则目与口俱歪。其八傍气喉

[1]此处分段为整理者添加，原文无。

[2]图见本书第70页。

[3]颏，音kē，脸的最下部分，在两腮和嘴的下面，通称下巴、下巴颏儿。

而下，入心肺与胃，司运用。其九入舌，司运动及辨五味。

由是而上，则为大脑小脑之蒂，即脊髓之首，长约寸有四分寸之一（如图），最为紧要，系人性命，如有损伤，人立死。其功用，助左右脊骨外之二筋，司肺呼吸，司心运动，司饮食下行，司助气管、声音。凡全脑气筋之知觉髓，皆由此通入脑，运动髓服役于脑，皆由此而出，此如工官部司国度、舆地、器具。再上则为小脑（如图），司全体筋肉。假如知觉髓有报，彼能思度，用何筋肉令人坐立、行驰、俯仰、工作。再上则为大脑（如图），司知觉痛痒，司五官之用，司思议论断。西国曾有人将一鸽割去其大脑，鸽尚生活，饲则食，触则飞，若不动之，则如睡。此可知大脑专司觉悟，不司消化、运动矣。又将一鸽割去其小脑，鸽亦生活，然不能飞，反其背于地，亦不能转。此可知小脑专司运动，不司觉悟矣。亦曾用他物试之，皆然。[1]

脑与脊髓、与脑气筋三者皆相连互应，大小脑与脑蒂三者亦相连互应，其连接之缝各有路有桥，统归入大脑。盖大脑乃灵魂之座，如王者主理一国，凡百机务，皆由王命。大脑小脑之蒂，分有前后左右，有如许盘曲之网，互相扶持，如五官之耳目手足，皆两者相资，岂非奇奥欤？[2]

更奇者，大脑主持万几，工力艰巨，不能恒用，故上帝令人昼勤夜眠，所以息其脑也。然寝寐之间，亦须呼吸，运动心肺，消化食物，故有脑蒂主理此事，无烦大脑

[1]此处分段为整理者添加，原文无。

[2]此处分段为整理者添加，原文无。

功用。至若寝卧，不能独偏一面，亦须反侧，假如体受搔摩击刺，为痛为痒，具有法妙，自能拨之，自能避之，一不须脑。又有无关于脑、有极便之功用焉。假如脑指挥运动髓，令足行走，及其至也，脑令其止。此其起止之间，无关于脑，乃足自行耳，比如木石诸工，时恒操作，皆无烦脑为主理。比如人偶然倾跌，自能出手架护身体。猝尔灯烛扑目，自能合目避光，亦非脑主。盖脑气筋入脊，各有孔穴，分为前后二根，其后根有一处略加粗大，如一小胞（如图[1]）。胞内具有奇能，知觉髓报至，需入脑、不需入脑，胞能权衡。如不需入脑，胞即指挥运动髓前行。胞如小衙，内有忠厚司理，事属微末，权能自主，无烦上闻。故凡寝卧反侧、手足操作、行走等诸微功用，皆由于此。腑脏等皆时恒运动，如运动倚人，则不复生活，如运动皆倚于脑，脑亦损伤，故上帝令左右脊骨外，又各有附骨之筋如二索，下至尾闾，二者交接，索各有结二十有九，各与脑通，一一如一小脑然（如图[2]），乃脏腑百节筋所由出。其功用与脑蒂互济。每筋皆有知觉、运动二髓，通入结内，结即运动脏腑百节。如食物入胃，其知觉髓通入结，结即命运动髓助胃化物，食物渐次而下。各各如此，肝胆等内，其理亦然。[3]

凡脑与脊皆有包护之物，奥不可测，其外为骨硬而固，其内有胞膜三层：一曰外胞膜，坚韧略厚，紧附于骨；二曰夹膜，内微有水，故脑与脊髓，如浮于水；三曰

[1]图见本书第74页。

[2]图见本书第74页。

[3]此处分段为整理者添加，原文无。

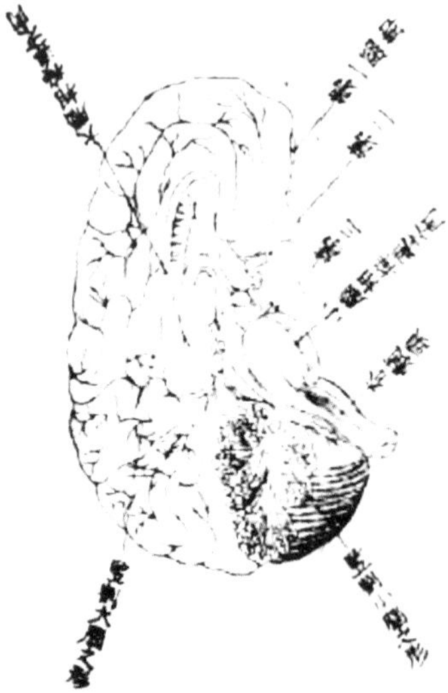

此腦筋之前後根
後根司知覺
前根司運動

此臟腑之腦氣筋
入心
入肺
此二十九節中間之十二節
臍以下臟腑百節筋

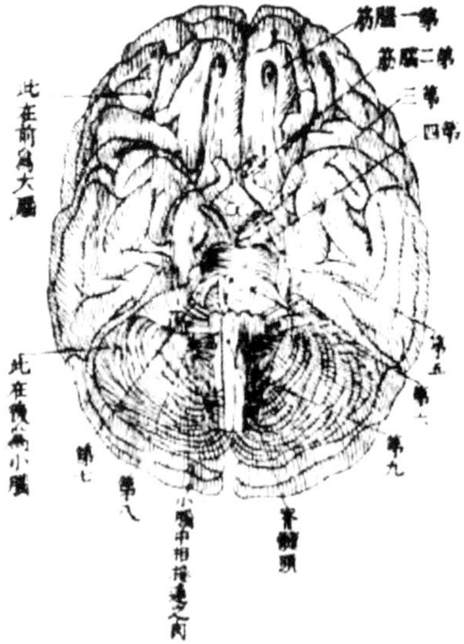
第一腦筋
第二腦筋
第三
第四
此在前爲大腦
第五
第六
此在後爲小腦
第七
第八
第九
小腦中相接處之內
脊髓頭

内胞膜，附于髓，细腻而润。是皆所以包护脑、脊，无令损伤。[1]

此脑与脊，乃周身脑气筋之根本。脑气筋不能自然而生，盖以其数无算，如绳，如线，如丝，部位毫厘不爽，倘非具无量智慧、无量能力，预为经营，逐条逐位，手为布置，奚如是宜，奚如是奇？然则无声无臭之上帝，鸿恩大德，吾人日赖之，不容少闲，可不深思诚事、寅畏敬恭也哉？

[1]此处分段为整理者添加，原文无。

第二十章　论目

人身具全体骨骸，各适各用，筋肉牵连运动，无不合宜，血脉运行周身，脑气筋驱使如意，可谓美且备矣，然外无五官，几为废体。此数者[1]，莫能行走，莫能操作，前无所视，后无所见，莫能保其身体，不知美恶，不分香臭，不辨五味，不别声音，将须臾之福乐皆无。灵魂位居体内，固不能由皮肤内而外有所见，皮肤亦复不能知美恶，分香臭，辨五味，别声音。职[2]此者，须外有纯粹之机器，各具一机，各司一用，故上帝复予人以各色之机器，则五官是也。[3]

然犹有难焉者，盖以一官必三者合宜，体质合宜，功用合宜，远近合宜，三者一有不宜，举为虚置。此如旅舍中，有扁[4]其额曰"三益"者，一为主益，一为旅益，一为舆马夫益，三者一有不益，则客路多误。故人之五官亦有三者，彼此互宜。目之脑气筋必与目宜，目必与光宜，一有不宜，则视不明；耳之脑气筋必与耳宜，耳必与气

[1]此数者，指人体骨骸、筋肉、血脉、脑气筋。

[2]职，掌管。

[3]此处分段为整理者添加，原文无。

[4]扁，同"匾"。

宜，一有不宜，则听不聪；鼻与舌亦如之。[1]

五官之用，举为奇妙，愈究而愈微奥。其尤奇者，更莫如目。灵魂欲睹万象，须资乎牖，目乃其牖也。假如目为玻璃透镜，甚不宜，盖以凡透镜，各具一成不易之中枢[2]，如目为透镜，其中枢适二十尺之远近，如减为十有九尺，或增其尺为二十有二三，则其目必致昏花，而莫能明晰，且所见之象，必光芒四出。二透镜重置，可无光芒，如千里镜是，然二者在首不合，且透镜亦透热，太阳火力，可以入脑，损伤脑筋，透镜亦滞而非活，复不能旋转应用，透镜不宜。其余者尤不宜，惟水宜，然极难措置者水。上帝具有法妙，令吾人之目，完全无缺，凡用皆宜焉。[3]

目睛为球，厚若西尺之寸（有图）。前有目胞，后有目窠，胞之内皮曰罩睛皮，其皮体质轻薄，光明柔润。罩睛皮之内有明角罩，体似角而甚明，凸如罩，所以透光而见万物者。[4]

目睛球凡三层。外层曰白壳，质甚坚韧，乃如许筋络交结而成，所以护球者。中层曰血络黑油衣，位白壳之内，质乃一片薄衣，有如许血络，周匀于白壳之里，上有黑油如浓墨然，所以收聚外入之光而不散者。内层曰脑筋衣，在睛球之内，质柔而亮，甚为微薄，根由于脑，散贴于黑油衣之上，此衣一坏，即有青盲之疾。油衣之内，又

[1]此处分段为整理者添加，原文无。

[2]此处之“中枢”，当指焦距。

[3]此处分段为整理者添加，原文无。

[4]此处分段为整理者添加，原文无。

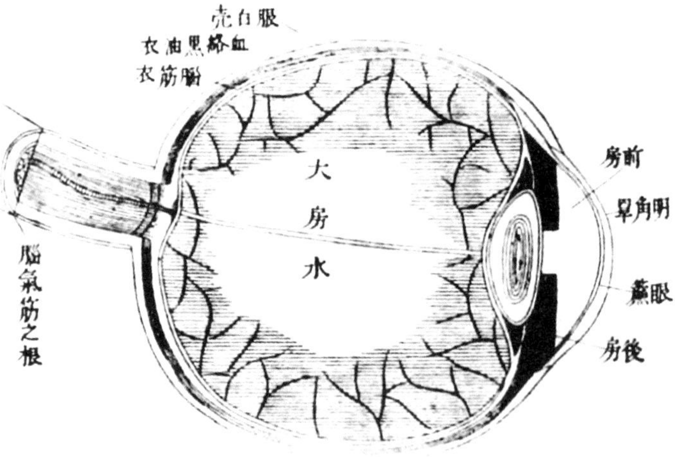

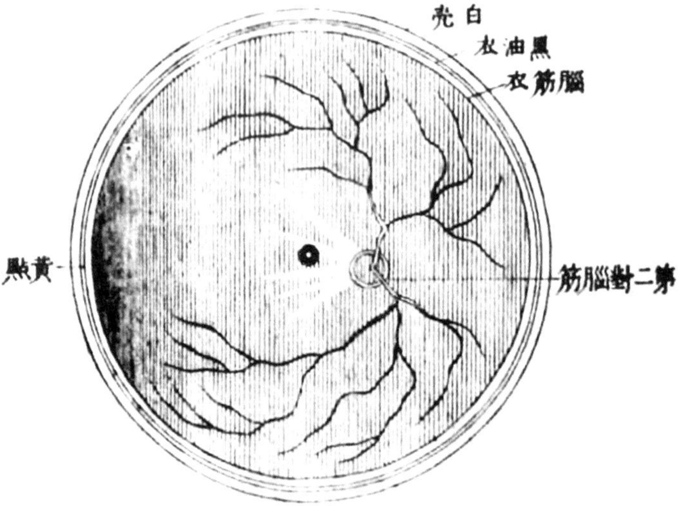

有隔帘者，形如圆帘，垂于水内，其中有孔，为瞳人[1]，前后有清水，曰前房水、后房水，帘薄甚，亦有脑气筋及

[1]瞳人，今作“瞳仁”。

血络。又有细微肉丝二层，内层丝圆纹，外层直纹，故隔帘能自大小。比如视太阳烈火，光芒夺目，隔帘即收缩以避之；或入于黑暗，则又自开大以取光。各国人隔帘之色不同，或为黑，或为蓝，或如灰，或如棕。惟瞳人则必黑，愈黑愈明。若瞳人黑减，或停滞不活，目将坏矣。其内则睛珠，如稠结明胶一粒，体圆而扁，向外稍平，向内圆凸，与隔帘稍离一罅，有薄明胎衣包之，衣内微有清水，此所以收束外物之象，令小，使恰及脑筋衣之上者也。外此则为水，分有三房。在明角罩之内为前房。过隔帘孔后，匀浸目珠之前，为后房。二房之水至清，所以导明角罩所透之象，入于目珠者。其充满睛球之内，前至睛珠，后至脑筋衣，曰大房水。其水似明净稀胶，割而仍连，所以导目珠束聚之象，至脑筋衣而转达于脑者。[1]

白壳四围，有直肉四片，外连睛珠之半，尾连骨窠之内。其在上者，牵睛向上以视高。其在下者，牵睛向下以视低。在内者，牵睛内入。在外者，牵睛外出。又有运睛之肉，上下二条。其上一条，由目窠底之上出，至目秣上骨之缺，有筋勾之，如辘轳之索。其肉乃曲转向目外角，能令目睛转入向鼻（有图）。其下一条，粘连白睛，近目外角之外，其尾横粘眼秣下骨，能令目睛转出。又有棉脂匀填目窠骨内，质极柔软，令目运转轻便。肥人脂多，故目常满；瘦人脂少，故目常深。又有目系，前牵眼球，过目窠骨孔，两系交贯，入连于脑。眼球向外，平正相对，其根皆曲向于中，如二果并蒂者。[2]

---

[1]此处分段为整理者添加，原文无。

[2]此处分段为整理者添加，原文无。

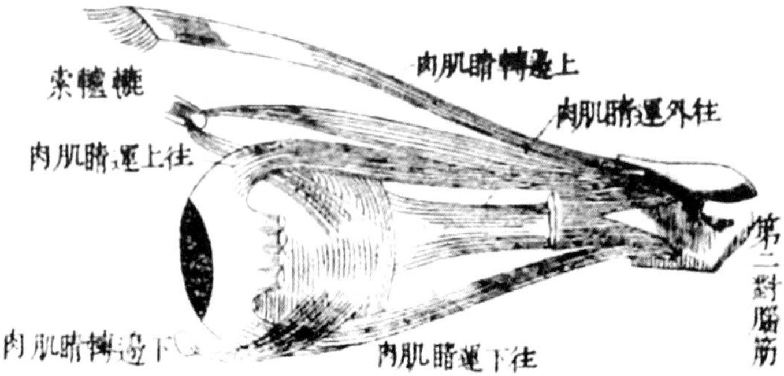

外此则泪核。外目角之骨窠，有一核，其质非肉非脂，长约五分余，阔三分余，上凸下凹，有泪管七，透出上胞之里，与外目角相近约二分许，泪由之出。如泪不生，则目即失其光泽，而无所用。又有左右入泪管。内目角上下有二孔，接泪入管，二管之末相通。近鼻有泪囊，大如小豆，囊之下有单管，通入鼻。泪由二管入囊，囊满由单管入鼻。若泪生太急，孔不能接，或管孔闭塞，泪不能入，则流于面矣。[1]

其用之也，由物象映于目，而目系达于脑，但目之司视，必藉乎光。光之射气[2]常直，惟透入玻璃、清水，则变为曲射。欲明其理，将一厚大铜钱，置于碗中，退行数武[3]，至不见钱而止，令人以水渐缓向碗注之，初见钱边，渐见钱半，及水满注，则全钱见矣。盖以光常直射，故钱为碗掩，入水则曲射斜出，直达于目，此自然之理也。惟目亦然。明角罩形圆而凸，物象透之，必略束小撮

[1]此处分段为整理者添加，原文无。
[2]光之射气，指光线。
[3]武，半步，泛指脚步。

入前房之水，其水甚清，故又能束导其象。过隔帘之孔，与后房之水，而入于目珠，过此则又束小而尖，合成一中枢，使尖枢恰至脑筋衣，即能见也。如欲细究其微，有《博物新编》[1]，可参阅之，兹不覙缕[2]。[3]

所异者，创造生人之主宰，实预精深于万物之理，光学理、视学理、重学理、流质理、流形理、曲射理，无不预具于主宰。无极、太极能有此识乎？不惟如此，而且具有深心，盖有希奇者凡七。其一，目窠乃七骨合成，位置妥协。其二，眉毛如屋檐厦，睫毛翳蔽尘沙，目胞上下，揩拭目睛。其三，泪核、泪管、入泪管三者，比如人家贮蓄清水，以供日用，外有沟渠，出流污水。其四，运睛向鼻，外无可牵，其运睛筋肉，尾连目窠之内，出目秣上骨，有筋钩如辘轳之索，能自牵睛向鼻。其五，隔帘体圆，遇光大则缩小，光小则放大，其缩小放大，围圆[4]均齐。假如人以绳索作一圆圈，试伸缩之，偏长偏阔甚易，四围伸缩均齐甚难。其六，目睛之衣凡三，睛内之水亦三，厚薄、位置咸宜，毫厘不紊，如其一加厚，或其一再薄，均有损伤。其七，凡外物之象，举能图画于脑筋衣之上，或远或近，或大或小，纤毫无遗。其在至近至微之物，烛照明析，远而千顷之亩，其入目中不过与一粒粟比，其千顷中之屋宇、树木、山水、人物、禽兽、花草，

[1]《博物新编》由晚清来华传教士合信（Benjamin Hobson，1816—1873）编写，墨海书馆1855年出版了该书。详参邹振环：《合信及其编译的〈博物新编〉》，《上海科技翻译》，1989年第1期。

[2]覙，音luó。覙缕，详细而有条理地叙述。

[3]此处分段为整理者添加，原文无。

[4]围圆，圆形或类圆形物体的周长。

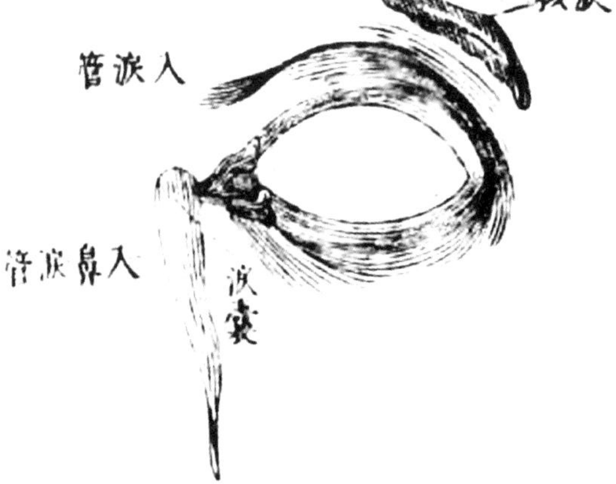

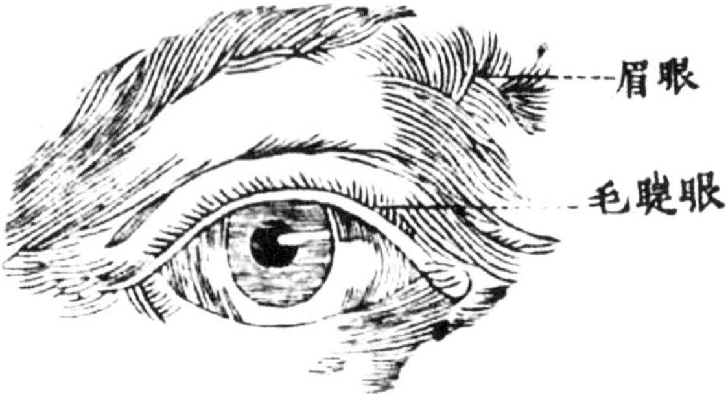

或动或静、或大或小，凡各万万，无不毕现于一粟粒中，而且并悉其工作，悉其形体，悉其颜色。曾有人抉一牛之目睛，置一空洞透光穴内，后映以纸，其外之物象，成千累万，无一不现于纸幅之中，此实据也。无极、太极，能作此否？[1]

作此之主宰，不惟精其理，用其心，而且具大才能，

[1]此处分段为整理者添加，原文无。

能于极坚骨内，作一孔穴，约分许，以通泪管。理与气能作此否？而且更具巧妙。如千里镜之为希奇，必经聪悟者，如许思虑、如许工能，令吾人视远为近；显微镜希奇尤甚，乃令人能视目所不能视之微小物；复有洋片镜，能令平面画图凸起如生。千里镜不能兼显微镜之用，显微镜不能兼千里镜与洋片镜之用，惟人之目，则无不兼长，时而作千里镜，倏忽之间，体质更换，即为显微镜，亦倏忽更换，复为千里镜，讵非奇妙欤？[1]

更可异者，此奥妙之目乃作成于幽暗无光之地。盖小儿初生，目明完全，岂不可悟上帝之为神奇，无可测，无可量，敢不敬恭乎？如《诗篇》百三十有九章云："尔造我躬，神妙莫测；尔之经纶，无不奇异。是我所知，颂美尔兮……我在母胎，受造甚巧，骨骸潜长，皆尔所知兮。我犹为胚，尔目见之；我尚未生，凡百之事，咸尔所定；录之于策兮，上帝兮，尔垂念我，美意良殷，不胜宝贵兮。如欲稽察，其数于尘沙，及予警醒，尚忆尔恩兮。"[2]

---

[1]此处分段为整理者添加，原文无。

[2]《圣经》旧约《诗篇》139："1耶和华啊，你已经鉴察我，认识我。2我坐下，我起来，你都晓得；你从远处知道我的意念。3我行路，我躺卧，你都细察；你也深知我一切所行的。4耶和华啊，我舌头上的话，你没有一句不知道的。5你先后环绕我，按手在我身上。6这样的知识奇妙，是我不能测的；至高，是我不能及的。……13我的肺腑是你所造的，我在母腹中，你已编织我。14我要称谢你，因我受造奇妙可畏，你的作为奇妙，这是我心深知道的。15我在暗中受造，在地的深处被塑造；那时，我的形体并不向你隐藏。16我未成形的体质，你的眼早已看见了；你所定的日子，我尚未度一日，都在你的册子上写上了。17神啊，你的意念向我何等宝贵！其数何等众多！18我若数点，比海沙更多；我睡醒的时候，仍和你同在。"

第二十一章　论耳

人生别无奇奥，只完一目，已足识上帝无限无量之神奇，况外此之奇奥者无算，一一皆载上帝之神奇，即皆上帝之明征。[1]

五官之耳，亦一奇奥也。耳者，司听之官，中有机窍以接声气。声由触气而生，气能传递声音，盖以空气乃如许流质合成，动其一质，质与质触，逐次传递，如竖一连排木板，或十或八，推其一必自逐推到底。[2]如无空气，即无声音。西国曾有人置一响铃于玻璃瓶中，触机自鸣，用机器抽出瓶中之气，但见铃动，不闻声音，再设法放气入瓶，铃声如常。此其据也。声之传于气也，四面均齐，如投石水中，有圆纹散出，四面如一。空气被触，亦有圆纹，与水等。纹至于耳，而即有闻。气动愈速，声音愈高；动稍缓，声微低。气有触斯鸣，触之整齐其次第[3]，则声之出也悦耳，如作乐音；触之非整齐其次第，则无好音，而止余一响。各一触法，各一声音，不可移易。竖触之有定音，横触之有定音，旁触之、斜触之、上下触之，

[1]此处分段为整理者添加，原文无。

[2]此言多米诺骨牌。

[3]此言有规律、依次序地触动。

亦各有一定音。凡此各异之声音，入于耳，耳能立辨其声音为何、触之如何。斯亦奇矣。[1]

其部位，分外、中、内三窍。耳外有耳轮，以接声气，传入外窍，其窍外有脆骨，内连耳门坚骨，合成一筒（如图），深约寸许，阔二分许，向前微曲而入，内生茸毛腻蜡，以防虫入，亦以资其暖润。至耳膜为界，其膜有二层夹叠，乃外窍之皮，及中窍之衣，相倚而成，斜入向里，外凹内凸，西人称为耳鼓，以其形似也。中窍内常有气，又有四骨极小。一名椎骨，形如铁工之椎，附中窍之间，柄尾垂下，近接耳膜。二名砧骨，形如椎铁之砧，与椎骨相接，亦有砧尾垂下。三曰小珠骨，形如小珠。四曰马镫骨，甚似而几[2]。小珠骨近接砧骨之尾，马镫骨横放其环，接连小珠骨，共踏掩于耳窍内之膜孔。四骨皆递相连贯（如图）。中窍内复有四孔。其一，连耳外窍，至耳底膜为界。其二，连耳内窍，内有薄膜，即马镫骨所掩处。其三，微下，连螺纹骨之外口，有膜间之。其四，斜向于前，有管透入食喉之侧，内鼻孔之后，无膜遮掩，可以通气，故名之谓中窍气管（如图）。内窍为收听之府，其中歧路甚多，兹分三处。其一如三角形，强名之曰三角房；其二为半圈骨管，其管凡三，一竖二平；其三即螺纹骨，形如旋螺，在三角房中，其骨内之法妙，如八音琴等，一一相击，布置逐行微妙，有适圆者，有六面者，如蜜蜂壁相仿（如图）。阅者慎勿忽诸。共有七孔，皆各相通达，俱有柔膜胎衣，周布于内，膜中有水，膜外皆脑气

[1]此处分段为整理者添加，原文无。

[2]几，音jī，细微。

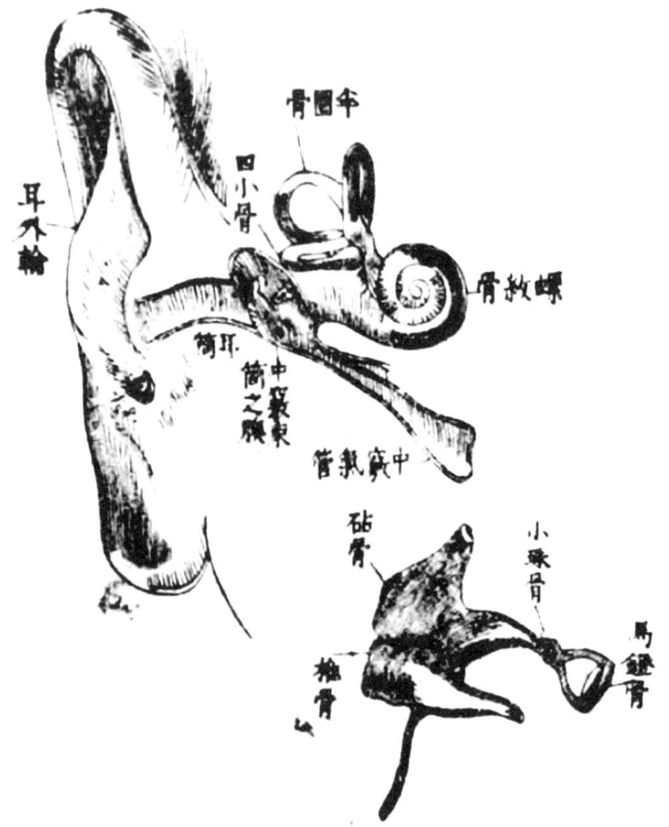

筋散铺其上，乃七对脑气筋之支所由出。其功用，由声入外窍，感动耳膜，耳膜传椎骨，椎骨传砧骨，砧骨传珠骨，珠骨传马镫骨，马镫骨传内窍，水膜感动脑气筋，脑气筋接众声，递于脑，脑递于灵魂而知之。其详具载《博物新编》。[1]

大约耳亦有希奇者凡七。其一，外耳轮善收摄声音

[1]此处分段为整理者添加，原文无。

入内。凡血气者之耳，形各不同，要为各血气物之益。人之耳，其形式、位置，亦皆为吾人之益。其二，外窍筒内有旋纹，声音易入。其三，筒之内口，有膜紧束，与鼓之皮同，膜内有筋二条，松紧如意，平时较松，欲审[1]听则紧，此如鼓皮，松则声微，紧则声高。其四，中窍内四骨接连触动，一一相应，皆预为经理，措置妥协，以递声音。其五，螺纹骨、半圈骨如置号筒，内有如许小管，皆为易传声音，水中亦能传声。假如有人潜于水底，击石作声，其声视[2]在空气中较大。实质之物，传声音尤速尤大。假如以绳系铁，触之作声，约几许大，再以绳端附耳，其声必外加数倍；或两人对坐，相离数尺，中间以数尺之木或铁，一自一端击之，一自一端听之，计其声大几许，再以耳贴于木或铁听之，其声亦外加数倍。故上帝予人耳中诸骨，皆为易传声音。如更其骨之体质，与其骨之形式，均有不宜。此盖特意造化，如有损伤，则听而不聪。其六，中窍气管，外通至耳膜，内达入咽喉，乃所以通达空气，最为紧要。假如耳内无空气，外之空气压力独重，耳膜不胜，必致破裂。有空气而无气管以出入之，气有定限，经热则气必涨大，经寒则气必收缩，一涨一缩，耳俱有损。再如耳内之气，或为水，或为汁，则四骨亦滞而不活，亦阻滞耳膜而不灵。此如鼓无入气之孔，则外之空气必致有损于鼓。其七，脑气筋散布于内窍柔膜之内，一一恰当应用。凡耳内司传声音之机器，皆递于脑气筋，而莫不洞悉，何其奇妙若此！盖天下声音，类号万万，悉

[1]审，仔细。

[2]视，比。

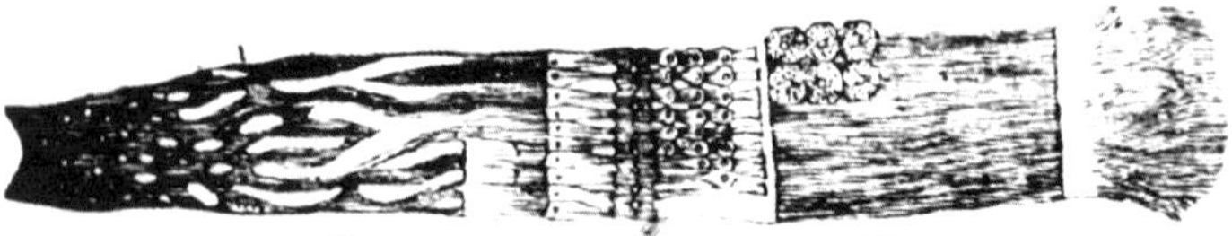

螺旋骨内形式

数难终。海之喉啸、风之吹嘘、雷之震作、雨之淅沥、草木之击触、泉石之冲激、飞禽之语、走兽之音、薨薨之虻、唧唧之虫，六畜中牛号、马嘶、鸡鸣、犬吠，各不相袭。至于人声，男女老幼各异，万国各异，人人各异。外此尚有不可胜计者，如金工、木工、石工，其操作之声音各异，车马之音、鞭弭之音、枪炮之音，又各异。乐声中，钟磬、锣鼓、笙竽、箫管、琴瑟、琵琶、筝弦等又各异。若夫人语错杂中，招来之声、喝逐之声、化导之声、斥责之声、怒者之声、喜者之声、慕者之声、惧者之声、哭者之声、歌者之声、读者之声、耕者之声、渔者之声、樵者之声、纺者之声、织者之声，各异其人，各异其遇，各异其业，皆各异其声。其入于耳，条分缕析，不爽毫厘。不惟如此，其声之来也，或远或近，或前或却[1]，亦无不立辨，只此三窍中至微之孔，能辨此如许极异之声音，其希奇为何如乎？

[1]却，退却，后退。

第二十二章　论鼻口手

万物各具万物之臭[1]味，各臭味皆根于各万物之油。血气之臭、土木之臭、花草之臭，皆各藏于其油之内。凡各臭味，能令人易辨其物之体质，与其物之功用，亦令人能知某地宜有某物，某地无之。有臭味致人患疾，有臭味致人欢娱。臭味美，足以补足人之精神，令人外增健爽；臭味恶，足以伤败人之脾胃，令人不思饮食。如无法能辨此臭味之善恶，是于人生不便，故上帝予人以鼻，雅擅此长。味系油内至微之物，出于各油之中，入于空气，人在其中来往，足以察识。如法有可以令空气出入者，甚宜，故上帝置人之鼻，于气管之上，能令此空气呼吸往来，取味甚易。假如鼻生于额，或生于旁，能辨臭味，莫能清晰，恶臭足以害人，故鼻居于面，如主城之门，防避全体，所入皆知。其部位希奇，内外可分为二段，内外皆有二孔。鼻有如许血管、脉管，亦有脑气筋三等。最要紧者，其辨味之脑气筋，支分最多，鼻窍宽大，闻臭愈灵，惜为地无几，窍皆相仿，故上帝令鼻乃三小骨，侧竖排列合成（有图），中有空隙，足容脑气筋如许（有图）。地虽无几，孔窍疏阔，辨味甚易。外复有挖骨孔穴，亦有脑

[1]臭，音xiù，气味的总称，如“无声无臭”。

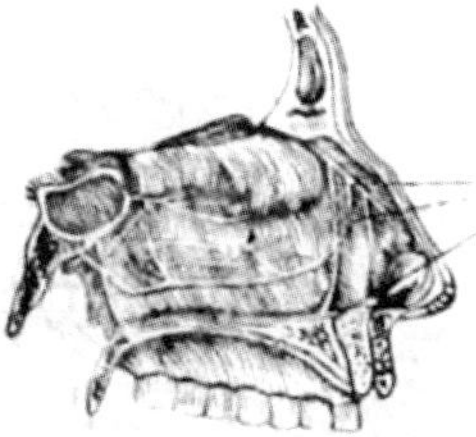

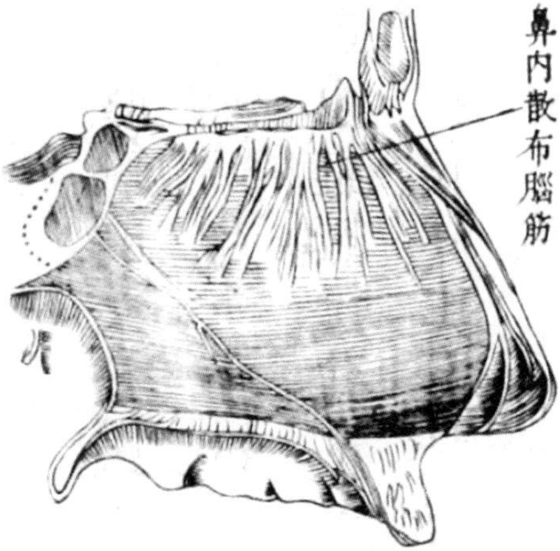

气筋散布。鼻之取臭，其上较胜于下，故欲深取臭味，须吸气上入。又，鼻内干，则不复知味，故上帝令鼻窍内之皮，皆能生水以润之。呼吸空气，防有虫入，故内又生毛以阻之。[1]

至于辨饮食之味，是在口舌之官。数肉合而成舌，亦左右可分为二，中高一线，向内分为二支，如“叉”字式，左右面有如许尖粒，尖粒分有大、中、小三等。其大者或八或十不等，在舌之后，向外布列如“人”字形，每

[1]此处分段为整理者添加，原文无。

人之舌

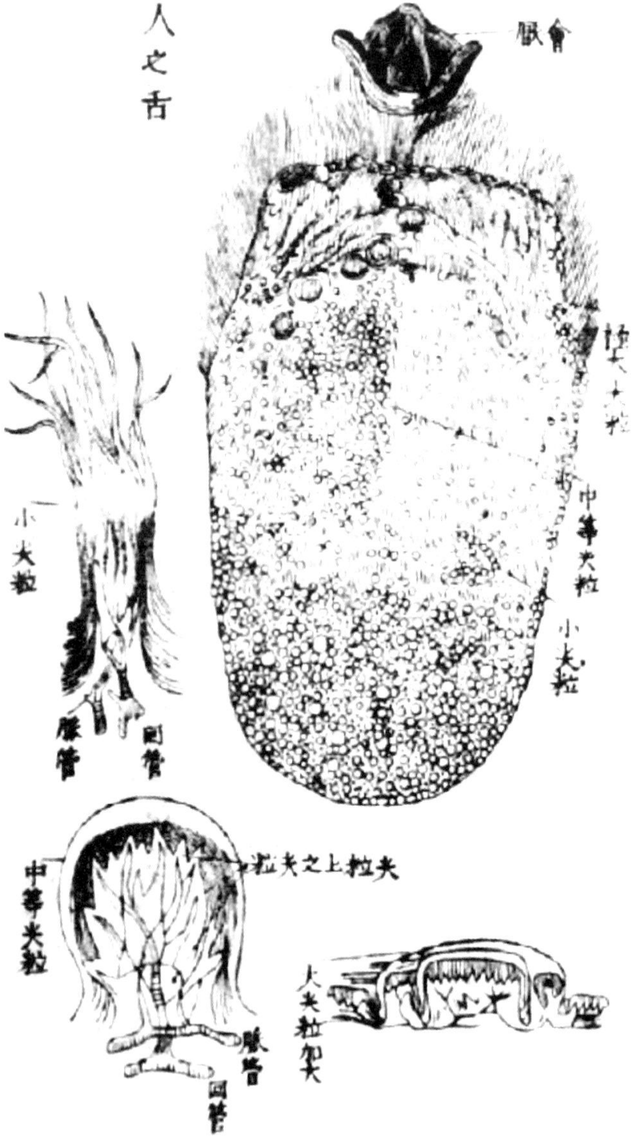

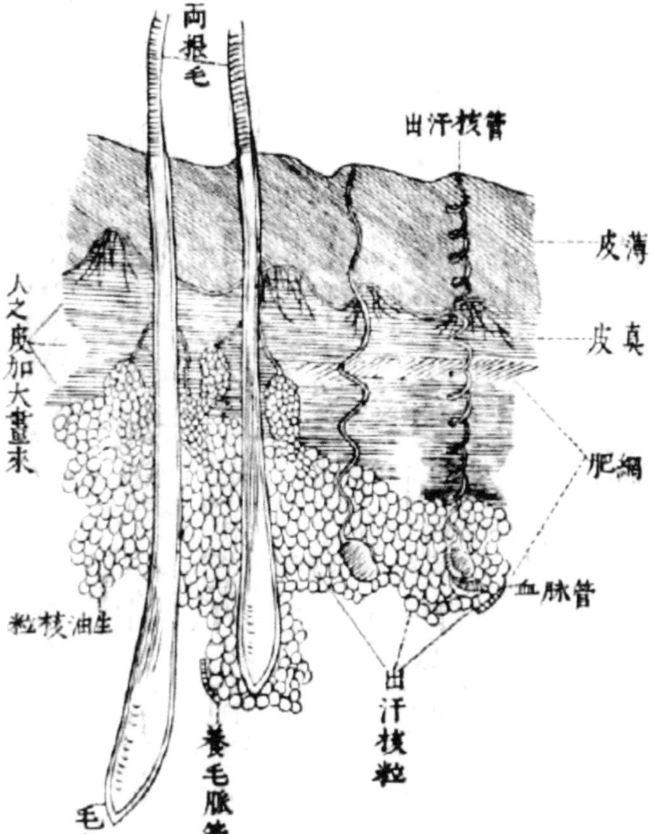

一粒中凸，外有盘，有似一杯覆于杯盘者。中等尖粒较多，散布全舌，形圆而色紫，其附于舌之根较细，出舌面则大，其上又各有小尖粒生之。其小者极多，约居三分之二，每粒出舌，一本数茎，类如草同，其部位由舌根向外，逐行排列，与极大者同一布置，而色则白（有全图[1]）。凡尖粒内，皆有脉管、回管、脑气筋三者。舌尖粒之下，有核甚多，上有覆皮一行，极为灵巧，亦有脉管、回管甚多。左右各有脑气筋三等，一令舌运动，二自舌旁如舌尖，三自舌根入极大尖粒，皆司尝味。舌干不能知味，故有如许核，所以生水润舌。饮食入口，舌能分其五味，亦分其或浓或淡，亦辨其可饮食与不可饮食。假如舌不知味，则不思饮食，人将死矣。故舌尖粒不惟令人饮食，实令人生活。余前论筋肉，曾及舌之功用无算，此上帝为人经营，作人妙用。假如人用此舌说谎咒诅，斯有罪恶；假如人用此舌赞谀偶像，罪恶益重。如余可赠人以佩刀，其人若用以伤人，或用以伤余，宜乎不宜？故人以舌干[2]上帝律，赞谀无稽之鬼神，上帝震怒之。[3]

外此则莫奇于手。周身皮肤，皆分内外之异，其在内者曰真皮，在外者曰薄皮（有图）。真皮恒存其故，薄皮常生常脱。真皮知觉粗细、滑涩、冷热、硬软，薄皮庇护真皮。如真皮外无庇护，则身体知觉太甚，虽衣服不可着。如人身体偶被火伤，其伤处必不胜按摩，马驹初试鞍韂[4]，踶[5]啮不安，皆其据也。故上帝令外生薄皮，所以迟钝其真皮之知觉。如周身之薄皮，其薄厚相等，亦有不宜，为于外物之体质不能觉悟详悉，故上帝令人指尖之外皮极薄，内皮亦略较胜，故指之知觉外物特详。真皮生如许极微极细尖粒，透出薄皮以上，有如极细之绒，在指

[1]图见本书第92页。

[2]干，干犯，违背。

[3]此处分段为整理者添加，原文无。

[4]韂，音chàn，马鞍子下面垫的东西，垂在马背两旁可以挡泥土。

[5]踶，音dì，用蹄子踢、踏。

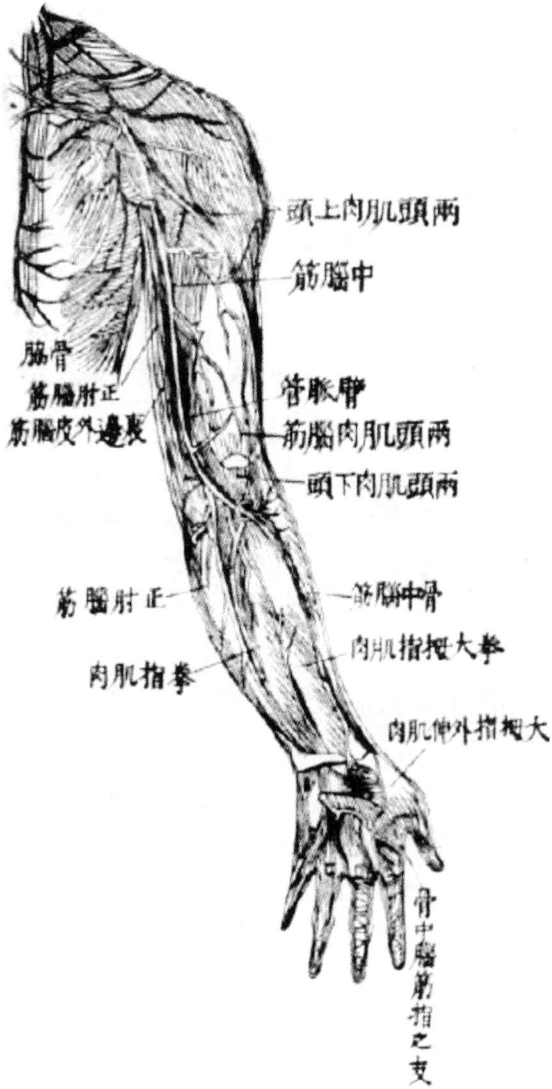
兩頭肌肉上頭
中腦筋
骨脇
正肘腦筋
裏邊外皮腦筋
靜脈管
兩頭肌肉腦筋
兩頭肌肉下頭
正肘腦筋
骨中腦筋
拳大拇指肌肉
拳指肌肉
大拇指外伸肌肉
骨中腦筋指之支

尖手掌逐行排列。每尖粒中，皆有血管，亦皆有脑气筋，虽至微之物，一经按摩，尖粒皆知。假如有绒一幅，其上之绒毛，一一皆活，实能知觉凡所遇之物。人以显微镜窥指掌之面，见其上之尖粒，一一皆细于此绒，极善于用。手之功用无算，未可悉数，人皆知之。今试撮举其一二。假如指尖柔弱，虽一微物不能拾取，故上帝予以指甲，足以扶持指力，拾取凡巨细之物。此指甲非骨，非肉，非何物，乃即外层之薄皮凝聚而成，与薄皮同一体质。奥何可言！假如此薄皮凝结于掌，于肘，不惟无益，且适足为累。拇指与其余四指，一一皆可对用。如人指如足趾，亦几为废体矣。[1]

总之五官，不惟一一奥妙，而且更有一奇者，其功用愈用而愈精，愈出而愈奇。如舟子行海，恒察远岸远山，其目能视远，较胜于人；梓人镌刻书画，其目能视至小之地，亦较胜于人。耳亦如是。更夫恒伺昏夜，其耳亦长于听；野人山居，常闻鸟兽之音，其耳亦较胜于人；乐师潜心驱耳学乐，耳尤非人所及，假如百乐器齐作，其耳能一一分析，若者为何，若者为何，非特此也，一有舛误，而能审辨，某器毫厘有弊，耳能察出，整理如故。鼻亦如之。野人能用其鼻，迹寻可食、可猎之兽与其仇雠之人，或半日，或一日，如犬之能迹走兔同；医恒用药，鼻分药物，较人甚易。舌亦如之。中国上洋[2]、汉镇[3]、福州等处茶师，能分茶等五十、六十，判其茶之优劣，断定价值

[1]此处分段为整理者添加，原文无。

[2]疑指上海。明代《宏治县志》中即称上海为上洋。

[3]疑指汉口。

低昂。四民之中，各理各业，其手亦随其操作之业，日精一日。西国瞽者，能以手读书，其书字迹皆凸起纸面；中国瞽者，能以手赌博，其赌具亦皆镌凹凸形；中西瞽者，又皆能以手分各颜色；又有女瞽，能以手分五色线缕、刺绣五纹。[1]

尤有奇者，凡五官有缺，必有一官较胜。如瞽者耳必善听，聋者目必善视，哑人格外聪慧，凡此皆不能自然而有，有爱人之主使之然者。[2]

盖上帝创造之物，与人之创造者大异。由人创者，皆有定限，有日损，无日益，如千里镜，如钟表，如凡器用者皆然。由上帝创者，乃能用出无穷，愈用愈奇。然五官仍一形器耳，皆不能自主，由灵魂主之，乃灵魂役用之器具。假如人之五官，视当前者，愈为增美，灵魂之用，亦愈增多，五官有限量，灵魂无限量。千里镜愈精，眼界愈远，日月星辰凡在天者，举可洞晰；用显微镜，凡最隐微，亦莫不呈露。如上帝予人之目如千里镜，或如显微镜，吾之灵魂，亦自可以见日月内之所有，亦自可以察目不及见之微物。惟耳亦然，有机器附于耳，听能极远，如上帝予人以如此之耳，亦自能远。上帝无所不能，能予人之耳目视听若此，吾知倚赖耶稣，得救升天，复生之时，更换灵体，吾人皆自能视至远之物，自能听至远之音，其乐无极，受福无疆。

[1]此处分段为整理者添加，原文无。
[2]此处分段为整理者添加，原文无。

二　卷

第一章　上帝必有

昔有童子游于家园，忽见初生花苗，排列成字，乃己姓名也，大异，趋告其父。父曰："此自然而成，不足惊异。"子不信，曰："此必非自然。"因请父同往观之。父又曰："此自然而成，不足惊异。"子终不信。父乃笑，曰："生汝时，戏为之耳。"因告之曰："天地万物，亦非自然而成，皆上帝所造也。儿见花苗成姓名，即知惊异，不知汝身脏腑、筋骨、血脉、肌肤、耳目、口鼻、手足，无一不可惊可异也。若自然而成，非至巧之主经营之，则汝目将生于背，汝耳将生于腹，汝之手足诸体，将一切位置失宜矣。然而统地球之人总计之，不可胜数，而五官、四肢皆生当其处，各适于用，鲜见误置者。非上帝经营之，能如是乎？汝不见水之鱼、陆之兽、气之鸟乎？鱼有翅，与水宜，兽有蹄，与陆宜，鸟有翼，与气宜。何以蹄不生于鸟，翼不生于鱼，翅不生于兽？何以鱼不产于陆，兽不产于气，鸟不产于水？设有鱼而无水，有兽而无陆，有鸟而无气，其俱能生乎？又不见地偕诸行星之绕日，月之绕地乎？轨道之大小，行度之迟速，亘古不变，若驿使按站而行，握算之士，豫推之不爽分毫。夫驿使，人也，能自动，且必有遣之者。行星与月无知觉，非能自动，更必有使之者，可知矣。昔希腊人号世界为高斯马斯[1]，言其次序井井也；罗马人号世界为门士士[2]，言其奇巧可爱也。凡此皆有上帝之据焉。汝其识之。”童子大喜，跃舞而去。

人当遨游之际，偶入不相识之家，见几上有字焉，必不曰自然而成，而曰主人能握管也。又观诸字联合成章，文理兼优，即知主人有才能文也。夫作为文章，与造有知觉之万物，及灵明之人类，孰难孰易？见文章不可云诸字自然相合而成，见物与人，顾可云自然而生，无上帝之创造耶？

[1]高斯马斯，当为希腊语κοσμοζ的音译，英语和法语均写作cosmos，德语写作kosmos。指和谐的、有秩序的宇宙。

[2]门士士，当为拉丁文mundus的音译，世界、宇宙。

第二章　上帝惟一

上帝惟一，不能有二。设云有二，以虚空无尽界言之，必有一限为此上帝与彼上帝所分之界；以古今无尽时言之，必有一日为前上帝与后上帝相禅让之时。或分界，或相禅让，则是有限量，有穷尽，不为纯全矣，非纯全必非上帝。观前卷诸章，可知万物本有心而作，立意而为。心惟一，意亦惟一，故知创造天地万物之上帝惟一。天地者，最大巧器也；万物者，无数轮轴机捩，互相资藉以成其用者也。其命意所在仅一耳，如表之命意在测时，机之命意在组织也。若二上帝造之，则命意或有不同矣。然尝遍游地球之面验之，任至何处，地心之吸力同，磁石之南北向同，海中觅得新岛，其人物草木鸟兽形状无不同者。凡风雨雾露、霜雪雷电，潮汐往来，昼夜昏明，统地球无或异者。禽鱼兽畜，类至多矣，而脊骨之根原同。昆虫不一矣，其体之大端同。然此特验之地球耳。推广之，日与恒星定位同，行星绕日轨道椭圆同，行星自转有两极同，其面各有昼夜、寒暑，其外各包以大气又同，行星有月[1]者，其绕星之行法又同。不惟如此，恒星与日亦皆圆转不滞，其行法同，其发光同，其光分七色同。行星与地其旋

[1]因月球为地球之卫星，此处之月，当泛指卫星。

绕之轨同。凡行星、恒星、日与地球，其体质又无不同。地球有向心力、离心力，行星皆有，恒星亦皆有之。近验诸身，远验诸天，命意无二，故知无二上帝也。

鸟有翼，以飞于气，气与翼相善也。假如空气或为加厚，或为再薄，必不宜于翼，则知造翼者即造气者也。鱼有翅，以游于水，水与翅相善也。假如水或为加浓，或为再淡，必不宜于翅，则知造翅者即造水者也。推之，光与目，声与耳，香与鼻，味与舌，气与呼吸之肺，无不相合，亦无不相善，则知皆源出于一也。物倦而思息，即有夜，夜则万籁俱息，所以安万物。常昼不夜，人必苦劳；常夜不昼，人必苦闷；夜而声喧，虽息不安。一上帝为之，无他上帝扰之，故一切能恰当也。鸟兽夏则希革，冬则氄毛。冬夏生于黄、赤道之斜倚。地球之腰为赤道，其绕日之轨为黄道。冬则日在赤道南，赤道北之地多寒；夏则日在赤道北，赤道北之地多暑。寒暑生于日，而鸟兽之毛应之。故知大至日与定星[1]、行星，小至鸟兽之一毛，皆受成于一上帝也。上帝爱人，故万物必与人相称。设马小如羊，人何以骑？牛大如象，人何以取乳？猫大如马，势必食人。鹰大如牛，必取人哺其子。人体太重，入水难泅必溺死；若体太轻，略不禁风，莫能安。我故曰，上帝只一。若有二，则物各造，乌能一一相称哉？《礼》曰“天无二日，民无二王，国无二主，家无二上”[2]，而乌得云有二上帝哉？《圣经》云“本末初终，惟我是操，

[1]定星，恒星。

[2]《礼记·曾子问》：“天无二日，土无二王，家无二主，尊无二上。”

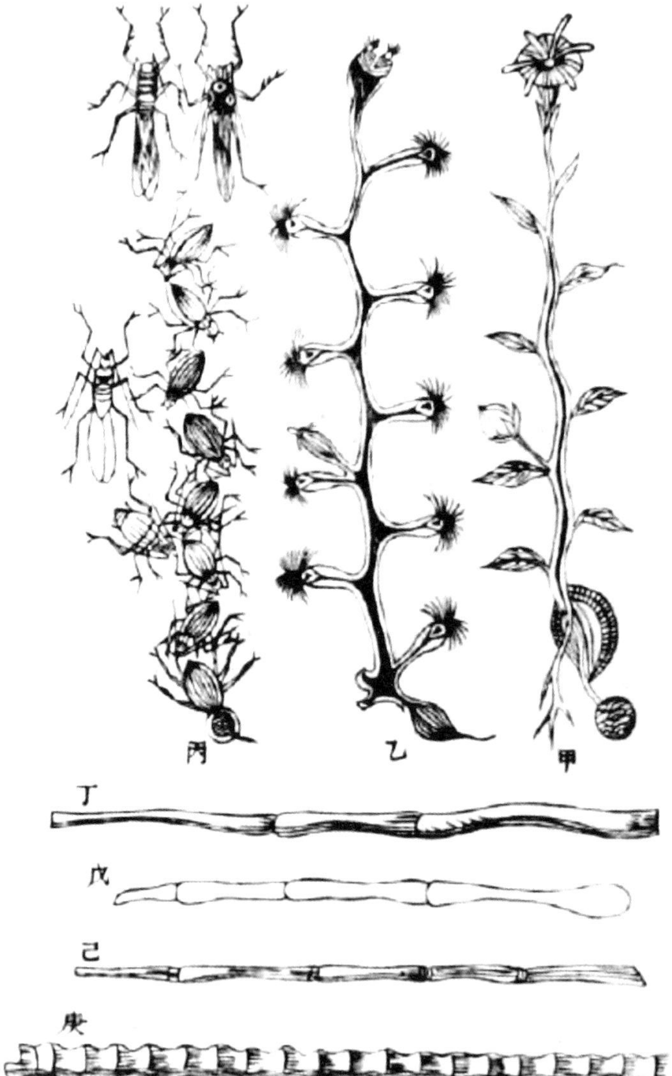
丙
乙
甲
丁
戊
己
庚

我外别无上帝”[1]，又云“永生主也者，知尔为独一真上帝”[2]，此之谓也。

动植诸物，皆以胞体集成。不特此也，其生之例，有若符节之合者（如图[3]）。甲为植物之一种，由种子生茎，茎生诸叶，各有一定位置，叶吸收炭气渐长，顶作一花，旁作一花，至结子而萎。乙为动植之合物，由卵生茎，茎生诸芽，亦各有一定位置，芽长成诸活物，各有胃能食，而其蒂仍附于茎。物各有须，顶物须分生，余皆总生。又旁有二物同蒂者，其一形独异，此与顶物，皆若植物之花也。此物中有生卵者，生卵后乃萎。丙为动物，于春时由卵生一虫，其体生一细芽，芽渐长复变为虫，而前虫消尽，如此递变，至末变为二，有雌雄，乃不复变，交而生卵。诸虫中惟末二虫及第八虫有翅，亦如植物之花。丁为榛叶之茎。戊为一种猴之指骨。己为竹身。庚为一种蛇之脊骨。其有节皆同。观此见动植之源本一上帝。

一家之主曰长，一国之主曰君，天地万物之主曰上帝，而上帝较家长、国君则大异焉。家长治家，必藉子弟众仆助之；国君治国，必设文武百官助之。上帝则无不在，无不知，无不能，人之思虑、行为皆能见，不须神明

[1]《圣经》旧约《以赛亚书》44：6：“耶和华——以色列的君王，以色列的救赎主——万军之耶和华如此说：‘我是首先的，也是末后的；除我以外再没有神。’”

[2]《圣经》新约《约翰福音》17：3：“认识你——独一的真神，并且认识你所差来的耶稣基督，这就是永生。”

[3]图见本书正文第104页。

助其考察也，不必羽士[1]、缁流[2]疏牒[3]禀报也，不必诸神襄[4]其劳乏也。阴阳万物，无不持载，无不覆帱[5]，四时错行，日月代明，万物并育而不相害，道并行而不相悖，此天之所以为大也。盖天地万物在上帝掌握，如众微小弹丸在人掌上，凡弹丸上所有，其人无不见之。假如其上又能言者，其人自能听之，无烦倩[6]人助理。故属在天有何天使，有何灵慧者，属在地有何人，上帝俱能自行主理。《论语》云"死生有命，富贵在天"[7]，谚曰"谋事在人，成事在天"。[8]

若释、道二教之神，则皆无足凭信焉。或曰：二教之神，果无足凭信，何皆敬而拜之？曰：古之人智巧者少，偶有一二非常人，必群起而崇敬之，如华佗之医、关帝之忠、玉帝之慧，皆一时为人所推，致传之后世，崇祀不衰，人君又从而封之，愚民竞拜而媚之，皆以为此濯濯[9]有灵也。不知彼人也，我亦人也，同此骨肉之身，皆有生死，我转拜彼，不亦谬乎？更有见日月电光，闻风雷震撼，不知皆上帝主之，乃变色而骇，相谓曰："此皆各有

[1]羽士，道士。

[2]缁流，音zī liú，僧徒，因僧人身着黑衣，故称"缁流"。

[3]疏牒，即文疏、奏疏，佛教、道教向神明禀报的文书。

[4]襄，襄助，辅助。

[5]《礼记·中庸》："辟如天地之无不持载，无不覆帱。"持载，承载，谓地能承载万物。帱，音dào，覆帱，好像覆被，谓天能施恩、加惠于万物。

[6]倩，请。

[7]语出《论语·颜渊》。

[8]此处分段为整理者添加，原文无。

[9]濯濯，音zhuó zhuó，光明貌。语出《诗经·商颂·殷武》："赫赫厥声，濯濯厥灵。"

一神，宜拜之也。”[1]

然神不可见，遂造木偶而拜之，此又愚之至者。夫木偶有目不能见，有耳不能聪，有口不能言也。设能见、能听、能言，则当人拜之时，彼必曰：“若辈[2]毋拜我，我无灵也。盖我乃一段朽木，当匠人造我时，其余诸段皆分散，或作椅榻，供人坐卧，或为柴薪，供人饔飧[3]。我此一段，偶用作像耳，设当日材不合式，则或为柴薪，或为椅榻，皆不可知。若辈何为拜我耶？”且拜木偶者不特大愚，亦复大恶。何也？拜木偶者，其心中已蔑视上帝，以为上帝若木偶，非无所不在，因而不畏，敢于行恶矣。且以颂扬上帝者颂扬木偶，尊敬上帝者尊敬木偶，是令木偶窃上帝之荣也。假如造一木偶，尊为国王，使众事之而不遵国王法令，则必坐[4]以妖妄，杀无赦矣。以此观之，则背上帝而崇木偶者，罪当何如耶？人皆欲目见上帝，遂作木偶，又不知万物乃上帝所主，故每物造一神，如火神、水神、风神、财神、灶神之类。又有拜古人求福免祸，信之不疑，而不知开罪、降祥者，皆上帝主之也。是故孔子曰：“获罪于天，无所祷也。”[5]昔上帝垂诫曰：“余而外，不可别有上帝，毋雕偶像，天上地下，水中百物，勿作象像之，毋拜跪，毋崇奉，以我耶和华即尔之上帝，断不容以他上帝匹我。恶我者，祸之，自父及子至三四世；爱我守我，诫者福之，至千百世。”（《旧约·出埃及记》

[1]此处分段为整理者添加，原文无。

[2]若辈，你们。

[3]饔飧，音yōng sūn，做饭。

[4]坐，定罪。

[5]语出《论语·八佾》。

二十章三至六节[1]）中国久忘上帝而不事，今旱蝗频见，兵革四起，民不聊生，皆上帝降祸。所望勿事偶像，悔改前非，专奉上帝，庶[2]天心克[3]享[4]尔。[5]

凡行星、恒星、日与地球，其体质大约皆同，有可验者。格致家察诸流质，知其极热之时，各出一定之光色，假于何火焰中，见有如何光色，知其中有何流质。日乃一极大火球。有格致者，创一极奇机器，用以试日，已测得日中所有之质十有五。其一鏀，其二铁，其三镁，其四钡，其五铜，其六鍟，其七鉐，其八鏴，其九镉，其十轻气，其十有一鈦，此皆决其实有者。其十有二金，恐亦有之。其十有三鎴，其十有四鋅，其十有五鋏[6]，三者尚未测定。亦用以试诸星之体质。室宿二[7]已测得者有三，其一鏀，其二镁，其三钡。天狼星[8]已测得者有四，其一鏀，其二镁，其三铁，其四轻气。织女一[9]已测得者三，

[1]《圣经》旧约《出埃及记》20：3—6："3除了我以外，你不可有别的神。4不可为自己雕刻偶像，也不可做什么形像，仿佛上天、下地和地底下水中的百物。5不可跪拜那些像，也不可事奉它们，因为我耶和华——你的上帝是忌邪的上帝。恨我的，我必惩罚他们的罪，自父及子，直到三、四代；6爱我，守我诫命的，我必向他们施慈爱，直到千代。"

[2]庶，表示希望发生或出现某事，进行推测；但愿，或许。

[3]克，能够。

[4]享，受用。

[5]此处分段为整理者添加，原文无。

[6]鋏，音huī。

[7]室宿二（β Peg / β Pegasi）是在飞马座的一颗恒星。

[8]天狼星（sirius）属大犬座中的一颗一等星，根据巴耶恒星命名法的名称为大犬座α星。在中国属于二十八星宿中井宿的天狼星官。

[9]织女一又称为织女星或天琴座α（α Lyr），是天琴座中最明亮的恒星，在夜空中排名第五，是北半球第二明亮的恒星，仅次于大角星。它与大角星及天狼星一样，是非常靠近地球的恒星，距离地球只有25.3光年；它也是太阳附近最明亮的恒星之一。

月亮

火星之圖

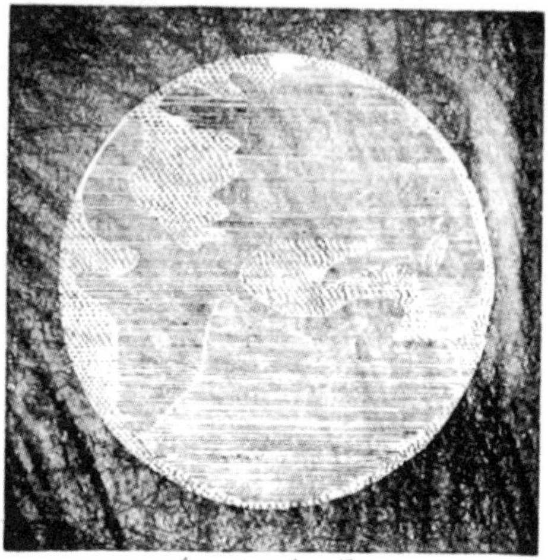

黑者爲海
白者爲陸
其上一極
白點爲雪

其一鏀，其二镁，其三铁。北河二亦测得有三，其一鏀，其二镁，其三铁。将测天之器，精而益精，不但可以测日与诸星之质，且有此诸质，亦可以测其余众星，亦必有此诸质矣。至月与地球之面亦略同，见其有山有谷，火山尤多，有图明知。火星与地乃更同，测知有气有云，有海有陆，陆色见红，海色见绿，其亦有寒暑，短长不齐，春日约百有九十有一日有四时，夏日约百有八十有一日，秋日约百有四十有九日有四时，冬日约百有四十有七日。冬亦有雪，何以知之？冬日在其极端，见有极白之点，至春渐消，夏则无之，冬仍如初（如图）。其色黑者为海，白者为陆，其极白点为雪，其海之中间，略如地中海[1]之形，其旁则略如西洋海。此可知上帝不惟造此地球，亦造此日，亦造此月，亦造此星。近验诸身，远验诸天，命意无二，故知无二上帝也。

[1]地中海，欧洲、非洲和亚洲大陆之间的一块海域。

第三章　上帝至大

人欲知一王之尊大奚似[1]，须先识其国度之广阔奚似，官长之众寡如何，民数多少如何，经纶若何荣耀，权势若何威严。至若上帝，巍巍乎高而无上，大莫能名，论其国度，天地万物在其中，日月星辰在其中；仰视天空，凡目之所及见，与目之所不及见者，无不为其覆育；而又光华复旦[2]，彰其恩德，而又风雨雷霆，显其赫怒；而又天使环列，供其役使，如风如火，力无不能，权无不统。乌乎[3]测其荣耀？乌乎测其威严？[4]

试以地言之。吾人世居本贯，足不越乡国，目不睹遐方，囿于生长之区，已为耳目之所不能周，皆自视其土地为大，亦有崇山，亦有峻岭，行越高山，亦有广大平原。即如华人籍隶山东者，省份亦为大矣。中华统十有八省，允[5]矣大哉！究之，十有八省之大，较之地球，乃极小焉。统地球陆地，以开方里[6]计之，共五万一千二百

[1]奚似，如何，像什么。

[2]《尚书大传·虞夏传》：“日月光华，旦复旦兮。”

[3]乌乎，如何。

[4]此处分段为整理者添加，原文无。

[5]允，实在，的确。

[6]开方里，平方里。

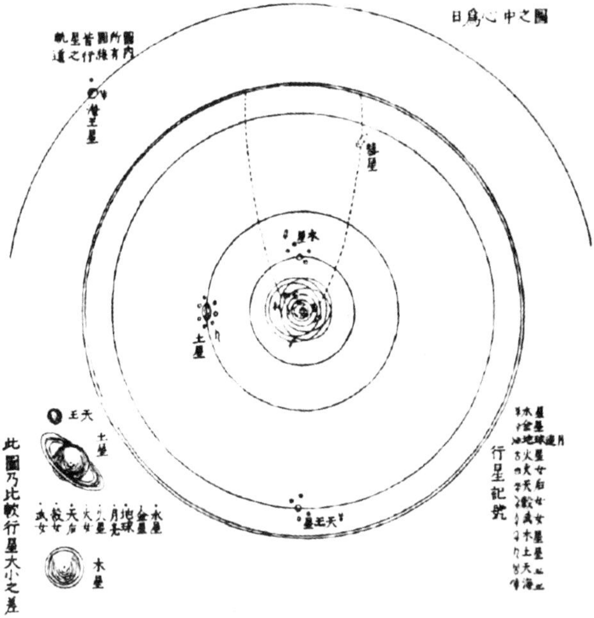

有五十万，水之方里共十有四万五千有六百万。统地球水陆，共计方里百有九十六万八百五十万。十有八省，计方里者十有三百四十有八万，仅得地球陆地三十有八分之一，合仅得水陆百四十有六分之一耳。地球周围计八万余里，其直径二万六千六百里，乃一行星，围绕太阳。[1]

其同绕太阳者，外尚有行星十一（如图）。最近日者为水星，其二为金星，其三为地球，其四为火星，其五为火女，其六为天后，其七为谷女，其八为武女，其九为木星，其十为土星，其十一为天王星，其十二为海王星。外复有极小之星一百有九，兹不具载。火女、天后、

[1]此处分段为整理者添加，原文无。

谷女、武女四星较小，亦不复论。请论其大者。水星围圆三万二千有五百里，其直径一万零六百六十有六里。金星围圆七万有八千里，其直径二万有六千里。火星围圆四万有一千里，其直径万有三千六百六十又六里。水星围圆八十有七万里，其直径二十有九万里，计大于地球千有三百倍，有四月[1]绕之。土星围圆七十有九万里，其直径二十有六万三千三百三十有三里，计大于地球千余倍，有八月绕之，又有光环二层如二带然。天王星围圆三十有五万里，其直径十一万六千六百六十有六里，计大于地球八十倍，有四月绕之。海王星道光二十有五年[2]始经查出，其直径十二万二千有六十里，围圆三十有六万六千百有八十里，计大于地球九十九倍，见有一月绕之。[3]

至其绕日之远近，水星距日万有一千七百九十七万六千六百六十有六里，金星距日二万二千零四十三万三千三百三十有三里，地球距日三万零四百七十六万六千六百六十有六里，火星距日四万六千四百三十七万六千六百六十有六里，火女、天后、谷女、武女四星约距日九万二百有四十万里，木星距日十有五万八千五百六十四万三千三百三十有三里，土星距日二十有九万零七百十有一万六千六百六十有六里，天王星距日五十有八万四千二百八十三万六千六百六十有六里，海王星距日九十有一万五千四百二十三万六千六百六十有六里。[4]

诸行星绕日之轨道，皆椭圆，非平圆，其距日时之远

[1]月，泛指卫星。

[2]道光二十有五年，即公元1845年。

[3]此处分段为整理者添加，原文无。

[4]此处分段为整理者添加，原文无。

近，不无参差。兹特举其中数言之。日居中枢，合诸旋绕之行星之大，不足以当之。其直径二百九十有四万里，围圆八百八十有二万里，计大于地球百有二十六万倍。此诸行星之大者八，小者百一十有三，与日连属，共成一团，皆倚此日旋绕，倚日有光，倚日以成昼夜，四时寒暑，各无妨碍。[1]

外此尚有恒星如许，一一皆如此日，各有行星绕之，亦皆各成一团。此如许恒星，未可悉数。有心焉者分天空之界，逐夜察之，其已见者七千有五百万焉。盖天文家测恒星之法有二。其一，割裂星之界限，其界限内之众星形状奚似，即以定其主名。其二，分列星之等级，其极大者列为一等，次二等，次三等，逐次递降，共分为十有三等。外此复有如许星气，实皆无数星光，远莫能测，视莫能明，故望之若气。天河亦众星也，其视之如河者，此如千万灯烛，极远视之，惟见明光一派，莫辨其为灯烛，及其向前渐近，或窥以千里远镜，则辨之不难，故以极精远镜视天河众星，亦皆能一一测之。此外再为推之，恐复有无数星光远而一毫莫辨者。[2]

诸恒星之最近地球者，名曰南门，其距地六十万万万里，此为一等，计大于日体二千万倍，岂不大哉！其二等较此尤远，料亦更大。凡视愈小者星愈远。孰能测天空之大哉？法有可以略晓者。人皆知声之来也，如行路然，如遥闻枪炮，先睹其烟而后闻其声，测量之，计一分时约行四十里。光之行也，较声音乃更速，计一秒中行六十有

---

[1]此处分段为整理者添加，原文无。

[2]此处分段为整理者添加，原文无。

五万里。假如有人能飞行天空，如光之速，计一秒有四分秒之一[1]可至于月，八分时可至于日，五十有二分时至木星，一时中至天王星，至最近地球之恒星须三年，至织女星须十有二年有三十日，至二等恒星约须二年，至三等者约须三十年，至四等者约四十有五年，至五等者约六十有六年，至六等者约九十有六年，至七等者约百有八十年，至十一等者约四千年，复极远者约五万有一千年方能至之。由此推之，莫能终数。而此一人者，飞行如此其速，其去地渐远，视地愈小。计半时许，已不复见有地球矣。计一时许，视日之大小，仅如一恒星比，凡绕日之行星，此时皆无所见。由此外行，视日逐渐愈小，亦至于不复见有日矣，其时视一等恒星则大如日等，二等恒星亦逐渐增大。及至十三等者，嘱视天空，恐复有如许恒星，森列在上，盖上帝国度无限无量也。[2]

凡各恒星行星，亦必有血气者、灵秀[3]者居焉。此有可据者。其一，地面地中，凡有孔穴，以及幽暗之所，俱有血气之物，故此极大极美丽之众星，不能无血气者生焉。其二，不惟有血气者，亦必有灵秀类与世人似者。如无此灵秀者，则无恭敬颂扬上帝者，上帝亦无何荣耀，但有血气者不能为此。其三，吾人乘舟海面，遥见他舟其上有篷、帆、桅、旗等，与吾所乘之舟同，知其舟中必有人，必有货物，亦与吾之乘舟同，舟愈大，人必愈众，此定理也。然则此极小之地球，既有如许人物，如许财用，

[1]疑为一又四分之一秒。
[2]此处分段为整理者添加，原文无。
[3]灵秀，指灵慧、智能。

彼如许荣耀之众星，岂能空虚绝无所有哉？更有证据之最要者。《圣经》云上有天使万万，此天使来往天空，恭承上帝，顺其明命，天使不一，有有位者，有执事者，有弄权者。恐各一星有一等灵慧者居于其上，一一皆彼此恭敬、颂扬上帝。然则无数之众星，乃真无数之天地万物，合为一大国度。上帝之国度如此其大，供役之天使如此其众！上帝乎，讵非至大无外欤？

第四章　上帝全能

一人之力不为少，百人聚集，力足以引重大，千人聚集，尤足以引极大重物，宇宙人类万万如此，万万人聚集合并，其力复何重大之不胜？此万万人之力并而为一，其力之量，非人所能思，非人所能言。然而人之力非由人，乃由人之心。心之运用非人自主，人固不能令其或动或止，或迟或速。则惟上帝主之，故人之力实皆由上帝而来。马之力甚多，万马之力，能引无限之物。假如并宇内之马，之驴、骡、牛、象、虎、豹、熊、狮，以及凡百兽属，与夫飞禽、水族等之力，细心计议，孰能测度此众力之大，共有几何哉？究此众血气物之力，皆由其心，心之运用皆由上帝，其心所运用之力，亦皆倚上帝而有。五谷、百果、草木、蔬菜，岁岁发荣滋长，亦具有力量，此其力亦不属众植物等，则亦皆上帝之力焉。江河水流，能载舟运舟，其在中华有黄河、大西河、洋子江、松花江、黑龙江，外此之溪水、支流无算，世宙万国，有万国之大小河流，其孰能挽其流而回之？或法有可以壅塞之，障蔽之，而不使之流。中土官家，皆知筑黄河之堤，防水横溢，甚不为易，劳如许力，耗如许财，终不能无横溢之灾。至于海潮之涨也，孰能却之使退？其退也，孰能牵之使涨？盖无问何水之力，皆不在水，举[1]由上帝。风之力，可以推云，可以落木，可以旋磨，可以行舟，大能扬沙飞石，拔树坏屋。若将举世万国所有之风力，并而为一，则此风之力，恐世宙不足当其一嘘也。火轮舟车，力能迎风前行，合中华、泰西火轮机器，其力讵不云多？此火轮机器之力由于水气，水气由于火，火由于煤，煤之力亦非自有，倚上帝而有。雷电之力更无限量，尤极迅速，雷声大震，令人悚惧，屋宇震撼，雷火杀人，猝不及觉，电报通信，顷刻万里，皆其据也。此其力皆上帝出之。万万人之力属上帝，血气物之力倚上帝，五谷草木等之力由上帝，水力、风力、煤力、电力，无不出于上帝。然则上帝之力，万无可思议，无可测度矣。[2]

然此诸力，尚不足以言上帝之力焉。太初之时，上帝未需一物，能自创造天地万物，预令高山突出，其高或一里，或五里，或二十里，咸皆由上帝之意。或令大地震动，高原倾陷，亦或倾陷岛屿，亦令岛屿突出，沧海桑田，顷刻变迁，此其力乌有底止哉！不惟如此，地球周围，计八万余里，讵非大欤？并山海、屋宇、树木、人物等，讵非重欤？究惟上帝能令其自转，一日一周，如人手捻一泥丸。又不惟如此，并令其绕日运行天空，计一时中行四十五万三千有六百里，一分时行三千七百有八十里。其余诸行星，有较地速，有较地迟，水星一时行七十二万九千零六十有六里，金星一时行五十三万三千三百三十有三里。诸行星绕日之迟速亦异。

[1]举，全。

[2]此处分段为整理者添加，原文无。

水星绕日约八十有八日一周，金星绕日一周约二百二十有四日八时，地球绕日一周计三百六十有五日三时，火星绕日一周约六百八十有七日，火女绕日一周约千有三百二十有五日九时，天后绕日一周约千有五百九十有二日八时，谷女绕日一周约千有六百八十有一日四时，武女绕日一周约千有六百八十有六日六时，木星绕日一周约四千有三百三十有二日六时，土星绕日一周约万有七百五十有九日三时，天王绕日一周约三万有六百八十有六日八时，海王绕日一周约六万有一百十有八日。是其年岁之短长甚异。水星一周岁约不足地球四分岁之一，金星一周岁约不足地球三分岁之二，火星一周岁几地球岁之二，木星一周岁约地球之十有二年，土星一周岁约地球之三十年，天王一周岁约地球之九十年，海王一周岁约地球之百有八十年。[1]

其自转之昼夜亦不同。水星、金星、地球、火星，其昼夜一周约皆十有二时，木星昼夜一周约不足五时，土星昼夜一周约五时有四分时之一。

诸行星绕日与其自转，皆自西徂东；绕行星诸月，亦自西徂东，惟土星之月自东而西。月绕地行，八十万里逐月一周。木星诸月，其一距木星与月地之距略同，计一日有九时一周木星，其二一周木星计三十六时有半，其三一周木星计七日二时，其四一周木星计八日八时。统计其见月之时，有时或一，亦或二或三或四。其绕木星较月之绕地甚速，盖木星倍于地千有三百。其一绕木星一周，尚不足二日焉。土星之月有八，其一计十有一时余一周土星，

[1]此处分段为整理者添加，原文无。

其二计一日四时有半一周，其三计一日十有一时一周，其四计二日九时一周，其五计四日六时余一周，其六计十有五日十一时半一周，其七计二十有一日三时有半一周，其八新经查出，计七十有九日约四时一周。天王之月四，其一计二日有六时一周天王星，其二计四日约二时一周，其三计八日八时有半一周，其四计十有三日五时有半一周。海王星之月，初测得其一，计五日十时有半一周海王星。[1]

日与恒星亦行天空，日牵引诸行星与月，一时中计行九万六千里。有恒星名大角者，一时中计行百三十三万有六千里，亦牵引其行星与月。岂非大力欤！

恒星内多双星互绕，亦有二双星互绕者（如图）。其上双星互绕一周计千年，其下双星互绕一周计二千年，二双星互绕大周计百万年。此等星已测得者六千，其中能见其行者七百。狮星界内轩辕十二计千有二百年轨道一周，女星界内太微左垣上相计六百二十有九年轨道一周，天津二计百有七十有八年一周，天津增二十九计四百五十有二年一周，贯索五计百年一周，贯索增七计二百八十有六年二百余日一周，宗人四计八十年百有二十日一周，下台二计五十有八年有九十日一周，贯索增三计四十有三年百有六十日一周，天纪二计三十有六年一周，水位四计六十年一周，南门二计七十有五年一周，酒旗三计八十有二年一周。凡此诸恒星，皆目力之所不及见，用精远镜察之始见。并见天津增二十九双星，相距百四十有二万五千万里，双星大小不一，有一等共十等或十二等者，色亦不

[1]此处分段为整理者添加，原文无。

星氣圖

二雙星互繞圖

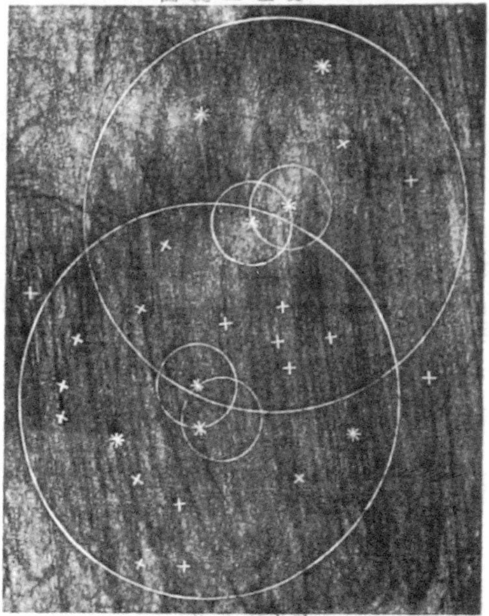

圜線即星道也

同，有赤，有红，有蓝，有绿，有黄，有白。试举一二言之。王良三其大者色白，其小者色赤；轩辕增二十二，其一色红，其一色绿。凡居其行星者，其见二太阳之互为升降，白者西沉，赤者东升；赤者西沉，白者复东升；红者西沉，绿者东升；绿者西沉，红者复东升：景色鲜妍，实为乐园。又，赤道南十字架星之左近有百星，多有色者，色各不同，有红者二，绿者二，深绿者二，淡绿者三，其有色在蓝与绿之间者一，此如各种宝石，齐现天衢，光彩夺目，洵奇观也。亦有星色无定者，天狼星，古测之色红，今测之色绿焉。[1]

凡此日月、恒星、行星而外，复有彗星，恒隐而忽见，光或甚巨，异于常星，皆目为灾异，人俱畏之，虽智者亦不免焉。今始知其恒行，与绕日诸星同理。其隐也，非真隐也，盖去地球甚远而莫能见也。其首之体势，亦与诸行星同，色白而无红，极热，有小有大。小者绕日一周计三年有九十日，又有五年百有八十日一周者，有六年百有八十日一周者，有七年百有八十日一周者。此二者当即于现年见之。复有七十有六年二百有七十日一周者。嘉庆十有五年[2]有一极大彗星，绕日一周计三千年。道光廿二年[3]彗星，其周日计十万年。咸丰六年[4]彗星，其周日计有二千一百年。咸丰八年[5]之彗，尾阔三十万

[1]此处分段为整理者添加，原文无。

[2]嘉庆十有五年，即公元1810年。

[3]道光廿二年，即公元1842年。

[4]咸丰六年，即公元1856年。

[5]咸丰八年，即公元1858年。

里。咸丰十一年[1]之慧，尾长六千六百六十有六万里。道光廿二年[2]之慧，尾长三十七千三百三十有三万里，首阔三万七千三百三十有三里。康熙十八年[3]之慧，计一时行八十万里。彗星如此其巨，其行如此其速，其与行星、与日、与恒星皆不能自行，皆上帝使之行。日恒星牵引诸行星、彗星，亦绕天空之一大中枢，是为上帝之座。天堂之中，此万万众星，皆赖上帝空悬，皆赖上帝运行，此可以识上帝之力无限无量矣。不惟如此，圣书云："万物以之而造，无论在天在地，有形无形，有位执政权力者，皆以之造，而归向之。上帝之子先万物，万物以之恒存。"（《哥罗西人书》一章十六、十七节[4]）世人如能悔罪改过，信赖耶稣，敬畏上帝，上帝可以莫大之力，庇佑斯人。保罗云："若上帝佑我，谁能敌我！"（《罗马》八章[5]，亦可参阅《约百记》三十七八九章[6]）

[1]咸丰十一年，即公元1861年。

[2]道光廿二年，即公元1842年。

[3]康熙十八年，即公元1679年。

[4]《圣经》新约《歌罗西书》1：16—17："16因为万有都是在他里面造的，无论是天上的、地上的，能看见的、不能看见的，或是有权位的、统治的，或是执政的、掌权的，一概都是借着他为着他造的。17他在万有之先；万有也靠他而存在。"

[5]《圣经》新约《罗马书》第8章，原文较长，此不摘引，请自行查阅。

[6]《圣经》旧约《约伯记》第37—39章，原文较长，此不摘引，请自行查阅。

第五章　上帝全智全仁

天下无无本之事物也。无能力者，无何能力者能由之出；无荣耀者，无何荣耀者能由之显；不具大用，无复有用者之能生；自无心意，无复有心者之能为。血气之物，各异知觉，然知觉非自物来，由造物者而来。灵秀之人，各有智略，各现才能，然聪明才能，非由人为，由生人者为之。故凡宇内万有之奇，其始也无不一一原于上帝。前云万万人之力不为少，皆为上帝之力。今亦可云万万人之聪明不为少，亦有不同，或明于学，或明于农，或明于技艺，或明于书数，或明于植物，或明于化学，或明于政治，或明于天文，日月星辰之大小轻重，或能度之，或能衡之，又或明于电气。凡各聪明，皆非自然而有，人不能自有，亦复不能传之父师。盖以人之聪明，有较长于父师者，有大异于父师者，有父师者所一不能知、子弟深知之悉者，此可知人人之聪明，皆由上帝之意以为敷锡[1]，各适各宜，各擅各长。自太初以降，所有生民之聪明，皆锡[2]自上帝；宇内万万人之聪明，皆予自上帝。举世日约生人万余，此万余人之聪明，亦皆赉自上帝；飞者、走

[1]敷锡，施赐。

[2]锡，同“赐”。

者、匍匐者，血气类皆具聪明，亦皆由上帝而来。外此复有如许天使，星星内亦各有如许灵慧，皆莫不赖上帝而能具此聪明。岂非上帝之智慧，至于无可名言哉！[1]

观于一人之作为，可以识一人之性情、智能，故格于天地万物，不惟令人知上帝有心而作，亦早贡上帝之全智全仁焉。盖以凡所创造万物，其体无不宜，法无不奥，用无不合。试以凡有血气者言之。其形体皆如出一形式然，莫完如人。至万物之形体，其与人相去也，非近非远，要其内之大略，则皆无二意焉，皆有首，有脊，有胸，有肋，皆有四肢。凡各肢体，皆与其所居之土宜、事宜，一一恰合。人之四肢，其前为手；其余诸血气物，有类于人者，有异于人者，或皆为手，或皆为蹄，飞者则前为羽，潜者则前为翼，其小大长短，皆由上帝经营妥协，以各适其用。[2]

第二圖　第一圖

黑人　歐洲人

[1]此处分段为整理者添加，原文无。

[2]此处分段为整理者添加，原文无。

其最要者为首。试先为比拟观之。凡血气物之知觉、聪明，其所倚赖者有二，一系于脑之大小，一系于脑之体质纹缕精粗。脑大，而脑之体质精细，约皆聪明；脑大，而脑之体质则粗，聪明较小；脑小而脑之体质复粗，聪明极小。人之脑，其体质约皆相仿，至于脑之大小，则专视乎脑骨以为衡，而智愚可立判焉。盖度其首，可以测其脑。法自耳孔适中，前至鼻准之下，画一横线，复自额中下至唇前，画一直线，度二线曲角之度数多寡，即脑之大小以定。欧洲人之曲角，由八十五度至九十余度不等；其南海岛人之曲角七十度；黑人之曲度亦七十度（如一、二图）；牲五十六度至六十度不等；猿三十度至六十五度不等；犬三十有五；牡羊三十；马二十有五。人皆知，唇出、准缩、额削，皆大愚人，即黑人是。猿猴较黑人唇复出，准复缩，额复小。犬较猿唇尤出，准亦缩，额尤小。马较犬尤甚。飞禽较畜，喙更长，准乃无，额极小。鱼较飞禽乃更小。[1]

非惟小大可度，轻重亦可权之。人之脑，其重计身体三十有六分之一；象之脑，其重计身体五百分之一；马之脑，其重计身体千分之一。大约鳞族之脑，重三钱有一分；爬虫之脑，重两有五钱四厘有余；羽族之脑，重九两有四钱六厘有余；兽畜之脑，重十两有七钱一分；人之脑重，五十有五两有五钱有六分。此皆其中数之大略也。[2]

假如血气物之聪明皆与人等，人不能治理之、役使之，人必无以生存。假如血气物之聪明皆各相同，亦有

[1]此处分段为整理者添加，原文无。

[2]此处分段为整理者添加，原文无。

不宜。如犬之聪明如马，孰为守夜？如马之聪明如犬，孰为引重？猫之聪明如犬，孰为伺鼠？故上帝创造万物，一一各具一定之聪明，各中其用，各适其宜焉。[1]

第三圖

其次则为目。人之目在前，能前视，亦颇能左右视。野兽之目，凡食生物者，如虎，如豹，如熊，如狼等，目俱近前，盖为其追取食物，专宜前视，亦为其凶恶勇猛，无或易伤之者，固无须兼顾左右。犬之目微向外；马之目在左右面角；至柔驯如鹿，如兔等，其目较犬马等，又微向外，睛亦大，亦凸出于面：此盖令其自行保护，为有何凶恶野兽，或在前，或在左右，或在后，皆得视之。复有一极异者，知儿拉夫之目，生于首之左右适中，睛亦大而高凸（如图三），此其用不惟视前、视左、视右，亦视后与视前同，故猎者获此甚难。

羽族之目亦为奇妙。目窠孔几居首之大半，睛亦大而圆而凸，大房水差少。眼帘不一，各具各色，有甚足观者。其目皮分为三，在外者二，在内者一，二者一在上一在下。大约羽族闭目，皆目下皮上合，目上皮止而不动，验家鸽可悟。惟鸱鸮[2]等，其目在前，目皮上下俱动，闭

[1]此处分段为整理者添加，原文无。
[2]鸱鸮，音chī xiāo，又作“鸱枭”，一类包括猫头鹰在内的益鸟，以有害昆虫、老鼠等为食。

第四圖

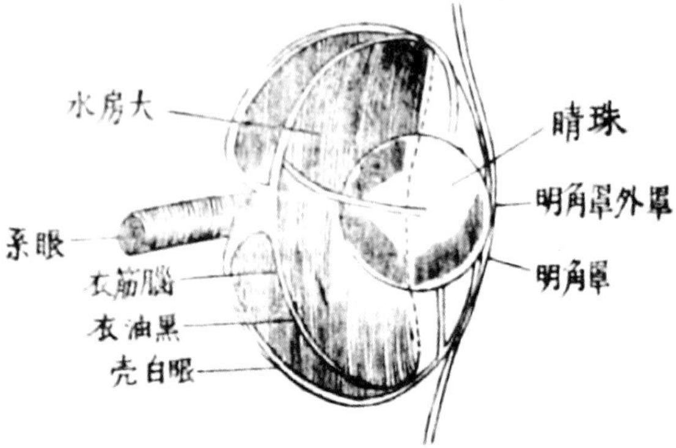

第六圖

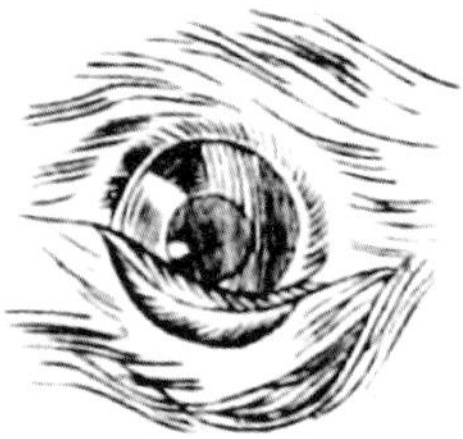

第五圖

目则上下凑合，上有睫毛，下则无之。鸵鸟上下俱有睫毛。鹦哥间有上下有睫毛者，其目之内皮，奇妙特甚，时而用，亦时而否，其不用也，则折向于内，其用之，有筋肉牵引，令其舒放，障盖目睛，有似于帘（如图四），可以验其半焉，若不用，则自行回折，几类象皮。其皮微有透光，有最要之用二，乃大相悬殊：其一用以揩拭睛球，洁净无翳，以足其明；其一用以翳蔽炎光，无伤于目，以防其患。此虽极微细物，能令目视清明，亦令目光收敛。鹰之属，其目之部位较家鸡微向内，明角罩可以短长伸缩，与千里镜同，故其飞极长空，几于人不能见，然虽地面极小之物，彼则明足以察之。亦有鹰能用其内之目皮，护视烈日，毫无畏缩，如人以着色玻璃视日，光炎俱退，无少异焉。

水族外无目皮，居于水，洗濯甚宜，泪无庸[1]，故泪核、泪囊、泪管皆无之。明角罩较羽族微平，亦有罩睛皮，薄之至，其白壳坚且厚，间亦有为骨者。睛球体圆，乃如许丝缕上下屈曲排列，如锯齿交互（如图五）。有西人用显微镜察其盘曲之线加大，写来作图明之（如图六）。每线之曲折万有二千，其睛球之线五百万缕，每一睛球中线之盘折，共六百二十有五万焉。眼房水与羽族、畜类皆大异，究与水极为适宜。

目不活转，不适于用。人皆知之。昆虫之目皆不活转，然何以其能视也？上帝具有妙法，彰其无限无量之智慧、荣耀焉。盖以其造此昆虫等之目，较凡有血气物之目，意外希奇，其理异，其措置之法异，其长于视亦异。有二目者，有十有六目者，有用一物为者，有兼众物为者，有目与面平，类于人者，有凸出面平外者。有等蛇体小而红，其目有二茎，高擎于外，如二花蕊。奚为有此？盖以其身体多生毛发，如其目与面平，一无所视，将为虚置。复有一等蝎者，目不在前，乃在顶，如二角。此为何？盖以其首不能举，故在前不复能视，在顶则四顾皆宜焉。昆虫属之目睛，非浑然一体，乃如许六面小圆体合成。兹图其一段以明之（如图七）。每一小圆体，皆适于用，视能见，能视前、视左、视右。合为一目睛球，其小圆体之位置、数目不等，视以显微镜可悉。有西人名曰

[1]无庸，无需。

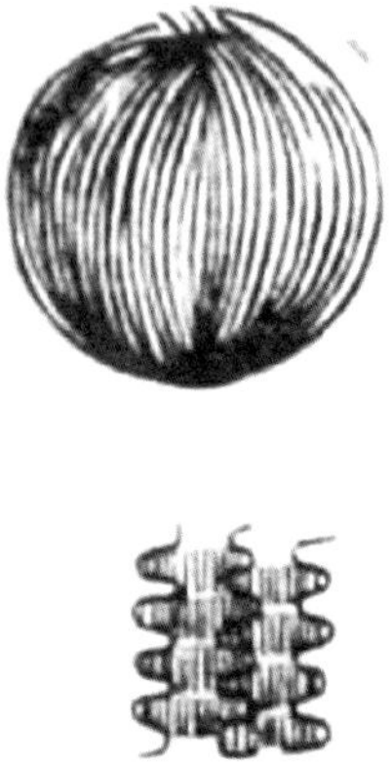

第七圖

千脚蛇者，其目中之小圆体二十有八。其目乃三角形，平向下，锐向上。小圆体由下而上，逐层布置。其下一层凡七，其二层凡六，由此而五，而四，而三，而二，而一。又，有蛇之目，小圆体位置、形式如花一朵，其花样者色红，花之后色黑，花亦或绿或紫，复有色色相间者。有蛇目中之小圆体措置一行者，亦有二行、三行、四行者，亦有措置十字形者，有三角形者，有方者、圆者，有外大方四行措置、中小方四行措置者，亦有前二三角形、后二方者，亦有前一大方、左右复二行小圆体、合共三目者。凡此指不胜数。至其数目之异，马蚁[1]目中之小圆体，其数五十；青蝇目中之小圆体，已可悉者五千；蜻蜓目中之小圆体，万有二千，小圆体各顶生一毛，足以护目，不受尘埃。龙虾与蟹目亦皆六面圆体合成，龙虾目中之小圆体二千有五百。各一六面圆体，实各一完全之物，实各一目睛。然则青蝇之目可云八千，龙虾之目可云五千，蜻蜓之目可云二万有四千矣。或有问于余曰：青蝇等一微物耳，奚必具此如许目睛，有何益用？二者得无过乎？讵非徒滋事欤？曰：非也。乃上帝随意施其灵妙，显其智巧，亦示人皆知。凡物无问大小，无不蒙上帝自爱，故莫不予以纯全之体焉。《新约书》云“尔发亦且见数”

[1]马蚁，疑即蚂蚁。

（见《马太传福音书》十章三十节[1]），盖同此理也。

至于血气者之耳，部位、形式各有意义存焉。人之目生于前，耳生于旁，盖以人之聪用，视宜面前，听宜左右。人之耳不甚大，亦不能运动。牲畜之耳，皆能运动，向前、向后或向上下，均随意便。凡食生物之兽，如虎，如狼，如狮，如熊等，耳俱不大。羊与鹿与兔之耳俱大，实又大莫如兔，其耳能竖立，善取声音。马之耳差有希奇，内有如许毛，交接严密，一欲其暖，一阻外物之入，盖以其耳孔阔也。马实善听声音，乘马时，见其耳时向前，时向后，时一向前，一向后，据此足征其有力，善走不疲，其睡，则耳一向前，一向后，防人物之害也。假如昏夜有如许马或骡，逐队联群，驰驱于路，其在前者耳皆向前，其在后者耳皆向后，其在中者耳皆向左右，各中其宜，互相稽伺。

蝙蝠之耳有极大者，体亦极薄，亦适观，亦灵巧，善运动。英地有蝙蝠一种，其耳极长，眠则折之而挟于翼下。

羽族外无耳轮。盖以其往来空气中，飞行迅速，耳有外轮则不胜寒，亦触风受阻，故其耳惟有一孔，外护以毛，向后紧掩，其收摄声音甚易，非如耳轮之形。假如内耳轮之部位如此，则不易收取声音矣。鸱鸮昼伏夜出，目不能司视，故其耳孔大，内孔尤大，有二薄皮外护，皮外生毛，昼则闭，夜则大开，故善取声音，无一遗漏，虽一毛发、一花草之动，亦莫不悉之。

有谓水族无耳者，非也，有之矣。究以其居于水，

[1]《圣经》新约《马太福音》10：30：“就是你们的头发也都数过了。”

无甚益用，几于不见。沙鱼[1]之耳能见之。饲锦鱼者呼于池上，能招之来，是其耳之据也。西国有一富豪，性喜畜鱼，有巨池于园内，畜鱼甚多，欲饲以饵，每以响铃唤之，则皆来就食。又一畜鱼者，池有巨鱼一尾，能呼其鱼名，令之来食。鳄鱼半居水，半居陆，其耳颇难措置，为宜水者不复宜于陆，宜于陆者不复宜于水。乃上帝全智，无所不能，令其耳外有覆幕，如门户然，能自开合。其在陆则启其户，以当外耳轮，摄众声音而入之，故凡有音声皆知。其在水则闭其户，潜行水际，水一不能入焉。

昆虫之耳较水族为奇。蛇有耳，实善听，尤喜乐音。赤道地产巨蛇，人欲捉之，鼓乐器之音，蛇即出听，因掩而杀之。

第八圖

第九圖

外此则为鼻。前曾详及在人者矣，今更即物言之。凡血气物之鼻，理亦与人同。究之，各血气物之鼻，各一形状，各与其土宜，性质相济。鼻各有二孔，间以脆骨，内有柔皮，恒湿润，皮内藏有如许脑气筋、血脉管。皮愈

[1]沙鱼，疑即鲨鱼。

阔大，知觉愈灵，乃面之为地无几，鼻固不能甚巨。智哉上帝！法有可以阔其皮者，令其折于鼻孔，如上书之折子略似。故鼻孔之为地虽小，皮面殊增，足容如许脑筋、空气等。其折法不一，有卷折者，莫若绵羊，甚为适观（如图八）；有平折者，则鲵之类（如图九）。若展其皮而度之，见有百二十方寸，是二孔之内，具有二百有四十方寸地矣！其大如是，是能无长于辨味乎？

牛马之鼻孔较阔，皮亦增多，能知味，亦善用之。其有所往，不惟倚其目，亦赖其鼻以为用。假如昏夜之时，有牛或马逸于荒野，彼能自返其主。盖以其鼻能善知方向，东西南北，一无或误，亦以其鼻能善体百味。西国曾有瞽目之马，时恒服驾于路，有停车之地凡几，每至其地自行驻足，无烦御者呵令，与明目者无异。鹿之鼻较牛马颇又擅长。北方气寒，恒有积雪，每三五尺[1]，一望无垠，人无所见，惟鹿能知积雪之中某地为陆，某地有水，某地有刍。其善体味如是。猎者获之甚难，故迹鹿者必逆而行，防其鼻也。又奇者，遇积雪时，鹿就刍似难，为于雪中觅刍，则其口、其鼻，俱没于雪，奚以呼吸？至哉上帝，具如许妙法，令其目内角下通于鼻，亦下通于口，故口鼻皆没于雪，而目即代其呼吸焉。驼之鼻更具奇能，沙漠之地，人畜恒缺水，彼能味水于三五里之外，导人之路，救人之渴。犬之鼻伶俐尤甚，能迹狡兔，能迹顽猢。假如其迹一走兔之踪，或复有走兔踪越而过之，彼能一一悉之，知其去来。西国有犬，能迹人之踪，知其主之味，如其主由外入，犬皆至其前，不惟识其面，必且嗅其主之

[1]指积雪厚度。

足，以详审其主之味，踊跃追随，如此故其主远出，无问或入百人中，或入千人中，其犬皆能迹而随之。泰西多高山，每遇积雪时，有迷途僵卧者，有犬常寻其中，迹其人而引之归焉。

其次莫要于脊。凡脊骨之形状，与脊骨之节数，皆不能一致，故其形有大有小，数亦或多或寡，皆与凡物之性质、习气相宜。如比而同之，令走兽之脊与羽族同，羽族之脊与昆虫同，昆虫之脊与鳞族同，皆极不合。因此故，四属血气之物，脊骨亦分为四。不惟如此，其四属脊骨中，各一血气之物，亦各有异焉。试分脊骨为五，先列其数于左[1]。

		一颈骨	二背骨	三腰骨	四尾骶	五尾闾	共
人		七	十二	五	五	四	三十三
走兽	长尾猿	七	十二	七	三	三十一	六十
	狮	七	十三	七	三	二十六	五十六
	驼	七	十三	七	五	八	四十
	象	七	二十	三	四	二十七	六十一
	知儿拉夫	七	十四	五	四	十八	四十八
	鲸	七	十五	九	一	二十七	五十九
羽族	鹯	十五	七	〇	十三	六	四十一
	燕	十三	七	〇	十	七	三十七
	驼[1]	十八	九	〇	十九	九	五十五
	鹤	十七	十	〇	十五	六	四十八
	天鹅	二十三	十一	〇	十六	八	五十八

[1]原文为竖排，故图表在左。

[2]驼，当为“鸵”之误。

昆虫	龟	九	十	○	三	二十	四十二
	蝎虎	六	二十一	二	二	一百十五	一百四十六
	蟒	○	三百二十	○	○	一百零二	四百二十二
	火蟆蛇	一	十四	○	一	二十六	四十二
水族	鲈	○	二十一	○	○	二十一	四十二
	[1]	○	十五	○	○	十六	三十一
	鳘[2]	○	十九	○	○	三十四	五十三
	鳗鲡	○	六十	○	○	一百零二	一百六十二
	鲨	○	九十五	○	○	二百七十	三百六十五

至于脊骨之各节，凡人与物，其外形大约相仿（图见前卷十三章）。乃其在人者如，则其一节也。各节骨中皆洞穴，逐节连属，中成一筒。骨节之多，盖为其易于运动也。各节骨有大端皆向内，则令其全脊坚固。其外出之尖骨凡三。在左右者各一，乃所以绾结左右之肌肤，令其牢固。其上出之尖骨，所以绾结其首之筋络。牲畜首重，颈长，其脊背上出之尖骨甚长，而欹向于后，令其向后有力，足以维系其首，验驼图可悟。羽族则左右外出之尖骨极长，盖以其飞行在翼，左右无长骨，则脊骨不坚，全体皆弱。其脊骨亦非甚活，有似一骨者，所以足其力，以架护其羽翼焉。鳞族之脊骨颇有异，其各节小骨，上下面皆凹，若此者逐节骨皆实着，奚以运动？乃其各节之内，各一衬垫之胞，胞内有津液，亦软亦活，挤其前则偏于后，挤其左则偏于右。故鳞族之脊，灵活之至，上下左右，咸随其意。且其脊骨上出之尖骨尤长（如图十），所以侧立其体，令能行速，行速故于水宜。不从可识上帝之仁智乎？

[1]原本空缺。

[2]鳘，音mǐn，即鮸鱼。

凡血气物，其最与人近者为狌[1]，验图可悉，其违人不远焉（如图十有一）。凡人具何骨骸，狌亦具何骨骸，其微有不同者，为与狌之性质、与狌之习气相宜。其额甚平，令人知其聪不如人。口阔于人，上下有虎牙各二，唇甚厚。颏甚短。臂肘甚长，下垂过膝，亦有下及于足者。膝股无腹，手较人阔而长，足亦为手，足拇趾亦长，亦与足四趾互相为用，适用如手。狌实具有四手也，此奚以故？盖以其不居地平，恒于茂林结巢如鸟，亦攀行林木，较马尤速，计一时中行八十里者有之。力大于人，有木为三人、四人所不能折者，彼折之如折一枝。性甚猛，嗜杀人。假如乘猎者于不觉，既杀其人，复轻折其枪具。有四手，犹未足者，外复有长尾，亦适用如手，可以攀援林木，游行身体，攫取自如（如图十有二）。狌有微小者，能服豢养，能习教训。曾有畜之者，教以操臼，习捣迈、捣稻等艺，亦教之戴水。一狌戴水误坠水器，器碎，狌哭之甚。亦教之司炉火炙肉，火坠，知以手拾入，肉熟，知报主人。亦有畜一狌者，教之登几坐食，善用刀叉杯匙，食饮几类于人。如需物有缺，彼能以法指挥侍者。侍者时或偶拂其意，彼即奋然起怒，捉其人，啮而仆之。[2]

猿之类极多，有有膆[3]者，能带食物；亦有无者；尾亦或有或无。手皆有四，盖亦以其居恒林木也。性最伶俐，人皆知之。宇内号物之数万万，有供人役者，如犬马等，有供人食者，如牛、羊、鸡、豚等，有供人悦耳目

[1]狌，音xīng，古同“猩”，猩猩。

[2]此处分段为整理者添加，原文无。

[3]膆，音sù，同“嗉”，鸟类喉咙下装食物的地方。

第十圖

第十二圖

第十一圖

者，如禽鸟、花卉等，至于猿，尤可教之戏玩，供人解颐。讵非上帝爱人之至智乎？[1]

其与人稍远者，亦实远而非远。猿之属，手皆有四；猿属之外，别无一手，惟四足，盖以其恒行地平故也。各四足，亦与其各性质、各习气合宜。再试验之于驼（如图十有三）。其黑者为肉，白者为骨。前二股比如人之臂肘，犹有异焉，则取宜于行路也。大臂骨甚短于肉，内藏而不露。肘骨位移于臂，有正肘，无辅肘，二者合为一。盖辅肘骨所以运肘，肘运转则不坚，故无之。膝即人之腕，膝下股即人之掌背，五骨合为一骨而加长。蹄即人之五指合为二。其大腿骨亦短，而藏于肉，小腿、辅腿二骨，亦合为一，而移位于上膝，亦即人之足腕。下腿骨即人之足背骨，合为一蹄，亦即人之足五趾合为二。其余诸畜之趾，有三，有四，亦有五，类于人者。又有异。二足者，如人，如鸟，人之足须阔大，鸟之爪亦长阔，不如此，则行立不稳，四足者则无此虑。此凡物任何重大，柱以四足，虽小亦稳。畜皆四足，行易稳固，故其足皆小。假如其四足甚大，足必重，则不捷，行必不速。故凡畜之赖善走以避何凶恶者，足皆甚小，其行也，皆倚其蹄趾。如鹿之后腿，其膝骨即人之足腕骨，小腿骨即人之足背骨，合为一蹄，即人之足四趾合为二。其足拇趾移于膝而甚短，其行立非以全趾，惟以其趾之尖末，即在人之趾甲（如图十有四）。如此乃小，乃轻，乃便捷，故行无如其速者。马之体较鹿甚重，如分蹄趾，力有不足。故上帝令其四趾合为一蹄，其拇趾亦移于膝而甚短（如图十有

[1]此处分段为整理者添加，原文无。

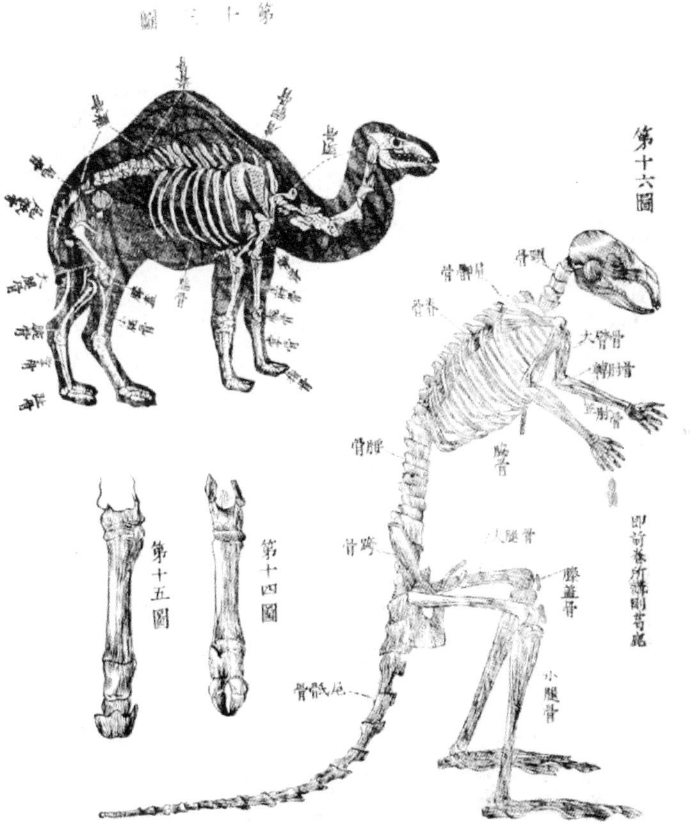

五）。如此者，亦小，亦轻，亦便捷，乃更壮。非上帝之至智，孰能为此？

凡畜之能行，又皆倚其后之腿力居多。后之腿长，皆有力善走。前之腿用力无多，其要乃所以搘[1]柱其体。故观于凡畜之善走者，皆其后之腿长，如鹿，如马，如兔等，可验。有异焉者，莫异于知儿拉夫。其前之腿高于后

[1]搘，音zhī，古同“支”，支撑。

者若干，行不能速，威威严严，似有按于矩步方行。其首高于地约二十尺，附地就刍维艰。故上帝令其食宜木叶，亦高于地约二十尺焉。复有行不履地平、踊跃而行者，厥名刚葛鹿，有何草木丛条，彼皆跃行其上。其后之腿几倍长于前，自膝下半屈而着于平地，乃如人之足掌、足趾咸着于地同。其前之腿有正肘、辅肘二骨，亦有五指，差类于人（如图十有六）。[1]

试更详一普天物之大莫与并者。北地严寒，产有异物，体极大，为宇内万物之冠。计其体长，六十尺者有之，七十、八十尺者有之，百尺者有之。围圆三十尺或三十有五尺，首长十有五尺，高十有二尺，阔八尺，宛然如一庐舍。居于水，实非鱼。莫大之物，究其食物乃极小者，不食肉，不食鱼，不食草莱，其所食之物，实极软弱，而其力又无何物与之敌。口阔无比，亦甲于宇内万类。无一齿牙，饮水无量，纵竭西江，亦不入腹。产子喂乳，亦不栖息于陆。体大而轻，而又色黑，无光泽，究足出明光万万。其名何名？名之曰鲸。其心其肺，与牲畜同。血热而非冷，亦与牲畜同。无鱼之水腮，亦胎生不卵，有乳以饲其子。此莫大热血之物，产于严寒之地，何其不以寒死？体大而无鱼之风胞，其浮于水也何以？其入水甚深，下及十里。由十里而上之水压力太重，何其体竟无损？人试思之，法有何可以暖气体，亦浮水疾速，亦能抵压力。事实难也，毛无益，衣尤无益。然人不能为之，上帝能为之，上帝乃无所不知。上帝以一物免此三者之难，是为其脂。脂所以为万物暖，鲸之脂于骨、皮之间，

[1]此处分段为整理者添加，原文无。

周身皆约二尺。此所以暖其体者，殊更胜于毧毛。脂亦较轻于水，油水调和，油恒在上，水恒沉下，此其据也。有如许之脂，浮水甚易。脂亦柔软如象皮等，可大可小，入水极深，受重压力，体可缩小，而内无一损。故上帝以一物而作此三难事焉。其居也，恒于水，不于陆，亦食水物。鲸无水腮，奚以食于水乎？启其口而水并入之。不令之涨[1]而死乎？无虑也。厥口无一齿，惟如许细而黑而长之骨质，与牛羊角近似，由内而外，逐行密排。内行较短，中行甚长，外行亦短。短或四尺，长或十有五尺。逐行骨皆生有微毛，每鲸口约三百行。其喉乃甚小，一拳之大，亦莫能容。口有此如许排骨，喉如此小，食何以果腹欤？此又具见上帝之智焉。鲸别无食，惟食水母，水母小大如许形状，鲸启其口，入之万万。其口内之骨有类如筛，闭其口，逼其水出，而吞其物焉。口既闭，而水奚自出乎？水不因而内入乎？又非也。闭其口，亦闭其喉，逼水上行之上腭[2]。有极大胞二，胞底有孔，水由之入，复启口取食，而水再入之。奚不仍由之出？则以其孔内上覆柔皮，入水自行冲而启之，回则冲而闭之，故可由之入，不复仍由之出。水满其胞，则挤其胞之水，由鼻之二孔，喷而出之，高若干尺。盖其鼻之二孔向上也，为此故凡有食时，不能不浮水面以泄其二胞之水。又凡血气者之血，皆分有赤血、紫血。紫血非受空气，无以归赤，不宜于用，鲸亦如此。然居于水而无水腮，奚以资空气欤？紫血溢于心肺，不免于死，无赤血运通周身，亦不免于死。乃

[1]涨，当为“胀”。

[2]腭，音è，口腔的上壁。

第十七圖

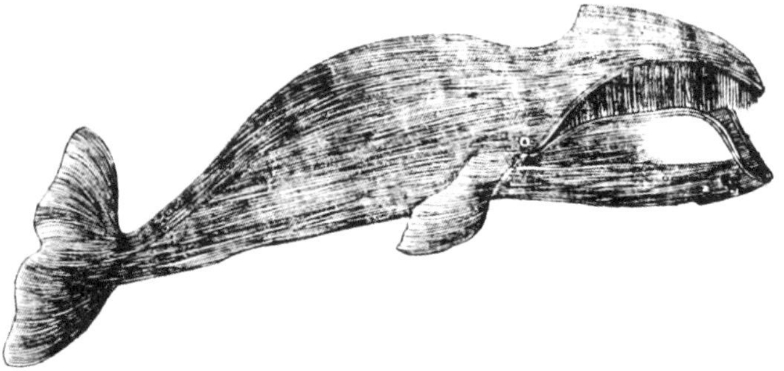

法有可以大其回管焉。其左右肺亦容紫血如许。心后、脊前有地，皆如许脉管，层累盘曲。其时浮水面，纳空气入肺，化紫血为赤血入心，心逼赤血入如许盘曲脉管而满之；乃仍潜于水底，待行血之脉管空、回血之回管实，再起而浮焉。一潜一浮，时约一刻，亦或二刻。然则其上下于水，最为紧要，故以其能上浮而生。又，复具一极奇事。凡鱼类尾皆侧立，为其行乃前后；鲸之尾则平横，为其行乃上下。非惟平横，亦且大。其极大者宽约二十尺，展而度之，见有百方尺。又，凡水族入水，水不入其耳乎？不入其鼻乎？为皆有孔穴也。疑类于人，则非也。水族之耳若鼻，皆有覆幕向后，如活户，其入水即掩其户，出水则启之。鲸之目尤小，亦居首之后，然足适用。三岁一孕，初生子长十尺，或十有二尺不等；初生有齿牙，无排骨，有齿乃能食乳，及长断乳，齿脱而排骨生焉。鲸实利用于民，乃亦上帝爱人之意焉。其脂能作有用之油，排骨可作雨盖之梁，其牙床大骨，西人有用作户外框者。泰西每岁捕鲸者有如许人。曾有一鲸，衡重四十有二万斤，大约鲸体长六十尺，计炼清油三万三千有六百斤。其身体之骨亦微与人同，有首骨、脊骨。其二翅骨，即在人之臂肘与手，其尾骨即在人之两股骨，合为一（如图十有七），甚有力，善行水，计其缓行一时三十里，疾行一时八十里。尾掉所击，倘遇小舟，而损之裕如。

羽族之骨异于人，实亦具有人之体焉（如图十有八），有脑骨、颈骨、胸骨、肋骨、肩胛骨、脊背骨、锁柱骨、臂骨、肘骨、肘臂交接骨、尾骶骨。在人之指骨，即为禽之羽骨尖末。在人之下股，即为禽之上股。在人之足掌骨，即为禽之下股。在人之足趾，即为禽之爪。羽族初出卵，脑骨柔弱，易分析，既长成，则坚硬，各页脑骨，皆缝合无间，无可分，几为一骨，与在人者同。羽族皆小其首，易于飞也。其捉取食物，别无所用，惟恃其喙。有上喙钩下喙者（如图十有九），有曲起如在人之鼻梁者（如图二十），有直者（如图二十有一），有上喙包下喙者（如图二十有二），有直而尤长者（如图二十有三），有宽阔者（如图二十有四）。皆按其性与习，与其所食者咸宜。颈之短长，依其体之高低，亦各与其性习宜。比如水禽类，腿颈俱长（如图二十有五），盖于水取活物宜爽利，就食于水甚难，乃其颈更柔而善为运掉。颈之左右具二筋络，甚灵活，妙于用。羽族之脊背，多为一骨，盖以助其羽翼之力也。其有暂飞不久、恒行地面者，脊骨亦多而动活，与他族类同。至于胸骨，在人与畜皆平，形似于剑，假如羽族之胸骨，亦如人畜胸骨，其近胸骨处，皆为脆骨，羽族如此，势复不行，盖以脆骨力有不足，故其肋骨前后惟一，联胸骨甚坚。不惟如此，各肋骨中，又各有小骨，横连以架护之，如栅栏之有横梁串连者同。若此，不惟近脊、近胸者坚，其在中亦坚之至矣。人

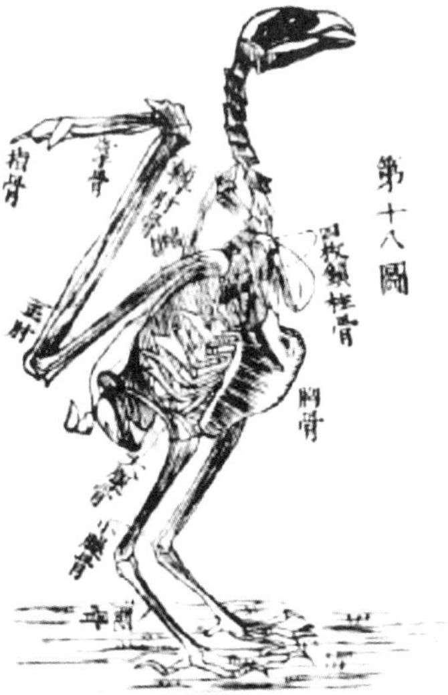

第十八圖

第十九圖

第二十圖

第二十一圖

第二十二圖

与畜锁柱骨左右各一，如欲飞行，将必脱离，全体废矣。故上帝造羽族，左右锁柱各二骨，其上一骨甚坚，其下一骨亦微曲凸，以随其体。肩胛骨在人则平，羽族乃圆而曲而长，有似在人之臂肘（如图二十有六）。胸肋如彼，肩胛如此，又助以锁柱四骨，故此势，不复能飞，为易受空气之阻力也。故上帝予羽族之胸骨，有似于火轮舟式，中成侧锋，胸骨外复有侧出之薄骨一，故能利于空气，不受其阻。身体健劲，飞行甚易，非上帝之仁智，安能有此？有一禽，西人号谓战艘，更为希奇。不潜水际，不浮水面，亦不栖息于波涛之上，一飞万里，昼夜不停。奚以飞能久远若此？上帝予以极奇之物，于其颔下置一极大风

第二十七圖

第二十三圖

第二十四圖

第二十六圖

第二十五圖

袋，呼吸空气，内通于肺，能鼓能缩，咸由其意。其骨内亦空，而又长甚、轻甚。有此风袋，而又佐以空而且长且轻之骨，故其飞行天空，毫不着力，有似一羽之轻，逐风摇飏（如图二十有七）。[1]

虽然，骨干皆宜，使外无羽翼，而能飞乎？必不能也。鸟固重赖有羽翼矣，然而犹有难焉。空气薄而流动无常，不能浮载，物无可着，非如行陆者地面可着，行水者水面可浮。法有何能令之非乎？讵不为难？太西诸国，尝有精明者，劳如许心思，费如许计议，延如许时日，思欲造二羽翼，一试飞行。现有一人系明道之儒，曾作成两翼，置于左右二臂，欲一奋飞，遍嘱其友人来观之。乃自上层楼飞空而下，竟坠平地，折其两股，身受重伤。盖事实难也。究惟上帝无所不知，无所不能，故有无数羽族，飞行天空，或上或下，或迟或速，无不宜者。前曾详及飞者之骨，皆无髓而空，亦皮肤内有如许风胞，胞皆空气，且其外有羽毛。兹复欲究其身体，奚以与空气宜，行于空气奚以易。欲行空气，事莫要于却空气向后，移身体向前，如此又莫要于大其羽翼。然犹未为足也，如羽翼大而非活，后可以却空气，前亦受空气之阻，故鸟之羽翼皆活甚，能平能侧、一平一侧，一面资空气之力，一面即避受阻之气，故飞行向前，最为迅速。此如周子棹舟，侧其棹以施力，回棹则平之。[2]

羽族之为类不一，其倚于空气，久暂亦异。有恒居于空气者，其食宜虻，亦游生于空气之中，故自早至暮，或

[1]此处分段为整理者添加，原文无。

[2]此处分段为整理者添加，原文无。

第二十九圖

第二十八圖

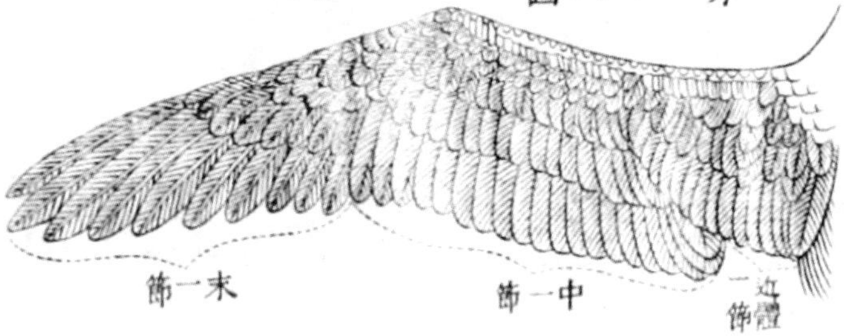

食或游，时恒飞行，是恒以空气为居者，如燕之类是。有恒居平地上者，非迁移巢居，或避何危险，无时飞行，则雀与雉之类是。亦有共天运循环，因寒暑转移，冬则自北而南，飞行极远，春则由南而北，亦飞行极远，能融其脂以资养其身体，就食无几，无问或昼或夜，时恒于飞者，则雁之类是。复有居海洋中者，无昼无夜，于飞不已，其或有止息，则惟就食鳞族，暂浮水面，既食而仍如故飞。亦有恒浮水面，或潜于水以觅食者。[1]

要之，无问各类，其羽毛、形体，皆与其各性与习宜

[1]此处分段为整理者添加，原文无。

焉。其羽翼亦不一，其形有三角而长，有三角而促，有三角而正，有三角而斜，凡能行远越江海者，羽翼尤长而狭。间亦微有阔者，羽端皆有尖锋。雁之两羽，有展阔约十尺或十有四尺不等。鹰之二羽，展阔约有十有四尺。其长也为何？盖愈长则外拨之方面愈大，其资空气之积面亦大，且愈长则外拨之力愈大，其资空气之力亦愈大，故飞行得力，能速而能久，盖与重学之理同也。羽翼约分为三节。如图二十有八，乃雁之羽。其近体之节，羽毛柔弱；中节羽毛微刚，亦甚粘连，约六七行；其上一行较小，渐次加大，至末行极大，其末节甚大，亦坚亦轻，亦具有力量，约四五行。亦在上者小，以下渐次加大，亦展如折扇。其羽数大约皆十茎。按重学理，末重者最艰于运动，羽翼皆轻其末，故运动甚易。且羽管皆空，故轻而且坚。其上之茎非空，其体质亦轻，此皆其善举之由也。羽翼阔大，体宜较小，亦形须前锐，乃不受阻于空气。羽也，体也，形也，又各得其宜如此。然如舟无舵，亦用有不足，故外复有横展之尾，以转掉其身体，可以上下，可以左右（如图二十有九），乃翔鹰盘空之势，其羽其尾，皆可验之。此数者各相宜益，彼此扶持，故来往天空，莫便如之。

羽族不惟一飞，须亦行立。既已具有羽翼，势不能足复有四，故两其翼者亦两其足。两足不置于中体，行立不稳，然居中实难，盖羽族之形体分殊，有长者、短者，阔者、狭者，颈亦短长互见，其前后伸缩，时恒活转，要无虑也，各异其禽，各异其腿，无乎不宜。试略举其一二。鹰属之腿适居体中，以其体立，前高后下，斜而非平。有腿偏于后体者，以其体乃竖立（如图三十）。鸭之腿适居后体，取其宜于浮水，亦为其体立竖前，腿居后，掌移前。按重学理，其中心不出于掌，是亦仍在体中也，故行立如故。[1]

羽族复有一奇，具征上帝之仁智焉。林木经风，移动无常，鸟借其枝，必宜牢固，且亦枝栖宿焉，奚为莫坠？人与畜皆无以栖宿于其上也。上帝具有法妙，予其爪，有几筋络，与体维系。当其枝栖，任其身体，或向前，或向后，皆能牵引爪之筋络，令其爪握紧固。如此故飞禽皆无或役其心力，蹲居枝上，自然而然，稳固之至，讵非奇欤？复有飞禽三四不等，能立以一爪，极固而稳，亦无劳其心，无用其力，亦能栖宿。其法维何？大腿骨之下端，空洞甚深，小腿骨之上端，本与上腿骨合页交节，不但便于行，且欲立，则合页敛为尖锋，插入上骨之空洞，如一孤柱立而不屈。其外之一足，复横架于孤柱之中，以扶助之（如图三十有一）。讵非上帝之仁智欤？

格致家按羽族之首、之足，分其类为六。有食生物者，如鹰如鹗等，其上喙钩出下喙。两喙之末，上一齿锋，下一尖衢，齿衢缝合，故撕裂有力。喙之上端，有坚韧之皮，其知味之鼻，高出其上（如图十有九）。爪甚坚，而亦甚利，爪之根亦微具有皮联合（如图三十有二）。此其一也。二则雀之属，其类殊多，喙长而上，亦

[1]此处分段为整理者添加，原文无。

第三十一圖

第三十五圖

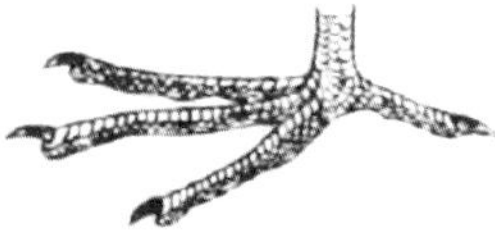
第三十六圖

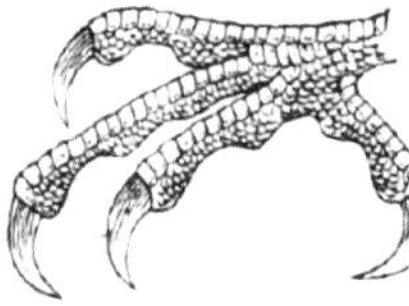
第三十二圖

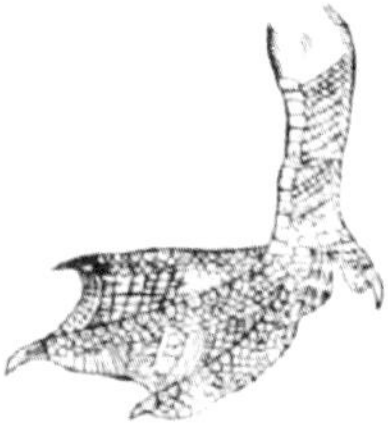
第三十七圖

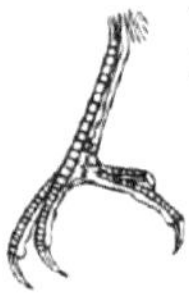
第三十四圖

第三十三圖

微凸（如图二十），爪分为四，在外者二，紧相毗连，在内者二，两为分列（如图三十有三）。其三则攀木上行，如捣木食虫者是，喙长而宜（如图二十有一），爪二向前，一向后（如图三十有四）。家鸡、野雉类则其四也，首微重，飞不能久，喙上包下（如图二十有二），鼻之二孔外覆柔皮，爪有五，长者三，短者一，极短者一，皆钝而不利。爪之皮皱高显，逐节历历，有似于妇女之戒指者（如图三十有五）。其五乃水禽，如鹭鹚类，首小，颈长，身短，喙则极长（如图二十有三），腿长而不毛，爪向前者三，厥后惟一，盖有四焉（如图三十有六）。至若其喙宽大，上较下微长，上下亦微交错，能嗽水出入，漉

第一圖

食水物（如图二十有四），爪有四，三者连为掌，一在后甚小。爪甚足观，宛如鱼鳞（如图三十有七），腿稍向后，易于行水，不易于行陆，故此等陆行，皆无可观，此则其类号为六者也。统而论之，皆足以明上帝之仁智，不惟爱人，亦爱万物。古有尼尼微城，其人始犯罪恶，后能忏悔，上帝不灭其邑。非徒宥人，兼宥牲畜。《约拿书》记上帝诏约拿云："尼尼微大邑，幼稚不识左右者不下十二万，亦有群畜者，我能不宥之乎？"（《约拿书》四章末节[1]）

论鱼。有有心者，细究夫鳞族丑类，亦可以识上帝无量之仁智焉。前曾言及造化羽族，游行空气，最为不易；造化鳞族，游行水际，更有难焉者。盖以水较空气，质益加厚，阻碍益甚，水亦无空气，奚所资以生活？且水亦寒冷，非能衣着，以暖其体，虑[2]无不死于寒者。而又

[1]《圣经》旧约《约拿书》4：10—11："10耶和华说：'这棵蓖麻你没有为它操劳，也不是你使它长大的；它一夜生长，一夜枯死，你尚且爱惜；11何况这尼尼微大城，其中不能分辨左右手的就有十二万多人，还有许多牲畜，我岂能不爱惜呢？"

[2]虑，恐怕。

目之为用，不宜于水，耳与鼻以孔穴为用，水亦皆得而入之。假如有人从未见鱼于水，或予以水，令其造一动物，寄居水际，自能游行，自能分取水中养气，吸以自养，亦能视，能听，能闻，其能否乎？虽使智竭力穷，吾知其必不能也。究惟上帝能之，上帝每日约造成鳞族万万，种类俱全，其生之奇异凡十。一，鱼之形体，非方非圆，亦非平横，且无项颈，入水而水为之开，其行于水，莫易如之。二则鱼之鳞次，其滑无比，与水毫无阻碍。其三，鳞之根本，皆有出油之孔，时出其油，以泽其鳞。其孔有能见者，有不能见者，视以显微镜，皆得悉之。其四，鳞族无肺，外有水腮，腮如许行，启闭如意，具有奇能，能分水与水中之养气，出其水，而独吸其中之养气，以化其回管之紫血而为正血。故鱼能居水，与人之居于空气者无异。其五，鱼之脊骨与飞者、走者大异。飞者、走者，其脊骨节皆一臼一杵，鱼则二臼相连，中垫以胞，故其运动，活之至。其六，脊骨下各一空气长胞，能鼓能缩，由此以上下于水甚便。其七，左右有翼，在前者二，如人之臂肘，在后者二，如人之二股，其在脊者或一或二，形各有异。后有尾，亦与羽族异。羽族平放，鱼则竖立，如挽舟之棹，拨水尤宜（如一图）。其八，鳞族心无四舍，舍止二。其血较人物皆冷，人之血其热度九十八，故入水必冷，无以生活；鱼之血冷，与水差等，约自三十六至五十度，与水相宜，故居宜于水。其九，鱼之齿皆欹向内，而亦甚利，盖以其捉食水族，防其滑也。其十，鱼之生卵，其故有二，一为行水胎孕不便，二为人赖鲜食，飞禽亦食之，其同类亦食之，以多为贵，故鱼之卵实多。此足证上帝仁爱之心之实为无量矣。

西国有人，留心稽查一鱼生卵共若干数。曾于西历四月四日剖视一鲤，其重二斤余，其卵数二十万三千一百有九；五月末，鲤重六斤，卵六十万；鲤重十斤，卵七十万。于十有二月二十有三日，见鳘之卵三百六十八万六千七百有六十。于三月十有四日，验一比目鱼，其重二斤，其卵一百三十五万七千有四百。于六月十有八日，验一鲅鱼，重斤二两，其卵五十四万六千六百八十有一。于四月五日，验一鲺鱼，重斤之半，其卵二万八千三百三十有二。于四月二十有五日，验一鲈，重四斤，其卵四万九千三百有四。于五月二日，验一竹签鱼，重十两，其卵八万一千五百八十有六。于三月二十有一日，验一鲥鱼，重二两，其卵三万八千二百七十有八。于六月十有三日，验一挞沙，重斤，其卵十万零三百六十有二。于五月二十有八日，验一鲩，重斤，其卵三十八万三千二百五十有二。鳞族生卵之数，已约略可悉矣。

鳞族外无耳轮，从无见其耳者，究能听，据有二。余曾见渔于湖者，打桨击水，能令众鱼闻声远行，驱而纳之网罟[1]。又见富者畜鱼于池，将饲以食，振以铃，令其来食，皆就之。彼盖以其口司听也。鼻亦无准梁，只见二孔，能知味，其孔内有膜，善阻水，水不能入。目无活盖，而睛凸出，有罩睛皮，与水相宜，故能视也。

印度国及亚非利加西界，每淫雨，凡污[2]下积水皆有鱼。土人捉取之，皆以为鱼与雨同降自天，乃天赐之食。西国人初入其地，见其鱼，不知其来也何自，亦不解其

[1]罟，音gǔ，渔 网。

[2]污，小池。

故，其旁近亦无何湖及何江河。虽细心究考，终莫测之。每至雨时，必出视之，雨中有鱼否，又无据。后掘地深至尺五或二尺，忽见有僵鱼，纳诸水，圉圉洋洋[1]，活泼生鱼，亦游亦食。亚非利加洲有地，每岁不雨之月恒九，土受风日，燥而坚硬。其三月雨时，积水之区，见有此鱼甚多，皆味美可食。前咸丰十年[2]，英都城伦敦，有人得其友赠土块四，如四塈，其赠书云："将此土块，纳诸八十三度热水之中，延时几许，视其如何。"如其言而行之，为时无多，块即散，见有四物如四巨茧，浮于水面。其一日，见一茧动脱而为鱼，次日脱出二鱼，至三日，脱出一鱼而死。此可知鳞族不惟生于湖海，虽无湖海之区，鱼亦生焉。

印度复有鱼，能离水行路，亦善援树木（如二图）。法以其腹下翼，刺木上行，逐节前移，五六日不入水，不致死。土人携此鱼售于印度京城，五百除[3]里，约五日，鱼尚生。其鱼善斗，假如以镜取其影，彼见其镜中之影，体立赪[4]，或黄，或绿，跳跃而欲击之。戏玩者每以此鱼入村落，以壮野人观瞻。暹罗[5]产此鱼甚多，土人各畜之，以备斗玩，与华人禽斗[6]者几似。有格物先生，曾验其鱼之水腮，几类骆驼之胃，其腮内有胞如许行，容如许水。鱼出水后，即倚其胞内之水点滴以待时需，是令其腮

[1]圉圉，音yǔ yǔ，被困而不得舒展的样子。洋洋，灵活自在的样子。典出《孟子·万章上》："始舍之，圉圉焉；少则洋洋焉，攸然而逝。"

[2]咸丰十年，即公元1860年。

[3]除，当为"余"之误。

[4]赪，音chēng，古同"赪"，红色。

[5]暹，音xiān。暹罗，古代中国对泰国的称呼。

[6]禽斗，斗禽，如斗鸡游戏之类。

第二圖

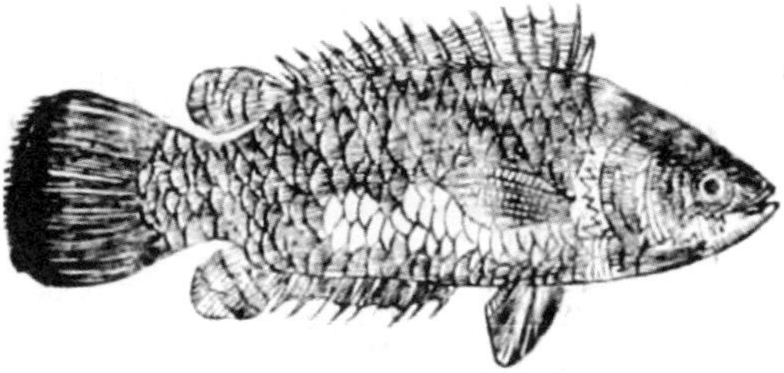

陸行援樹之魚

苟湿润，水足用矣。此其离水之故欤。

鳝之属亦有能行陆者。假如污下，水有恶秽，或有不足，彼能寻水于异地，陆行而去，有似于蛇。故凡污下时有鳝鱼，并非人为置之，实乃自行而至耳。

复有鱼翼能飞行，其出于海面，近者飞能三百尺，远者飞至六百尺，则俗名燕子鱼者是（如三、四图）。

复有奇鱼，体有电气，善用之，凡有击触皆毙，俗即以电鱼名之。电鱼之类不一，其已得悉者凡七。类于鳝者一，类于鳑[1]者种有四，类于黑鱼者一，其七则体圆而伸缩自如，能鼓其气而大之。其凶恶莫若类于鳝者，尾无刺，体亦无鳞，长自六尺至八尺（如五图）。南亚美利加[2]多有之，产于湖，亦产于小大河流。其电之出也，可击人、击马而致之死。造物主之予斯奇能也，盖有二用焉：一用以避何凶恶，庇护身体，击毙敌仇；一用以击食水族，鱼虽稍远，电亦能走水过而毙之。其毙一鱼，发电尚微；假如人欲捉取，令其动怒，愈触而怒愈甚，电气之

[1]鳑，音láo，粤语中对海蜇的称谓。

[2]南亚美利加，South America，今通译南美洲。

出也，虽人马触之而亦毙。幸其电发时，约一刻身体困惫，无能为何。故土人欲取此鱼，设有定术。其地产野马如许，先驱其马群而入于水。马入水，鱼怒甚，鱼发电，马用踶，彼此触斗，人于岸侧，大声疾呼，昂首举手以助其威。约其时足，则驱出其马，以索系矛刺杀之，而引于岸上。电鱼之类有七，其发电之机器亦有七。如六图，乃

第三圖

第四圖

其二也。其首之左右有物，形类蜂房，乃电气之所藏，如

第五圖

第六圖

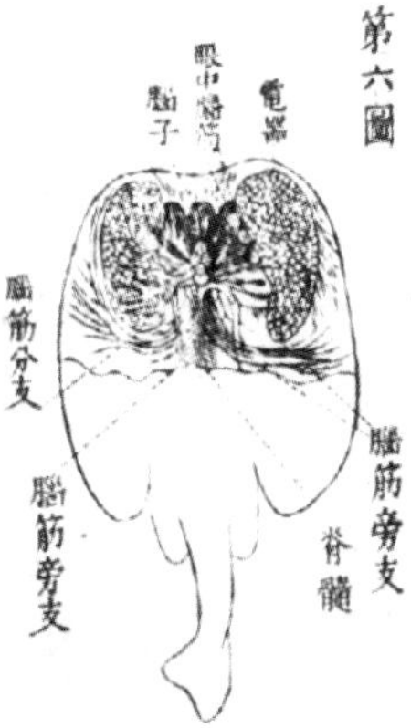

人着以手，时即臂肘麻木，毫无知觉。其利用如此。[1]

鳞族之类虽多，格物家按其种可分为六。其一口上下无牙床骨，无首骨，无脊骨，前后无左右二翼，亦无心，有血如水，无何色。其二体狭而长，无牙床下骨，无脊骨，首皆脆骨，腮为空囊，腮后左右各有小孔凡七，以放其入口之水（如七图）。其三全体具骨，有鳞，前后具左右二翼，脊亦有翅，有腮（如八图），有水腮，有心，血亦为赤。此种亦可分为五，五者之内，为鱼无算。其四全体皆为脆骨，鳞多生色，尾尖削如剑首。其五首脆骨合为一，无可分，如一瓯，口生颔下，腮左右孔各五，形如刀割，尾偏剪，一长一促（如九图），其在后之左右翼，

[1]此处分段为整理者添加，原文无。

第七圖

第八圖

第九圖

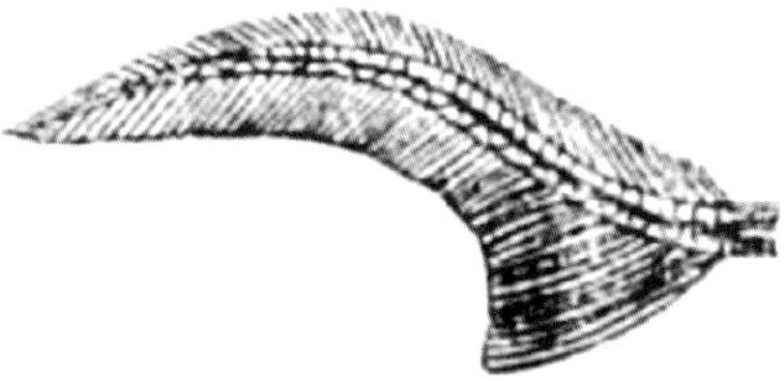

第十圖

较他鱼益向后。其六首骨可分，有牙床下骨，无脊骨，有腮，有心，有前后双翼，有鳞，此则其能居土中者也（如十图）。

第六章　上帝仁爱

前言上帝仁智纯全，其言上帝之仁之事，中有上帝之智存焉；其言上帝之智之事，中有上帝之仁存焉。仁也，智也，无可分也。兹复就上帝之仁而独申之。[1]

余曾谓天下万物，皆有心而作。非惟有心，乃俱喜发于善心而作也。盖凡血气物，皆各有善意存焉。无问造物之法，与凡物之五官百体，并其内之脏腑等，不惟各各相宜，乃实为各物资其福乐。此有据。大凡生于天地之间皆曰物，无物不福，无物不乐。试言之。炎夏气暖，虫飞往来，上下游玩，逍遥自适，蜂入花林，忙采花蕊，蝉鸣树杪[2]，时餐风露，极之鸢飞戾天，鱼跃于渊[3]，皆极其娱。犬之稚，马之驹，牛之犊，羊之羔，猫之子，兔之嬎[4]，皆生而喜于踊跃。马牛服役，时而奔走，时而休息，意甚适然，非为苦之，亦以乐之。凡此诸类，其好为戏玩，非有所为也。[5]

[1]此处分段为整理者添加，原文无。

[2]树杪，音shù miǎo，树的末梢，亦作“树梢”。

[3]语出《诗经·大雅·旱麓》：“鸢飞戾天，鱼跃于渊。”鹰在天空中飞翔，鱼在深水中跳跃。形容天地万物各得其所，自得其乐。戾，至，到。

[4]嬎，音fàn，此处指兔崽。

[5]此处分段为整理者添加，原文无。

盖欢娱之意，洋溢乎身体，自不能不踊跃而时出之。有格物先生，察及万物，无问何物，未见一物内曾有何物令其物不能自适，亦未见物之全体内有何胞膜与何津液伤其余体，亦无何管出何恶物流入脏腑致令有损，亦无骨与骨两相摩两相损者。全体内外，无大无小，概无一毛发之微，彼与此互相为难者。虽疾或生之，乃灾自外至，或饮食，或气味，非由本体之内生。此如寇自外来，干戈扰攘，本非门内事也。余窃愿览此书者存心揣摩，每一血气物，其身体内外，具有官骸多少，肌肤多少，脑气筋、血脉管如许，然后可以识上帝至大之仁为何如矣。[1]

然岂但已哉！盖不惟身体内外之物，各具美意，各皆纯全，处处相宜，毫无舛错。此外各物，各有所食，亦各中其宜，各臻美备。上帝预具众食，以养万物，毫无吝惜，盖绰有裕如。兹不能悉举，试详其一二。谷之每粒，岁约生粒万有八百，至万有一千二百；高粱一粒，每岁约生粒四千有六百；芝麻每粒，岁约生粒千有二百；每鱼岁生鱼如许；鸡每岁生卵若干。鱼之卵数前已举其大略，今不复陈。人事有何货殖[2]，孰获此巨息欤？不从可识上帝之仁乎？如此，凡各物不同之食物，有谷属、果属、蔬属、鱼属、肉属，各各无算。几如上帝作为主人，肆筵设席，凡有血气者为宾为客，各如其分量，以为颁赐。品味无极，亦悉数难终。[3]

且凡物之食，亦有意念不及者。近北极之地，时恒积

[1]此处分段为整理者添加，原文无。

[2]货殖，财货，商品。

[3]此处分段为整理者添加，原文无。

雪，非有往来通衢。人欲出用一物，类如楯，牵于雪上，亦无旅舍，亦无以携牲刍，故不能牵以马牛，时或用犬，其恒用者獂羊[1]。獂羊牵其楯必以力，力不足则不行，刍不足则无力，奚以求其刍欤？乃上帝早备其刍，以供其羊焉。积雪之下有刍，类于石英，与其羊之性质极宜，食之胖而有力。冬令殊多，故其羊有刍。行旅往来，凡随所至，皆可以舍、可以止焉。复有奇者，羊于雪中就刍，其鼻、其口皆没于雪，奚以呼吸？乃上帝令其目中有隙，内通于喉，就刍时，目乃代为呼吸。其蹄趾分为二，如牛，而灵便自如，其行于雪，则平铺其趾，行于坚平，则竖立之。[2]

且又不惟体纯全、食丰足，各物亦各予以披体之物，有毧毛者，有羽毛者，有鳞甲者，春脱而薄，秋生而厚，各极适宜。人则无此，为具聪慧，迁徙靡常，无往不宜，故有丝棉可以为衣，皮毛可以为裘。夫身内之物必完，饮食亦有必备，披体于外，非必用者。非上帝之至仁，固不能有此身外之虚縻[3]也。[4]

而又不惟此也，凡各物，外亦各予以爪牙、蹄角、毒尾、毒须，令各自保护，亦各各纯全。推其意有二：一令驯柔者畏避凶恶，一令凶恶者捉食驯柔。或谓：何为由此，物至相食，增物痛楚？余早谓渺小世人，无以深明上帝之奥。无已，则有一焉[5]，物之驯柔者，恐未解痛楚。

[1]獂羊，山羊属的野生山羊。

[2]此处分段为整理者添加，原文无。

[3]虚縻，犹虚糜，浪费，不必要的耗损。

[4]此处分段为整理者添加，原文无。

[5]“无已，则有一焉”，意为“不得已，则有一个解释”。

西国尝有教士，于亚非利加，突遇一狮，扑倒于地，将欲食之，忽其友至，击毙其狮，由此获救。谓其友云：“被狮一击，知觉顿失。故吾思兽相捉食，盖以电气，令其莫知痛楚，而后食之。”其二则兽类众多，不宜久存于世，非以相食死，则必以疾病死。死于疾，延时日，多痛楚；相食而死，甚速，痛苦无多。[1]

而又不惟此也，凡物外体之色泽，大约又皆与其所居之土宜相仿，如兔，如狼，如獾等，皆可验之。虎豹之皮，混于林木。有熊产近北极，地恒雪，其熊亦白如雪。狐亦有类于雪者。兔遇雪时，其毛色亦近似之。飞禽亦然，色泽亦与居土宜，如百龄、鹌鹑、沙雀与隹[2]等是。雉伏草莽，亦难辨之。惟鱼亦然，比目鱼、鳑鱼等，沉伏海底，几类于沙。蛇亦类此，与草、与木色略相仿。昆虫乃更甚，其在花草、树木生，而各如其所托之物无异，丝毫莫辨。此实上帝之仁普无疆，盖亦非无所用也。[3]

而上帝之仁乃更有可言者。兔有一种，穴居地中，其相近有如许窟，如一苑囿。假如有犬入其窟，彼即旁逸。其牝者欲生子，不于故穴，为其过寒，亦为其牝者时欲伤其子，且为鼬鼠类可入而食之。故其子将生，外择一地作其巢窟，劳心费时，亦甚希奇。其穴斜入地约三尺余，复旁斜而上之，约去地面三寸，再旁出而平穴之，然后拔其毛铺垫其中，以生其子。其去地面三寸者，盖以空气可入，得资以生活。其子生，母兔出穴，塞其穴之外口，或

[1]此处分段为整理者添加，原文无。

[2]隹，音zhuī，短尾鸟的总称。

[3]此处分段为整理者添加，原文无。

一日二日，薄暮一返其穴，以饲其子。其出入亦无何味，故犬亦不能迹之。有格物先生，曾验其事。方母兔入穴，引犬过其穴口，犬不能知；朝出其穴，亦无何味，犬亦不复知之。雉类之体，其出味尤多，犬狐等皆能寻其味踪迹之，究之雉类皆于草莱中筑其巢，遗其卵，伛伏[1]而生其子，犬狐猬狼，不择地而皆有，其奚以避之？自人言之，万无可避。乃上帝法有奇奥，令母雉此时不出其味，犬狐等无由知其所在而踪迹之。亦有验其事者，先认一伛伏雉巢，外蔽以木叶草莱，乃引一田犬相近其巢，约四五尺许，来往其旁，犬一不能知。此以见上帝之仁，无所不至焉。如无此法妙，恐雉类无一存者。[2]

至若人之身体，大抵爽健者多，时而疾病，其暂也，快适其常也。昔有人疾甚剧，濒于危，后复愈。谒其友，言及病危获愈，乃天之恩，感念不绝。友问其年。曰："四十有五。"友问："四十有五年中，疾来凡几？"曰："前无疾病，或为儿时有之，不复记忆，此四十年来疾不再生。"友曰："尔今疾日无几而愈，感恩上帝，尔之无疾已四十余年，得谓不感恩上帝乎？"人人皆忘，其日月岁时，无何疾病，无何畏难，皆所以显著上帝之仁爱，视令人疾而愈者，实为加多矣。不宜逐日感恩上帝乎？[3]

然此仍未足概上帝之仁也。凡物，体无不完，食无不足，披体无不宜，色泽无不符，已不能不谓造物主之仁爱无限无量。乃更有其无量者。凡物皆以鼻司味，能辨其

[1]伛伏，音yǔ fú，曲背俯伏。
[2]此处分段为整理者添加，原文无。
[3]此处分段为整理者添加，原文无。

食宜。凡食物各有味，大约分为五，曰苦，曰辛，曰酸，曰甜，曰咸。实乃无算，各一食物各一味。享其味者受其福，故凡物不惟动作受福，饮食亦受其福。畜牲则饮食时多，牛羊时食，其不食时则反嚼，自生至死，其食时约居十之七，是其一生受福，亦十之七矣。至人则有聪慧，读书稽古，缔结友朋，来往笑谈，计议思量，更不但饮食有福。外复有娱目者，种类殊多，色泽不一，如禽鸟、花草、山海等，皆为人与万物储其喜乐焉。假如上帝之仁有未至，物物可以一其味，花草可以一其色，宜乎否也？则以上帝之仁无疆，故物物味无可数，色无定限，令凡血气者好乐无央。[1]

虽然，体完矣，食足矣，披体相宜，享味美备，无一不合。假如统地球面，非有不易之法律，势亦不行。如春秋易序，四时缺略，日之出没无定时，运行无常道，时而出于午，时而出于卯，一日而入，一日而不入，一日暖，一日寒，一日明，一日暗，百备俱全，而惟此数端莫之堪，若何？幸上帝之仁，无可名言，故时序递嬗，寒暑相推，日之出没有常，昼夜有恒，或明或暗，或雨或雪，无一错乱。尝读《使徒行传》云："上帝善视人，雨降自天，果生以时，赐我羸粮，喜溢于心，如是证己为上帝矣。"[2]读《诗篇》百有四而愈知之[3]，《新约》书内每云上帝乃仁，讵非诚然欤？[4]

[1]此处分段为整理者添加，原文无。

[2]《圣经》新约《使徒行传》14：17："然而他未尝不为自己留下证据来，就如常行善事，从天降雨，赏赐丰年，使你们饮食饱足，满心喜乐。"

[3]详参《圣经》旧约《诗篇》第104篇。原文较长，此处从略。

[4]此处分段为整理者添加，原文无。

然则上帝之恩从可识矣，如人之发莫之能数，如海之沙莫之能量，天不足拟其高，地不足拟其厚，而其大亦莫之与京[1]。日有新象，时载其不胜载之恩而出，无从绘图，但仰观天象，上帝之恩见焉，俯视舆地，上帝之恩见焉。远睇山海，近验身家，上帝之恩，莫不洋溢。假如苍海为墨池，青天为楮，草木皆管，举世生民皆善书，欲书上帝之仁，虽使竭苍海之墨池，秃世宙之草木，自东极至于西极，遍书青天之楮，而上帝之仁，其不及书者，尚测之无可测焉。况又有莫大之恩，则降生独子，代人赎罪，以救辜恩负义之人。其爱斯世如此！倘能悔悟，信赖耶稣，上帝将复降圣神，感化人心，洗涤恶念，为之重新，令其纯美无疵，复归性初，预立天堂，永享福乐。非上帝之仁受[2]无限，孰能有此？

---

[1]京，大。

[2]受，当为“爱”之误。

第七章　上帝无所不在

造器之地，必有工师在，则生物之地，必有上帝在。星辰罗布，动植繁衍，皆上帝所造，故上极层霄，上帝在焉，下穷九泉，上帝在焉。日光酷烈，雪气严凝，皆上帝所为，故赤道之处，上帝在焉，两极之地，上帝在焉。气滋虫鸟，水育鱼虾，皆上帝所生，故飙风回旋，上帝在焉，波涛汹涌，上帝在焉。之数者，各有明文，粗载其略，已悉于前。而未及悉者，惟雪之与雹为尤奇。兹图其形类以明之。试验之一图。如雕如镂，如琢如磨，花样时新，班班可考，乃真若上帝亲于其中，手为剪裁，以壮世

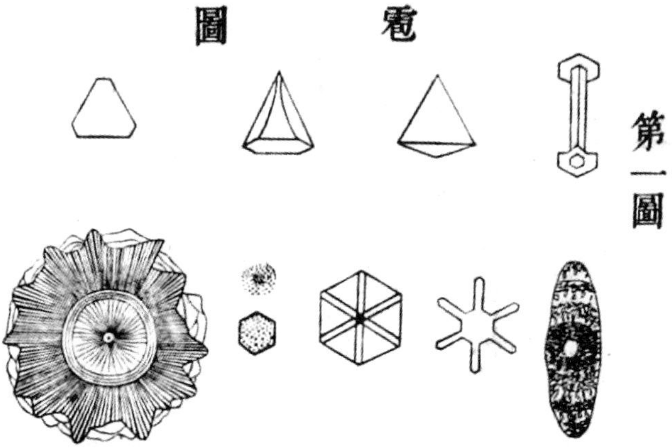

雪圖

雪圖

宙之奇观。夫上帝所在，至远亦至近，远极于不可思议之界，近即居于吾心，惟远故能治无穷世界，惟近故能治我方寸[1]。我不能令心动，亦不能令心静也，而心之忽动忽静者，谁主之？上帝主之焉。夫大，无不包，微，无不入

[1]方寸，指心灵。

者，其太虚乎？大之至，星气之广，小之极，针缝之微，莫不与太虚[1]相合焉。上帝亦若是矣。然上帝有生命，有知觉，有灵慧，非空谈也。《圣经》云："我为上帝，无间遐迩。人能退藏于密，使我不见乎？我岂不能充塞天地哉！"（《耶利米》二十三章二十三、二十四节）[2]又云："吾侪赖之而生，而动，而存。"（《使徒行传》第十七章二十八节）[3]此之谓也。

西国有显微镜焉，用以察滴水，中有生动之物，不可胜数，秽水尤多，能见其滴水中虫，跳跃游玩，亦各备其色，令人视而不厌（如图二 ）。有格物者，将海绿水一滴，存心稽时，枚数其中之活物，见有二万六千有五百焉。倘其水盈斗筲，其中之活物，较世宙的生人加多矣。又，地中有粉石许多，此粉石质本非石，乃极小之动物，既死而合成。格物者取其石约方寸，剖析而察之，其为物四千一百万万，俱各纯全，此物虽至微，然其脏腑、筋骨、血络、脑髓与大者无异也。用以察一叶上，有山谷、草木，若一世界然。动物生长其中者，盈千累万，种类不一，几与地球面人物之多相等也。牛乳饼霉坏时，中生微虫，非目力所能及，用镜察之，见其身，头喙略似猪，唇似鼠，二目八足，足有二爪，爪能曲伸，股六节而有毛，

[1]太虚，出自《庄子》："不过乎昆仑，不游乎太虚。"指极端虚无之处所。后理解为空寂深远的宇宙初始状态，宋代张载认为太虚就是天。参见徐振韬主编：《中国古代天文学词典》，北京：中国科学技术出版社2013年，第230页。

[2]《圣经》旧约《耶利米书》23：23—24："23我是靠近你们的神，不是遥远的神，不是吗？这是耶和华说的。24人岂能在隐密处藏身，使我看不见他呢？这是耶和华说的。我岂不遍满天和地吗？这是耶和华说的。"

[3]《圣经》新约《使徒行传》17：29："我们生活、行动、存在都在于他。就如你们的诗人也有人说：'我们也是他所生的。'"

雪圖

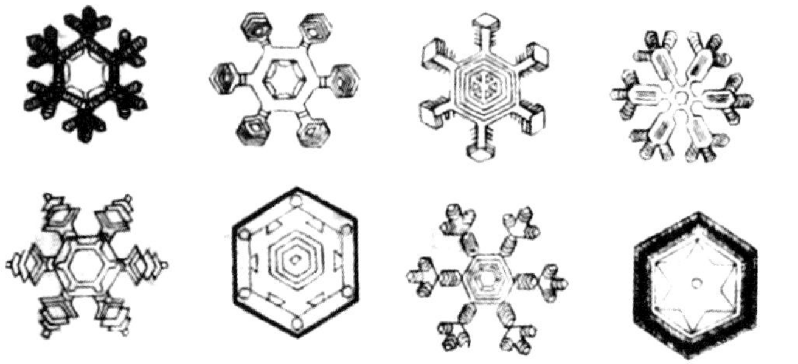

体前小后大，尾有毛如马鬃，长与身等。有牝牡卵生，虫初出卵，体即全，能行走。其卵与鸽卵比，若一与九十一亿一十二万比。然此虫非至小也，有至小之虫焉。气中有微虫，随呼吸入鼻中，而人不觉焉，身体中有微虫，游行食息于肌骨脏腑间，而人不觉焉。一切物中，皆有微虫。虫虽微，不能自生，必受造于上帝，故万物中上帝无不在。

更试推之于共见之物。凡血气物各具品性，此品性乃令万物自辨其食宜，善相其巢穴，保养其子雏，谨避其外侮，胎生者知于何而安其子，卵生者知于何而遗弃卵。此品性非其所能自有，乃感自上帝。有玩禽者，判其雌雄，自雏而畜之笼中，与外之禽

第二圖

此穢水一滴中小虫圖

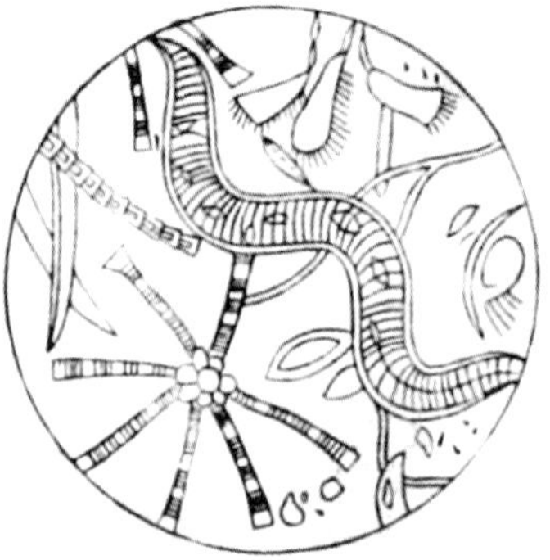

类，杳不相识。当其生育之时，遗何物于其笼，彼能自行构结其巢，与外禽之巢无少异。雏而笼之，不习一禽，孰教之欤？不惟无教之者，其何以知其身内有卵，何以知其卵必宜遗之巢欤？谓之者曰："禽将生卵，皆自觉其有物于怀将出。"然何以知其物之为卵，必遗之于巢乎？日有物由其身内出之，去而不留，则其粪也，其果何以知其将出者，若者为粪宜弃之，若者为卵宜留于巢，须用其心，善为保护？卵生矣，其又何以知其卵之宝贵，与卵内之有其雏？卵形圆而体稍坚，色白而赤，死而非活，与既出卵之禽大异。假如有一雉自剖其卵，欲察其卵之所有，将一思此卵白、卵黄等，或蛆生之，或毛色纯全活泼之雉即由之出，则其思念[1]之所不及矣。假如飞禽纵能知其卵内有雏，何以知欲卵生雏，须覆其卵于翼下而伛伏之？纵知伛伏，何以知其伛伏之期应若干日？凡此，纵皆能知，又何以知其冷热准限，雏能脱卵？究之，岁生之雏，从未生卵，凡各禽类，皆甚知此，为之毫发不爽，与母禽之习为者无异，并非其自能知之，实乃上帝引之导之。

羽者伛伏，非其乐事，盖以翱以翔，于飞上下，乃其本性，当此而隐伏于巢，几有似于监牢，况冬去春回，万物滋生，草木皆欣欣而向荣，百鸟亦思寻花织柳，欢弄歌喉，而乃独隐伏巢居，辗转不离，饮食几忘，或二十日，或三十日，拘苦奚似？非特此也，亦复外增辛苦，本一肥胖之体，及伛伏之时，日瘠一日，毛羽谯谯[2]，倘非上帝无形之指按之使然，尚有何说之辞？

---

[1]思念，思虑，思想。

[2]谯谯，音qiáo qiáo，毛羽残敝。

鸡初出卵，即知其宜食与不宜食，亦知用其喙，亦能用其喙啄食蝇蚋于空中，非有母鸡教之使然。有西人置鸡卵于火室[1]，培养严密，及其生而脱卵，未与之见一母鸡，突与之食，即知食，与母鸡自伛伏者同。此一鸡雏，其脑无几，非能具此明智，实为上帝引导，教以为此。亦有鹅鹜如此生者，出于火室，即行于水觅食，亦无何鹅鹜教之。有格物先生，于鸡鹅鸭雏初经脱卵，以物掩其目，饲之以食，越三五日，去其掩，而放之出，彼仍就食如故。

又奇者，雏鸡游食，突有鹰隼旋空，咸知惊畏，群依于母鸡翅下，以自庇护。其何以知之？恍若上帝明命之卵。

鱼育于水，遗有多卵，舍之去，无复回。及其鲕[2]自出卵，自知宜何食，宜何往。鱼无几何脑，非能知识，此皆上帝一神驱使之。

羽族构巢，大略每岁一新。其具有希奇事凡三，曰地，曰材，曰法，皆各与各类性习合宜。以其地言之，鹰鹯类皆巢于崇高磐石，为人物所不能至之地。如此，故其觅食，或羔，或兔，或他物类，置之磐石之高，日饲其子雏，无何人或物能夺之者。雀之类巢或草莱，或荆棘，或乔木。鴷[3]则穴木而巢，或食蛣蝠[4]，或食蚍蜉[5]，以饲其子雏甚便。雉之类穴地而巢，每依条木根本。水禽或爪或掌，二者巢伏草莱，俱附近河干，或洋海岛屿，去水不远。其巢之色亦有奇：巢于木者，色与各木叶同；巢于草

[1]火室，温室。

[2]鲕，音ér，鱼苗，小鱼。

[3]鴷，音liè，啄木鸟。

[4]蛣蝠，音jié qū，木中蛀虫。

[5]蚍蜉，音pí fú，一种大蚂蚁。

第三圖

第四圖

莱者，色与各草莱同；巢于地者，色与各土地宜。有其色甚似者，在树凡几，略退步视之，其与木叶几无以辨。

有雀名裁缝者，其筑巢之地，甚为希奇，为其巢乃以线缕连络而成。其首，事先择取高大木叶，次取木棉，喙爪共作，绩而为缕。次以喙刺木叶，而以缕缝之，后于连叶中作其巢。亦有雀拾落叶，缝缀于生叶者。二者结巢，皆于树杪，盖其地多猿，喜食雀卵，而不敢高攀柔枝，故特居树杪以避之。又有相于茂草，择其密茎，以线缕联络其上下，中包一洞，以筑其巢者。孰教此诸禽，择地而蹈，居处得宜？孰教之以木叶之适用？孰教之以线缕刺缝之巧？孰教之以木棉纺绩之能？彼固无几何脑，实为上帝感召使然。又有雀产于印度，其巢乃编以细而长之草，缀于河干乔木远扬之枝，如一兜袋。一岁初结其一，次岁结其二，三岁结其三。三者约垂近于水，则易筑异处。其巢之户穴在底，雨不能透，亦无何他物能入，严密之至（如图三）。

更有希奇，雀巢形如尊彝[1]而垂长，上阔其口而尖削其底，缀于花木枝间。如此，凡害鸟者如猿狖[2]、鼢鼠等，皆不能为患（如图四）。其材亦希奇，亦各与各类之性与习宜。有结以草者，有丸以泥者，有构以木皮者，内各垫以羽毛。其形如尊彝者材又异，外结以木之内皮，内垫以木华，再以蜘蛛之网密束其外，亦连缀于枝，令其牢固。形类殊多，不及悉载。有一类之巢，编以马尾小草与小木叶。最有希奇之材，则俗尚燕窝者是。筑于洋海岛

[1]尊彝，古代盛酒的器皿。

[2]狖，音yòu，同“貁”，一种猴，黄黑色，尾巴很长。

中，极高磐石洞穴，甚为难得。其材有为水草者，有为石英者，有水草、石英撮合者，皆其鸟嚼而丸之，砌而筑之，如幕[1]下燕之丸泥近似。窝之大如鹅卵（如图五）。其材物不同，窝亦不同。味有至美，有不甚美，大约窝初成者为上，中有卵者次之，雏生其中又次之。世俗称为嘉肴，列在珍奇，然则此一物也，乃上帝令一至微且远之鸟，为帝王将相、钟鸣鼎食之家，储其羹献，娱其嘉客焉。至其法之奇妙，具详于二者之中。统而论之，凡羽族筑巢，皆于万物之中，先精择其适宜之材。此最为奇，盖以一方具有万万物，鸟各择其一者而用之，其不用者尚余九万九千九百九十有九，其何以明智若此？非感自上帝，吾固知其必不能也。

又有异者。羽族，凡恒飞行，其要者为翮[2]，脱卵后皆先生其翮。其不恒飞行而时居地平者，其要者为股，脱卵后必先壮其股，次生其柔毛以暖之。

蜘蛛抽丝结网，多具奇异。其胎腹中有粘埴醇汁之胞，滋行如许微管。管分左右，每管出丝一缕，与制铜铁线之机器相仿。众微管之丝既出，左右各合为一，凡二缕稍出之，二缕复合为一。视以显微镜，能分其缕为五千。是其左右之管，各二千有五百矣。及其作网，先相厥地，定其网纲[3]之位。由此达彼，十字布置，或四或五，逐一排定。夫乃易其作法，先纬结其中心，由心向外，逐一加大；次结其外纬，亦由内向外，逐一加大。其小大规模，

[1]幕，此处当指屋檐。

[2]翮，音hé，鸟翎的茎，翎管，鸟的翅膀。

[3]纲，网的总绳。

第五圖

第六圖

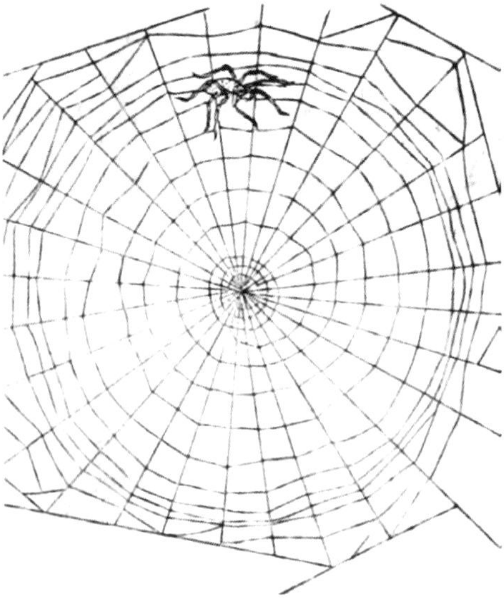

具有定则不易。后复易其作法，由内达外，补结其经线至外之纬线而止。兹图其未成之网以验之（如图六）。方其初定经线之始，由此达彼，恒若干尺，半空无着，蛛果何凭以来往欤？非蛛往，乃蛛能令线自往也。其初安居一处，自出其丝，愈出愈长，逐渐前移，确有定向，直至其定位，粘附而止。蛛于此时，乃引其丝，而试之牢固与否，能胜其身体否。如有不胜，再出其丝，以增益其力。再引试之，再增出之，务令其坚韧不绝。昔有人谓其丝之出也，任风飘引，理亦近似。有格物先生，存心历时，细

第七圖

稽其详，见有蜘蛛出其丝，或东或西，可平可斜，可上可下，直行前去，虽迎风亦莫之阻。此其事，实解之无可解者，恐或由电气而来欤？独是一蜘蛛耳，孰教之知，欲取食，须网以待之？知作网矣，孰教之以网式不宜方而宜圆？孰教之以界网之纲？或四或五，其相间之近远毫发不异，一似明于弧角法，亦明于用弧角法之器者。又孰教之知经纬布置，内外整齐？人固不能为此，实为上帝示之。

蜘蛛之为类不一，约凡几百。其最有奇者，有一蜘蛛，其窝依于水草之根，形如覆铃，大如鸽卵。其户在地，亦以丝结成，甚为密致，亦透光如素纱等，水不能入。亦以其丝连缀草根（如图七）。窝既完结，蛛居其中，首出户外，视何水物来过，捉而食之。虽然，犹有二难焉。一，其窝初成，内不能不满以水，奚以令其水出欤？二，则蜘蛛与陆地结网之蜘蛛，同有肺呼吸空气以自养，其在水奚以得吸空气欤？法有奥不可言者。窝既成，蛛浮水而翻身向上，仰吸空气如许，务满其腹，潜水若干深，出其腹之空气，作一泡，由其窝之户送入。入以若大之气泡，即挤出其若干之水。如此百余回，则空气满其窝，而水尽出矣。窝既实以空气，则蜘蛛居其中，如一室然，出入游行，觅食寻乐。假有舟沉海底，西人能入水底舟中，捞取其宝物、金银等。其法，制一大帽，装首及颈，顶有二管，一令空气出，一收空气入，皆象皮为之，当二目，置玻璃二镜。有此可以沉水深入，寻舟寻物，与陆地无异。其始创立此物者，人皆称美之极，谓其灵巧绝伦。究之，此一蜘蛛之窝，较入水之帽，益加灵巧，其才其法，实皆帽之所不及，亦为完室，蛛可以家焉。人难为此，蛛尤不能为此。且方其窝之成也，孰令蜘蛛知浮水

第八圖

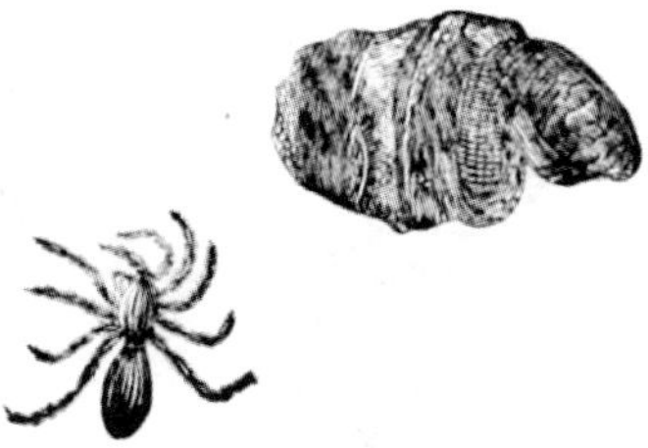

面，仰取空气放入窝内，拥逼水出？即或知宜有此，又将何法以为之？人可以拱抱束薪，蛛亦可以拱抱凡有形物，果奚以拱抱无形之空气，越水而下及水底欤？非造物主之大有为于此欤？

有虫西人名为土工者，其见于《尔雅》，名曰螲蟷[1]。欲立窠，先相地，择其土坚而草木不生、偏坡而水不能存者，掘一穴，深尺有五寸，或二尺。结以极美之网于其里，细类于绒。然后抟泥为薄片三四行，复以其腹内之汁若丝粘合之，作其外户。亦以其丝连缀其一面，几类合页，启闭甚活，或出或入，均能启之，如人之启户出入然。孰教之作此活户欤？且又可异者，其户之内行缩小，紧塞入其穴之口，户之外行满覆穴外，亦结网为其里，外连土色，无可分辨，故人虽行越其上，亦无以知之（如图八）。

飞虫属，大约凡其雌者，尾皆有一物，名曰遗卵之器。卵将生，器即出，卵生毕，器仍缩入身内。器所以助其卵于应置之地。各异其虫，各异其器。有其器具活机，如制千里镜之活轴，法能引而长之，器之内为空，卵之生也，即由其器之内而出。有其器类如管，而内亦空，管之外端有物如活钳，卵将出管，即钳其卵，置之于其地。复有其器类如针者，亦为空管，生卵时，或以针刺木叶，或

[1] 螲蟷，音dié dāng，一种生活在地下的蜘蛛，黑褐色，在土里打穴，穴口有盖，可以开合，伺小虫经过，翻盖捕捉。

第九圖

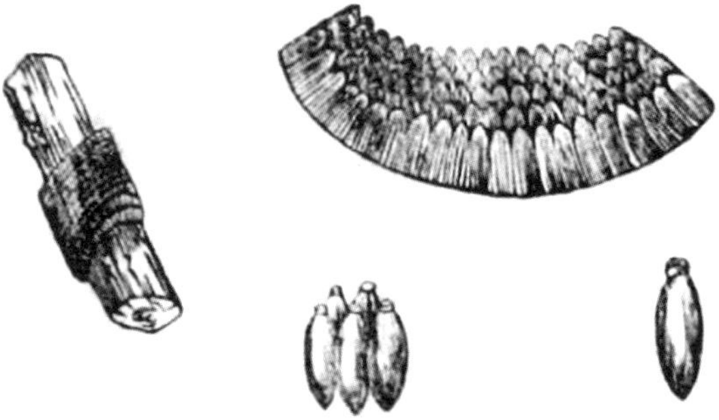

刺其枝，或刺其本，亦或刺土，一一各有空所，有遗一卵者，有遗二卵者。非徒遗其卵，亦并射以其腹中之液，液能令木之枝若叶瘿肿[1]而病磈磊[2]。子虫脱卵，即食其磈磊而以长以飞。有飞虫名锯者，其器比如木工之锯，其质类如兽畜之角。锯有二，两齿相对，其用之，互为往来。欲生卵，先锯木叶等，然后遗其卵于锯缝中。亦射其腹中之液，液如木叶之浆。用有三：一，胶固其卵不令坠落；二，保护其卵不受损于木浆；三，则资其子虫胎中之饮食焉。

复有虫类蚊蚋，其子虫生宜水面，食宜水物。故其大者将生卵，飞行水面，依于水草，或浮柴。前四足立，后二足交错于空，遗一卵，即胶以其腹中之液，不令其首者下沉。一而再，再而三，置以三角式，此后逐层粘连，卵渐增渐推后向水。卵之数，约自二百有五十至三百而止，

[1]瘿，音yǐng，局部细胞增生，形成的囊状性赘生物。植物受病菌、昆虫、叶螨、线虫等寄生后，常形成瘿。瘿肿，囊肿。

[2]磈磊，音kuǐ lěi，高低不平。

其始也，逐行加增，其末也，逐行渐减，数各有定。及其成也，中阔而低，两端锐而高，宛一小舟，拥浮水面，舍之而去（如图九）。所可异者，一卵不能浮载，必沉于水，有其腹中之液如许，卵胶附坚固，纵上倾以水，亦不能沉，如浮槎然，亦复不能覆，覆之而速自能正。

更有飞虫遗卵于果木者，逐行排列，束于其枝，如螺纹形，贯如珠钏，十有五行，或十有七行不等。每遗一卵，亦以液胶固之，亦保护甚坚，刀割亦难，虽严寒亦无可坏。

有虫名蛣蜣[1]者，将生卵，先作一穴，深或二尺或三尺，然后抟粪为丸，中裹一卵，以其后二足推入穴中。有二蜣三蜣共推一丸者。庄子所谓“蛣蜣之智在于转丸”[2]是也。

蝶之前身本为蛓[3]，初化为蛹，再化为蝶，蝶生卵，卵复生蛓。蛓之所食，与蝶之所食乃大异，蝶所食者，花蕊之蜜浆，蛓所食者，木叶。各蛓类食各木叶，亦有食蔬者。食蔬者所化之蝶，必遗其卵于蔬，食木叶者所化之蝶，必遗其卵于木，无一误者。孰教之使然？蝶不爱蔬，亦不食蔬，复不食木叶，其何以知其卵生蛓，更何以知其卵生之蛓，或食蔬或食木叶乎？其有何父母率之，师长教之？此较之飞禽，益增希奇，盖其本体已一再脱化矣。凡

[1]蛣蜣，音jié qiāng，即蜣螂，俗称屎壳郎。昆虫。全体黑色，背有坚甲，胸部和脚有黑褐色的长毛，会飞，吃粪屎和动物的尸体，常把粪滚成球形，产卵其中。

[2]作者误将郭象之注当作庄子原文。《庄子·齐物论》：“庸讵知吾所谓知之非不知邪。”晋郭象注：“夫蛣蜣之知，在于转丸，而笑蛣蜣者，乃以苏合为贵。”

[3]蛓，音cì，一种毛虫，刺蛾科黄刺蛾的幼虫，俗称洋辣子。

遗卵者无问木之本根与或叶或枝，与或粪土或水面或蔬菜，皆以其子虫之食宜为地宜，若易其卵之地而移置之，毫厘之谬，一无能生。

第十圖

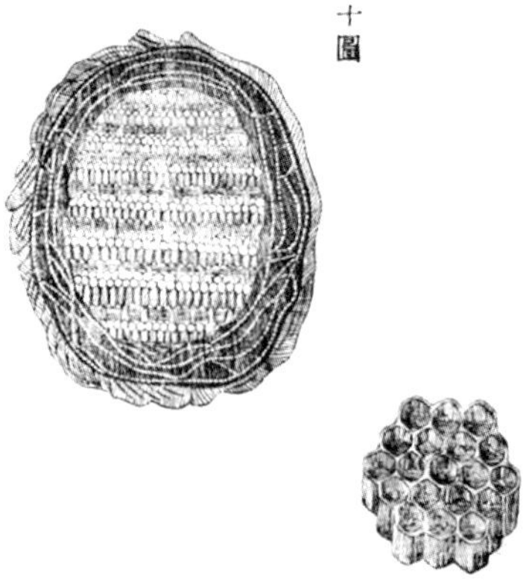

至若黄蜂、蜜蜂，验其房亦可以识上帝之感化焉。盖以其房之作也，法特奇妙。比如楼阁，上下层叠，或十或八不等。其内之蜂房，非圆非方，亦非三角，乃六面体，实具有美意焉。假如其房为方，其初生之稚蜂，体乃圆，则房之四角皆空，是内多弃地矣。假如其房为圆，实与蜂之子体恰合，惜圆体布列，外生空隙，是外多弃地矣。三角者，为地尤多，是尤不宜。体有六面，故或内或外，均极合宜，毫无弃地（如图十）。又有异者，蜜蜂育子，初出卵，惟蜜食，故蜂先作其蜜，满其房以待之。人亦得于封[1]房，后割而食之。黄蜂则大异。其小者，食宜蜜。各异其蜂，各异其虫。故黄蜂既成其房，遗以卵，惟觅其虫食，置之蜂房，留以待其子生而食之。有食宜毛蠹者，则备以毛蠹。有食宜蜘蛛者，则备以蜘蛛。更有食宜不易之蛣蛲者，其豫备蛣蛲之法，殊为巧妙。假如其蜂捉取蛣蛲，令之死，必臭腐，其小者脱卵，无以资其生养。假如活其蛣蛲，而置之蜂房，则蛣蛲将踊跃思脱，必致裂其房与卵。生不宜，死

[1]封，当为“蜂”之误。

第十一圖

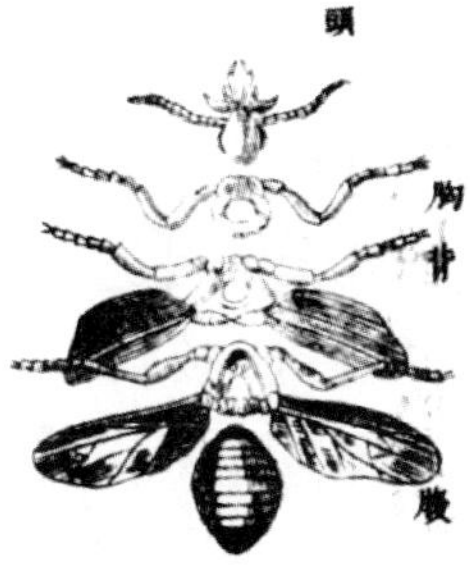

第十二圖

不宜，法更何以处此？黄蜂何来奇能，乃刺蛣蟯之脑，中其脑之本根，令其痴迷不醒，生无以为生，死无以为死，故其子脱卵，肉食鲜美，一无臭腐。有一不飞之虫，类于蜜蜂，亦善酿蜜，与蜂之蜜略似。有蚍蜉者喜食其蜜，每捉取此虫，置其穴，管束之，令其出入食息。欲食其蜜，则以其前二长须击此蜜虫，虫即出蜜以供其食，如番人之拘束乳牛，取食其乳者同。

号物之数有万，而莫小于昆虫，然虽纤如针蜂[1]，细若芥子，必具有耳目、口鼻、脏腑、肠胃、血气、心知，且其知识聪明，比禽兽之大者，无少亏损。非上帝造化之奇，孰能与于斯？

凡虫之身，恒分三段，一为头，二为胸背，三为腹（有图第十一）。属乎头者曰角（有图第十二），曰目，

[1]蜂，当为“锋”之误。

曰口。属乎口者，曰牙，曰舌。舌之形体、大小、长短、刚柔、利钝，皆与所食之物相宜，奇矣！蝶之舌更奇，形长而中空，横纹如环，密

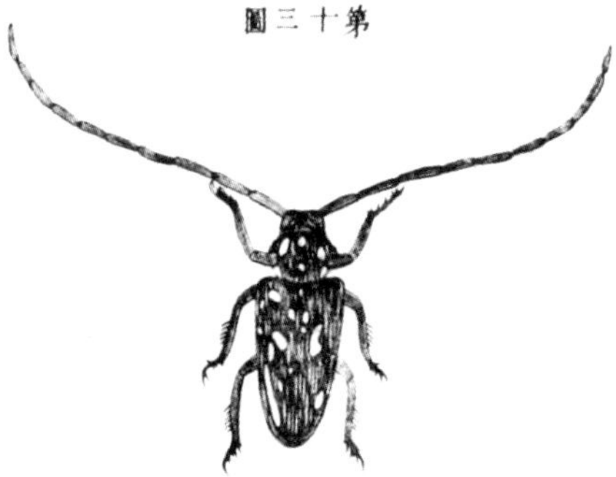

圖三十第

密缠绕。自舌根至舌尖，皆三管：左右二歧，其管孔圆，便于呼吸；中管孔方，便于吸食花中津液，任花心之浅深、弯曲、尖角处，皆能采取之。牙形有如锯齿者，有如刀床者，有如磨石相旋者，皆取便于所食。额之角二，有节节相连，便于屈伸者（有图第十三），皆所以司听，亦所以代言，蜂蝶与蚁莫不皆然。尝有格物先生，在英国地方蜂窝边，值蜂王初死，众蜂未知，一蜂入探知之，惊遽飞出，适遇一蜂，遂以其角交于此蜂角上，此蜂亦张皇失措，瞬息之间，一一如此交角，亦一一如此张皇。

目之异形，有左右各八者，有各十二者，有各二十八者，有各三十六者。其位置亦各异，有如十字架者，有三角者，有方列者，有大方包小方者，有平列两行者，一类一形，不相混淆。其尤异者，苍蝇之目，外形大而圆，内包小睛如米粒甚夥[1]。蝶之睛更夥，一目有二万睛者，有五万者，合二目计之，则四万与十万矣。且可当镜。尝有人以蝇睛照数十营兵，浩如三军之众，其人皆与蚁等。又有以蝶睛窥楼阁者，见无数楼阁，小若芥子；以窥烛光，

[1]夥，音huǒ，多。

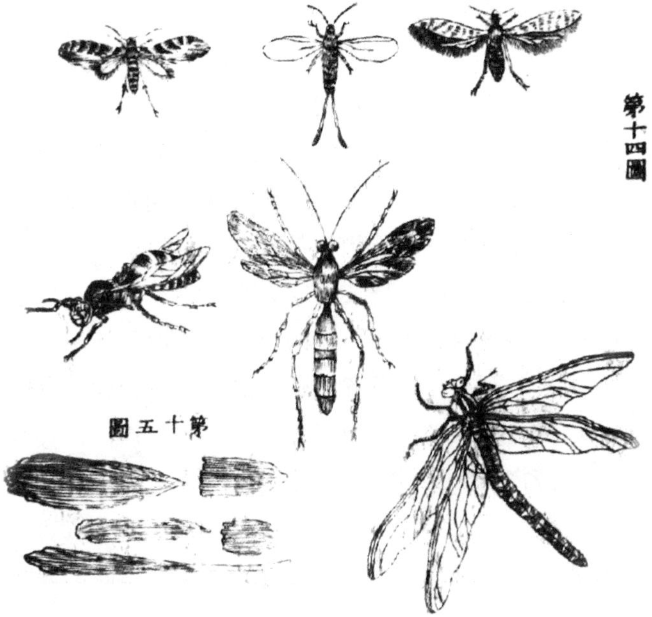

则无数光焰，密如星点。又有人以蜻蜓睛照梵塔，塔高二百九十九尺，远在七百五十尺外，望之才如针芒，以窥人家居室门窗格棂，及或开或阖，无不了了。盖睛多则所见亦多，睛小则所见亦小也。其禽兽大而目睛少，昆虫小而目睛反多者，禽兽之睛活，上下四旁皆可运动，昆虫之睛不动，少则不敷所用，故必睛多，而后能兼及也。各类之目，且与身形相宜。试即一物言之。有小红虫，全身生毛，碍于目之外视，而其睛则突出毛外，令毛不能蔽。造物之灵巧，顾如此哉！

飞虫之属，六足四翅，翅附于背，足附于胸。胸背之处，非肉非骨，其质轻如角灯然，便于飞腾，虽无骨肉，较骨肉尤为灵便，以中多小管，小管之旁，又多小袋，相通以装空气，空气充满，飞便迅疾。且何者飞时多，其中管袋必多，其势然也。

翅之形甚多（有图第十四），俱中一大管旁通歧出之小管，为运气行汁之用，如木叶之中有大梗，又有歧出小梗。然管之上有细膜联之，底面不联，以便伸缩运动。管中有汁，将飞，则运之四达，故其翅张。翅之形不一，有四围光滑者，有下边细丝密垂者。体质亦不一，有脆如玻璃者，有牢固如兽皮者，有织如网纱者，有如鳞形者。中国人谓蝴蝶有粉，乃其鳞也。鳞之形色亦多，有尖者，有圆者，有如钜[1]齿者，有似箭镞而狭长者（有图第十五），皆若屋瓦之叠，鱼鳞之次，一一相属[2]，具有根蒂。曾有格物先生，将方寸蝶翅四分之，而窥以显微镜，鳞已七十行，行九十鳞，计六千三百鳞。合方寸之翅，则为二万五千二百鳞矣。且其形色鲜明，红绿相间，如水晶葡萄然。造物者之神奇、灵巧，有如此者！

腹有九节，伸缩转运，时常活动，如船舵然，左之右之，无不如意，节多故也。

禽兽之筋与骨相连，昆虫无骨，其筋与外体相连，长短巨细，皆与翅足等相副。翅大而飞数[3]者，其翅筋必多；股大而行疾者，其股筋必多。有格物先生，用显微镜窥螟蛉，计头之筋二百二十八，胸之筋一千六百二十七，腹之筋二千一百八十六，共四千零六十筋。人之身仅五百二十九筋，螟蛉比人尚多三千五百三十二筋。

凡物之筋大者，力亦大。如蚤，形甚微，而跳逾其身

[1]钜，当为“锯”之误。

[2]属，连属。

[3]数，音shuò，屡次，频繁。

第十六圖

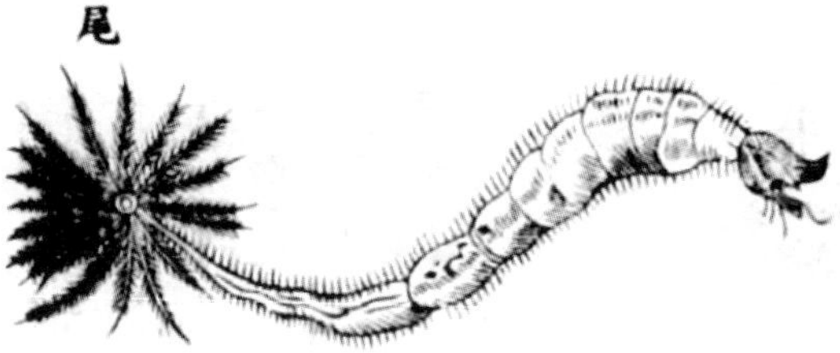

二百倍。人能之乎？蚁能衔等身数倍之物，蜣螂能衔尺有八寸长、五分宽之朽木以飞，若马有如此力，谁能控勒？象有如此力，亦必拔山坯屋矣。

昆虫无心，内有蓄血之处二，时时运入血管，周流遍身，用显微镜可辨。禽兽之血，运行无止息；昆虫之血，时行时止，断续相参。禽兽之血，色红而稠；昆虫之血，黄白而薄。其管内，俱有脂膜护之，如门户然，令血能外出，而不能内回。

胸之内，无咽喉，无肺腑，止有气血管。类类都有两大管，其小管与极小之管无定数，有小管三十六，极小管一千零四者。总之，大管通小管，小管通身外空气，如人之有毛孔然，故昆虫浑身都能呼吸，不事口也。又，呼吸之时，防有尘埃侵入，坏其身体，小管外口，因有脂膜二片，如门扇然，可以开闭，又有如极细之筛者蔽之，口外又有毛如慧，能翕能张以护之。水虫呼吸之门，在身则不便，造物则置之尾端（有图第十六）。尾端外有密缕如细藻，能放能收。常浮水面，前身常在水中，以便求食，将沉水底，则尾端之缕，与所藏空气敛在一处，以蔽其呼吸

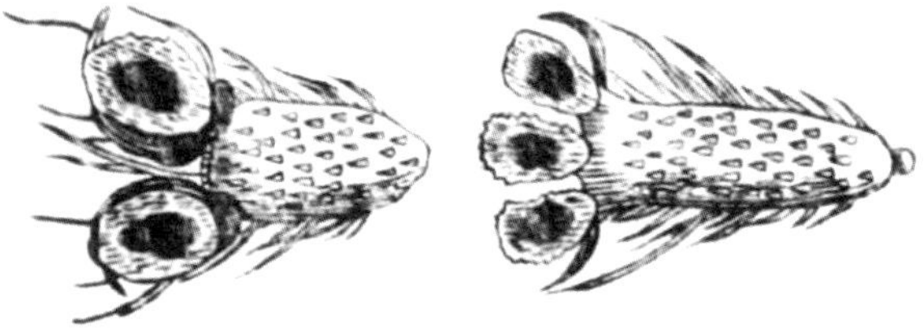

第十七圖
此圖是用顯微鏡大起來

之隙，欲上，则于此运满空气，跃升水面。

兽之股足，驼与牛异，犬与豕异，松鼠与猿猴异，皆取便于所用。昆虫亦然。有能跳者，有能疾走者，有用以攫食者，有用以构窠者，有用以结网者，有用以织丝者自庇，如人之织布帛者，有用以浮游水面，如舟师之弄篙橹者，有能疾行玻璃上者，有能仰立屋椽者。夫以禽兽之所不能，而昆虫能之，以其足趾底面各有凹处，能聚空气（有图第十七），如小儿所弄皮片，上凸下凹，用绳拴住，先扣在水面，再揭起，扣在石上，遂黏着不开，其理一也。然其聚空气之处，能放能收，故又循行甚疾，毫不稽迟。[1]

昆虫之肠各异，故所食之物亦各异。有食木叶者，有食木根者，有食木皮者，有食木心者，有食木汁者，有食朽木者，有食坚木者，有食花瓣者，有食花粉者，有食果实者，有食果核仁者，有食纸者，有食布者，有食皮毛者，有食丝绵绸绫者，有食肉者，有食石者。然食此者，

[1]此处分段为整理者添加，原文无。

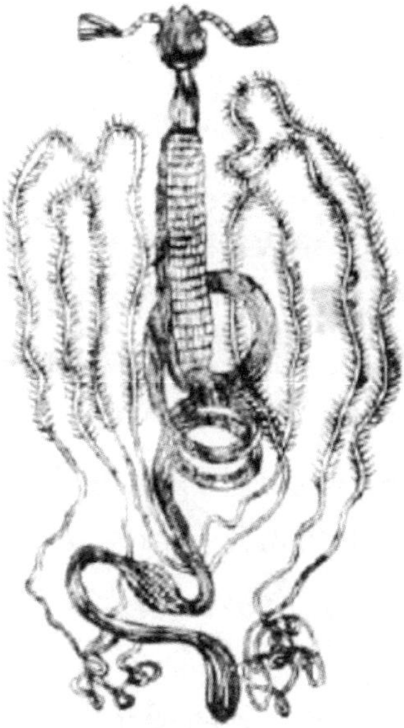

第十八圖　食木等腸胃

第十九圖　食肉等腸胃

恒不食彼，其肠胃各异也（有图第十八、第十九）。有初生能行时，是一副肠胃，及化而能飞，又是一副肠胃，奇哉！总之，木食者肠恒多，肉食者肠恒少，肉易化，而木石难化也。

昆虫不但有肠胃、气血管，且有筋，并有脑气筋，仿佛禽兽。禽兽脑为五官之根，脑伤则五官俱不能效用，昆虫无脑，亦无脊骨及脊髓，何以有五官？盖上帝另外与以物事，仿佛绳子结成骨朵，节节相通，周遍其身（有图）。其有骨朵处，与脑通；其直而无骨朵处，与脊髓同，亦与脑髓同。一功用较禽兽尤奇，观于去其头尚能走能飞，碎断其身尚节节能动，且头与身俱死而尾尚能动可见。

昆虫虽小，亦具胸背、肠胃、五官，前已详言之矣。而其口尤能辨味。凡虫之素食此物者，易以他物，则一嗅即去，不复顾。且素食之物，移放别样药内，则亦不食。如喜食果属者，置三果于此，一全熟，一半熟，一全生，则皆食全熟，而不食全生与半熟者。其以鼻辨味者，屋内有馨香之物，即闭置箱簏[1]中，亦皆闻香而至。曾有人用新刷臭色箱簏四只，内置蜂宾[2]少许，旁穿小孔，置之蜂窠六十丈外。瞬息间，即有蜂飞鸣箱外，又少顷，群蜂大至，寻孔以入，食其蜜而去。以极臭之箱簏，曾不能混其蜜味，则虫之鼻能辨味，固不谬哉。

昆虫才智，有令人格致不到者。曾有人，在三四百里外，捕一雌蝶，形色俱佳，因置诸笼中，带至法京。法京

[1]簏，音lù，用竹篾编的箱篓。

[2]宾，当为“蜜”之误。

第二十圖

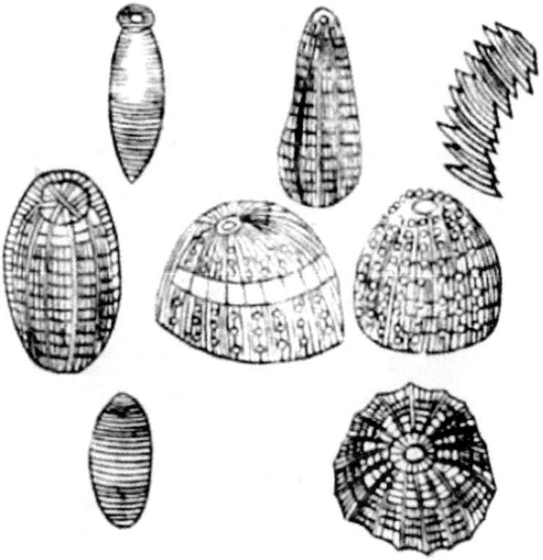

数百里内，素无如此之蝶。数日后，忽一雄蝶，全身花样，与笼中蝶等，徘徊笼外。不识此蝶何所见闻，竟于数百里外知之而至。昆虫才智令人不解如此，得不归功上帝哉？

飞禽卵生，走兽胎生，诞生之初，其父母皆保护乳哺。昆虫异是。其母遗卵即死，向使遗非其地，非被别虫哺食，即为人畜践踏，不然，经冬亦冻死，且地不相宜，子生亦无所得食，故上帝用极大聪明、极大怜爱心，与以储卵之器，复与以藏卵之地，且使知何地有子所可食之物，以长养之。

虫之卵，或遗在木叶，或遗在木皮，其处皆坟起如瘿瘤[1]。子出，则先食其藏身之壳。其壳形色不一，有大有

[1]瘿瘤，音yǐng liú，一种生于肩背等处的瘤状赘肉。

小，有长有圆，有上圆下平（有图第二十），有红有绿。其尤奇者，遗卵之时，必带有津液在内，可以变化木质，为小虫之食。有英国先生在犹太国，国人导之出游，见有木叶成苞，摘以咍[1]英国先生曰："此物甘而可食。"英国先生信而食之，则见中皆尘土，如鼻烟状，细窥之，中有小虫，乃悟为昆虫遗卵之所，其后长大故尔。中如鼻烟者，乃其津液所化木质，以备小虫之食者也。

蛾之遗卵，必寻妥贴之处，先将己身之毛，拔铺其上，遗卵后，又拔毛以覆之，末又周密覆之，如屋之有盖，以蔽雨雪冰霜，作用既毕，然后死去。此与蜣螂相似。格物者均难明其理，细心人当自察考。

昆虫遗卵，有于别虫卵中者，有于蜂房内者，有于别虫之身者，有于人与禽兽身者。凡人身，或头面，有极小赘疣，不知何来，皆昆虫所遗之卵也。卵上带来之汁，化而为脓，为小虫初生之食。

飞虫中，有形似蜜蜂而少扁，腹尖不时拳曲，惯食马胃之汁。其遗卵，必于马前身毛中。马搔痒时，啮而吞之。既生，则群聚马胃之上。马遗粪时，随之而出。或聚于马之肛门，生翅则飞去。

胎生、卵生之物，皆与其母相似。昆虫不然。卵中所出，迥与母殊。盖飞虫之卵，是生毛虫、裸虫，其继皆化为蛹，蛹复化为飞虫。化生之奇，令人莫究。

毛虫之属，有毛长而多者，有似羽族翅翎者，有毛生脊背者，凡此之类多能坏人衣服、诸物。然形状奇丽，有圆花、方花者，有长短错杂者，有斑点如米粒者，有花与

[1]咍，音hāi，笑。

第二十一圖

毛相间者，有毛茎生缕，及丛生者。类皆怒则毛张，惧则毛翕。其色亦不一。凡生于木中，不通亮光者，色多白；食木叶者，色多绿；食木皮者，多似其皮之色，盖防鸟鹊窥见食之，无处隐匿也。独英国杨柳上有虫，口黄色，目黑而亮，其额紫，足绿，脊白，尾两歧而黑，身有红点，仿佛斜纹十字架者。种类甚多，殊不可解。

凡虫之食叶者，俱为藏身者计，故有吐丝成筒，藏身于内者，身长，则其筒亦从而加增，外坚滑而内松软。所食之物何色，则其筒亦作何色。有织成如毯者，有似布者。有卷叶作筒者，人畜坏其筒，则惊遽而去，旋即口裁别叶，别作一卷，以藏其身。水虫内，亦有似此作用者，或用小小蛤蜊，鳞次粘成，或用螺属及草木枝茎，相杂粘成，或用苔发结成（俱有图第二十一）。但其筒过轻，则不能下沉；过重，则不能上升。故筒轻，则增以蛤蜊；筒重，则加以枝茎，否则于脊上负一草梗，筒足重，亦易升。将化蛹，则先吐丝作网，封其筒口，令水不灌入。其丝初出口时甚软，见水则坚韧异常。此类散处时少，聚处时多。

一种金尾蛾，生子，皆翕聚一处，如家人之聚处者。其取食亦然，先生者食某叶，则次生又次生者，亦接踵而至，骈[1]肩而食。排满此叶，则后至者始转别叶，仍依次而升，排比而食。夜则共作一房，尽宿其中。虫身日长，则所作之房，亦日大，且日坚，风雨不能损伤。又中有界断一所，一所与军营帐房相似，雨至则入其中，日烈则入其中。其出入所由，有筑成甬道，软滑如铺地毡，且或远或近，四通八达，皆有道，亦皆如地毡，仿佛尊贵人所至之处，举足不履尘土也。

一种，行[2]有行列次第。将谋食，则成列以出，至取食之所，则散而求之，食毕，复成列以归。有一行二虫者，有四者，有十数不等者。最奇者，一虫居首，次二，次三，以至十数。皆一一成列，丝毫不紊。且居首者行，则皆行，止，则皆止，疾，则皆疾，徐，则皆徐，部伍严整。

由蛾生卵，卵生毛虫、蠃虫，虫化蛹，蛹复化蛾，此大较[3]也。而其化生之道，则各异。或入地作茧，或入墙罅做茧，或如栈木罅中作茧，或入落叶中作茧，等等不一。亦有拔己身之毛，左右竖立密排，如屋梁之柱，然后吐汁拈丝，周身自缠者。有穴地用小小泥块，以口中汁调和停匀，作一小罐者。又有在木叶上，先吐丝作网，再衔泥块，铺满网上，然后吐丝，将网子、泥块收卷一处，如

[1]骈，音pián，两物并列，成双的，对偶的，此处指并肩。

[2]行，音xíng，行走，行动。

[3]大较，大略，大致。

第二十二圖

茧之状，再运口中津液，将泥调匀，以涂其隙，复用津液涂抹其中，令滑而暖，如人之插梁秸做屋壁，多用泥灰，内外涂之以为固，不令透风寒者。又有在栈木上，联木皮作茧，用口中汁，将碎木粘作一处。又，数种作茧，倒挂木之细枝（俱有图第二十二），其后，子生降而在下，所脱之皮者，皆一一坠落。一种先吐丝，粘着木叶一边，然后吐丝缠绕作圆圈，下垂共五十六道，乃收其前后作为圆茧，十五时后，蛾出，所脱皮毛，尽坠于地。最希奇者，人畜损伤其茧，皆能自行医好，令不窅窊[1]，且何法最上[2]，便用何法。此非别有机巧，实其本来聪明如此。果孰使之然哉？

凡物之化生，一类一候，有经数十日者，有三四十日者，有经三四月至五月者。蜣螂一类须用三年，蝗蚱须

[1]窅，音yǎo，凹陷。窊，音wā，低，低洼。

[2]上，佳。

十七年，迟速相悬[1]，一至于此。蛹之化蛾，将出茧口，茧皮坚硬，蛾性软弱，不能自辟门户。乃上帝各予以知能，藉之而出。故有中裂茧腹者，有从顶上撑开者。惟山茧，丝多茧固，化蛾后，尤难遽出，乃口吐津液润湿茧头，其封口之丝即开。最奇者，虫入麦粒中，作茧成蛹，化蛾后，力弱不能撑破麦粒，则有毛虫自外而入，咬破麦粒，作一小孔，适容所化之蛾，故能出焉。又一种蚕，结木做茧，质如坚木，化蛾后，津液仅与常蛾等，何以破至坚之茧？上帝则与以酸水，虽坚木遇之，亦化为柔，故因之而出。独此酸水，非贮以玻璃器则渗，上帝更于此蛾腹中，与以盛酸水之袋，不致渗漏。造化之奇，又有如此者。

蜻蜓蚊蚋之属，遗卵水中，是生水虫。将欲化生，则逡巡而上，仰浮水面，脱去皮壳，即为蜻蜓蚊蚋。但未长成时，不能上升，将成，则日大一日，亦日重一日，至期，则上升而化。凡虫之入地化蛹、入墙罅化蛹者，亦皆出至穴口，方能化蛾，故所脱皮壳，皆在穴口。

昆虫虽小类，皆有捍外保身之具。一种恃头角牙爪等，如蚍蜉、螳螂[2]之类是也。一种腹有臭气，别虫近之，则放气臭，使不敢前，负盘[3]之类是也。又或尾伸二管，别虫近之，则管内作声如炮而小，以放其臭，别虫即惧而远去。且有放至二十次者，又有连放十二次者，其管内所出，不为臭气，而为黄水，别虫沾之，身即腐烂。其别无奇技者，身之色皆与所居之处色相似，令物之害己者

[1]悬，悬殊。

[2]螳螂，亦作“螗螂”。

[3]负盘，步行虫科昆虫行夜的全虫，功用主治腹痛、寒热，利血。

无从而见，如居黑土者，其色黑，居黄土者，其色黄，居木叶者，其色青，居木皮者，其色褐之类，又有与落叶相似者（有图第二十三）。

昆虫之有大益于人者。第一为蚕虫，郊庙祭祀之服咸资焉，中外人之鬻茧、缫丝、织帛者，皆依此为生计。

第二十三圖

第二十四圖

第二为蜡虫，布帛、炬烛、木石、器皿之属咸资焉。第三为蜜蜂，滑甘调和，无逾于此。第四为足供药材者，如斑猫[1]、蜈蚣、蛇蝎、僵蚕[2]之属。第五为足供染料者，如呀囒米（有图第二十四）之类。美国南鄙[3]人，悉依此虫为生理[4]。第六，英国栎树之叶，有异虫，遗子其上，则叶渐成苞，苞内之物，外国人用以作墨。第七，有可作粮者。第八，有可为飞禽鳞介之食者。第九，为能除秽恶者。凡街巷衢路有臭秽之物，恶气熏人，过者掩鼻，一经其虫食之，则臭恶全消，且所遗之土，以之粪[5]田，其获[6]数倍。天之生物，其不作无益[7]，又如此。

昆虫之有翅者，分七大类。其身形相似，而翅形各异者，则各为一类。有甲者，长翅而能收放者，短翅者，翅有罗纹及细纹如纱者，有直纹而无横纹者，翅有鳞形者，二翅者，共七类。

甲虫类中有蜣螂。格物先生格出此一类，共分五万余小类。有首圆而大者，有首狭而长者，有尖首者，有首生二角者，有一角长一角短者，有首二角短，而鼻端一角独长者，有角如麋鹿者，有如象鼻者，有甲有花点者，有花如方孔细纱者，有如圆孔粗罗者，有抟粪成丸而推转之者，有在陆地者，有在水中者，有生亮光者，不可殚述。美国一种，长一寸，项后有亮光二，翅下腋间二，飞时

[1]斑猫，即斑蝥，俗称西班牙苍蝇。

[2]僵蚕，家蚕幼虫感染（或人工接种）白僵菌而致死的干燥体，中医常用为药。

[3]南鄙，国境南边疆。

[4]生理，生计。

[5]粪，名词作动词用，浇灌，施肥。

[6]获，指收获。

[7]不作无益，不做没有益处的事。

四处亮光，明如灯火，裸人夜处，则悬诸室，以当烛，夜行，系诸足拇，以当行炬，渔人夜渔，则挂诸船头，以为渔火。萤火亦此类，其有光亮者为雌，无者为雄，雌之放光，则招其雄也。凡此种之属，约二百。

翅长而能收放者，螽斯[1]、草蜢、促织、螳螂等是。一种翅上纹色如木叶（有图第二十五），行似木叶自动，

[1]螽斯，音zhōng sī，昆虫，身体绿色或褐色，善跳跃，对农作物有害。

不能辨其为飞虫也。草蜢之类，翅足身首，形色俱奇。其跃高而疾，且善鸣。小儿喜捕玩之。

螳螂（有图第二十六）勇而善捕，能奋臂以当车轮。蠡蝗喜食禾稼，上帝降罚于人，则飞集田间，食苗叶立尽。蝼蛄一名土狗，前二足各五爪，大几等身三分之一（有图第二十七），善爬土，顷刻即能成穴。有类田鼠，身有氄毛极细滑，虽污土不能沾染，穴地而居，昼伏夜出。其穴外一口，而内分上中下数层，冬则居中间之穴，开春而出，母者遗卵，亦即于斯。每伏行土中，土即坟起，高阔寸许，闻人声则避去，百计求之不能得，盖其前后进退，罔弗便捷，不可捉摸也。春时母者遗卵，则公者即鸣。子初生白色。

短翅者类属无多，南亚美利加国一种，长约二寸五分。中国交广之界[1]，亦有此种，但生西国者，后二足较长，生中国者，后二足较短（有图第二十八）。此外又有数种，形质颇小，且不食他物，惟食花叶，及禾叶木叶之汁。一经入口，全叶俱坏。呀嗬米亦在此内。

翅有罗纹者，皆四翼。独蜻蛉形色俱佳。一种似蜻蛉而小（有图第二十九），遗卵沙地，子生惟食虫蚁，其取食之法，于沙地周围掘沙，扬之旋成圆窝，下尖上阔，藏身沙中，惟露二角如钳，虫蚁失足跌入其中，则攫而食之，与人之掘陷坑，以跌熊虎者等。将欲化生，即于此，粘沙作茧，以藏其身，化蛹后，二十余日即化蛾而出。最奇者，茧惟半寸，蛹仅半寸之半，蛾出茧时不足半寸，翅不过方寸六分之一，稍一展伸，则身已径寸，翅且三寸。

[1] 交广之界，疑即交趾与广西之界。交趾，今越南北部，与广西接壤。

第二十六圖
螳螂

第二十七圖
螻蛄

第二十八圖
南亞美利加國
燈籠蟲

中國燈籠蟲

第二十九圖

第三十圖

四翅直纹者，种类甚繁，如蜂蚁等。皆有公有母。又有不公不母者，不能生育，专司操作力役之事，俱倩[1]此辈。故公母者少，而不公不母者居多。

蚁之公母者有翅，其不公不母者无翅（有图第三十），而常为公母者服役。母者将遗卵，则引至洁净之窝，备其遗卵。十五日后，卵生小虫，头翅俱备，但不能自行求食，每一小虫必有十数服役者，口吐津液以哺之，如慈母之哺婴儿。又，此窝寒，则衔至别窝暖处，不时迁移。有人畜践踏其窝，亦急将小虫衔置别窝，不令受伤，如人之水火将至，仆隶辈必急救主人小儿者。小虫身体透光，仿佛玻璃，必须洁净，尘土污之则易坏，服役之蚁，日必数次舔其身，不令受污，如外国人之育婴儿，日必两次洗涤者。迨长大吐丝作茧，服役者仍不相离，朝衔此茧至高处，暮仍衔回故处。茧内蛹，力最弱，将化生时不能自出，服役者必先知之，三五成群奔赴茧顶，力破茧口。初出，力弱不能自蜕，则或衔其翅，或衔其足，群为细细脱之，不令受苦。初蜕力弱，必引令循其窝之道，往来日凡数次。迨其力成自出，亦必随之，及飞去不返，又必升高望之，如处女行嫁登车而去，奴婢辈犹企予[2]不已者。孰为告语，孰为指使，而能若此？天下蠉飞蠕动[3]之伦，忠义之性，无逾此者，可见上帝赋畀[4]之厚，不遗肖翘[5]矣。且其性善斗，每斗时，有守防者，有侦探者，有捍御

[1]倩，请。

[2]企，踮起脚跟；予，相当于“而”，助词。企予而望，踮起脚后跟向远处眺望。

[3]蠉，音xuān。蠉飞蠕动，昆虫飞翔、爬行，亦指飞翔、爬行的昆虫。

[4]畀，音bì，给予。

[5]肖翘，纤细微小的生物。

第三十一圖 白蟻窩

第三十二圖

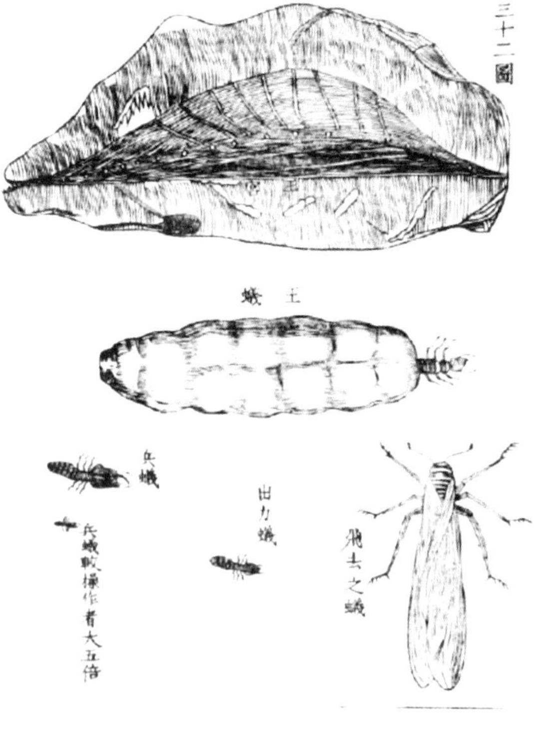

者，虽身首异处，犹啮斗不休，其勇亦足多云。所可异者，有小虫身有甜汁，蚁则抚而育之，以备朝夕咋食，如外国人之畜牛羊，以取乳者。且各有所育，不相假借，倘外蚁咋食此地小虫，则此地之蚁必与之争，不少推让[1]。

蚁分二十四种，亚非利加有九种，美国九种，亚细亚四种，欧罗巴二种。大概穴居者为多，独白蚁则以窝居，窝在地下者为多，独白蚁则在地上。白蚁惟美国有之。其种固异，其窝更异，上尖下圆，形如小塔，又如竹笋初出、笔锋倒悬，或十尺或二十尺不等（有图第三十一）。人之屋宇，高未有过四百八十尺者，人以五尺计之，是屋高于人，不过九十倍余；若蚁之窝，虽仅至二十尺，而高于蚁几五千倍，得不谓之极高乎？此二十尺之高，皆用口中之液调地中之泥，以口衔之，重叠粘积，虽不若人之为屋，用灰与石，而实不啻灰石之坚固。况大雨时行，人之屋宇，尚有浸漏，而蚁之窝无虑。人之墙垣，尚有坍塌，而蚁之窝无患。即有射猎者，登其窝而远眺，而亦无妨。其外形之坚固如是。而内形更奇。蚁分四等，曰王后，曰公母，曰兵，曰民。民即司操作者。虽同处一窝，而各等有其居所。王居正中大房，永不出行。王居及公母兵民居所，外四围俱各有道，道如圈圆，重叠不一。内道、外道之间，中有直道相通，内道较宽，外道较窄，为内道近王居，行走者众也。道旁俱许多小窝，为藏卵之处。母者之腹，长二寸，宽八分（有图第三十二），日遗卵八万六千四百余，岁遗三千一百五十三万六千余，为禽兽等不时取食也。所遗之卵，操作者为之安置于道旁小窝，

[1]不少推让，意即不稍谦让。

卵愈多，道愈多，道旁小窝亦愈多。四围虽皆泥道，而光滑异常。窝之当中，有盘道曲通，窝顶如旋螺焉，或左或右，盘环而行。窝外之道，内通房。外圆道从内圆道起，顺中间直道而行，愈行愈下，至外层之道，又旁透一远道，去其窝，或十五尺、二十尺不等，从远处之道，往来出入。其居所、道路，具有定形如是。夫上帝予以知能，既施之于居，以安其身，亦必施之于食，以养其生。大凡办理口食，或为当时之需，或为后日之备，皆操作者之专事。当其出窝觅食，为官者首先率领之，为兵者两旁保护之，操作者当中排列之，前后左右，具有次第，如兵阵然。有时为兵者，升树远望，或升至十尺、十五尺不等，见有何事何物，树上者用其额之二角相敲，有声作号令告谕之，树下者闻其声，即晓其意，亦作声以答之。应作何事、行何路，无不遵依为之。此操作者之专事也。若为兵者，以保护其窝为事。不论人物，有动其窝者，即弄声作哨，以传闻之，众蚁知之，全数尽出。有野兽名熊者，惯食此蚁兵，每动其窝，则为兵者悉出，操作者咸逃避，待熊罢食而去，始尽归，修整其窝，重新而益坚。蚁之各有专业如是。其形何以辨之？为王后者，形体甚大。为公母者，有两翼，时而齐飞，如风飘雪，至脱翼之时，公母同寻一地脱之，蝙蝠、水鸡、田鸡等遇而食之。蚁兵较操作者大五倍，亦咬人，能于衣服外咬至皮肤。操作者身体较小，为数甚众。白蚁之情形如此，非上帝予之知能，其自能如此哉？然上帝予之知能者，亦岂独白蚁哉？

地上白蚁，上帝予以安身养生之知能矣；穴居之蚁，上帝又别予以知能，使之安身养生于地下。此蚁体肥大，色黑紫，是自食其力，为稼穑之事者。先以其穴论。当择地之始，必周围盘旋，务在相宜。既得其地，即透一穴，衔穴中之泥，置穴外远地，同力合作，取送不已。至浅深得宜，遂治穴中之道，令其光滑；穴中之窝，令其完备，虽无厅堂，而有分所。又于穴外，随地势高下，积土为垣。如穴在崇高之地，四围高不过三寸至六寸而止；穴在卑湿之地，四围泥垣足在十五寸、二十寸之高，其远近至三尺、四尺，皆以备水没之患也。此三尺、四尺当中，凡有杂草生殖，尽行拔除。再于洞穴二寸以外，种粮为糊口计。虽不能修锄，亦知培养。凡有碍苗之草，芟除[1]不遗。成熟后，弃茎洞外，纳粒穴中，再将糠退下，推出穴外。其禾似稻，其粟较小，至若阴雨日久，潮湿堪虑，则衔粒穴外晒干，再为收藏，以备终岁之食，仍留籽种来春树艺。此穴居之蚁，别有安身养生之知能，若是。夫蚁何由而知安身养生之道哉？天下事不外见知、闻知、学知三者，若蚁见之不能见，闻之不能闻，即谓学之，而孰教之？盖上帝于未生蚁之先，而早为计一安身养生之道，因于生蚁之际，而即予以安身养生之知能。非上帝之全知全能，其孰能使之然哉？且使于窝在地上之蚁，而予以窝在地下者之知能，其知能必穷；于窝在地下之蚁，而予以窝在地上者之知能，其知能亦必绌。穷且绌，而欲其安身养生，难矣！乃先计其相生相养之理，继予以能生能养之道，终使其有自生自养之知能。且生物不一，所施之知能亦不一。故观万物之知能，即知上帝之全知全能，而愈见上帝之仁爱、上帝之鸿恩。或且谓蚁以微物，何足见上帝之知能？不知于物之小者，乃愈见上帝知能之大也。读是

[1]芟除，音shān chú，除去草。

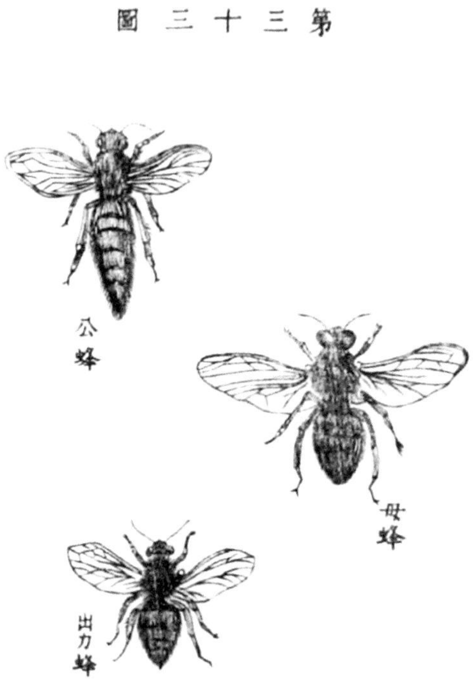

书之人，平心察之。

蜜蜂分三等，公者、母者、服役者。母者身大，腹长，腰细，翅尖，尾芒有弯，不螫人，须足俱灰色。蜜房止一母者为蜂王，诸蜂俱此所生。公者体胖，腰厚，眼大，居顶上，几相连，须分十三节，腹圆，尾芒直长，善螫。服役者较公母差小，其色紫黑，腹短，有横纹六（有图第三十三）。

母蜂无别务，惟主春中遗卵。初遗者为服役之蜂，再遗者为公蜂，三遗者仍为服役者。一窠中，公者多则二千，少亦六百，服役之数多则二万，少亦一万五千。另一种卵专出母者，为蜂王，一年不过三五个。所出之王与别蜂异食，服役者代求之，二十余日，均已长大，窠内哄然作声，不久即将新蜂领出，内有几王，分作几分。

服役之蜂，其嘴甚奇。有人用显微镜窥之，前半截分五长齿，中间一齿独大，两边多小齿。中间大齿能长能短，以便探取花心之粉，近中间大齿处有二齿，其末有刺，为帮助中大齿者。后半截两边，俱有束，以束此无长齿。后腿前截中空如小袋，两边有刺如毛，口咽花粉，直至后腿空处，装满，用两边毛刺护之。

此蜂亦好食花心之汁，咽至腹中空处，化作蜜，蜜满即回至窠内空房，如数吐出。其盛蜜之房，亦最奇。恐其渗漏，及有空气入，致坏其蜜，先做蜡涂之，使不渗漏，且不透风。又格外用半蜜半花粉，调匀如馒头状，放在窠中，为小蜂初生之食。且其房不方不圆，六面有棱，盖方则蜂入其中，四角俱有空处，圆则房与房连，其外必有空处，惟六面则房房相接。作房既多，兼亦牢固，且其房皆行行横列，倘有一行落下，当中即空一行，蜂之往来不便，又难将此行坏房重安原处，因作横桥其上，一则来往适便，一则联络其房，不至坠落。非皆上帝意乎？

蜂性最义，一蜂得花多之处，必招呼类属共来采取。美国广漠处多蜂，或在山石穴内，或在古树罅中，俱名野蜂。欲得其蜜者，先用玻璃箱装少许蜂蜜，至山上见蜜蜂，即纳入箱中，令食其中之蜜，少顷放出，转瞬即又有蜜蜂来，亦纳入令食。久而至者愈多，皆一一纳之如前。然后放出一二，随所飞踪迹之，则得其窠之所在。蜂见人至窠边，必入窠，告其类属，则群蜂尽出，可任人割取矣。

蜜蜂之外，又有黄蜂，种类亦繁。一种名木蜂者，在木中作窠，先将木挖孔，挖至中间，非上则下，总之，向上挖者居多，木渣易出故也，挖至木之上头，即将所挖之处，修治光滑，以便作窝，向上仍穿一孔为出入之路。

又一种黄蜂，惯于朽木中作窠。先将腐烂木渣衔出，再将木叶咬成四段，纳入朽木中，四面树立，上用一块圆叶盖定，下用一大圆者承之，再用口中粘水，将此叶粘起作窝。作成一窠，留下卵，再咬木叶，一一另作卵。旁兼储蜜花杂揉之物，为小蜂初生之食。其窝形，或圆，或方，或三角，或圆而长，不事斧斤绳墨，都一一合式。且其初咬木叶时，立在叶上，周围咬透，惟余一线之连，亦恐与叶并坠。放翅一飞，木叶已断，就便衔住，其智亦足多云。又一种黄蜂，其窠或挂树上，或藏枯树中，于老树空腹内，贴地作窠，无论在上在下，俱先嚼木渣，作成如纸者以为之，风雨都不能坏。窠内兼有许多层数，层数内已有许多小窠，成行列，有次第。又一种名蠮螉[1]，亦名蜾蠃[2]，或在老屋墙罅，或在地下挖孔作窠，即衔食叶小青虫置窠内，或八、九、十个不定，安置妥帖，即遗卵小虫身边，将窝口封固，待小蜂初生，用作食料。初生时无翅，非即小蜂，名为蛴螬[3]。黄蜂岂尚忆己为蛴螬时，食此青虫，而豫为备之？则亦上帝使有此知耳。

翅有鳞形者，分二小类。一类为蝶，昼出，四翅多鳞，与粉相似，约二万种，形色之丽，无逾此者。已详前章论翅节。一类为蛾，其种亦繁，形色亦佳，上灯后始出

[1]蠮螉，音yē wēng，土蜂，又称细腰蜂。

[2]蜾蠃，音guǒ luǒ，寄生蜂的一种，常用泥土在墙上或树枝上做窝，捕捉螟蛉等小虫存在窝里，留作将来幼虫的食物。

[3]蛴螬，音qí cáo，金龟子的幼虫，长寸许，居于土中，以植物根茎等为食，为主要地下害虫。

第三十五圖

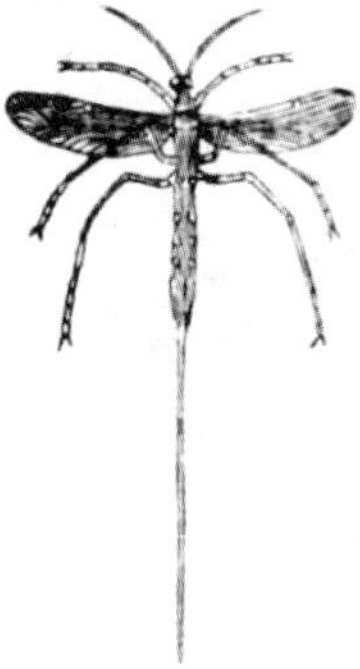

第三十四圖

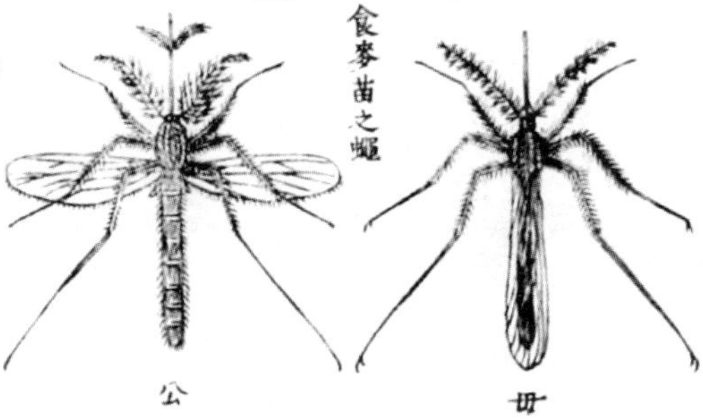

飞行。一种大者，形类蝙蝠，能鸣。

二翅者为蝇虻之属。蝇目及足，已详前章论目与足二节。一种似蜻蛉而小，形色亦佳（有图第三十四），独喜食麦苗，贻害嘉谷[1]，是可恶耳。虻虫之喙，铦[2]如利锥，以咋牲畜，贯革立入。亚非利加一种，厥名罪子，其喙更利，常栖止小树林中，虽大仅半寸，而口毒甚嚣，与蝮蛇等，牲畜遭之立毙。岁甲戌[3]，有英国行路人十余，经林边过，群虻飞集马牛，马三十六匹、牛四十余头，都被毒毙。行人无可代步，徒行而归。所奇者，此虫咬人，仅与蚤虫等，咬狮虎及野牛、野马，亦无伤。

又一类尾端有刺如锥，能钻刺树木枝叶，遗卵其中。藏卵之中渐坟起作苞（有图第三十五）。其在栎叶者，苞中之物可用作墨。[4]

[1]嘉谷，古以粟为嘉谷，后成为五谷的总称。

[2]铦，音xiān，锋利。

[3]岁甲戌，在该书成书前最近的甲戌年，是1874年。

[4]此段，1880年六卷本无，日本明治版有。本书图片及编号采自日本明治版，故此段予以保留。

第三十六圖

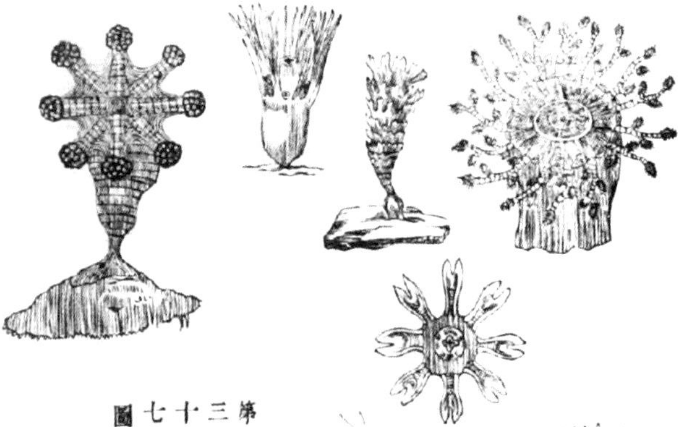

第三十七圖

禽兽昆虫以外，草木花卉，各显上帝聪明、荣耀。观《植物学》[1]可悟。海中兼有花卉，其形色亦佳（有图第三十六），海草极多，其可食者亦繁。鱼虾之属，种种俱奇，殚[2]数日之功，不能缕陈[3]。有大虾，身首须足与常虾等，惟项下左右二钳，如蟹之两螯，而左小右大（有图第三十七），小者用以攫食，大者以据海底磐石，免为风浪鼓荡，随波上下，斯为奇耳。

---

[1]《植物学》由韦廉臣、艾约瑟辑译自当时多种西方植物学著作，李善兰笔述，墨海书馆1858年出版，为中国首部介绍西方近代植物学的专著。详参芦笛：《晚清〈植物学〉一书的外文原本问题》，《自然辩证法通讯》，2015年第6期。

[2]殚，用尽。

[3]缕陈，详细地陈述。

第三十八圖

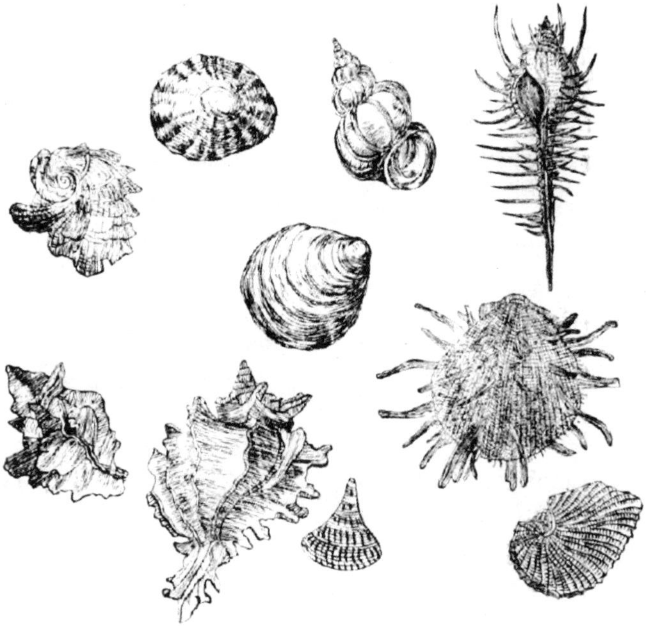

蛤螺种类极多，皆有壳粘附背上，其形或扁或圆，或尖如锥锋而长，或齿如锥锋而疏（有图第三十八）。向使[1]露身在外，无壳以庇之，必不能自存活。独其奇处有四：身虽柔弱，而藏身之[2]壳，仿佛软腻之膏，造成坚硬之石，虽大风浪不能坏，奇一；形质瑰奇，外国屋角多仿此形，柱头亦多仿此形，奇二；蛤属不下五百种，而其外壳都各与其身形相宜，且两扇开阖之处，枢纽亦各不同，奇三；其色种种，都点染鲜丽，虽画工之丹青，亦不是

[1]向使，假使，假如。
[2]之，改为“于”似更通顺。

过[1]，且洗之不澹[2]，磨之不去，天下绘事之精，历久易毁，即别物之形色佳丽者，易时亦不坚牢，独此物虽祖孙父子，历世相传，而颜色如故，奇四。果孰使之然哉？

凡虫类，皆不逾年，其后之所食，与其初生时之所食，皆大异。人当孩提时之所食，及长不复能记忆，此诸虫类，其何以知相其土地，以遗其卵，令其子生而得食其所宜食？又何以知觅其宜食之虫，置之卵旁以待之？此不得藉口[3]于诸虫类之具有聪慧也，盖实惟上帝感之。故无问何时何地，见有羽族生卵，禽雏辨食，或蛛网，或蝶卵，或蜂房，亦具足征上帝在焉。然上帝虽居万物之中，而不与万物合为一，故行恶者自招愆尤，无伤乎上帝之纯全也，而上帝究违世人不远焉。或谓上帝造成万物，咸各令其自为运动。[4]有格物先生，潜心稽时，百计图维，欲验世宙之物，有能自动者否，实无之。马不牵车，车立停；司火舟[5]者不加煤，火舟必不行；钟表不上其弦，亦莫走时刻；屋无梁柱，莫或不倾。故上帝非时恒发力眷顾，世宙万物皆休矣。惟上帝无不在，故念发于心，言出于口，行着于事，皆当检点，不可稍涉于恶，上干帝怒，

[1]不是过，即“不过是”，不超过此。

[2]澹，音dàn，同“淡”。

[3]藉口，借口。

[4]此言自然神论（deism），又称理神论。这种思潮17、18世纪盛行于欧洲。“自然神论承认，一位以理性为本质的上帝按照理性法则创造了自然世界，但是这位上帝在一次性地创造了世界之后就不再插手世界的事务。‘世界是一部巨大的机械装置——一只放大了的表，被一位全智者所制造，制成之后他便不再干涉它的运转。’”赵林：《英国自然神论初探》，《世界哲学》，2004年第5期。自然神论保留了上帝的创造者身份，但取消了上帝的管理者身份。韦廉臣作为基督徒，对此是不认可的。

[5]司，掌管。火舟，以煤为燃料的轮船。

当本真心以事上帝，毋邻[1]于伪。当知任至何处，上帝恒与我偕，有祸患，可求其救援，行匪僻[2]，必遭其谴责也。[3]

是书亦不免星漏之讥，而于天地之大，人物之细，已略备矣。学者读之，可悟日月星辰，皆上帝之光明；雨露雷霆，皆上帝之恩威；五岳四渎[4]，皆上帝之位置；朝潮夕汐，盈虚有时，暑往寒来，嬗代不已，俱见上帝之信；飞潜动植，性质名殊，细小幺麽[5]，纤毫不遗，具[6]见上帝之奇。藉[7]曰不然，孰造化是，孰主宰是？天下之物，日受上帝帡幪[8]，而不能明上帝之功用，吾无责己，曾[9]为人者？列三才[10]之中，为万物之灵，顾[11]可泯泯[12]已哉？则由此而格物致知，以明其理，率普天下恒河沙数[13]人共明斯理，以颂美[14]上帝，是余之所厚望也夫！

---

[1]邻，近。

[2]匪僻，邪恶。

[3]日版中无此段。

[4]渎，音dú，水沟，小渠，亦泛指河川。四渎，古代对中国长江、黄河、淮河、济水的合称。

[5]幺麽，音 yāo mó，微小的。

[6]具，疑应为“俱”。

[7]藉，假设，假使。

[8]帡幪，音píng méng，帐幕，引申为覆盖、荫护。

[9]曾，音zēng，还，竟然。

[10]三才，天、地、人。语出《易传·系辞下》：“有天道焉，有人道焉，有地道焉。兼三才而两之，故六。六者非它也，三才之道也。”

[11]顾，文言连词，反而、却。

[12]泯泯，昏乱貌。

[13]恒河沙数，数量多到像恒河里的沙子。恒河为印度第一长河。

[14]颂美，赞美。

第八章　上帝无所不知

上帝无乎不在，余于前章已详言之矣。无乎不在，必无乎不知。盖以其创造天地万物也，必于天地万物之性、之质、之用、之宜，一一皆知之悉，而后乃处之当，故上帝更无乎不知。[1]

上帝具妙性、至德、精意、大能，四者俱深微玄奥，人不能仰窥万一[2]。上帝自有之，必能自知之，无论已[3]。既往之事，上帝悉知之，盖上帝永远常在，故自太始至今，无不知之。风之行，日影之移，无迹可记；人之言行与思，则有迹而不能灭。迹何在？过后恒记于心者是也。而上帝之善记，胜人万亿倍，故人一言、一事、一念，虽历亿万世，上帝仍明记之也。现在之事，上帝悉知之，天地万物，上帝一览尽知。非知其大略，乃知其详细，虽每人头上之发，上帝亦能悉知其数。故人心中之善恶，无能逃上帝之洞烛[4]者。《圣经》云："我耶和华鉴察人心，视人所行，而加报施是也。"（《耶利米书》

[1]此处分段为整理者添加，原文无。

[2]万一，万分之一。

[3]无论，不用再说了。已，语气助词。

[4]洞烛，透彻明白。

十七章十节[1]）未来之事，上帝悉知之，盖凡事皆上帝主之。故事虽未来，上帝必预知之。《圣经》云："昔我预言，今已悉应。更有未来之事，复告于尔，俾尔得闻焉。"（《以赛亚书》四十二章九节[2]）《圣经》中预言无数未来之事，至今有已应者，有未应者。其应者若火取影[3]焉。[4]

凡此诸端，上帝于太始时已悉知之，无一事遗漏，无一事增加也。人之悟理，必以渐而入；上帝于理，即始见终，大悟大澈，无少需迟。上帝具全知。若今日知一事，明日知一事，则非全知矣。人所知者，万物外面浅近之理；上帝所知者，万物根源深妙之理。《圣经》云："我主至大至能，智慧无穷兮。"（《诗篇》一百四十七篇五节[5]）又云："故于上帝前，万物不得隐，豁然显露，均为鞫[6]我之主所视焉。"（《希伯来书》四章十三节[7]）此之谓也。[8]

然而无可测也。上帝无形，不能目见之；无声，不能耳接之；无质，不能身遇之。乃以神为体，深微玄妙，

[1]《圣经》旧约《耶利米书》17：10："我——耶和华是鉴察人心，考验人肺腑的，要按个人所行的他做事的结果报应他。"

[2]《圣经》旧约《以赛亚书》42：9："看那，先前的事已经成就，现在我要之明新事，告诉你们尚未发生的事。"

[3]若火取影，像火产生影子那样，极言其准确性、必然性。

[4]此处分段为整理者添加，原文无。

[5]《圣经》旧约《诗篇》147：5："我们的主本为大，大有能力，他的智慧无法测度。"

[6]鞫，jū，审判，穷究。

[7]《圣经》新约《希伯来书》4：13："被造的，没有一样在他面前不是显露的；万物在他眼前都是赤露敞开的，我们必须向他交账。"

[8]此处分段为整理者添加，原文无。

初非易知。然人能玩索《圣经》，体验心性，考察世界万物之理，自能得之于心，而觉上帝无量福祉、无量智慧、无量微妙，欲穷究之而不能穷究也，欲详审之而无从详审也，故虽心交上帝，不过知其万分之一耳，不能尽知也。能尽知之者，其惟耶稣乎？其惟圣神乎？[1]

盖玩索《圣经》，观上帝之显见[2]，而觉其威严也；观上帝之德，而知其仁慈也；观耶稣，而明见上帝之性情，知耶稣与上帝合德也。然《圣经》之理，深而难测，广而无涯，纵读千万遍，不能尽解也。体验心性，吾有知觉，而知上帝亦有知觉也；吾有智慧，而知上帝亦有智慧也；吾能别善恶，而知上帝亦能别善恶也；吾能记忆，而知上帝亦能记忆也。凡吾之所有，上帝无不有；凡吾之所能，上帝无不能，盖受造者必有造之者也。然自开辟至于世未[3]，人类之多，不知其几千万亿也，吾特其中之一耳。此几千万亿之人，皆具心性，其心性皆本之上帝。而人之外又有天使，天使之多，不知其几千万亿也，皆具心性，具有神通，其心性神通，皆本之上帝。而欲以渺小之一人推之，难矣哉。[4]

考察世界万物，则叹其巧矣，富矣，美且备矣，然此万林之一叶，万牛之一毛耳。此世界万物外，尚有无数世界万物，其多不知其几恒河沙、几那由他[5]也。彼无数世

[1]此处分段为整理者添加，原文无。

[2]显见，疑应解为“显现”。

[3]未，当为“末”之误。

[4]此处分段为整理者添加，原文无。

[5]那由他，佛教中的数量单位，梵语nayuta、niyuta，音译又作那庾多、那由他、那由佗、尼由多、那述、那术。

界万物，与此世界万物，或同或异，不得而知，或有同有不同，或全不同，不得而知。而悉上帝造之，主之，包容之。人又何从而测之？[1]

置杯水于庭，俯窥日影，而知日之形圆，日之体明也。然所见者乃日之影，非日也。夫日之与影则大异矣。玩《圣经》，验心性，察世界万物，而知上帝无量智慧，无量微妙，无量福祉。然所见者乃上帝之迹，非上帝也。夫上帝之与迹则大异矣。《圣经》云：上帝非可忖度，全能之主，岂能尽知？大哉上帝之智乎，虽上穷碧落，下及黄泉，周行陆地，遍历沧海，亦终莫之能测。（《约伯记》十一章七八九节[2]）又云："耶和华兮，尔鉴察予兮，我或坐或起，我寝或兴，尔知之稔兮；念虑未萌，尔知之久兮；我之步履，尔察之详兮。耶和华兮，我之言词，尔无不知悉兮。在前在后，违我不远，恒抚予兮。斯道奥妙，魏巍无上，我不能及兮。尔之神无乎不在，余安能避之？无乎不有，余乌能逃之兮。如上升于穹苍，尔居于彼；如长眠于地下，尔亦在彼兮。黎明迅速，如鸟展翮，我藉其翼而奋飞，至于海涯兮。我得至彼，乃尔引导，扶翼予兮。如我匿于幽暗之所，自谓人不及见，其暗必光兮。我不能自藏于幽暗，使尔不见。虽在昏夜，无异日之昭明，光兮暗兮，自尔视之，无以异兮。"（《诗

[1]此处分段为整理者添加，原文无。

[2]《圣经》旧约《约伯记》11：7—9："7你能寻见神的奥秘吗？你能寻见全能者的极限吗？8高如诸天，你能做什么？比阴间深，你能知道什么？9其量度比地长，比海更宽。"

篇》一百三十九首[1]）

[1]《圣经》旧约《诗篇》139：1—12："1耶和华啊，你已经鉴察我，认识我。2我坐下，我起来，你都晓得；你从远处知道我的意念。3我行路，我躺卧，你都细察；你也深知我一切所行的。4耶和华啊，我舌头上的话，你没有一句不知道的。5你在我前后环绕我，按手在我身上。6这样的知识奇妙，是我不能测的；至高，是我不能及的。7我往哪里去，躲避你的灵？我往哪里逃，躲避你的面？8我若升到天上，你在那里；我若躺在阴间，你也在那里。9我若展开清晨的翅膀，飞到海极居住，10就是在那里，你的手必引导我，你的右手也必扶持我。11我若说'黑暗必定压碎我，我周围的亮光必成为黑夜'，12黑暗对你不再是黑暗，黑夜却如白昼发亮。黑暗和光明，在你看都是一样。"

第九章　上帝乃神

天地之间有二类，一曰形，一曰神。形有象，神无象。形能目见之，手扪之；神则无可见，无可扪。形有轻有重，神则无轻重之分。形有定在，神无定在。二形不能合一，形神可以附丽。形合诸质，故能分；神则纯一，故不能分。形久不能无毁；神则永存，毫发不伤。形无性命之灵，不能自为行动；神则活泼敏捷，能动能行。形乃死，神则生。形乃窒，神则灵。形无知觉聪明，神皆有之。形无心；神有心，能爱，能恶，能喜，能怒，能乐。形不能自有作为，不能自成其物，譬如作舟之木，不自成为舟，必赖匠人斟酌思议，雕斫裁成。[1]

故天地万物，不能自辟洪蒙[2]，亦必先有一具大能之神，忖度造作而成也。夫太初具大能之神者，非上帝耶？上帝非自有之大神耶？其大无外，其高无上，盖充塞于太虚者焉。如曰上帝非神，则可分析[3]，亦可增损，然上帝则无不全。如曰上帝非神，则必有象，然上帝无不在，处处有之，而人不能见也。《圣经》曰“上帝乃神”，神则

[1]此处分段为整理者添加，原文无。

[2]洪蒙，亦作“鸿蒙”，指天地形成前的混沌状态。

[3]分析，分解，分裂。

无形象，耶稣所谓“神无骨肉”者是也。有形象，则有限量，非无不在矣。设有形象而无限量，且无不在，则虚空世界，皆为上帝所充塞，而天地万物，无位置之处矣。且有形象，则不能纯全，盖形象能窒碍神之能，而神之用不全，故上帝必无形象。[1]

惟无形象，故不可作象设拟而拜之。昔上帝令以赛亚告民云：“万国在上帝前，旷然无象，悉属虚浮，尔曹以何物比拟上帝，以何象象之？”（《以赛亚》四十章十七八节[2]）夫以五尺之土木，用以作象，拟上帝而拜之，是欲令无限无量之上帝，缩于五尺之内，可笑莫甚焉。《使徒行传》云：“造宇宙万物之上帝，乃天地主，不居手造之殿，不为人手所事，亦不需一物。”（十七章二十四节五节[3]）故亦不可宰牛焚香而祭之。《亚萨诗》云：“昔尔燔祭，恒献礼物，我不以此罪尔兮。尔宅有牛，尔牢有羊，我不取之兮。林中百兽，万山群畜，俱属我兮。旷野禽兽，我所谙习。天下万物，咸归于我。如我载饥，毋庸告尔兮。我岂食牛肉，岂饮羊血？我乃至尊之上帝，尔当献祭，惟谢我恩，以偿厥愿兮。”（《诗篇》

[1]此处分段为整理者添加，原文无。

[2]《圣经》旧约《以赛亚书》40：17—18：“17列国在他面前如同不存在，在他看来微不足道，只是虚空。18你们究竟将谁比作神？用什么形象与他比较呢？”

[3]《圣经》新约《使徒行传》17：24—25：“24他是创造宇宙和其中万物的神；他既是天地的主，就不住在人手所造的殿宇里，25也不用人手去服侍，好像缺少什么似的；自己倒将生命、气息、万物赐给万人。”

五十章八节至十四节[1]）或曰上帝无形象，目不能见，于何处拜之？耶稣曰："尔拜天父，无问何处，上帝乃神，拜之者必以神以诚。"（《约翰福音书》四章十二三四节[2]）

[1]《圣经》旧约《诗篇》第50篇为《亚萨的诗》，其中第8—14节为："8我并不因你的祭物责备你；你的燔祭常在我面前。9我不从你家中取公牛，也不从你圈内取山羊；10因为，树林中的百兽是我的，千山的牲畜也是我的。11山中的飞鸟，我都知道；野地的走兽也都属我。12我若是饥饿，我不用告诉你，因为世界和其中所充满的都是我的。13我岂吃公牛的肉呢？我岂喝山羊的血呢？14你们要以感谢为祭献与神，又要向至高者还你的愿。"

[2]原注有误，"章"字后疑脱漏"二"字。《圣经》新约《约翰福音》4：23—24："23时候将到，现在就是了，那真正敬拜父的，要用心灵和诚实敬拜他，因为父要这样的人敬拜他。24神是灵，所以敬拜他的，必须用心灵和诚实敬拜他。"

第十章　上帝自然而有无终始

未有物，必不能生物。其初自然有物耶？非自然有物耶？非自然有物，则必有时未始有物。未始有物，必不能生物。故若无自然而有者，则天地万物至今未有。若有天地万物，则其先必有自然而有者。所谓自然而有者，即上帝也。天地万物，待上帝而成，犹宫室器具待工而成也。[1]

不知上帝有始乎？无始乎？上帝有始，则必有生上帝者。生上帝者有始乎？无始乎？生上帝者有始，则必有生生上帝者。由此推之，至无终极，而不可穷诘。故有识之儒，皆以上帝为无始。无始，故自然而有。自然而有，故永永常有而亦无终。自然而有而无始终，故无穷尽，亦无限量。无穷尽无限量，而为天地万物之根，故具全智大力，无不知，无不能，且大仁慈，而为全善之体。《圣经》云"尔为上帝，无始无终兮"（《诗》九十篇[2]），又云"自昔及今永在，无所不能"（《默示录》一章八节[3]。《圣经》中论此甚多，不能尽列），此之谓也。

[1]此处分段为整理者添加，原文无。

[2]《圣经》旧约《诗篇》90：2："诸山未曾生出，地与世界你未曾造成，从亘古到永远，你是神。"

[3]《圣经》新约《启示录》1：8："主神说：'我是阿拉法，我是俄梅戛，是今在、昔在、以后永在的全能者。'" 阿拉法、俄梅戛是希腊文首末两个字母的音译。

第十一章　上帝莫测

上帝无形，不能目见之；无声，不能耳接之；无质，不能身遇之。乃以神为体，深微元妙，初非易知。然人能玩索《圣经》，体验心性，考察世界万物之理，自能得之于心，而觉上帝无量福祉、无量智慧、无量微妙，欲穷究之而不能穷究也，欲详审之而不能详审也，故虽心交上帝，不过知其万分之一耳，不能尽知也。能尽知之者，其惟耶稣乎？其惟圣神乎？[1]

盖玩索《圣经》，观上帝之显见，而觉其威严也；观上帝之德，而知其仁慈也；观耶稣，而明见上帝之性情，知耶稣与上帝合德也。然《圣经》之理，深而难测，广而无涯，纵读千万遍不能尽解也。体验心性，吾有知觉，而知上帝亦有知觉也；吾有智慧，而知上帝亦有智慧也；吾能别善恶，而知上帝亦能别善恶也；吾能记忆，而知上帝亦能记忆也。凡吾之所有，上帝无不有；凡吾之所能，上帝无不能，盖受造者必有造之者也。然自开辟至于世末，人类之多，不知其几千万亿也，吾特其中之一耳。此几千万亿之人，皆具心性，其心性皆本之上帝。而人之外又有天使，天使之多，不知其几千万亿也，皆具心性，具

[1]此处分段为整理者添加，原文无。

有神通，其心性神通，皆本之上帝。而欲以渺小之一人推之，难矣哉。[1]

考察世界万物，则叹其巧矣，富矣，美且备矣，然此万林之一叶，万牛之一毛耳。此世界万物外，尚有无数世界万物，其多不知其几恒河沙、几那由他也。彼无数世界万物，与此世界万物，或同或异，不得而知，或有同有不同，或全不同，不得而知。而悉上帝造之主之包容之。人又何从而测之？[2]

置杯水于庭，俯窥日影，而知日之形圆，日之体明也。然所见者，乃日之影，非日也。夫日之与影则大异矣。玩《圣经》，验心性，察世界万物，而知上帝无量智慧，无量微妙，无量福祉。然所见者乃上帝之迹，非上帝也。夫上帝之与迹则大异矣。《圣经》云："上帝非可忖度。全能之主，岂能尽知？大哉上帝之智乎，虽上穷碧落，下及黄泉，周行陆地，遍历沧海，亦终莫之能测。"（《约伯记》十一章七八九节[3]）

人人心中有良知，良知即上帝之旨。良知所发，皆上帝之法令。有司[4]守帝王法令，出入寅畏[5]，敢不小心谨慎，以遵循之乎？无论何时何事，少违良知，即开罪于上帝，况事事刻刻，背良知而妄行乎？故世人皆负重罪。上帝而外，谁能赦之？夫获罪于人，则求恕甚易；获罪君王，则必君王加恩宽宥，乃可得生；如人获罪上帝，则

[1]此处分段为整理者添加，原文无。

[2]此处分段为整理者添加，原文无。

[3]第十一章此前部分，与第八章高度重合，但亦有少量不同。未知何以如此。日本明治版整体删除此段。为尽可能保留文献原貌，此处仍旧保留。

[4]有司，指主管某部门的官吏，泛指官吏。

[5]寅畏，敬畏。

必诣彼祈免，彼曰“赦”，斯赦之矣。或曰：上帝至大，惟帝王至尊，庶可上祷，我侪小民，当求诸鬼神。[1]此实大谬。鬼神有如仆役，无权以赦罪。圣书命人常拜上帝，悔罪改过，赖主功以求赦，违则犯罪更重，因轻视其命也。或思行善以补过，庶得赦免，而以耶稣之功为不必恃。顾[2]人未有身心俱善者，纵悔罪后身心俱善，至死无过矣，此亦分内事，不能盖其前愆，如此则罪终不能蠲[3]除。上帝怜之，施法外恩，特遣耶稣降世，身死十字架，代悔罪自新者赎前日之罪，作约书[4]明示世人，而人或不信耶稣，不遵约书，罪乃至重。譬如传旨谕民，民或不遵，是蔑视君上矣。故即疑非由中出[5]，亦当稽其真伪，不可因不信，遂一意不奉诏也。况约书乃上帝之旨，可蔑视乎？故人或疑非由上帝出，亦当细心考核，不可因疑遂不肯信，以获大戾[6]也。约书言，人死后必质审[7]于上帝，能悔罪自新，且信耶稣，前罪并赦者，福[8]之，升天堂，永不苦；其不悔罪，及罪悔而不信耶稣者，罪之，沦地狱，永不赦。若确系上帝旨，此实可忧可惧之事。故人当细考约书之真伪，勿一意不信焉。人心敬事上帝，其诚伪，上帝悉知之，无丝毫可假也。

---

[1]此似针对中国传统情形，王权垄断对上帝、天的祭祀权力，民间只能祭拜下级的鬼神（含自家祖先灵魂）。尤可参本书第三卷第十九章倒数第三段，作者驳斥洪武禁民祭拜上帝谕旨。

[2]顾，但是。

[3]蠲，音juān，除去，免除。

[4]约书，指《圣经》。

[5]即疑非由中出，即便不是由衷地、有意地怀疑上帝。

[6]戾，音lì，罪过。

[7]质审，审判，此处用作被动。

[8]福，名词作动词用，使之享福，赐福。

第十二章　上帝非太极

道家云："道生一，一生二，二生三，三生万物。"[1]何为道？曰："静极乃道也。"[2]静极者，寂然不动之谓。请细思之，夫寂然不动之物，乃能生天地万物；能激荡大气，使为飕风；又能令大洋之水，递长递落而为潮汐；又能令地球绕日，月绕地球。具如此大神通，恐明理之人，必不能信之矣。故生天地万物者，必为有生命，且具大智慧、大能力之主宰也。

宋儒太极之说，人多信之。太极何物也？周子曰："无极而太极"。[3]而朱子之解无极也，则曰："道之未

[1]语自《道德经》第42章。

[2]晚清传教士马礼逊、韦廉臣等人均引"静极乃道"，但此话似并不出自老、庄等经典。相传出自吕洞宾对《道德经》的注解："太上教人以弱制强，以静生动，以有入无底意思。何为道？静极乃道也。静虚极，乃玄也。道入于玄，谓之道。从何处生？虚中见，静里生。何为一？静里有动机，在无心处见，为之生。"董沛文主编：《新编吕洞宾真人丹道全书》（中），北京：团结出版社2009年版，第397页。

[3]周敦颐著，陈克明点校：《周敦颐集·太极图说》，北京：中华书局1990年版，第3页。

始有物，而实为万物之根也。”[1]又云：“以其无方所形状，以为在无物之前，而未尝不立于有物之后；以为在阴阳之外，而未尝不行于阴阳之中；以为贯通全体、无乎不在，则又初无声臭、影响之可言也。”[2]如其所解，若又有知觉、灵慧，是即上帝也。而周子、朱子，皆不明言太极有知觉、灵慧。然最重要者在此，若无形象，无始终，而无知觉、灵慧，即成顽空，乌能生人物？盖人物有知觉、灵慧，则生之者不能不有知觉、灵慧，而周、朱皆不论及，则未可言无极即是上帝。人当细察之矣。

朱子又云：“太极只是一个实理，一以贯之。”[3]夫理本虚，必有所本而始实。理譬诸意，意生于心，无心即无意。理生于上帝，无上帝即无理。又云：“此理为阖辟之主，如户之有枢纽，男女万物，生生不息，此理为生生

[1]“先生之精，立图以示；先生之蕴，因图以发，而其所谓‘无极而太极’云者，又一图之纲领，所以明夫道之未始有物，而实为万物之根柢也，夫岂以为太极之上，复有所谓无极者哉！”语出朱熹：《邵州州学濂溪先生祠记》，载朱熹：《朱子全书》（第24册·晦庵先生朱文公文集·卷八十），上海：上海古籍出版社；合肥：安徽教育出版社2002年版，第3803—3804页。

[2]“周子所以谓之‘无极’，正以其无方所、无形状，以为在无物之前，而未尝不立于有物之后；以为在阴阳之外，而未尝不行乎阴阳之中；以为通贯全体，无乎不在，则又初无声臭影响之可言也。”见朱熹：《答陆子静》，载朱熹：《朱子全书》（第21册·晦庵先生朱文公文集·卷三十六），上海：上海古籍出版社；合肥：安徽教育出版社2002年版，第1568页。

[3]“《太极图》只是一个实理，一以贯之。”黎靖德编，王星贤点校：《朱子语类》（卷第九十四），北京：中华书局1986年版，第2365页。朱熹另有言：“太极只是一个‘理’字。”参见朱熹：《朱子语类》（卷第一），北京：中华书局1986年版，第2页。

之本。”[1]夫理何能为主、为本？要知在未有物之前，必具大知觉、大灵明者，方能为阖辟之主、生生之本。盖无知觉不能造物，无灵明不能造灵明之物也。故不可仅言理，亦不可言无极而太极。

朱子曾言：“理无情意，无计度，无造作……只是个洁净空阔的世界，无形迹，却不会造作也。”[2]如此何以能生至奇至巧之世界？假如花木种子受伤，纵至巧之人，不能补救令复生萌芽；花木已遭火焚，亦不能将灰再成枝叶蕊瓣；牛羊宰割后，亦不能令复生。而无知觉之理，何能于粪土之中，生出佳木芳草，布叶生花，以成大块文章耶？

饶氏鲁曰：“此理为生生之本，如木之有根柢。”[3]夫木之根柢，必始于种子，又必有人安放肥土中，方能发生。且各种各类，米种生米，豆种生豆，不能移易。盖米豆之种，其造法及性各不同，故所生各从其类，亦不

[1]此言为朱熹后学饶鲁所说。戴震《原善》一文有言：“饶仲元云：‘极者至极之义，枢纽根底之名，圣人以阴阳五行阖辟不穷，而此理为阖辟之主，男女万物生生不息，而此理为生生之本。’”戴震：《绪言》，载张岱年主编：《戴震全书》（六），合肥：黄山书社1995年版，第86页。饶鲁，南宋末学者，字伯舆，一字仲元，余干（今属江西）人。曾从学黄榦、李燔，承传朱熹理学。后讲学石洞书院，其院前有双峰，因以为号。无著作传世。参见张岱年主编：《中国哲学大辞典》，上海：上海辞书出版社2010年版，第537页。

[2]原文为：或问先有理后有气之说。曰：“不消如此说。而今知得他合下是先有理，后有气邪；后有理，先有气邪？皆不可得而推究。然以意度之，则疑此气是依傍这理行。及此气之聚，则理亦在焉。盖气则能凝结造作，理却无情意，无计度，无造作。只此气凝聚处，理便在其中。且如天地间人物草木禽兽，其生也，莫不有种，定不会无种子白地生出一个物事，这个都是气。若理，则只是个净洁空阔底世界，无形迹，他却不会造作；气则能酝酿凝聚生物也。但有此气，则理便在其中。”见黎靖德编，王星贤点校：《朱子语类》（卷第一），北京：中华书局1986年版，第3页。

[3]参见本页注［1］。

同也。种子如机器，造法如器内之机，机不同，其动亦不同也。机器必人所造，故种子必亦具大智慧者造作而区别之。不然，则必如谚所云“桃树开李花”矣。推之，禽仍生禽，兽仍生兽，鱼仍生鱼，虫仍生虫，亦各如此。故理如木之根柢，则必有主宰此理者，而理不得为主也。[1]

朱子云：“理非别为一物，即存乎气之中，无是气，则是理亦无挂搭处。”[2]又云：“若气不结聚时，理亦无

[1]“桃树开李花”，朱熹在回答提问时曾论及，故韦廉臣此话明显针对朱熹的看法。原文为：道夫言：“向者先生教思量天地有心无心。近思之，窃谓天地无心，仁便是天地之心。若使其有心，必有思虑，有营为。天地曷尝有思虑来！然其所以‘四时行，百物生’者，盖以其合当如此便如此，不待思维，此所以为天地之道。”曰：“如此，则易所谓‘复其见天地之心’，‘正大而天地之情可见’，又如何？如公所说，只说得他无心处尔。若果无心，则须牛生出马，桃树上发李花，他又却自定。程子曰：‘以主宰谓之帝，以性情谓之乾。’他这名义自定，心便是他个主宰处，所以谓天地以生物为心。中间钦夫以为某不合如此说。某谓天地别无勾当，只是以生物为心。一元之气，运转流通，略无停间，只是生出许多万物而已。”问：“程子谓：‘天地无心而成化，圣人有心而无为。’”曰：“这是说天地无心处。且如‘四时行，百物生’，天地何所容心？至于圣人，则顺理而已，复何为哉！所以明道云：‘天地之常，以其心普万物而无心；圣人之常，以其情顺万事而无情。’说得最好。”问：“普万物，莫是以心周遍而无私否？”曰：“天地以此心普及万物，人得之遂为人之心，物得之遂为物之心，草木禽兽接着遂为草木禽兽之心，只是一个天地之心尔。今须要知得他有心处，又要见得他无心处，只恁定说不得。”见黎靖德编，王星贤点校：《朱子语类》（卷第一），北京：中华书局1986年版，第4—5页。

[2]“或问：‘必有是理，然后有是气，如何？’曰：‘此本无先后之可言。然必欲推其所从来，则须说先有是理。然理又非别为一物，即存乎是气之中；无是气，则是理亦无挂搭处。气则为金木水火，理则为仁义礼智。’”见黎靖德编，王星贤点校：《朱子语类》（卷第一），北京：中华书局1986年版，第3页。

所附着。”[1]又云：“此气是依傍这理行，此气之聚，则理亦在焉。”[2]又云“气能凝结造作”[3]，又云“此气凝聚处，理便在其中”[4]。气则能酝酿、凝聚生物也。今当细察此论是否。

周子言：“太极动而生阳，动极而静，静而生阴。静极复动。”[5]太极既无知觉，安得有动静？即果有太极，果有动静，亦必具大智慧者先详定其动静之理，然后置太极于恰好处而动之、静之，而管理之。若任其自动自静，则必有不当动而动，不当静而静，以太极无知故也。于是动静皆失其宜，何以能生万物？盖生生之源纤毫失宜，万物即缪乱，所谓“失之毫厘，差以千里”也，况动静皆失其宜乎？造万物者必具大智慧，自开辟至世末，无不悉知，万物之性情，无不悉知，万物联属之理，无不悉知，

[1]“或问‘理在先，气在后’。曰：‘理与气本无先后之可言。但推上去时，却如理在先，气在后相似。’又问：‘理在气中发见处如何？’曰：‘如阴阳五行错综不失条绪，便是理。若气不结聚时，理亦无所附着。故康节云：‘性者，道之形体；心者，性之郛郭；身者，心之区宇；物者，身之舟车。’问道之体用。曰：‘假如耳便是体，听便是用；目是体，见是用。’”见黎靖德编，王星贤点校：《朱子语类》（卷第一），北京：中华书局1986年版，第3页。

[2]“或问先有理后有气之说。曰：‘不消如此说。而今知得他合下是先有理，后有气邪；后有理，先有气邪？皆不可得而推究。然以意度之，则疑此气是依傍这理行。及此气之聚，则理亦在焉。盖气则能凝结造作，理却无情意，无计度，无造作。只此气凝聚处，理便在其中。且如天地间人物草木禽兽，其生也，莫不有种，定不会无种子白地生出一个物事，这个都是气。若理，则只是个净洁空阔底世界，无形迹，他却不会造作；气则能酝酿凝聚生物也。但有此气，则理便在其中。’”见黎靖德编，王星贤点校：《朱子语类》（卷第一），北京：中华书局1986年版，第3页。

[3]同上。

[4]同上。

[5]周敦颐著，陈克明点校：《周敦颐集·太极图说》，北京：中华书局1990年版，第4页。

故一切能预为筹备。又具大能力，故万事万物，皆归统治，盖不知万物性情，及联属之理，则不知造法。假如不知水之性，则不知如何造鱼；不知气之性，则不知如何造鸟。若不具大能力，则物或悖乱而行，不能禁止之。如无吸力，则行星直行而去，不能令绕太阳，亦不能令月绕地也。而无知无力之太极，何以能造之，且统理之耶？

朱子曰“万物各有一太极”，则太极有分裂，“本是一太极，而万物各有禀受，又自各全具一太极尔”[1]，“不拘何物，即最小最微之物，亦有阴阳动静”[2]。果如此言，不知时辰表亦有太极、有阴阳否？或曰表乃人之所造，则地上所生一切草木、禽兽等物，更奇更妙，反云有太极阴阳耶？设有人云，有一时辰表，于此中有太极，能自生金、银、钢、铜、铁、玻璃等物，又能自成错、磨、钻、凿诸器，又能自用诸器，做轮摆、发条、游丝诸巧机，又能知物之性，用适其宜，如铁最刚，用作轴，钢能刚能柔，用作发条，又自能配合恰好，以报时刻，发条卸尽，又能自上令复走。初非有人作之、主之，此与万物有太极之说无异，可信乎不可信乎？

朱子云：“气聚成形，理与气合，便能知觉。”[3]此

[1]“问：‘理性命’章注云：‘自其本而之末，则一理之实，而万物分之以为体，故万物各有一太极。’如此，则是太极有分裂乎？’曰：‘本只是一太极，而万物各有禀受，又自各全具一太极尔。如月在天，只一而已；及散在江湖，则随处而见，不可谓月已分也。’”见黎靖德编，王星贤点校：《朱子语类》（卷第九十四），北京：中华书局1986年版，第2409页。

[2]出处待考。

[3]“问：‘知觉是心之灵固如此，抑气之为邪？’曰：‘不专是气，是先有知觉之理。理未知觉，气聚成形，理与气合，便能知觉。譬如这烛火，是因得这脂膏，便有许多光焰。’问：‘心之发处是气否？’曰：‘也只是知觉。’”见黎靖德编，王星贤点校：《朱子语类》（卷第五），北京：中华书局1986年版，第85页。

一无证据，乃臆说耳。又云“如火得脂膏，便有许多光焰”[1]，设世间不生脂膏，或人不以脂膏做灯，则火亦无自而明，故无上帝必无天地也。凡物，无以动之，必常静，而万物之动，谁使之？如地球之绕日与自转，又如海中之潮、河中之流、空中之风，必有动之者，而后能动。太极无知，乌能动之？即曰能动之，然又必先将诸物置于恰好之处，然后动得其宜。譬如水泄于漏斗，必人置之于漏斗也；击石而生火，必人击之也。不然，则动不合法。太极无知，乌能置物恰好处而动之乎？禽兽昆虫，皆有知觉、运动之根，俗谓之“性命”。性命与骨肉之体不相同也，若无根源，从何而有？人有性命，又有灵魂。灵魂与性命，更不相同也，若无根源，从何而有？周、朱未尝论及。若云亦本于太极，太极无知觉、灵慧，何能以知觉、灵慧付人物？譬如人己本无钱，乌能富人？己本无权，乌能贵人？况身体、性命、灵魂三者各大不同，何能悉本于一无知之太极耶？

朱子又言：“老子之言有无，以有无为二；周子之言有无，以有无为一。”[2]夫有则不能无，无则不能有，有自为有，无自为无，迥不相同，乌得混而为一耶？太极图[3]大率皆臆造，一无确证，如阴静阳动之图，左右易位，亦未始不可，何必在左而在右耶？即任作若干

[1]同上。

[2]“熹详老氏之言，以有无为二；周子之言有无，以有无为一，正如南北水火之相反。更请子细著眼，未可容易讥评也。”见朱熹：《答陆子静》，载朱熹：《朱子全书》（第21册·晦庵先生朱文公文集·卷三十六），上海：上海古籍出版社；合肥：安徽教育出版社2002年版，第1571页。

[3]太极图，参考周敦颐著，陈克明点校：《周敦颐集·太极图》，北京：中华书局1990年版，第1页。

圈，亦未始不可，何必定三圈耶？又

之图，五行之位，任意置之，无不可者，何必土定居中，而水、火定居上，金、木定居下耶？此果何所凭，而何所证耶？图既无凭，则所云“无极而太极，动而生阳，静而生阴，一动一静，互为其根，阳变阴合，而生水、火、木、金、土，二气交感，化生万物”云云，亦皆臆造，绝无凭证，可知也。火乃电气所生；水乃一分湿气、八分养气相合而成；木乃炭与湿气诸元质相合而成；金有二十五种，性各不同，皆元质也；土有九种元质相杂，九种之性，亦各不同。故水、火、木、金、土，实有三十九质，名为五行，殊非确论。又，水、火、木、金、土中诸元质，各异其性，不能自生。其相生次序，乃术家悠谬之说，周子误信之耳。又五行何以能生四时？更属荒唐，一无确证。

五经[1]内每以天指上帝，乃实言上帝也，具明威，有明命，福善祸淫，善者降之祥，不善者降之殃，畏天命之君子，所以兢兢焉。朱子注《论语》，谓“天，即理也”。[2]今之士人，亦往往称天，乃以虚空之积气[3]实[4]之。

[1]五经，《诗经》《尚书》《礼》《易》《春秋》，俱为儒家早期经典。利玛窦以来的基督教来华传教士，均力图把儒家早期经典中的上帝和基督教的上帝等同起来，同时以此为据来抨击宋儒的上帝观，从而减轻异文化传播的阻力。本书也是如此。

[2]《论语·八佾》：“王孙贾问曰：‘与其媚于奥，宁媚于灶，何谓也？’子曰：‘不然，获罪于天，无所祷也。’”朱熹《四书章句集注》注曰：“天，即理也，其尊无对，非奥、灶之可比也。逆理则获罪于天矣，岂媚于奥灶所能祷而免乎？言但当顺理，非特不当媚灶，亦不可媚奥也。”见朱熹：《四书章句集注》，载朱熹：《朱子全书》（第6册），上海：上海古籍出版社；合肥：安徽教育出版社2002年，第88页。

[3]虚空之积气，指大气层。

[4]实，充当。

此误矣。此悖于古经而移于风俗者也，盖亦未之深思耳。苟一思之，当无不可以识上帝矣。夫能予世之能视者，以善视之目，己反不能视乎？能予世人能听者，以司听之耳，己反不能听乎？能予人心，以知觉思议之灵、喜怒哀乐之情，自不能无灵明。能予人以随机应变之才，主理事务，自不能无聪慧。能予人以行动驰逐之力，奔走往来，自不能无威严。既已具此纯备[1]之体，足此完全之用，则谓上帝者，亦言其故而已矣。故者以利为本，乌可凿。[2]

[1]纯备，纯粹、完备，义同“纯全”。

[2]“故者以利为本，无可凿”，出自《孟子·离娄下》：“天下之言性也，则故而已矣，故者以利为本。所恶于智者，为其凿也。如智者若禹之行水也，则无恶于智矣。禹之行水也，行其所无事也。如智者亦行其所无事，则智亦大矣。”此句译为：“天下的讨论人性，只要能推求其所以然便行了。推求其所以然，基础在于顺其自然之理。我们厌恶使用聪明，就是因为聪明容易限于穿凿附会。假若聪明人像禹的使水运行一样，就不必对聪明有所厌恶了。禹的使水运行，就是行其所无事[，顺其自然，因势利导]。假设聪明人也能行其所无事，[不违反其所以然而努力实行，]那聪明也就不小了。”杨伯峻译注：《孟子译注》，北京：中华书局1960年版，第196页。

第十三章　灵魂说

人生所有者，曰身体，曰灵魂。身体有形象，灵魂无形象。身体土所化成。何以言之？人食五谷而长，五谷皆土所化，是土化五谷，五谷化身体也。其先合父母之精血而成，而父母精血，亦藉五谷生长，是亦土所化也。灵魂，上帝之所赋，故灵魂为身体之主。曰性，曰命，曰理，曰情，皆本于灵魂。目能见，耳能听，鼻能别五气，舌能辨五味，身能动，心能想，皆灵魂为之也。而心思之妙，能发宇宙之秘，探造化之奇，尤为灵魂之大用。禽兽无灵魂则不能也。身体乃灵魂之宫室，宫室毁，主人在，身体死，灵魂存。耳、目、口、鼻四体，乃灵魂之器用。人梦中亦见天地人物，或闻奇妙音乐，或食异味，闻妙香，或与人辩论至理，或作诗文，此时五官、四肢未尝动也，可见灵魂自有五官四肢之妙用，不藉五官四肢，亦能之也。又常有官骸不全之人，而心之智虑超伦，如左丘[1]无目而能文，孙子刖[2]足而能兵，可见身体虽不全，灵魂未尝不全，灵魂与身体不同也。保罗云“外体虽坏，内心

[1]左丘，《春秋左氏传》的作者左丘明，春秋末期人。

[2]孙子，即孙膑，战国著名军事家。刖，音yuè，古代的一种酷刑，把脚砍掉。

日新”[1]，是矣。[2]

以是推之，人之身体虽死，灵魂不死，而善者升天堂，享永福，恶者落地狱，受永苦。灵魂本上帝之所造，上帝未尝不爱之，然既为恶，则必弃之。譬如香米煮饭，人本爱食，若饭之一半，落于秽中，则必永弃之矣。而灵魂无论上升下降，永远不死。假如有天使自空中来，取地球一粒泥屑去，过一万年，再来取一粒去，如此每过万年，来取一粒，至地球之泥取尽，其时之久，非算数所能计矣，而灵魂仍不死也。复以所取之泥，每粒化一地球，如前取其泥屑，至所取地球俱化尽，灵魂仍不死也。享永福者，如是之久，其乐如何？受永苦者，亦如是之久，其悲如何？百年旦暮耳，身后悲乐，乃至无穷。宜早有以自计矣。[3]

佛家有轮回之说，言善者转生富贵家，恶者转生，或为禽兽，或为昆虫。此乃荒诞之语。夫能言语，能记忆，能谋度，三者乃灵魂之能事，此如热与光为火之能事。光热与火不能分，则三者与灵魂亦不能分。若轮回之说不谬，则富贵之子必能忆其前生，而禽兽昆虫，皆能言语，能谋度矣。或云死后灵魂居空中，不能受乐，亦不能受苦，盖苦乐皆身受之，灵魂无身，故无苦乐。此不经之论。夫身受苦乐，有灵魂，故能觉。若已死之人，虽彩色眩目，繁音震耳，彼不见不闻也，虽加以刀锯，投之水火，彼不痛不痒也。又或心怀忧虑，觉大苦恼，此苦不

[1]《圣经》新约《哥林多后书》4：16：“所以，我们不丧胆。虽然我们外在的人日渐朽坏，内在的人却日日更新。”

[2]此处分段为整理者添加，原文无。

[3]此处分段为整理者添加，原文无。

在身也。或作恶梦，生大恐怖，身固晏然[1]在床也。故谓“苦乐必身受，无身无苦乐”者，不可信矣。[2]

或云身死则灵魂散灭[3]，此无稽之言。天地间元质有六十四，分合变化，未尝少减。如日蒸水，化为云气，或降为雨，或散于空中，凝而为露，不少减也。又如火焚物，物中诸质，或成灰，或成烟，或成炭气，亦不缺也。此诸元质不少减缺。灵魂至贵，反令散灭，此如人于衣服什物，一一爱惜，不令少损，而独杀其子，略不[4]慈悯。必无之事也。《圣经》云“灵魂不死”，有明征也。

以上历述天地人物创造之奇，而归功于上帝。盖谓上帝之必有，且自然而有，无生死，无始终，而更莫测，而又知人之灵魂，终莫逃其审判也。特恐世人狃[5]于道与理气之说，而以余言为凿空[6]也，因附缀数条于末。阅此书者，幸勿河汉视之[7]也。

---

[1]晏然，音yàn rán，安宁，平静。

[2]此处分段为整理者添加，原文无。

[3]此处似针对中国古代的魂灭论。人死之后，灵魂是否散灭，在中国思想史上论辩甚多，且是儒学中的一个内在困境。诸多思想家于此关键，多有论辩。可参王友山等人选编的丛书“中国无神论史资料选编”。

[4]略不，毫不。

[5]狃，音niǔ，因袭，拘泥。

[6]凿空，音záo kōng，凭空穿凿。

[7]河汉，比喻浮夸而不可信的空话。河汉视之，视之为河汉，指不相信或忽视某人的话。

三　卷

小引

中洲江宁府[1]城垣下，有汉时败塔一座。明成祖皇帝，袭而成之，名闻域外，为中土之冠。其塔之楼凡九层，面则八方，基围百有二十尺，高十尺，阶十二级，愈上愈杀[2]。其内之阶级[3]，螺旋而上，凡百有九十，至其绝顶。计自地平，度[4]至绝顶，得二百九十有一尺。砖无大小，坚与石等，皆外饰琉璃，兼绿、红、黄、白四色。檐厦九层，瓦皆绿，檐角皆悬有响铃，凡百五十有二。外复缀以灯笼，百二十有八。顶覆以铜瓦，中立一柱，高三十尺，以铁线螺旋围其外，上擎以风磨铜圆顶，光如日月。计十有九年而成，资费三百三十一万三千九百七十有八千。塔之旁，建一释子[5]寺院，围广十里，庙宇鳞次层叠，美轮美奂，花木宜人，僧等无算，各按时诵经说法。凡有自远来观者，无不艳羡，赞叹不置。惜遭发逆[6]焚毁，基址仅存。及余至其地，久为坍平，惟余古砖瓦砾，

[1]中洲，中国。江宁府，今南京。

[2]杀，收束，此言塔越向上，越狭窄。

[3]阶级，阶梯。

[4]度，过，由此到彼。

[5]释子，佛教的出家人。释，佛教创始人释迦牟尼。

[6]发逆，时人对太平军的蔑称，因太平军拒绝清廷削发令，蓄长发。

颠倒错乱。余因来往审视其古砖形质，知建此塔者，实为预定其塔之形式，亦预费其如许经营，预定其砖之形质大小，某层宜某，一一咸合，乃由此鸠工[1]砌筑。塔既告竣，又建寺观，度其僧人各守其职焉。[2]

此可作地球喻。地之较塔，体势工程，加增万万，无可名言。究之察此地舆，知上帝亦为预定其形体，亦预定其中万物之体质、性能，亦预定各元质之形体，乃以成天地万物。其寺内僧人，如世宙诸动物，各归其地，各司其事。无预定此僧等之事者，恐举寺失序；无预措此世宙之万物，亦必不免淆乱失次。假有人谓此一名塔，乃由无极、太极、理气、阴阳、动静等自然化出，其孰能信之，而不叹笑也哉？试验此地舆知广大奥妙，措置妥协，其中之万物，皆互相扶持，更不能谓其由无极、太极等无识无知之物而来矣。

[1]鸠工，召集工人。

[2]此处分段为整理者添加，原文无。

第一章　论元质

天地万物，皆以六十四元质配合而成，如金、银、铜、铁、养、轻、淡、炭等，皆是元质，皆由微渺[1]而造。微渺者何？取元质之一，分之而又分之，而再分之，以至于分之无可分，即所谓微渺者是。是微渺为物之所自出。微渺乃无可分，亦视而不见，究亦有分量，有形质，而又大小有定限。其一莫之能察，一一积之而能察，且能权其轻重，度其大小焉。如轻一，养八，淡十四，炭六，磺[2]十六，磷三十二，绿[3]三十五零五，碘一百二十七，钾[4]三十九，铁二十八，铜三十一零七，铅百零三零七，银一百零八，金百九十有七，钙[5]四十，钠[6]三十三，矽二十八，镁二十有四，铝二十七零四。[7]

之数者，更易配合。轻一，绿三十五零五，成一物；轻一，磺十六，成一物；绿三十五零五，银一百零八，成一物；碘百二十七，钾三十九，成一物。诸如此，皆可

[1]微渺，原子。

[2]本书某些地方也写作硫，化学式为S。

[3]绿，今译为氯，化学式为Cl。

[4]钾，化学式为K，日本明治版作“鉟”，本书中某些地方也写作“鉟”。

[5]钙，化学式为Ca，日本明治版作“鉐”，本书中某些地方也写作“鉐”。

[6]钠，化学式为Na，日本明治版作“鏀”，本书中某些地方也写作“鏀”。

[7]此处分段为整理者添加，原文无。

类推。倍其数亦然。轻一，养十六，成一物；养十六，炭十二，成一物；淡十四，养十六，成一物；轻二，养三十二，成一物；养三十二，淡二十四，成一物；养三十二，淡二十八，成一物。皆有定数。假如养十五，淡十二，则不成物。养十七，淡十五，成物后，必余养一，余淡三，皆归于无用。假如淡十八，炭十七，成物后，必余淡四、炭五，置于无用。假如炭九十六，轻八，亦成一物；炭九十六，淡百有一十二，亦成一物。盖元质配合，皆有不易之分量，与不易之法妙。如减其分量而去之，不成一物；如增其分量而多之，成物后，必有余者。[1]

其形质大小，乃亦如此。轻、淡、绿、碘、炭、溴、汞，七者之微渺，其大小略同；养、磷、[illegible]，三者微渺之大小，半之；磺之微渺，其大小视七者六分之一。其配合之，轻二、养一，成为水；[2]鏀一、绿一成为盐；[3]鏮一、淡一、养三，成为火硝。[4]读《化学》[5]一书，可悉其事。故此微渺，有类于砖石，能建屋宇，其大小、形体，皆有定式。微渺故非自然而有，乃有主宰居其先，立

---

[1]此处分段为整理者添加，原文无。

[2]水，H_2O。本书中一些地方对水的化学构成的说法并不统一，可留意。

[3]据此判断鏀为钠（Na），绿为氯（Cl）。

[4]火硝，即硝酸钾（KNO_3）。据此判断鏮即钾（K）。

[5]《化学》，疑指英国化学教授蒲陆山（C. L. Bloxam，1831—1887）所著*Chemistry*一书。来华传教士傅兰雅（John Fryer，1839—1928）与本土学者徐寿合作节译该书有机化学部分为中文，1875年以《化学鉴原续编》之名出版；二人之后又翻译了该书的无机化学部分，1882年以《化学鉴原补编》之名出版。在两书之前，徐寿和傅兰雅还合作翻译英国韦而司（David A. Wells，1829—1898）所著*Wells's Principles and Application of Chemistry*一书，于1871年以《化学鉴原》为题刊行，是晚清最早的化学专书。详参江家发、邵甜甜：《晚清化学图书翻译出版的特点与走向》，《大学化学》第26卷第6期，2011年12月。

其意而为之。故万有之前，有一无始无终之上帝在焉。

微渺一一，各有性能。有牵合之性，如胶投漆。有推拒之性，如水与油。有互相感应，浑化之性、疏密之性。光火电三者，皆能变易微渺，令其或疏或密，或为定质，或为流质，或为气质。其事有可验者，假如以轻气实于坚固玻璃瓶，满其瓶三分之二，复以养气实其三分之一，塞其口而摇撼之，不能成水；试去其塞，而入以火，即爆烈作声而成水矣。再试以金一方，镕于火，可令其微渺质疏离，再益以火，愈令微渺质远离，升为气。其余诸元质，皆类于此。

元质所成诸物，无问其元质或一或二，或十或百或千，以至于无数元质而成者，要之，各物有各物之能、之性，彼此交济，牵引推拒，以成宇宙之大观。虽然各物各有性能，一物究无以相济。假如将一物置之何所，无他物相近，此一物终不能变易化生。欲作一何用，须以二物交合。物有二，用乃见。如置一酸于此，无他物近至，则酸终于酸；若近至以碱，则酸立变。置一蓝于此，无他色近至，则蓝终于蓝；若加之以酸，则蓝易为红。轻一养八，成为水，若二者分而远之，则轻终为轻，养终为养。人外有食物，胃有津液，非化和之，食物自食物，津液自津液，无能资以生养。木有枝叶，资炭气以长养，如无日光之和煦，令其吸合，木不能自为吸，则亦木自木，炭自炭耳。各元质皆若此。彼六十四元质，易置配合，以成世宙万物。非上帝于其中易置配合之，亦岂能成一物哉？

万物中，无一能自然而然运动之物。假如世宙只惟一物，便滞而不活。物有二，乃有交涉；物愈多，交涉愈大。有明悟者，将物物措置合宜，可以生生不已。然则一物不能有物，二物可以物物，其美恶无定，惟赖聪慧者，于物与物相宜者合之，乃以成美备之用。

有火药，有火。分而置之，药自药，火自火。以火药实之枪炮，加之以火，可以猎禽兽，供庖厨。如火被风引，着于火药，则轰然作祸，伤屋及人。

山有灰石[1]，炼为灰[2]。灰不遇水，不适用；有灰有水，非有合和之者，则不调。有灰，有石，有砖，非有砌而筑之者，不能粘连依附而成舍宇。二物合而成用，其所成之用，乃依万物本然之性，推衍而出。或谓二物相合为因，其成用为果。诚哉是言！究之，非此二物自成其因果，乃主宰用此二物，修因以成其果。

世复有事，非物物之因果。如日之出没，逐日有常道。冬至后，日移向北，日高一日；夏至后，日移向南，日低一日。月与星之行道，亦复有定。春夏秋冬，时序不紊；昼夜寒暑，度数不易。潮有升降，不爽[3]其期；风有恒信[4]，不易其方；草木禽兽，各有土宜。统地球面，亘古不易，若此类者，由天道而然。

复有其无定者。风之大小，雨露之多寡，岁之丰歉，人之疾病夭札[5]、患难安乐，世之康乐与否，若此类者，乃由天意而生。

欲明此三者，须辨析之。孤阴不生，孤阳不长，一

[1]灰石，石灰石。

[2]灰，石灰。

[3]爽，差失，违背。

[4]信风，在赤道两边的低层大气中，北半球吹东北风，南半球吹东南风，这种风的方向很少改变。

[5]夭札，音yāo zhá，遭疫病而早死。

阴一阳，合而化生，比如男女化生，此由万物本然之理。若人之生也，骨肉肌肤，由幼而壮，由壮而老，此由天道使然。至于形体，或大或小，或黑或白，或红或黄，或疾病，或忧患，或富贵，或贫贱，聪悟多寡，才能优绌，此则天意。又如舟能浮载，行海者先造舟，此乃物理；舟行，因[1]潮之涨退，此乃天道；行舟而遇风顺风逆、雨雪晴阴，此由天意。更如农人播种，种生萌芽，此万物之理；日暄雨润，发荣滋长，此为天道；苦旱苦涝，被风被虫，此则天意。天意居其先，天道出其中，物理亦出其中。

或谓生万物者，天道之自然，如四季循环，自能生生不已。非也。盖天道非他，乃物物措置恰当，相成为道也。四序生物，其所倚之事颇多：一为日之光炎；二为地之绕日，一岁一周；三为地之距日，远近有定；四为地面之云之气，与日光合宜；五为地之自转，逐日一周；六为土之元质美备；七为雨露足润；八为耕田播种。此数者，如废其一，则四季之生生顿[2]息；不惟废其一不可，即其一微有舛误，亦物无一生。假如日光无七色，或患寒冷，虽些须之有异，所关甚巨。假如空气或微薄，或更厚，何以收摄日光？假如地之自转，或再迟[3]，或更速，世宙废矣。假如地中各元质之分量多寡，非预为经理协宜，其七者皆无所用。八者[4]俱备，倘无上帝置日之火，令其分布地面，亦八者俱废。故此四季生生不已，倚赖如许物事，皆由天意焉。

[1]因，顺应。
[2]顿，顿时，立即。
[3]迟，慢。
[4]“七”“八”，当指上文“四序生物，其所倚之事颇多”后列举诸因素。

月有常道，三五而盈，三五而缺。或者谓此乃自循天道而行，亦非也。月绕地球，自无光，借日之光。类如海岛灯楼[1]，指引舟路，每日晚生光，至晓而息。作此者，殊费事功，先造楼，次置玻璃圆顶，次置灯，或三十，或二十，亦预求其极上之油[2]，亦有忠厚善司理者，乃能夜夜生辉。此如月在天空，非有如许事物，预置妥协，固不能有此。星之类，如北斗，其首一星止而不动，其余诸星，或上或下，用以验晨昏蚤[3]暮。其柄，春指东，夏指南，秋指西，冬指北。观此星象，可以识昏夜之时刻、四序之推迁。类如钟表，视其外之针向，可以测时，内有大小轮轴与发条，其一小者坏，举为废器。无灵巧者安置其轮轴，不能有此钟表。故无上帝措置天空中之机轴，亦不能有此星象。

掘井见水，人谓此亦天道，乃亦天意也。盖非有上帝，预置其地中泥、沙、石之层次，其水一不能存。总之，万物之理，天地之道，俱由于天意焉。

---

[1]灯楼，即灯塔，用于导航。

[2]极上之油，质量最佳的油。

[3]蚤，通“早”。

第二章　论措置万物

上帝尚未造此微渺，先预定其大小；尚未造此元质，先预定其微渺质多寡，亦预定其本性、本能；元质尚未成物，皆一一前定其某物宜某质，某物具某性某能。物物各有其本性本能。上帝可任意作如何地球、如何世界。西国有字母二十有六，用以成万万言，故上帝尤能以六十四元质，任作万万地球。无问作某地球，须预思及四事：一为物物之地，二为物物之时，其三则多寡，其四则运动。

读《谈天》一书[1]，知地乃天空之一球之小者。其绕日之轨道有恒，不能移。轨道椭圆，非正圆，故距日远近不同，计每岁二分二至之期[2]，俱有不易之地。且绕日，由日之外轮适中，不偏不倚。地之南北正轴，亦非直非平，乃斜倚，亦有定度。年有四时，俱倚于此。春秋日

[1]《谈天》，译自英国天文学家约翰·侯失勒（John Herschel，1792—1871）的名著*Outlines of Astronomy*（直译为《天文学纲要》）。该书的英文原版初版于1849年，在欧洲很快成为畅销书，不断发行新版本，多种版本不断随传教士传入中国。来华传教士伟烈亚力和中国本土士人李善兰合作翻译，依据的是该书第四版。翻译工作持续八年，1859年以《谈天》为题在墨海书馆刻印发行。该译本在晚清和民国一版再版，在中国读书人中流传甚广，影响甚大，是“晚清维新志士争相阅读的书目之一”。关于该书在中国的版本流衍，可参见樊静、冯立昇：《晚清天文学译著〈谈天〉版本考》，《内蒙古师范大学学报》（自然科学汉文版），第36卷第6期，2007年11月。

[2]二分二至之期，指春分、秋分、夏至、冬至。

光多寡相同，如北半球，夏日光永[1]，冬日光短，亦倚于此。故此斜倚之理，所关非轻，有如许之恩爱存焉。昼夜长短，寒暑冷热，不易其恒。假如地之距日，再为移近，世宙万物，俱被焚毁，再为移远，俱寒而死矣。地轴斜倚，亦能生风，贸易风由此而定。春分，日由赤道北行，日高一日，亦日热一日；至夏至而渐移南。当其日热一日，空气亦日热一日，气愈热愈轻，轻则上升，热气上升，外之冷气，即冲而入之。如日向北行，气热而渐上升，其南之冷气入之，荡而为大西南风；日向南移，过赤道而南，气亦热而渐升，其北之冷气入之，荡而为东北大风。即所谓贸易风者是。热气上升，由赤道而南至南极，北至北极，至二极冷而下沉，南北复向赤道，以补上升之空。循环不息，如潮汐之往来，故南北两半球，各有上下二风潮。二潮相逢，而生大回旋风，破屋坏舟。不惟如此，亦复用有最要者。当赤道热地，草木繁殖，根株高大，而枝叶茂密，出养气多，其上潮引起养气北流，由下潮而散之，以滋生血气人物。养气既散，复引人物所吐之炭气，散于赤道，以滋生其草木焉。

物各有本性、本能，外益以某，必有外益之性、外益之能。易其地，亦易其本性、本能。地或热或寒，或高或下，或地中或地面，或明或暗，或燥或湿，万物皆由之而异焉。

万物之时亦各有定宜焉。时有早有暮，有长有短，有宜有不宜。上帝欲生世人，先须备人生日用之物，故早措置地中之石，次置金银铜铁等，次再置灰石，次再生如许

[1]永，时间长。

草木，崩陷而埋没地中，以成此煤层，次再崩裂，以成高山深谷。

人物子生，始有乳浆，乳与子生之时宜。断乳时，应继以谷食，生齿牙，其时亦合宜。畜类生子，与四时宜，非春即夏。假若或生于秋末，及长即遇冬寒，必以寒死。飞禽亦然，每方春时，筑巢生卵，盖亦为生于秋者，不及其长，亦将遇冬寒而死矣。

凡世间事，皆各有定时。人物之生，由少而壮，由壮而老，而死，是为不易。疾病亦然，如生疹痘，如患疟疾等，皆是。

上帝置立世宙，亦预定各万物之多寡焉。空气内，具有养气、淡气。逐日举世人等，须养气七十有五千二百万斤；万物等，须养气三倍于此，计二百二十有五千六百万斤。合人物共须养气三百千八百万斤。假若一日间，此养气略为减却，人物皆苦；略为加增，血气者之心动速，而内患热，不自适。湖海之水，多寡亦定。假若水少，则化为气亦少，雨亦少，是大不宜；水多，则气多，雨亦多，是尤不可。地球之小大亦定。假令地球大如木星，则吸力加大，吸力大，人物行动维艰，步履烦苦；草木汁浆，艰于上润，将无以作花果，亦枝叶枯槁，草木立毙；兔之善走，将如爬虫；鹰善腾空，将如家鹜；人徒手行，将如任大负重，恐十里程途，须延一日。假令地球小如水星，吸力亦小，吸力小，草木汁浆润上太过而尤速，枝叶柔媚，亦无以成花果；飞禽难下；走兽常晕；人立不稳，如同酒困。

光之数有定，其来角与回角合。光之射入水，射入油，其光线有定，可度而知之。声之来角、回角，亦有不易。地心力、离心力、向心力，皆得而数之、度之。星象俱有常道，有定时，可以悉数之。血气物各各亦可分之。

至于运动一节，物物不能自为运动，置于某地，即止于某地。或东或西，或南或北，或上或下，或速或迟，皆倚外面之抵力而定。如河流之迟速，乃上帝预定。速或过，舟无以行；迟或过，味必臭恶。地球每日自转一周，其迟速有定。假如再为增速，将日苦其短，草木人物，皆毁弃矣；再为加迟，则日苦其永，亦紊乱矣。地之绕日，迟速有定。假如略为加速，日不足三百六十有五，不可；假如略为迟缓，日不止三百六十有五，尤不可。有格物者，考究植物等，知水气由植物之本上升，酿为植物之汁，以滋生其叶，作花结实。实既熟，则叶变其色而黄落，埋于土，酿为粪，以预滋来岁之汁。凡此诸事，计需日三百六十有五，故或为加速，或为加迟，均有不宜。故世宙之兴，非惟倚赖日之光热，亦不惟倚赖空气中之养气有定，且不惟倚地球之大小有定，而亦赖其绕日运动之有迟速焉。故此万物运动之先，假无具极聪明、具极力量之主宰，预为经纶[1]，毫发不移，致令某物运动，若何迟速，若何向往，亦日为扶持之，不能有此。

上帝措置宇内万物，无论其地其时，或多或寡，或运动，要皆彼此扶持，来往不已，如一轮轴然。血气物，吸空气内之养气入血，灼其血内之炭气，而令之暖，后复吐其炭气。炭气最为草木所喜，草木叶之汁浆，吸入炭气，复出养气。故动植物，彼此资以生活。白昼日暖，大地被日光之热，至夜而复缓吐其热，以助世宙之暖，故夜夜极冷之时，不于夜半，而于黎明。昼夜亦相扶助，当昼时，

[1]经纶，经营。

万物吸日之热，以免世宙之过暖；至昏夜，而吐其热，以免世宙之过寒。草木叶叶，昼吸日光之热，至昏而吐之，至夜之冷也，有渐冷渐加，空气亦渐凝而为水，遗于各草木之叶，俗谓“叶叶有露”，于以滋养草木，故亦为相扶助也。

马牛食刍，粪最宜田；人食五谷，粪亦最宜五谷之田。假欲土增稻麦，宜用食稻麦秸之马牛粪；欲土增豆粱，宜用食豆萁之马牛粪。日蒸洋海为气，升为云，降为雨，润及禾稼，弥于江河，发于井泉，水轮水磨等，资人如许用度，皆仍归于海，其循环不已若此。

第三章　论地质

太初地球，本一火球耳。类如镕金，在冶后，球面凝冷成壳，壳即为石，壳上有水。后乃迸裂，再凝而为石，其时水加多。如此者屡[1]矣，乃所以成世界各种石类。格致家察之，知上帝成诸石类，各有层累。一为火奋石，二为黄硬石，此二者，乃第一磐石层。再上为斑文石，再上为青礞石，再上为化形石，再上为旧红砂石，再上为灰石层，再上为煤层，旁亦有铁，再上为新红砂石，此乃第二磐石层。再上为蛋形层，再上为白粉层，再上为下新层，再上为中新层，再上为上新层，此乃第三磐石层。三者之序，非安安措置。盖上帝令地球屡次迸裂，令其颠倒错乱，地面者下沉，地下者上奋。故今之山巅磐石，有由最下之层奋起。其为山巅磐石者，大约非直上下，皆属斜倚。其二等三等，亦斜而倚附之（有图可参[2]）。其最高者，为第一磐石类；其次为第二类；其次为第三类；其次则为新泥，由雨冲磐石，消磨而出。此各州府省，及各国，某地高山，某地平原，某为旱陆，某为湖泽，某为江河，山高如何，形势如何，水流有方，曲折如何，皆由上

---

[1]屡，多次。

[2]此图，原书即缺。

帝预定而措置之。

其新泥分为二等：一为水不能化者；二为碱类，水能化之。水能化者，其一为盐，其二为石膏，其三为土朴硝，四为洋朴硝，五为钙绿二，六为镁绿二，七为钾绿，八为碱，九为新灰石，十为坚石类，十一为磷几希。雨降时，化此诸类，能令诸类之气，由植物之根本上升。然则诸类之附为泥土者，最为切要矣，盖草木禾稼，所资以长养者也。其不化于水者，一为沙，二为埴土[1]，三为碎云石类，亦有铁锈及磷。假如衡[2]土一两，置之碗水内，搅而调之，其速沉者为沙。再以其沙面之水，倾之异器，其再沉者为泥，其余者皆化于水内。试将其泥沙衡之，其沙多者，其土浇薄，其泥多者，其土肥腴。上帝任意置此世宙，用其沙多沙少、泥厚泥薄、盐类多寡，其余诸类，某增某减，此预拟定某地宜某产（验前图）。其第四层新造之泥，距海不远，其产宜稻，宜棉，宜糖，宜烟。其三层多沙，其产禾稼亦稀，木惟宜松柏。其二层多泥，其产宜多麦。其一层沙、泥、盐类等，配置合宜，故其土产维备，亦宜各种大木。凡诸质之不化于水者，所以固结植物之根本，令不移动。有格物者，至三等土宜之地，见其一最宜禾稼，其二微差，其三甚劣。乃将此三等之土，各取千分，归而验之。

[1]土，原本作“士”，据日本明治版改正。

[2]衡，称量。

	一等	二等	三等
盐类	十八	一	一
泥	九百三十七	八百三十九	五百九十九
沙	四十五	一百六十	四百

复将此三等之土，各取千分，易其法而再验之。

	一等	二等	三等
粪泥	九十七	五十	四十
玻精	六百四十八	八百三十三	七百七十八
铝	五十七	五十一	九十一
钙	五十九	十八	四
镁	八分五	八	一
铁	六十一	三十	八十一
锰精	一	三	五厘
钾	二	微	微
碱	四	微	微
淡一轻三	微	○	○
绿气	二	微	微
硫	二	七厘五	微
磷	四分五	一分七厘五	○
炭	四十	四分五	微
零质	十四	○	四分五

验此知，其属于三等者，其土中所未有者殊多；其二等者，亦有未备；其一等者，莫不兼全。上帝预置土地，滋生禾稼，有某无某，所以预定某地某产。普天之下，各州府省，以及各国，某有某土，某产某物，皆上帝预为主焉。

第四章　论物质

大地既定，上帝乃定其产何草木、五谷、果蔬等，亦预定其小大、高下。凡用何元质，与元质几何，亦预令其各与空气、禽兽、人类咸宜。草木之生，其要者有四：一曰根，二曰干，三曰叶，四曰花与实。根由土中，旁出其毛，吸雨水所化之元质、盐类等，以滋其干。由干以上之叶，由叶内之细茎，散行四周叶之末，而回行，由干之外皮内，以至于土。叶则昼吐养气，吸炭气，以坚大其枝干。花乃首，供人玩，亦生须蕊，以预滋其果实。是花为实故，故可谓一物。根茎叶花，皆彼此扶助，以成其果实焉。谷属之实，可分为二：一在外，即其壳；一在内，则其粉。粉调以水而揉之，再调以水，过以细绢罗，其漏出者为浆，其不漏者为胶。以此二者，置之火沸酒内，油即出之，外亦有糖，有蜡。谷实内，不惟有此三者。此三者在各粟粒中，亦各有定位（如图）。三粒中，一粒为麦，右一粒为大麦，左一粒为玉秫[1]。其在外圈者为油，油皆裹以六面小胞。在中者为浆。其最内为胶。此四者，皆有不易之元质。如将麦或大麦或玉秫、苜蓿等之干茎，取其千斤，灼而为灰，其有何元质，可详验之。

[1]玉秫，音yù shú，玉米。

	钾	碱	钙	镁	铁	磷	硫	绿	玻精
麦	一百二十五	二	六十七	三十九	十三	三十一	五十八	十一	六百五十四
大麦	九十二	三	八十五	五十	十	三十一	十	六	六百七十六
玉秫	九十六	二百八十六	八十三	六十六	八	一百七十一	七	十五	二百七十
铃麦	一百九十一	九十七	八十一	三十八	十八	二十六	三十三	三十二	四百八十四
菜	一百七十三	三	九十	二十四	十四	三十八	八	五	六百四十五

如将其粟粒千斤，灼而为灰，试更验之。[1]

	钾	碱	钙	镁	铁	磷	硫	绿	玻精
麦	二百七十三	九十一	二十八	一百二十	七	五百	三	○	十二
大麦	一百三十六	八十一	二十六	七十五	十五	三百零九	一	微	二百七十三
玉秫	三百二十	五	十四	一百六十二	三	四百四十九	二十八	二	十四
铃麦	二百六十二	○	六十	一百	四	四百三十八	一百零五	三	二十七
菜	二百二十	一百一十六	四十九	一百零三	十三	四百九十五	九	○	四
豆	三百三十六	一百零六	五十八	八十	六	三百八十	十	七	十二
麻	二百四十五	三十四	一百四十七	九十九	十九	三百八十一	九	三	五十七
[3]	五百五十七	十九	二十	五十三	五	一百二十六	一百三十六	四十二	三十二
罗葡	四百一十九	五十一	一百三十六	五十三	十三	七十六	一百三十六	三十六	七十九

[1] 此处，原本缺漏。

凡诸土产，亦倚日之功用焉。日能发光，光分七色，其上为蓝色三等，其中为黄色三等，其下为红色一。七色合而成白，即每日视日之光。光之射物，亦有其本性、本能，凡四：一能化物成色；一能出光；一为热；一感动植物，吐养气，吸炭气，坚凝其汁，以成其枝干。欲验七色，试于暗室中，向日开一小穴，以放入日光，以素纸承之。近穴口，映以三角玻璃，七色立见。假如人以银养淡养[1]，涂于素纸，俟其干，以承取日之七色，其上三色易为黑，其中三色微黑，其下一色不变。再以寒暑表置之上三色中，其表不升不降；置之中三色中，微升；置之其下红色中，水银立升，是红乃热之所出；更置之红色下无色之地，上升又高，是其色之尚未露者，亦为热之所出焉。植物诸种入地，自不能生，受日之热，乃萌芽，吸炭气，成枝干，此由日之中三色而来。花与叶，色若何，则由其上之三色而成。假如物生于幽暗，其萌芽必白，亦柔弱，而不成枝干。复有一奇，皆知为上帝之前定焉。凡树之枝阔若干，根亦如之，具有上帝美意焉。盖雨由枝若叶之四垂而坠，通集于根茎之杪，杪各有口以吸及之。凡植物之吸雨气者，必由于此。如其根阔于枝，外之雨吸及之；而雨于树者不及吸，则其雨不足；如其根缩于枝，雨亦不及吸，愈无以生矣。

动物一一，其受造之元质，亦各有定焉。人身体所造之本物有五：一曰胶，二曰脆胶，三曰卵青，四曰丝卵青，五曰奶卵青。

[1] 银养淡养，日本明治版作“硝强银”，即$AgNO_3$，今通译硝酸银。

	炭	轻	淡	养	磺	磷
卵青	五十三分五	七	十五分五	二十二分	一分六	四厘
丝卵青	五十二分七	六分九	十五分四	二十三分五	一分二	三厘
奶卵青	五十三分八	七分二	十五分六	二十二分五	九厘	〇

假如卵青百分内，其炭质五十三分四，轻七分一，淡十五分六，养二十二分三，磺一分二，磷三厘。此诸质外，益以养气一分五，即为丝卵青。

五物合而为肉。外亦有脂。脂之元质，炭、养、轻三者之大小、轻重，皆有定衡。外此则为骨。骨之百分内，为胶三十二分十有七厘，丝卵青一分十有三厘。又钙养磷养$_{五}$成一物，骨有此物五十三分零四毫，钙养炭养$_{三}$十一分三十厘，镁轻磷养$_{四}$一分十六，鏀$_{连}$盐一分二十厘。

血千分内，水七百八十有四，卵青七十，丝卵青二分二厘，赤胶一百三十一，脂[1]一分三，盐三分六，铩绿三厘六毫，鏀$_{二}$轻磷养$_{四}$二厘，鏀$_{二}$炭养$_{三}$轻$_{二}$养$_{十}$八厘四毫，土朴硝二厘八毫，鉐$_{三}$磷养$_{四}$二厘五毫，铁$_{二}$养$_{三}$五厘，外此零余之质，五分四厘七毫。

脑气筋，成人后，百分内，水七十二分五厘一毫，卵青九分四厘，脂六分一厘，盐类十一分一厘九毫，磷一分八厘。

皮肤百分内，炭五十五分七厘五毫，轻七分四厘一毫，淡十七分七厘四毫，养连磺十九分一厘。

[1]脂，原本为“肺”，据日本明治版改正。

发百分内，炭五十分三厘七毫，轻六分六厘六毫，淡十七分九厘四毫，养连磺二十五分零三毫。

指甲百分内，炭五十分一厘五毫，轻六分八厘二毫，淡十六分九厘，养连磺二十六分一厘三毫。年有老幼，其体中元质，多寡不同，此其中年者也。

万物亦有然。牛角百分内，炭五十一分一厘三毫，轻六分七厘一毫，淡十七分三厘八毫，养连磺二十四分八厘八毫。

翎毛百分内，炭五十二分零一毫，轻七分一厘一毫，淡十七分六厘八毫，养连磺二十三分一厘一毫。

翎管，炭五十二分，轻七分二厘一毫，淡十七分八厘九毫，养连磺二十二分。

奶之百分	水	油	糖	盐类 奶卵青
人	八十八分六	二分六	四分	三分九厘
牛	八十七分四	四分	五分	三分
羊	八十二	四分五	四分五	九分
驴	九十分零五	一分四	六分四	一分七厘
犬	六十六分三	十四分八	二分九	十六分

乳内盐类有磷、鈣、镁、铁、鋏、绿、盐、鏀各样，畜类乳中诸质亦各有定数。

第五章　论上帝造物俱系为人

上帝造化万物，实为生人，亦各与人人心性合宜。试譬之。吾人偶入一贾肆，见其陈设美备，书画人物，悦人心目。凡各货物，部位整齐，各归各所，大与大并，小与小连，或束或裹，数各有定，或桶或盒，轻重有衡，如笺之粗细、色泽、大小，各归其类，划然清晰。钱之数准，以十百千万。市之开闭，日不爽时。人之饮食，轮流更代，各有职司，各有班位，或司扫除，或司宾迎，或司簿书，彼此扶持，咸随主意。亦或休暇，如岁时伏腊，或归或否，更代互易。入其内院，有花木鱼鸟，以助娱怡，书室客室，寝室庖厨，食饮器具，各适其宜。此必具聪慧者，预为筹画，使之有条有理。其意欲指示有心人，欲其服事，如无此主人，预为经营调摄其事，使物各归其所，人各就其职，固不能自然而有此事。事非如此，有售某者，其人不知何物何所，将手足无所措，必致淆乱无章；主人欲有所为，亦不知某事宜某；无以生理，徒劳心计矣。设有能自世外来者，见此世宙，措置合宜，有山有海，水陆分界，亦产草木、人物、禽兽。日出而晓，日入而星月继之，如灯如烛。山之小大，草木之色泽，咸各相宜。举世分百余国，人物鸟兽，各殊其地；草木谷果，各异其方；交易往来，凡百皆益。假如潜心稽查万物，必知此万物内，皆有定意，有定理焉。

植物类，无小无大，皆可分为三焉。一石华类，一莲与葡萄与椰树类，一花之类。凡果实之木，亦有三焉。其一生叶，皆两两相对，数皆偶；其二生叶，或三或六或九，数多奇；其三生叶，或五或十，或十有五，皆以五成，每枝生叶五，每叶之巨茎亦五，左右相对，叶之外如锯齿者，其形体大小、数目亦各无异，花外之叶五，花之瓣五，花蕊五，花须五。观《植物学》一书可悉。

动物类，可分为四。一为水物，体圆而无骨，芒歧四出，如芘鱼是。二为水中介类。三为无脊骨者，如虫豸类。四有脊骨者，亦分为四：一为鳞族，二为蛇类，三为飞禽，四为兽畜。凡此动物之体，亦有一定者，其形貌宜，其左右宜，其小大宜，其色亦宜。曾有人耳目左右大小异否？左右手足长短异否？目睛之色亦各宜。其类各有定，其心性各有定，其习气各有定，其用各有定，其居止各有定。故人欲获其物，用其物，足以知于何觅之，奚以用之。试于此而更深究之，又知凡物各有其定质焉。如以硝化于水，煎以文火，令其化气上升，至气尽时，其所遗之质，皆有定形。或以硫磺，用文火化之，俟其冷，亦有不易之形出焉。或以信石化为气，贮以玻璃，俟其冷，气皆成沙石，皆有定形。

金石类，各有本原之形，无可改易。假若将一石碎之，其小者之形，皆如其大者之形。再将其小者碎之，复然。其形，有方者，有六面者、八面者、十有六面者、二十面者等类。观《化学》一书可悉。试于此而再深究之，亦可以悟万物皆有一定之轻重，一定之时宜，一定之色泽，一定之本性本能。故人可以知某物恒于某地，某物见于某时，某物某形，某物某性某能，有何法于以统理诸物。有心者于此知，凡万万物，皆十分恰当，皆为人益。化学家令人知，凡各元质，各有轻重，咸能察之，亦知某元质几何，与某元质几何，配合成物，亦知某气与某气多少配合成物，亦知万物有万物一定之理，亦知有上帝预为措置，有似于贾肆之主人焉。

第六章　创造天地万物非太极乃上帝所主宰也[1]

客有行之沙漠者，极目荒凉，绝无人烟，忽见绿树成行，花果累累，疑似必有造此风景者。渐见炊烟远护，暗覆村落，更意其间必有为之安置者。无何而见桑麻横亩，犬吠鸡鸣，街巷井臼，往来之行踪不绝，亭榭楼阁环绕之，花草丛生。入其院，则见有书斋、客舍、卧房、庖厨。进其室，则陈有几榻床帐、书画琴棋，但见笼鸟咯喋[2]，毛色新奇，意此院落定非为数鸟而设，且一切陈设皆非鸟所能用。既而，登其楼，则见楼旁之园，阔大无比，百兽俱备，巨猿司门，而虎、豹、犀、象尽居其中，又忆此楼榭必非为群兽而设，且一切安置，亦非群兽所能用。似此楼榭园囿，果系何人所造？亦果为谁而成也？犹疑未定，突有人来。客喜而问曰："此处院落，何人宫室？抑谁为之经营而造成耶？"对曰："此系自然而有，本无主理者也。"客云："有此理乎？若树皆丛生而不整，房无瓦石而成穴，或可谓其自有。今树则分列成蹊，

[1]本书第三卷第6—19章，日本明治版无。

[2]咯喋，音gē jié，疑为拟声词，鸟鸣声。

楼则鸟革翚[1]飞，谓之自有，有是理乎？”对曰：“此系开辟之始，即自然而有者。起初之树，实系丛生，渐长则自成行列。起初之楼，实系土成，渐长则自成砖瓦。惟园中之象，起初本非象也，系海中之参生鱼，鱼生昆虫，昆虫生雀，雀渐生兽焉。”[2]客乃遍观内外，见有可衣之衣盈妆箧[3]，可食之粮满仓，庖[4]有肉，盘有鱼，油盐柴炭无所不备，处处家俱[5]安置皆宜，遂睨[6]而视，莞尔笑曰：“似此衣也，自然而生于箧欤？粟也，自然而生于仓欤？肉也，鱼也，自然而生于庖与盘欤？油盐柴草及一切器皿，俱自然而各安其处欤？”对曰：“然也。从未闻有为之安置者。”客曰：“噫！真愚人也。此其间岂能无大智大能者为之料理耶？”视此亭榭楼阁，何异乎锦绣世界？安排位置，何异乎万物得所？对客之人，何异乎以天地万物为自然而有之先生乎？我故曰，天地万物无非上帝之主宰也。则所谓衣者，即上帝所生之丝棉也；食者，即

[1]翚，音huī，飞翔。

[2]此处明显模拟生物进化论，意图针对驳斥之。尽管《格物探原》1856年就已经在中国出版，达尔文《物种起源》要到1859年才正式出版，然而早在1842年，达尔文即撰写出提纲，其学说已经有小范围流传。更为重要的是，在达尔文的生物进化论之前，生物进化论已经有许多版本，比如法国博物学家拉马克（Jean-Baptiste Lamarck，1744—1829）于1809年发表了《动物哲学》（*Philosophie zoologique*）一书，系统地阐述了他的进化理论，即通常所称的拉马克学说。该书1930年已经有中译本，见拉马克：《动物哲学》（上下），上海：商务印书馆1930年版。达尔文生物进化论在很大程度上是拉马克学说的一个修正版。从这个意义上说，《格物探原》此处的论辩，主要针对的是当时英国已经比较流行的生物进化论。

[3]箧，音qiè，箱子一类的东西。

[4]庖，厨房。

[5]俱，当作“具”。

[6]睨，音nì，斜着眼睛看。

上帝所生之五谷也；柴草者，即上帝所生之煤炭也；家具者，即上帝所定之五行[1]也；合以笼中之鸟、园中之兽，则天地万物，不尽属上帝之主宰乎？乃有以万物为自然而有，亦有以万物由太极而生及由理、由气者，不诚如对客之人也哉！

《易》云："太极生两仪，两仪生四象，四象生八卦，而万物皆备于斯矣。"[2]中华文人多谬于此说，而以太极为造物之根源。又有谓世界如同鸡卵，亦有清、黄，世界之以渐而有，犹鸡卵之生鸡，以渐而出也[3]，而不知此非有大聪明者为之主宰，预将鸡之元质造于其卵之内，则鸡何由而得生。前之小引[4]，原为世人多信此说，故不能不竭力为之分辩也。且予之有是辩者，非空谈也，其据甚多。

余之所以驳太极，而论上帝之为主宰者，非不知中华前圣前贤屡讲上帝之德能，如《书》之《汤诰》曰"惟皇上帝，降衷于下民"[5]，《诗》之"大雅"云："荡荡上

[1]五行，鉴于基督徒对中国传统阴阳五行学说的否定态度，此处的五行应该是指字面上的金、木、水、火、土，不包含其中的相生相克之理。

[2]《易经·系辞上传》："是故《易》有太极，是生两仪，两仪生四象，四象生八卦，八卦定吉凶，吉凶生大业。"

[3]此即中国古代占据主导地位的一种宇宙结构学说——浑天说。浑天，是指天是浑圆的。浑天理论由西汉落下闳创立，后经鲜于妄人、耿中丞和张衡等人的进一步研究、补充、完善，到东汉张衡制造出水运浑天仪，撰《浑天仪注》后，才形成完整的浑天说思想体系。浑天说从汉代延续到明代，其主导地位一直没有遭到有力的挑战，如宋儒邵雍、张载、程颐、程颢、朱熹所理解的宇宙就属于浑天说。参见陈美东：《中国古代天文学思想》，北京：中国科学技术出版社2007年版，第195—244页。

[4]"前之小引"，指第三卷第一章前的小引。

[5]语出《尚书·商书·汤诰》。

帝，下民之辟。”[1]《大明会典》云：“帝辟阴阳兮造化张，神生七政兮兆物康”[2]，又“皇帝立命兮肇三才，中分民物兮惟天遍该”[3]。孔子云：“天生德于予，桓魋其如予何？”[4]孟子曰：“天之生斯民也，使先知觉后知，使先觉觉后觉也。”[5]梁寅[6]《易注》云：“帝者，神之名。神者，帝之灵。帝者，神之体。神者，帝之用。主宰万物者，帝也。所以妙万物，帝之神也。”[7]主宰之为上帝，诸论同一语也，似不必多为赘矣。然有不能不细为讲论者。其故有三。一因世人不信主宰，多有拜偶像者。二为读书君子[8]多谓“上帝者，理也”。三为自古世人，无论贤愚，莫不谓上帝难明，是以子贡曰：“夫子之言性与天道，不可得而闻也。”[9]老子云：“道者，吾不知其谁之子，象帝之先。”[10]庄子云：“若有真宰，而特不得其朕。”[11]若是，则上帝之主宰，虽古之圣贤，亦多有不能

[1]语出《诗经·大雅·荡》。

[2]“帝辟阴阳兮造化张。神生七政兮精华光。圆覆方载兮兆物康。臣敢祗报兮拜荐帝曰皇。”见《大明会典·八十二·昇册表·元和之曲》。

[3]“帝皇立命兮，肇三才。中分民物兮，惟天遍该。小臣请命，用光帝陪，庶永配于皇穹哉。”见《大明会典·八十二·奏祝·景和之曲》。

[4]语出《论语·述而》。

[5]语出《孟子·万章下》。

[6]梁寅（1303—1389），字孟敬，新喻（今江西省新余市）下村镇人。明初学者。

[7]原书未见，待考。

[8]读书君子，此处主要指宋儒如朱熹，以及受朱熹影响甚深的明清读书人。

[9]语出《论语·公冶长》。

[10]语出《道德经》第四章。译为“我不知道它是从哪里产生的，它是天帝的宗祖”。“象”，一种意见认为其意为“好像”，一种意见认为其言有形之始；“帝”为生物之祖；“先”，犹言“宗”。此句意在强调道在天帝之前，道先于天地而存在。详参陈鼓应注译：《老子今注今译》，北京：商务印书馆2003年版，第91页。

[11]语出《庄子·内篇·齐物论》。

细论者。盖未知欲明上帝之心者，其法有五：一，要考诸上帝所造之万物；二，要征诸人心；三，要留意于上帝主理世界之规模；四，要细阅旧、新二约圣书；五，要深明耶稣生平之作为。

《格物探原》一书，其一、二卷所讲者，乃天地万物之理，原为表明上帝也。此书则合论一切，亦特为表明上帝之主宰也。试先即上帝所造之万物以论之。

第七章　稽之地球可知上帝之主宰

所谓天地万物，非自然而有，亦非若树种之生树，以渐而长也。此格物者之所已细察，其据非一。世界未有之前，原系浑然一火球，后则因火而有气，又后因气而生水，后因地球崩裂，水渐就下，分有海陆，后又崩裂，而有山川原野，又后屡次崩裂，遂显而为锦绣世界，即所谓各大洲及一切山川、河海是也。创造斯世者，犹富室之修园囿也，其初则沙石、瓦砾，匝地[1]散布，不堪[2]耕耨，不能栽种，日费修理，渐成膏腴，既至花果满目，鹤鹿同游，不知其几费心机矣。非有大聪明者，必不能理此园囿，非有大智慧者，岂能主理斯世乎？

凡世上所有之物，必先有以养之者，而后此物能生。是以上古皆水之时，去火尚近，水仍热，而他物不生，惟生海草、蚌蛤之类。后分海陆，水亦渐冷，而鱼类生，此时则茂草、乔松，几无隙地。又后愈冷，而鼋[3]鼍[4]、蛟龙、鳄鱼等类因而齐生。又崩之后，另一世界继前世所生

---

[1]匝地，音zā dì，遍地，满地。

[2]不堪，不能。

[3]鼋，音yuán，大鳖。

[4]鼍，音tuó，爬行动物，吻短，体长二米多，背部、尾部均有麟甲。穴居江河岸边，皮可以蒙鼓，亦称扬子鳄、鼍龙、猪婆龙。

诸物，而兽类生焉。从此地球内外妥协，万物齐备，而人始生焉。

又察地球逐层之形，俱非先小而后大、先恶而后美、先粗而后精、先奇而后偶也，盖自出世以来，即系至大、至精、至美而且至奥妙者也。

论太初之草，畅茂稠密，交茎连茹[1]；太初之树，高数百尺，粗经数围，枝叶完全，遮天蔽日。后因地球崩裂，草木被压，年深日久，尽变而成煤炭。

论太初之鱼，其首美而可观，首后有项，亦有脊骨，又有分尾，更有分水之翅，前后各二，体大形备，周身完全。后世之所生者，头则不美，渐亦无项，有前之分水生于后者，有后之分水生于前者，亦有有后翅而无前翅者、有前翅而无后翅者，犹人之缺腿少足者也，种种不一。其间之最难堪者，比目[2]与左口[3]者也。

论太初之昆虫，如鼍蛟等类，形大无比，其长则有八丈者，有十丈者，有十二丈者不等，其粗则皆如兽中之象焉。

论太初之禽类，高过丈五，间有两丈之谱者，其双足立地，胯高如门，堪容往来之人。

论太初之兽类，其性俱灵，其体亦大，观其远立，则如数间之屋，窥其齿牙，则犹巨人之足。

论世之始祖，精神爽健，体无灾疾，心性聪明，事无错遗，躯大而心良，至公而无私，故其年寿亦无不永昌也。

观以上所论各物，俱系先世者大而后世小者、先世

[1]交茎，草茎相互交错，形容稠密。连茹，表示接连不断。

[2]比目鱼，两只眼睛长在一边的奇鱼，被认为需两鱼并肩而行，故名。

[3]左口鱼，比目鱼中眼睛长在左边的，看起来嘴也在左边。

者完全而后世者衰薄[1]，此正为使人知有主宰，非自然而有、自然而生长者。欲问其故，则皆魔鬼之所致。魔鬼者，上帝之仇敌也。似此锦绣之世，而魔鬼嫉之，不惟嫉物之形美，而且嫉人之性善也（见《马太福音书》十三章二十四节至三十节，又三十六节至四十三节）[2]。

[1]上引数段，明显针对生物进化论。其依据，主要是《圣经》中魔鬼败坏世界的叙事。

[2]《圣经》新约《马太福音》13：24—30："24耶稣又设个比喻对他们说：'天国好像人撒好种在田里，25在人睡觉的时候，他的仇敌来，把杂草撒在麦子里就走了。26到长苗吐穗的时候，杂草也显出来。27地主的仆人进前来告诉他说：'主人，你不是撒好种在田里吗？哪里来的杂草呢？'28主人回答他们：'这是仇敌做的。'仆人对他说：'你要我们去拔掉吗？'29主人说：'不必，恐怕拔杂草，也把麦子连根拔出来。30让这两样一起长，等到收割。当收割的时候，我会对收割的人说，先将杂草拔出来，捆成捆，留着烧，把麦子收在我的仓里。'"《马太福音》13：36-43，和合本译为：36"当时，耶稣离开众人，进了屋子。他的门徒进前来，说：'请把田间杂草的比喻讲给我们听。'37他回答说：'那撒好种的就是人子，38田地就是世界，好种就是天国之子，杂草就是那恶者之子，39撒杂草的仇敌就是魔鬼，收割的时候就是世代的终结，收割的人就是天使。40正如把杂草拔出来用火焚烧，世代的终结也要如此。41人子要差遣他的使者，把一切叫人跌倒的和作恶的从他国里挑出来，42丢在火炉里，在那里要哀哭切齿了。43那时，义人在他们父的国里发出光来，像太阳一样。有耳的，就应当听！'"

第八章　征之万物可知上帝之主宰

万物各从其类，不能变质而生。往古至今，无物不然。如牛之不能生马，马之不能生羊者是也。且牛羊不能配而另生一物。虽兽中之驴、马，有时生骡，而所生之骡，则不能复自生骡矣。果树之恶，可接[1]为佳，而此果之核再生，则不能复佳矣。此皆足征造物者之不可更移也。生生不已之理[2]如果可凭，则万物至今将不知若何怪奇矣！如云海草生鱼，即宜有半鱼半草者；鱼生昆虫，即宜有半鱼半虫者；昆虫生雀，亦即宜有半虫半雀者。何其自古至今，从未闻有首尾异种之物？若云上古有之，今人未及见也，亦应有显诸地中者，何其山崩土裂之处，亦未闻有见此异形者乎？夫地球之形，层叠甚多，累世所生之物，其中无所不有，日久则尽变为石，而原形不改[3]，

[1]接，嫁接。

[2]生生，指变化和新生事物的发生；不已，没有终止。形容一切生物新陈代谢，永无停止。生生不已之理，一般指中国古代思想中的化生论，此处亦指生物进化论。二者思路上颇为相似，其关键点即在于物种的变易或变异来自事物内部，从而均与神创论构成并立竞争关系。神创论在此论辩中，主要的一个依据即是物种的不变，后天获得性特征无法遗传至后代。进化论与神创论的争论焦点，一直延续到基因学说中，即基因的稳定遗传和基因突变。

[3]此言化石。

如韫椟中[1]。曾经格物者细察，地球之厚约有七千八百余丈，合计四十余里，其层则有磐石焉，有砂土焉，逐层俱有历世所生之物藏于其中，未曾见有半牛半马之体者，亦未闻有见半鸡半鸭之形者。[2]虽云今之海草有生鱼者，然不能定其为草，亦不能定其为鱼；冬虫夏草亦异物也，既不能决其为虫，又不能决其为草。此皆今世所生之物，并非自古而有者也。即上古石中，亦曾闻屡见异物，有如生牙之雀，其齿与兽同者，又如其首类鱼而身尾似壁虎者，又有头类马而蹄似牛者。此皆各种之奇物，俱非因他物而生者也。

如万物果系自然而生，而无为之主宰者，则自古至今所生者，将必有千态万状，不可名象者矣，何其各种各类，永世未曾变也？即如经书所载诸物，历今已有年矣，细考其形，今犹昔比，非真有为之主宰者，能如是乎？世之设立碑记者，惟埃及为最早，其国有四千年之石刻，上有各种鸟兽，即鸡鸭猫狗牛羊等物，如今日所有者，毫无差池。埃及风俗，自古多拜禽兽，如今之拜偶像者等，所拜之物，及其死后，即殓而葬于地中磐石之间。现有格物先生，设法取出，带至伦敦，察其形象，无不如今之所生者同。而惟猫最多，一一皆类于今者。又如亚叙利亚、巴比伦、非尼基各国，石碑所刻者亦然。即中国旧家，亦多家藏古画，其各类亦犹是也。观埃及之碑，四千余年，而古今形象从未改变，非有为之主宰者，能如是乎？

[1]韫，音yùn，收藏。椟，音dú，匣子。如韫椟中，就像收藏在匣子中一样。

[2]化石是达尔文及达尔文之前的进化论者的重要论证依据。作者此处，也正从这里入手批驳。神创论批评进化论的一个重要理由，就是动物化石并未形成严格的变异链条，换言之，许多过渡性的变种，并未发现有化石作为证据，因而只是想象。

不惟物之形体，古今相同，即物之性情，古今亦未曾变也。地球崩裂之后，万物死伤者甚多，其间亦有逃命得救者，内有兽名海乙那[1]，其形犹狼，而性最恶。三年前，有格物先生，察英地山穴，见内有鹿之小腿骨甚多，俱系斜纹断折，似被恶兽所啮者。先生见而疑之，遂

[1]海乙那，即hyaenidae之音译，今译鬣狗，哺乳动物，中等体型，生活在非洲、阿拉伯半岛、亚洲和印度次大陆的陆生肉食性动物。海乙那出现在章太炎、鲁迅、周作人等人的著作中，由此可管窥《格物探原》之类自然神学作品在晚清的阅读和影响。章太炎一段话明显袭自此处："又格致家谓地球崩裂之后，万物死伤者多，亦有幸而免者，有兽名海乙那，似狼而性最恶。光绪初有人察英地山穴，见有鹿胫骨甚多，皆斜纹断折，似为恶兽啮者，遂以新杀之羊骨鹿骨并送伦敦野兽院，令今之海乙那啮而观之。及其啮也，骨亦斜断，与穴中骨斜断之痕，丝毫不爽。知古之海乙那与今之海乙那啮骨同也，是知物性古今不变矣。然则毛犊者，其亦地球崩裂时幸免之兽，与海乙那同脱者欤？"见上海人民出版社编，沈延国、汤志钧点校：《章太炎全集》，上海：上海人民出版社2014年版，第221页。鲁迅《狂人日记》："记得什么书上说，有一种东西，叫'海乙那'的，眼光和样子都很难看；时常吃死肉，连极大的骨头，都细细嚼烂，咽下肚子去，想起来也教人害怕。'海乙那'是狼的亲眷，狼是狗的本家。"见鲁迅：《鲁迅全集》（第1卷），编年版，北京：人民文学出版社2014年版，第553页。周作人短文《海乙那》："我所见最早的动物图说是广学会之类的教会机关所出版的，大抵都是木版大本，因为当时只当作花书看，文字还不识得，所以现在记得的只是些图象而已。其中有些名称都是译音，与现今通用的不同，如今称麒麟的驼豹，那时叫作芝猎胡，鬣狗则名海乙那。二者之中以海乙那的印象为最深，因为驼豹相貌只是滑稽点，看去很是和善，鬣狗则是一副凶相，非常可怕。它状如大狗，项有猪似的刚鬣，古人称为许埃那，英国人读如海乙那，意思原是母猪，就为的那鬣，中国叫做鬣狗，倒是很适当的。它是凶狠的食肉兽，也吃死体和死人骨，据说牙齿极强，能咬碎牛的大腿骨，它的叫声像是狂人的笑，它见了目的物，跳掷嗥叫，如魔鬼披发跳舞，令人骇绝。说到海乙那，我便想起《聊斋》里的'野狗猪'来，不但名字相近，它吃死于兵乱的人的脑子，性质也是一样，不过中国没有这种动物，《聊斋》里又说它是人立的，所以那只是传说中的怪物罢了。小时候听讲鬼怪故事，有些觉得很可怕，至今不曾忘记，这野狗猪也是其中之一。"见止庵编：《周作人晚期散文选》，武汉：湖北人民出版社1994年版，第331页。再如吴友如《吴友如画宝》第4集中亦有"黑纹海乙那"一幅。转见武田雅哉著，任均华译：《飞翔吧！大清帝国——近代中国的幻想科学》，北京：北京联合出版公司2013年版，第142—144页。

将现杀之羊骨、鹿骨一并送至伦敦之野兽院，令今之海乙那啮而观之。及其啮也，骨亦斜断。穴中之骨，察在数万年前，而现在之骨，置于其中，何其斜断之痕迹，至今犹昔，丝毫不能爽也？盖古之海乙那啮骨如何，而今之海乙那，其啮骨也亦如何。物性之不变，不从可知乎？

博物莫过于观书，如《诗经》所言草木鸟兽居多，细察各类形性，今日之所有者，无一不同于古昔。又如《月令》[1]所云，冬日则雁南向，夏日则雁北飞，至今仍如是也。诸如此类，犹得谓自然而有、自然而生者乎？地球中最深之层，其磐石名为老连层。此层内有生物一种，为数甚多，此物外国名为一哦啄恩（译是第一个活的东西）[2]。此物以前，别无生物，实最灵最巧之物也，外则有口，内则有胃。非一也，而数多，非恶也，而形美，岂非主宰之所能乎？果系自然而有，则必粗笨而不灵；果系自然而生，则必由一而渐多。

地球崩裂，前后十数余次，每崩一次，万物齐蔽，其中之逃命得救者，不过仅有而已。俟地球妥协[3]之后，除前世所存诸物，照旧藩庶[4]，其形、其性，均与前世者同，而此外另生之物，其类尚多。所有另生之物各类，俱

[1]《月令》，儒家经典《礼记》中的一篇，逐一叙述各月应行何事。

[2]一哦啄恩，章太炎《读〈管子〉书后》一文中曾借用该词："然而人非一哦啄恩矣（一哦啄恩者，开辟时第一生物）。"据朱维铮、姜义华的注释，一哦啄恩为eozo' on的音译，原是在加拿大的前寒武纪岩层中发现的一种条带状结构，有的地质学家认为是原始生物化石，并说是生物的起源。但后来被证明是无机物所形成的岩层结构，非生物化石。详参朱维铮、姜义华编注：《章太炎选集（注释本）》，上海：上海人民出版社1981年版，第23页注释5。

[3]妥协，此言安定下来。

[4]藩庶，义同繁庶。

系另种，非因前世之物而生也。此犹富室之别园也。所有花木鸟兽，凡可以悦人耳目者，皆另为安置于其中也。岂自然而有、自然而生者乎？

第九章　无心者不能成物

取土一掬，置之盆中，不日可以生草。不知此草之种，即原藏于此土之中，故此土始能生草。试将此土先行焚烧，而后置诸盆，此土则不能生草矣。其有焚烧之土[1]，年深日久，仍能生草者，则因空气吹来之草种也。若将已烧之土藏诸瓶中，空气不能进入，即待至万年之久，草亦无由而生矣。出水一瓯，置诸盆中，不日可以生虫。若将此水先行熬煎，而后置诸盆，此水则不能生虫矣。其有熬煎之水，年深日久，仍能生虫者，盖因空气吹入之虫种也。若将此水藏诸瓶中，空气不能进入，即待至万世之久，虫亦无由而出矣。盖空气中有极微且小之物、目力所不能见者甚多，如窠于蚊睫之蟭螟[2]、小于芥子之草种，随处而生，不可遏止，然非所论于经火之水土也，况地球火气炎炎，水、石、沙等，热不可当。此非有大智能者为之主宰，何以能摄空气而生万物乎？

造物者欲造何物，必先备何料，且必要预为筹画、预为立意，方可于物有济。如今之造表者，必先备铜、铁、金、银、玻璃等物，诸料既备，然后加意整理，再造大

[1]土，原文作“士”，据日本明治版改正。

[2]蟭螟，音jiāo míng，一种小虫。

小轮摆、发条、柔丝各类。若轮摆大小失宜，条丝薄厚不匀，不济矣。即各件俱得其宜，而内中安置未妥，仍不济矣。内之安置即皆妥协，而外之盘针丝毫舛错，亦复不能济矣。虽如此微物，尚必赖有聪明者为之料理也，而况天地万物，非大有智能者先维主宰，乌能有此世宇乎？试就一生物之体论之。其官骸腑脏，较表之轮摆、发条，不尤灵且巧乎？有一不宜，则诸所皆废。譬如其心过大，则必不宜于肝肺；其肠过细，则必不宜于脾胃；脉络细，而血难流通；齿过大，则口不能容；五官设若移位，百骸倘或变体，则皆不能济事。此非造物之先预有大聪明者为之主宰，岂能万物各得其宜，且善始而善终乎？

造物者诸料既备，又必赖亮光、电气与热气等，而后万物能生。然虽赖此三者，而三者之分数，则又有一定，而不可移者。比如所造之物，处处皆宜，而此三者有一偏多，则不宜，有一偏少，则亦不宜。即三者皆宜，而时之先后，迟早不宜，则亦于事无济。譬如元鸟来之春初，则必无食而卒；昆虫生于冬日，则必因冻而死。亦犹水磨，轮柱坚固，水渠通畅，闸缝周密，处处皆宜，若无为之料理者，则闸之开放不能合时，而水之多寡即难相宜，如水过多，则轮必淹没，如水过少，则磨难动转。且无为之经理者，则闸固难于开放，而粮亦无由自入，不仍为无用之磨乎？此犹世之亮光过多，则人畜之目将不能启；热气过多，则人畜将苦于炎症；热气过少，则人畜将苦于寒冷。若非有主宰此亮光、热气者，使其多少皆宜、出入有时，则天地谁为之运转，万物谁为之安置，尚能有如此之世界乎？

造物者，于物料之外，若无亮光、电热等气，动物固不能生。即仅有亮光、电热等气，而植物亦难得生，盖因各种植物俱有一定之原质。其原质略多，不生也；其原质略少，亦不生也。且自地球崩裂一次，即另为一世，每另一世，即另有一世之草木，其初世之草木，尽变煤炭于地中，次世之草木，则备大禽大兽之所食，三世之草木，则备众禽众兽之所食，渐至今世，则谷菜、瓜果、树木、花草，无一不备，俱系为今世之人、今世之禽兽而设也。各世之禽兽有万类，而各世之草木亦有万种，各种各类无不相宜，而各类所应食者，亦从未闻有缺也。此岂无心之太极所能管理者乎？吾知其必有预为安置之主宰也。

土与草木，其性之相去也，甚远；草木与禽兽，其性之相去也，则更远。土不能自生草木，草木更不能自生血气之物。世之凡有血气者，种类万万，而各种各类，莫不有其所食者同，诸草木无非为人所用也。

血气之中，人为最灵。除人之外，无论如何灵巧，未闻有能生人者。即如猿猴之形，其体虽类于人，而自古以来猿类万种，从未闻有生人之猴。盖为人之初生，体软身弱，不能自行，不能自食，不若初生之禽兽，其体健且壮也。兽果生人，将何以养育乎？[1]

地球之内，则有砂石、五金、煤炭、石灰等类；地球之外，则有各色泥土、深水高山、土生材物可以备用，水生鳞鲜可以供食，山中生兽为用尤多，有如马可骑，牛能拽，驼堪负载，其余者，皮可以衣，肉可以食。凡所有应用之物，无一不备，而后人始生焉。果谁如此安置也，能无为之主宰者乎？

自古以来，各国人心不同，然顺天者昌，逆天者

[1]此段明显针对生物进化论中猿猴进化为人的观点。

亡，从未有不同者，造物之有主宰也，乌可不信？譬诸猎者[1]，欲获禽兽，有枪炮者不济也，有铅药者不济也，有火机[2]者亦不济也，盖必待有用此枪炮、置此铅药、动此火机者，然后有济。而孰意仍不济也，尤必待有聪明之人，再遇可猎之物，安放布置，事时皆宜，然后可以有获。此犹天地万物，无所不备，尤必待无所不知、无所不能、无所不在之上帝，为之主宰。此兴衰存亡，千古之所以雷同也。

前章所言，原为表明，无物之前，即先有无所不在、无所不能、无所不知之上帝也；即万物观之，足以见上帝无限无量之智慧、无穷无尽之能干，而不能见上帝之心。欲测上帝者，惟细揣人心如何，视上帝治世如何，再深究上帝圣书，则上帝之心可知矣。

[1]譬诸猎者，以打猎这件事来打比方。

[2]火机，此指枪炮上的触发器，扳机。

第十章　论造物者非太极非理气亦非道也

无者不能生有，虚者不能生实，无心者不能生有心者。此说一定，而不可移者也。

《子夏易传》：“帝者，造化之主，天地之宗。”[1]从可知造天地万物者，惟上帝也。试先即万物以论之。万物之类有二，活物、死物是也，活者有生命，死者无生命。生命者，深有希奇之能也：一，能以所有之原质，配合而成异物，如以炭、养等气，配合而成树木、花果等类；二，逐日渐长，日长而日渐高大；三，活物自能行动；四，地中吸力不能管辖，譬如树木之畅达，吸力不能止其长，人禽之奔驰，吸力不能止其步；五，凡活物自能蕃生，动植皆然；六，活物、死物不甚悬殊，活者之生命一去，活物竟成为死物，既死则归地中吸力所管，而不能动矣，且活物既死，则内中所有之原质渐散，久则化而无有。故死者不能生活物，无生命者不能生有生命之物。

活物有二，一为植物，一为动物。动物亦有二，有有魂者，有无魂者。无魂之物，如海绒、淡菜、珊琥之类是也。有魂之物，则有五官，有百骸，有知识，有才能。而

---

[1]《子夏易传·说卦传》：“帝者，造化之主，天地之宗，无象之象也，不可以形智索。”《子夏易传》伪托为孔子门人子夏所作。

有魂者，其中亦有二焉，有有定见者，有无定见者。无定见者，禽兽等类是也。而有定见者，亦有二焉，一则具有良心，一则毫无良心。具有良心者，人也；毫无良心者，魔鬼之徒也。

死物不能生活物，无魂者不能生有魂之物，无知识者不能生有知识之物，无定见者不能生有定见之物，无良心者亦不能生有良心之物。观此可知，造物者亦必活者，亦必有魂者、有知识者、有定见者、有良心者也。似此，果道乎？果太极乎？果理气乎？

有生命者，物也；有知识者，物也；有定见者，物也；有良心者，物也。似此诸物，能无本来之根源乎？而为之根源者，则必不能无生命、无知识、无定见、无良心者也，夫然后能生有生命、有知识、有定见、有良心之诸物，使其充满世宇也。从可知万物之根源，无限无量也。且生生不一之物，逐日无算，从可知万物之根源无穷无尽也。非上帝，孰能如此？

且所生之物，虽性情不同，形体各殊，然无不彼此相宜。即如天之星辰，行恒各有其常，地之山河，动静各得其所。从可知万物之根源，实系独一无二也，非上帝，孰能当此？

凡天下之植物，莫不为动物而生；而植物、动物，又莫不为人而生。合天下之人，并一切动植之物，莫不归一主宰管理也。主宰者谁？岂非无始无终之上帝乎？

第十一章　非时为筹画者不能养育万类之生灵

宇内所有之物，读书者可以细察。无论何物，其中俱有希奇者四：一，凡物莫不以其形象而造也；二，凡物之官骸，无不彼此相宜；三，物之官骸，各有所用，少一，固所不可，多一，亦所不能；四，全体官骸，俱为观瞻。所有禽兽昆虫等类，其大而远者，则以千里镜视之，其小而细者，则以显微镜视之。视之者愈用心，则其希奇之处愈能明。无论物之巨细，莫不具此四事之希奇。并其身体有定，官骸得宜，彼此相助，形象可观，莫不由心所想。无心者，岂能造此众物乎？凡物也，岂能自然而有乎？从可知造物者之必有心也，故知其非太极，乃上帝也。

天下各国等人，无非赖上帝之养育，而鸟兽、昆虫亦皆然也。诸君子阅此书者，留意细察，其中之最希奇者，可胜道哉？分而言之，鸟之中不知其几万类矣，而各类则有各类所食之物，此类所食者，彼类不食，彼类所食者，此类亦复不食。如鹰类食肉，鸽类食粟，而燕类则食昆虫，食肉者不能食粟与虫，食粟者不能食虫与肉，而食虫者亦不能食肉与粟也。兽亦然也。而昆虫之希奇，则尤甚。陆地所产者，其类固已万万，水中所生者，为数则又更多，其所食之不能互为更易者，亦犹夫鸟与兽也。试思夫鸟兽昆虫，不稼不穑，胡取乎百廛百囷[1]？不收不获，安见夫千仓万箱？似此诸类，果何所以而食乎？又何所赖而生乎？太极果能为之养育乎？此非无所不在、无所不能之上帝，时为安排，则如许生灵，将不能须臾得所矣。主此万物者，岂能息心于顷刻间耶？（《诗篇》一百零四篇二十七节至三十一节云："斯皆惟主是赖，随时主给以食兮。主给之，彼食之；主溥恩膏，彼得果腹兮。主遗弃之，则不得安。主断其气，则就死亡，归于土兮。主乃复鼓其气，百物受造；寰宇之中，焕然一新兮。耶和华之荣光，恒久弗失，著其经纶而悦怿[2]兮。"）[3]

吾尝观世之行军者，必分其营，有为前营、后营者，有为左营、右营者，亦必有居中营者。而各营之中，又必分哨，各哨之内则又分队。营有营总，哨有哨官，队有队长，及一切炮手、枪夫、马步、侦探，外有军火、粮饷、采办、制造、转运、辎重，井井有条，浩荡前进。此其中能无主帅为之调遣，为之指挥者乎？此一军也，比世宇之众庶，黑白红黄四色之人，及鸟兽、昆虫也；各营者，比中外之各国也；营官哨长，比官府也；粮饷者，比天下之农事也；马步、侦探，比天下之舟车也；士卒之衣

[1]廛，音chán，古代城市平民的房地。囷，音qūn，古代一种圆形谷仓。陈永生、林之丰：《"廛"、"亿"、"囷"考辨》，《西北师大学报》（社会科学版），1983年第3期。

[2]怿，音yì，欢喜。

[3]《圣经》旧约《诗篇》104：27—31："27这些都仰望你按时给他们食物。28你给他们，他们就拾起来；你张手，他们就饱得美食。29你转脸，他们就惊惶；你收回他们的气，他们就死亡，归于尘土。30你差遣你的灵，他们就受造；你使地面更换为新。31愿耶和华的荣耀存到永远！愿耶和华喜爱自己所造的！"

食足用，比世人之靠天养育也。似此莫大之军，若无一智谋兼全之主帅，为之筹画，能行此军否耶？况夫无疆之世界，若无一无所不能之主宰，为之安置，能有此世宇否耶？若主帅一日不细察，则此军必不能行；若天父一日不管理，则天下何以太平？是以军中之人，偶违军令，主帅必加之以威，否则恐其各队效尤，将必瓦解而莫御；此犹世宇之人，违逆上天，则必加以水旱厉疫之灾。要之，司军者之罚，人必分过失之大小，天父之降灾，亦必分罪恶之轻重，是以，历年之中，往往此处丰有，而彼处歉收，逐年合算，无一岁不敷用也（《诗篇》一百四十五篇十五节至二十一节，又一百四十七篇第八节至二十节）[1]。主帅之筹画，无一卒不得其所；天父之安置，无一物不备其用，且必先备其各物之料，而后制造各物也。譬如士之所用者，则有笔墨纸砚；农之所用者，则有锄镰耒耜；工之所用者，则有斤削斧锯；商贾之所用者，则有牛马舟车。

[1]《圣经》旧约《诗篇》145：15—21：“15万有的目都仰望你，你随时给他们食物。 16你张手，使一切有生命的都都随愿饱足。17耶和华一切所行的，无不公义，一切所做的，都有慈爱。18耶和华临近凡求告他的，临近所有诚心求告他的人。19敬畏他的，他必成就他们的心愿，也必听他们的呼求，拯救他们。20耶和华保护凡爱他的人，却要灭绝所有的恶人。21我的口要述说出赞美耶和华的话；惟愿有血肉之躯的都永永远远称颂他的圣名。”《诗篇》第147篇第8—20节，和合本译为：“8他用密云遮天，为地降预备雨水，使草生长在山上。9他赐食物给走兽和啼叫的小乌鸦。10他不喜悦马的力大，不喜爱人的腿快。11耶和华喜爱敬畏他和盼望他慈爱的人。12耶路撒冷啊，要颂赞耶和华！锡安哪，要赞美你的神。13因为他坚固了你的门闩，赐福给你中间的儿女。14他使你境内平安，用上好的麦子使你满足。15他向大地发出命令，他的话速速颁行。16他降雪如羊毛，撒霜如灰烬。17他掷下冰雹如碎渣，他发出寒冷，谁能当得起呢？18他一出令，这些就都融化，他使风刮起，水便流动。19他将他的道指示雅各，将他的律例典章指示以色列。20他未曾这样对待别国，至于他的典章，他们向来都不知道。哈利路亚！”

凡各行业之所用者，从未闻有不备之物也（《约伯记》二十八章一节至六节）[1]。格物之家，欲上明天地之理，亦有如许之料，助其心思。即如金类一事，昔人所能认者，其初仅五；今人之所能认者，约在二十余种矣；若不如此之多，格物之家将不敷用，则轮船、电线等事亦无以为矣。又如疾病疴痒，则有各种之药味[2]，现经西医察得极效之新药，皆以前未识之品也，此后新药愈多，将无不治之症矣。此皆天父之主宰也。

往古至今，凡所有恭敬上帝之家，世世相传，莫不云逐代皆受上帝之恩。或有时缺衣少食，困乏难堪，而忽来意外之财；出门行路，身历艰险，而忽遇不料之救；又如舟行海面，无风可恃，贼匪骤至，群惧而来，危险莫急之际，忽然顺风大作，相送而逃。从古如此，今亦然也。故凡实心爱敬上帝者，亦必自知上帝之保护其人也。是以居室则老幼平安，诸凡顺适，出门则引其道路，一切安康；居无灾疾，行无阻碍。此岂太极之能力乎？乃上帝之恩典也。以上者，圣书之所云也，至今无不验矣。（《出埃及国书》十四章二十一节至二十三节："摩西指海，耶和华使东风骤起，飘扬永夕，水退海判，其间若陆地。以色列族行于海中，若履陆地，左右水如壁立。埃及人车马与法

[1]《圣经》旧约《约伯记》28：1—6："1银子有矿；炼金有场。2铁从土里开采，铜从矿石镕出。3人探索黑暗的尽头，查究矿石直到极处，那是黑暗和死荫；4他在无人居住之处开凿矿穴，在无足迹之地被遗忘，与人远离，悬空摇摆。5地出产粮食，地底翻腾如火。6地的石头是蓝宝石之处，那里还有金沙。"

[2]味，量词，指药的品种。

老军旅袭其后，至海中。”[1]又《以赛亚》四十三章二节云：“我左右尔，虽涉江河，不致沉沦；虽经烈焰，不致焚毁。”[2]又《诗篇》一百二十一篇二节至八节云：“造天地之耶和华，拯救予兮。和之日，必不使尔失足，保护尔者，永不寝兮。护翼以色列族者，无时或寐兮。耶和华范卫尔躬，左之右之，而加庇护兮。尔在清昼，日不伤尔；尔至暮夜，月不害尔兮。耶和华救尔，俾尔得生，免尔遭难兮。自兹以后，或进或出，咸蒙耶和华眷佑，永世靡暨兮。”[3]）

耶稣有云：“有二三人为我名，随地而集者，我亦在其中矣。”（《马太》十八章二十节云：“有二三人为我名，随地而集者，我亦在其中矣。”[4]又二十八章二十节云：“教之守我所命尔者，且我常偕尔，至末世焉。”[5]）

[1]《圣经》旧约《出埃及记》14：21—23：“21摩西向海伸手，耶和华就用强劲东风，使海水在一夜间退去，海就成了干地，水分开了。22以色列人下到海中，走在干地上，水在他们的左右成了墙壁。23埃及人追赶他们，法老一切的马匹、战车和战车长都跟着下到海中。”

[2]《圣经》旧约《以赛亚书》43：2：“你从水中经过，我必与你同在，你渡过江河，水必不漫过你；你在火中行走，也不被烧伤，火焰必不烧着你身。”

[3]《圣经》旧约《诗篇》121：2—8：“2我的帮助从造天地的耶和华而来。3他不叫你的脚摇动，保护你的必不打盹。4保护以色列的，必不打盹，也不睡觉。5保护你的是耶和华，耶和华在你右边荫庇你。6白日，太阳必不伤你；夜间，月亮也不害你。7耶和华要保护你，免受一切的灾害，他要保护你的性命。8你出你入，耶和华要保护你，从今时直到永远。”

[4]《圣经》新约《马太福音》18：20：“因为，哪里有两三个人奉我的名聚会，哪里就有我在他们中间。”

[5]《圣经》新约《马太福音》28：20：“凡我所吩咐你们的，都教导他们遵守。看哪，我天天与你们同在，直到世代的终结。”

第十二章　即人心以表上帝（上篇）

前篇所言，以万物表明上帝之主宰也。此篇乃以人心表明上帝之主宰也。大凡根源之中，不先有物，则物即不能由之以生；又如人无才能，即难以才能使人；人无文学[1]，即难以文学教人。是以观万物之理，并人心之能，即可知上帝之主宰如何矣。《书》之《洪范》有云："惟天阴骘[2]下民，相协厥居。"[3]孔颖达注云："民是天之所生，形神天之所授。"[4]孟子云："尽其心者，知其性也，知其性则知天矣。"[5]观此，则主宰天地万物者，非上帝而何？故凡人心所有之能，而造人心者，无不先有之也。

何以知上帝之心乎？可先观夫所造之人焉。圣书云："其初上帝造人，使肖己之形象。"（《创世记》一章二十六节："上帝曰：'宜造人，其像象我侪，以治海

[1]文学，文化、学识。

[2]阴骘，音yīn zhì。阴，覆荫，荫庇。骘，定，排定顺序。

[3]语出《尚书·洪范》，意为"老天是保护世间民众的，使他们和睦地住在一起"。

[4]"言民是上天所生，形神大之所授，故'天不言而默定下民'。群生受气流形，各有性灵心识，下民不知其然，是天默定也。"参见孔颖达：《尚书正义·卷十二·洪范第六》。

[5]语出《孟子·尽心上》。

鱼、飞鸟、六畜、昆虫，亦以治理乎地。’”[1]又二章七节：“耶和华上帝抟土为人，嘘气入鼻，而成血气之人。”[2]夫上帝无形无象者也，所为形象者，乃指上帝之心而言也，且世人所有之能，莫不全赖一心，细察人心，即可略知夫无声无臭者之心矣，譬诸水焉，世人之心如露之珠，而上帝之心则犹海洋也。）

世人有目能视，造人之心者亦能视，“天视自我民视”是也。世人有耳能听，造人之心者亦能听，“天听自我民听”是也。[3]上帝者，实先我而能视、能听者也。（《诗篇》九十四篇九节：“岂有造人耳目，而己反不能见闻兮？”[4]又三十四篇十五节：“耶和华青睐义人，俯闻其祈兮。”[5]）但人之能视，不过左右数里之间，人之能听，不过前后临近之处。若上帝之视听，则凡日月所照，霜露所坠，舟车所至，人力所通，心意所能想者，无论昼夜，无论远近，即至隐至微之处，无不洞见而悉闻。（《历代志略下》十六章九节：“耶和华遍览天下，见诚心从之者，则力庇焉。”[6]又《箴言》十五章三节：

---

[1]《圣经》旧约《创世记》1：26：“神说：‘我们要照着我们的形象，按着我们的样式造人，使他们管理海里的鱼、天空的鸟、地上的牲畜和全地，以及地上爬的一切爬行动物。’”

[2]《圣经》旧约《创世记》2：7：“耶和华神用地上的尘土造人，将生命之气吹进他的鼻孔，这人就成了有灵的活人。”

[3]“天视自我民视，天听自我民听。百姓有过，在予一人，今朕必往。”出自《尚书·周书·泰誓》。

[4]《圣经》旧约《诗篇》94：9：“造耳朵的，难道自己听不见吗？造眼睛的，难道自己看不见吗？”

[5]《圣经》旧约《诗篇》34：15：“耶和华的眼目看顾义人，他的耳朵听他们的呼求。”

[6]《圣经》旧约《历代志下》16：9：“因为耶和华的眼目察遍全地，要坚固向他存纯正之心的人。你在这事上行得愚昧；因此，以后你必有战争。”

“耶和华鉴察善恶，无不普遍。”[1]《希伯来书》四章十三节：“日月未逝，宜及时相劝勉，恐迷于罪而刚愎自用。”[2])

人有知识之心，其最希奇者，人之知识数倍于禽兽之知识，从可知造人之心者，亦有无限之知识。合天下人之知识，不过如灯火之光辉，若上帝之知识，则如太阳之照临。是以《书》之《汤诰》有云：“简在帝心。”[3]朱注云：“善与罪，天皆知之，如天检点数过相似。尔之有善也，在帝之心；我之有恶，亦在帝心。”[4]孔子曰：“知我者其天乎。”[5]皆言上帝之知也。（《诗篇》一百四十七篇五节：“我主至大至能，智慧无穷兮。”[6])

人有记念之心，但人之所能记者，或有时而遗忘，有时而含糊。若上帝，则凡古今一切，宇宙之内，所有人之言行、心之意念，无不如在目前。（《约伯记》二十六章六

[1]《圣经》旧约《箴言》15：3：“耶和华的眼目无处不在，恶人善人，他都鉴察。”

[2]《圣经》新约《希伯来书》4：13：“被造的，没有一样在他面前不是显露的；万物在他眼前都是赤露敞开的，我们必须向他交账。”

[3]出自《尚书·商书·汤诰》：“尔有善，朕弗敢蔽；罪当朕躬，弗敢自赦，惟简在上帝之心。其尔万方有罪，在予一人；予一人有罪，无以尔万方。”译为：“你们有善行，我不敢掩盖；罪过在我自身，我不敢自己宽恕，因为这些在上帝心里都明明白白。你们万方有过失，原因都在于我；我有过失，不会连及你们万方诸侯。”

[4]“杨问：‘‘简在帝心’，何谓简？’曰：‘如天检点数过一般，善与罪，天皆知之。尔之有善，也在帝心。我之有罪，也在帝心。’”见黎靖德编，王星贤点校：《朱子语类》（卷第五十），北京：中华书局1986年版，第1215页。

[5]“子曰：‘莫我知也夫！’子贡曰：‘何为其莫知子也？’子曰：‘不怨天，不尤人，下学而上达，知我者其天乎！’”见《论语·宪问》。

[6]《圣经》旧约《诗篇》147：5：“我们的主本为大，大有能力，他的智慧无法测度。”

节："主之前，阴司照着，暗府不蔽。"[1]《默示录》二十章十二节："我见死人，自尊逮卑，立于位前，典籍与生命之书尽展，死人被鞫，视其行为，依书所录。"[2])

人有前知之心。如旱涝不均，则知岁将歉收，雨旸[3]得时，则知年将大有。然此皆有先示以预兆者。上帝不更有此前知乎？（《以赛亚》四十六章九节十节："古昔之事，尔可追溯，我乃上帝，无能比拟，我外无他，自始迄终，未来之事，我一一预言，我旨必成，意必就。"[4])

人有盘算之心，如重学家之机器，自能权衡其轻重；会计家之归除，自能较量多寡。然此者，先有定以成法者，上帝不更有此盘算乎？（《以赛亚书》四十章十二三节："掬掌以承沧海，布指以度穹苍，斗量坤舆，权衡山岳，孰能为之哉？孰启耶和华之心，与彼共议？"[5]《约百纪》二十八章二十五节："权衡四风，度量诸水。"[6])合宇宙之知能，如同口中之气，出而即散。若上帝之知能，如同鼓荡之风，所往莫御。

人有会悟之心，见此可以悟彼，触类可以旁通。比

---

[1]《圣经》旧约《约伯记》26：6："在神面前，阴间显露，冥府也不得遮掩。"

[2]《圣经》旧约《启示录》20：12："我又看见死了的人，无论大小，都站在宝座前。案卷都展开了，并另有一卷展开，就是生命册。死了的人都凭着这些案卷所记载的，照他们所行的受审判。"

[3]旸，音yì，太阳在云层里忽隐忽现，太阳无光。

[4]《圣经》旧约《以赛亚书》46：9—10："9要追念上古的事，因为我是神，并无别的；我是神，没有能与我相比的。10我从起初就指明末后的事，从古时便言明未成的事，说：'我的筹算必立定；凡我所喜悦的，我必成就。'"

[5]《圣经》旧约《以赛亚书》40：12—13："12谁曾用手心量诸水，用手虎口量苍天，用升斗盛大地的尘土，用秤称山岭，用天平秤冈陵呢？13谁曾测度耶和华的灵，或作他的谋士指教他呢？"

[6]《圣经》旧约《约伯记》28：25："要为风定轻重，又度量诸水。"

如造花园者，可悟如何之山、如何之水、如何之树木花草；修屋舍者，可悟如何之楼、如何之阁、如何之户壁门窗；屋内陈设，则悟几凳如何，床榻如何，帷幕幔帐之颜色、花样又如何。世人有如此之悟性，若上帝之创造天地万物，其悟性不更可想乎？（《诗篇》一百零二篇二十五节至二十八节：“尔元始肇基乎地，创造乎天兮。彼必崩，尔恒存。彼必敝如衣服，尔更易之兮。惟尔不变，尔年靡暨兮。”[1]）《圣书》有云：“上帝将别造一天地宇宙也。”（《以赛亚书》六十五章十七节：“我创造天地，焕然一新，昔所有者，不复记志。”[2]《彼得后书》三章十三节：“上帝有命，天地一新，义处乎中，我侪所望。”[3]《默示录》二十一章一节至五节：“始造之天地崩矣，海归无有。我则见天地一新，我约翰见圣城，即再造之耶路撒冷。上帝使自天降，预以相待，譬诸新妇，饰貌修容，迓其夫子。我闻大声自天出，云：‘上帝殿在人间。与众偕居，将为其民。上帝佑之，为其上帝。人昔出涕，上帝拭之，盖旧事已往，然后无死亡，无忧患，无哭

[1]《圣经》旧约《诗篇》102：25—28：“25你起初立了地的根基，天也是你手所造的。26天地都会消灭，你却长存；天地都会像外衣渐渐旧了。你要将天地如内衣更换，天地就都改变了。27惟有你永不改变，你的年数没有穷尽。28你仆人的子孙要安然居住，他们的后裔要坚立在你面前。”

[2]《圣经》旧约《以赛亚书》65：17：“看哪，我造新天新地！从前的事不再被记念，也不被人放在心上。”

[3]《圣经》新约《彼得后书》3：13：“但照他的应许，我们等候新天新地，其中有正义常住。”

泣，无疾痛。’”[1]）

[1]《圣经》新约《启示录》21：1—5：“1我又看见一个新天新地，因为先前的天和先前的地已经过去了，海也不再有了。2我又看见圣城，新耶路撒冷由神那里，从天而降，预备好了，就如新娘打扮整齐，等候丈夫。3我听见有大声音从宝座出来，说：‘看哪，神的帐幕在人间！他要和他们同住，他们要做他的子民。神要亲自与他们同在。4神要擦去他们一切的眼泪；不再有死亡，也不再有悲哀、哭号、痛苦，因为先前的事都过去了。’5那位坐在宝座上的说：‘看哪，我把一切都更新了！’他又说：‘你要写下来，因为这些话是可信靠的，是真实的。’”

第十三章　即人心以表上帝（中篇）

人有定见之心，所以决万事也。故凡欲有所为者，莫不先有一定之主见。主见者，最要之能也。血气之类，惟人有之。禽兽则皆无此能，故其或行或止，无非随其所见闻者而为动作也。若人则莫不知预为计议，预为筹画矣。试观夫将远行者，必先计其路程，备其舟车。行李之轻重、糇[1]粮之多寡，无不仿照路程之远近为率也，从未闻行之中途，忘其所适之方[2]者。又如外来之人，使我为恶，我不必定于为恶；劝我为善，我不必定于为善。为善为恶，莫不由我自主也。试观文学之士，或论今道古，或考《诗》稽《书》，无不前后一辙，始终如一。更观夫权势之人，或助人以财，或欺人以力，喜者赏之，恶者罚之，亦必是非分明，从心所欲。此皆主见之能也。人心有主见之能，而为之造人心者，能无此一定之主见乎？

或问曰："天地万物，莫不有一定之理。日月往来者，一定也；四时运行者，一定也；即潮汐之进退、昼夜之明暗，无非一定者也。岂必赖上帝主宰而后能如此乎？"对曰："恶是何言也！抑知其所以一定者，皆上

[1]糇，音hóu，干粮。

[2]所适之方，要去的方向。适，去，往，到。方，方向。

帝预为定之耶？上帝之使其有一定者，盖为其有益于人也。倘日月无定，则人将不知何时可昼、何时可夜；四时无定，则人将不知何候为春、何候为夏。此固上帝之主宰也。即如风雨晦明，虽向无定期，亦莫非上帝之深意也。”

又如事之最奇者，在天之彗星是也。试观夫日月众星，莫不随吸力之常理，而彗星则独处其变；日月众星，莫不有所行之定路，而彗星则竟不遵其辙。譬如执石以投者，其或南或北，皆由执石者之心意也。此犹彗星垂象，原无定处，亦莫非由上帝心意之所在耳。如现在所见之彗星，即中华嘉庆十六年[1]十月所见之彗星也。当年曾有天文学家度而量之，其星之首大，在四十三兆有三里；其星之尾长，在三百三十三兆；其星行之速，则不可限量。此不足征上帝之能力、上帝之主宰乎？（《但以理书》四章三十四五节：“其日既届，我尼布甲尼撒仰观天，心复灵慧，颂美至上、永生之主，其国靡暨，永世无替。斯世之亿兆，藐乎其小，有如无物；天上军旅，地下人民，上帝随意而作，其取之，孰能御之？其为之，孰能诘之？”[2]）

人有勇往之心，可以有作为也。故凡有所为之事，莫不乐于速成，亦莫不待其已成而后停止也。譬诸玉人作

[1]嘉庆十六年，即公元1811年。

[2]《圣经》旧约《但以理书》4：34—35：“34‘时候到了，我——尼布甲尼撒举目望天，我的知识复归于我，我就称颂至高者，赞美尊敬活到永远的神。他的权柄存到永远，他的国度存到万代。35地上所有的居民都算为虚无；在天上万军和地上居民中，他都凭自己的旨意行事，无人能拦住他的手，或问他说，你在做什么呢？’”

玉，既琢之，而尚未磨，则固必须磨矣；既磨矣，而尚未光润，其工仍不能辍也。又如丹青图画者，既铺纸以创稿，则不能不润色以点缀，或金或粉。苟有一事不齐，定难使其中止矣。推之士、农、工、商之心，莫不皆然。而造人心者之所为，岂能半途而废乎？（《马拉基》三章二三节："彼既临涖，显著斯土，谁能恒立？彼若煆金之火、浣布之碱。彼将坐而煆银，涤利未族之污，炼之若金银；使无不义，然而献礼于耶和华。"[1]《希伯来》十二章六节又十节："盖主责其所爱，扑其所纳。""生我身之父，或暂时任意责我，赋我神之父，乃为我益而责我，使我得与作圣。"[2]）孟子云："故天将降大任于斯人也，必先苦其心志，劳其筋骨，饿其体肤，空乏其身，行拂乱其所为，所以动心忍性，曾益其所不能。"[3]又云："入则无法家拂士，出则无敌国外患者，国恒亡。然后知生于忧患，死于安乐也。"[4]

人有好洁净之心，所以知避污秽也；有好整齐之心，莫不知恶乱杂也。上帝则更有此心。但人之好洁净者，每欲洁其外，而不顾其内；人之好整齐者，每欲整其身，而不顾其心。上帝之于人也，则欲洁其内，而不计其外，欲

[1]《圣经》旧约《玛拉基》3：2—3："2他来的日子，谁能当得起呢？他显现的时候，谁能立得住呢？因为他如炼金匠的火，如漂洗者的碱。3他必坐下如炼净银子的人，必洁净利未人，熬炼他们像金银一样；他们就凭公义献供物给耶和华。"

[2]《圣经》新约《希伯来书》12：6："因为主所爱的，他必管教，又鞭打他所接纳的每一个孩子。"12：10："肉身之父都是短时间随己意管教我们，惟有灵性之父管教我们是要我们得益处，使我们在他的圣洁上有份。"

[3]语出《孟子·告子下》。

[4]语出《孟子·告子下》。法家，有法度的大臣；拂，辅佐，拂士即辅佐的贤士。

整其心，而不计其身。（《哈巴谷书》一章十三节："尔品至圣，恶者尔所不喜，暴者尔所不悦。今人强据我有，何尔反佑之？恶者害义，何尔默不一言乎？"[1]《约翰一书》一章五节："夫上帝昭昭，无少暗。此我所受于主之道，即以授尔者也。"[2]《出埃及记》十五章十一节："诸上帝中，孰克与耶和华颉颃？至圣至荣，可畏可颂，独行异迹，谁堪比拟？"[3]《以赛亚书》六章三节："此唱彼和曰：'圣哉圣哉！万有之主耶和华，荣光赫奕，弥纶寰宇。'"[4]《马太》五章八节："清心者福矣！以其将见上帝也。"[5]）

人有是非之心，所以别善恶也。虽亦有有生之初即处于无耻之流，习染成风，日行其忍心害理之事，而不自知其非者。如印度国人，其有犯罪过重者，即以其亲生之子投诸至圣河中，淹死其子，以为己罪可赎。此本恶俗也，而彼则以为善事。又如中华之信僧道者，入庙焚香，崇拜偶像。此本恶习也，而彼则视为善举。又如商贾之欺人者，大小其升斗，高低其秤称，本恶事也，而彼则以为善能。诸如此类，世事较多，然究无以虚言为佳话，以偷窃为美事，以忤逆为孝子者。无论何处，不拘何人，其分别

[1]《圣经》旧约《哈巴谷书》1：13："你的眼目清洁，不看邪恶，也不看奸恶，你为何却看着人行诡诈呢？恶人吞灭比自己公义的人，为何你却保持沉默呢？"

[2]《圣经》新约《约翰一书》1：5："神就是光，在他毫无黑暗；这是我们从主所听见，又报给你们的信息。"

[3]《圣经》旧约《出埃及记》15：11："耶和华啊，众神明中，谁能像你？谁能像你，至圣至荣，可颂可畏，施行奇事！"

[4]《圣经》旧约《以赛亚书》6：3："彼此呼喊说：'圣哉！圣哉！圣哉！万军之耶和华；他的荣光遍满全地！'"

[5]《圣经》新约《马太福音》5：8："清心的人有福了！因为他们必得见神。"

是非之心，无不同轨而一辙。造人心者，不先有此是非之能耶？（《诗篇》一百零一篇三节：“我非礼不视；深恶邪僻，虽片刻不敢从兮。”[1]《箴言》六章十六节至十九节：“六罪七恶，耶和华所疾。目所视则傲慢，口所言则诡谲，手杀无辜，心谋不轨，足趋恶途。”[2]）《书·伊训》云：“惟上帝不常，作善降之百祥，作不善降之百殃。”[3]此之谓也。

人有稽察之心，所以考贤愚也。是以为家主者，则以稽察家人为事；为国王者，则以稽察臣宰为事。中外国家，无不皆然。造人心者亦必有此心也，从可知，审判之日定必有也。（《传道》十二章十三四节：“事之大略，尔其听之。寅畏上帝，守其戒命，此人之大端。上帝必鞫万事，彰其隐微，或善或恶，加以赏罚。”[4]《罗马书》十四章十二节：“是以，我众必鞫于上帝。”[5]）《尚书》有云“简在帝心”，此之谓也。

人有公平之心，所以断曲直也。故莫不喜真而恶伪。造人心者亦有此至公之心也。（《箴言》十一章一节：“衡量法度，报其公平，为耶和华所悦，反是必为其所

[1]《圣经》旧约《诗篇》101：3：“邪僻的事，我都不摆在我眼前；悖逆的人所做的事，我甚恨恶，不容沾在我身上。”

[2]《圣经》旧约《箴言》6：16—19：“16耶和华所恨恶的有六样，他心所憎恶的共有七样：17就是高傲的眼、撒谎的舌，杀害无辜人的手，18图谋恶计的心，飞奔行恶的脚，19口吐谎言的假证人，并在弟兄间散播纷争的人。”

[3]语出《尚书·伊训》。

[4]《圣经》旧约《传道书》12：13—14：“13这些事都已听见了，结论就是：敬畏神，谨守他的诫命，这是人所当尽的本分。14因为人所做的事，连一切隐藏的事，无论是善是恶，神都必审问。”

[5]《圣经》新约《罗马书》14：12：“这样看来，我们各人一定要把自己的事在神面前交代。”

疾。”[1])

赏善罚恶之事，人之同情[2]，无不按其所行之善恶轻重，而度量其赏罚也。语云“无知而犯法者，罪轻，而法亦轻；知法而犯法者，罪重，而法亦重”，即所谓“有心为善，虽善不赏；无心为恶，虽恶不罚”[3]。造人心者，不更由此公平之心乎？《易》有之：“积善之家必有余庆，积不善之家必有余殃。”[4]此之谓也。（《路加》十二章四十七八节：“仆知主意，而不设备，不顺其意者，见扑必多；不知而作当刑之事者，见扑必少。凡多与之，必多取之；多托之，必多索之。”[5])

人有恻忍之心，所以见仁爱也。是以伤残痛苦，见之者无不怜悯；疾病患难，闻之者莫不咨嗟。无论[6]夫仁慈之人，固如此也，即素称残忍者，亦不能不触目而惊心焉。而造人心者，则更有此恻忍矣。（《出埃及》三十四章五节至七节：“耶和华乘云降临，与摩西同在，自称其名为耶和华。过摩西前日，耶和华，全能之上帝，仁慈矜悯，恒久施恩，真实无妄，锡恩于人，至千百世，人蹈罪愆，可蒙赦宥，恒于恶者不蒙赦宥，祸及其身，自父及

[1]《圣经》旧约《箴言》11：1：“诡诈的天平为耶和华所憎恶；公平的法码为他所喜悦。”

[2]人之同情，意即人之常情。

[3]语出蒲松龄：《聊斋志异·考城隍》。

[4]语出《周易·坤·文言》。

[5]《圣经》新约《路加福音》12：47—48：“47仆人知道主人的意思，却没预备，又未顺他的意思做，那仆人必多受责打；48至于那不知道而做了当受责打的事的，要少受责打。多给谁，就向谁多取；多托谁，就向谁多要。”

[6]无论，不用说，不消说。

子，至三四世。”[1]）《书》云“天亦哀于四方民”[2]，又云“天矜于民”[3]，又云“惟天惠民”[4]，此皆足征上帝之仁爱也。

人有慈爱之心，所以待其子也。不惟饥食寒衣，一一必求其美，而幼学壮行，在在皆望气佳。造人心者，不亦有此心也？《诗》不云乎“悠悠昊天，曰父母且”？[5]吾观世人之爱子也，不过如山涧之泉水；而上帝之爱人也，则犹沛然之江河然。仁爱者，亦有时而忍心也。若慈父而遇逆子，劝之不从，教之亦不从，年复一年，日深一日，我知其父无论如何慈爱，必不能不置之度外。造人者，亦犹是为父之心也，上帝虽至仁至爱，亦有时而似乎不仁不爱，如世人之屡违天命，不顺天心者，则仍必加之以罪矣。（《箴言》第一章二十四节至三十一节：“余招尔，尔弗听；余举手，尔弗答；尔弃我道，不受我教。故患难既临，而尔畏惧，我将哂笑。尔所惧之灾害、迫切之患难，突如其来，如飓风之倏至。斯时吁我，而我弗听。竭力求恩，而不可得。尔素不志于学，不畏耶和华，不

[1]《圣经》旧约《出埃及记》34：5—7：“5耶和华在云中降临，与摩西一同站在那里，宣告耶和华的名。6耶和华在他面前经过，宣告：‘耶和华，耶和华，有怜悯，有恩惠的神，不轻易发怒，且有丰盛的慈爱和信实，7为千代的人存留慈爱，赦免罪孽、过犯和罪恶，万不以有罪的为无罪，必惩罚人的罪，自父及子，直到三、四代。’”

[2]“呜呼！天亦哀于四方民，其眷命用懋。”语出《尚书·周书·召诰》。译为“上帝也哀怜四方的老百姓，它眷顾百姓的命运因此更改殷命”。懋，通“贸”，移易，变更。

[3]“天矜于民，民之所欲，天必从之。”语出《尚书·周书·泰誓》。矜，怜悯。

[4]“惟天惠民，惟辟奉天。”语出《尚书·周书·泰誓》。惠，爱。辟，君王。奉，恭奉。

[5]语出《诗经·小雅·巧言》。昊天，老天，苍天。且，音jū，语尾助词。

受我教，藐视我道，故必自取其戾，所谋不轨，反及其身。”[1])

世人莫不有良心。良心者，愈明而愈希奇者也。如有目能视者，色也，有何色，则即视为何色。有耳能听者，声也，有何声，则即听为何声。其有目不可见、耳不得听者，味也，则有鼻为之闻，有何味，则即闻为何味。此皆良心之不能昧者也。良心者何？所以使吾人知有视而不见、听而不闻、不可指摘之上帝也。童稚初生之时，无所知觉，渐长能视，无不先识其母，渐有知觉，渐有良心，莫不知有能福人、能祸人之神也。孩提之童□[2]室，莫不恐惧，恐惧之时，多叫“天老爷”。所谓“天老爷”者，即上帝也。成立之时，患难则知呼“天”。所谓“天”者，亦上帝也。故凡有洞悉道理之心者，莫不知宜顺从上帝而爱敬之也。斯犹眼见之物，不能以白为黑，耳听之声，不能以虚为实，皆良心之所使也。吾人之知有真神上帝者，亦良心之不能昧也，良心不吾欺也。

夫良心者，非人之所乐有者也。何也？

一，人情多喜放荡，而良心，则实为人之管束；人情多喜安逸，而良心则使人尽职分。故凡无论行至何处，无论居于何地，总虽远乎良心，而不受其辖制也。

二，良心者，乃能指示人者也，使人能辨是非，能别

[1]《圣经》旧约《箴言》1：24—31：“24因为我呼唤，你们不听，我招手，无人理会。25你们忽视我一切的劝戒，拒不听我的责备。26—27你们遭难，我就发笑；惊恐临到你们，惊恐如狂风来临，灾难好像暴风来到，急难痛苦临到你们身上，我必嗤笑。28那时，他们就会呼求我，我却不回答；恳切寻求我，却寻不见。29因为他们恨恶知识，选择不敬畏耶和华，30不听我的劝戒，藐视我一切的责备，31所以必他们要自食其果，饱胀在自己的计谋中。”

[2]此处原文不清晰，故缺。

善恶，并能使人知某事不宜为，而不为。

三，良心者，使人知身后定有审判之日也，及其时，人各照其生平所为之事，各凭天良，以受其赏罚，而丝毫不爽。由此观之，足知良心非人性之自然而有，乃自天降者也。《书》云：“惟皇上帝，降衷于下民。”[1]此之谓也。良心既有此诸能，足知上帝必有辖制世人之势，必有指示世人之事，必有审判世人之日也。西国有云：“良心者，上帝之钦使也。”世有钦使，则知必有皇王；人有天良，则知必有上帝矣。良心者，约束人者也，而人则不能约束良心。如良心以为何事不善，人则不能强使良心谓其善；良心使人以为何事当为，人则不能引使良心谓其不必为。此犹人之不能使狂风不作，不能使海水不波；亦犹庶民之不能止皇家之谕旨，不能止天宫之迅雷也。良心者，所以使吾人知有森严宜敬、蔼然可亲之大主宰也。

[1]语出《尚书·商书·汤诰》。衷，善也；降衷，施善，赐福。

第十四章　即人心以表上帝（下篇）

观以前诸论，可知创造万物者，乃无所不见、无所不闻、无所不知、无所不能者也，且至洁、至公，而能自专、自主，即授人以良心者也。《书》云："惟天聪明，惟圣时宪。"[1]又云："天聪明自我民聪明，天明威自我民明威。"[2]又云："惟皇上帝，降衷于下民。"似此，则主宰万物者，果理乎？抑上帝乎？盖莫不知，其实为上帝也。

人有理事之能，无不各有所管理也。是以一家之主，有管理一家之能；一国之主，有管理一国之能。从可知，上帝则管理之能无穷也。（《诗篇》一百零三篇十九节云："耶和华之位，在彼穹苍，治理天下兮。故凡所有天下各国，无论君臣、人民，莫不由上帝所定。"[3]《罗马书》十三章一节云："居上位者，众宜服之。非上帝，则无居位者。凡居位者，皆上帝所命。"[4]《箴言》八

[1]"惟天聪明，惟圣时宪，惟臣钦若，惟民从乂。"语出《尚书·商书·说命》。译为"上天聪明公正，圣主善于效法它，臣下敬顺它，人民就顺从治理了"。乂，音yì，治理，安定。

[2]"天聪明，自我民聪明。天明畏，自我民明威。"语出《尚书·虞书·皋陶谟》。译为"上天的视听依从臣民的视听。上天的赏罚依从臣民的赏罚"。

[3]《圣经》旧约《诗篇》103：19："耶和华在天上立定宝座，他的国统管万有。"

[4]《圣经》新约《罗马书》13：1："在上有权柄的，人人要顺服，因为没有权柄不是来自神的。掌权的都是神所立的。"

章十五、六节："列王群伯，世之士师，皆惟我是恃，治理天下。"[1]《但以理》二章二十节至二十二节曰："上帝知能俱备，当颂美之，永世靡暨。主限时日升降君王，使贤者有智，哲者明慧，以秘奥之事示人，光暗无不均知。其国家之兴衰存亡，亦莫非上帝之意。"[2]《诗篇》七十五篇六、七节云："使人显达者，非由东，非由西，亦非由南，其权操自上帝，升降黜陟，咸其所主兮。"[3]）《易》云："天垂象，见吉凶"。[4]《书》云："天佑下民，作之君，作之师，惟其克相上帝，宠绥四方。"[5]《中庸》云："国家将兴，必有祯祥；国家将亡，必有妖孽。"[6]善，必先知之，不善，必先知之，此皆足见上帝之意。

自古圣贤、先知等人，无非上帝之所预定也。大辟王曾云，伊尚未胚之时，上帝即预定其生平之事业。（《诗篇》一百三十九篇十六节云："我有未胚，尔目见之；我尚未生，凡百之事，咸尔所定，录之于策兮。"[7]耶利米

[1]《圣经》旧约《箴言》8：15—16："15君王借我治国，王子借我定公平，16王公贵族，所有公义的审判官，都借我掌权。"

[2]《圣经》旧约《但以理书》2：20—22："20但以理说：'神的名是应当称颂的，从亘古直到永远！因为智慧和能力都属乎他。21他改变时间、季节，他废王，立王；将智慧赐给智慧人，将知识赐给聪明人。22他显明深奥隐秘的事，洞悉幽暗中的一切，光明也与他同住。"

[3]《圣经》旧约《诗篇》75：6—7："6因为高举非从东，非从西，也非从南而来。7惟有神断定，他使这人降卑，使那人升高。"

[4]语出《周易·系辞上》。

[5]语出《尚书·周书·泰誓》。译为"上天帮助下民，为人民建立君主和师长，应当能够辅助上帝，爱护和安定天下"。

[6]语出《礼记·中庸》。

[7]《圣经》旧约《诗篇》139：16："我未成形的体质，你的眼早已看见了；你所定的日子，我尚未度一日，都在你的册子写上了。"

亦云，伊为成胎之时，上帝已定其终身之职分，故其书五章一节云："余未造尔于胎，我已知尔；尔未生于世，我俾尔为执事，立尔为先知，训迪列邦。"[1]）尧为舜曰："天之历数在尔躬。"[2]此之谓也。

[1]原文出处有误，当为《圣经》旧约《耶利米书》1：5："我尚未将你造在母腹中，就已经认识你；你未出母胎，我已将你分别为圣，派你做列国的先知。"

[2]"尧曰：'咨！尔舜！天之历数在尔躬，允执其中。四海困穷，天禄永终。'"语出《论语·尧曰》。译为："尧说：'啧啧！你这位舜！上天的大命已经落在你的身上了。诚实地保持那中道吧！假如天下百姓都隐于困苦和贫穷，上天赐给你的禄位也就会永远终止。'"咨，即"啧"，感叹词，表示赞誉。允，真诚，诚信。

第十五章　上帝乃无始无终者也

前章所言，上帝乃无始无终者也。或曰："无始无终之上帝，实人之所不能想象者也。"我对曰："可想与不可想，兹不必论。要之，实系真有，而不能无者也。"前言无者不能生有物，虚者不能生实物，无心者不能谓其为有心之物，似此，若无无始无终之上帝，则万物何由而出？今各教各据其说，各谓确不可移，吾不能不为之明辨矣。儒教谓"无极生太极"，遂有"生生不已"之说。[1]然使无极如果有心力、果有知能，则无极者必上帝之别名也，无他说也。究之，无极者何所为？心力何所为？知能何为而能生万物耶？道教则云"道生万物"，然则道如果系灵动者，则道亦必上帝之尊称也，无他说矣。至于释教，则重轮回。夫轮回者，递相替换之谓也，必先有此物之回转，方可轮彼物之复来。当太初无物之始，将何以之使其回？又将何以之使其轮乎？且此说如果可凭，亦必先有主此轮回者。又谁为之管理？谁为之运动乎？又有谓"天地万物，自古及今，生生死死，自无始终"者也。此人之所以未能深明者，有二故焉。一，云无能生有，即所谓无心力、无知能者反能生有心力、有知能者也，且具有

[1]此为理学观点。

无数之希奇。二，格物者咸知，至今天地万物，莫不发泄太甚，几无余力，似此历年已久，则不能无损坏之弊，将必复赖上帝重为整理矣。

此外，犹有据焉。设曰上帝非无始终者，必无是理也。盖上帝如果有始终，则必非真上帝矣，以其前必有无始终者，使其为上帝也。如使之者仍有始终，亦必有使其使者在前矣。似此者不一二足，必至有无始无终者，而后谓之真上帝也。

观前篇所论，知所谓无始无终之上帝，语虽奥妙，而理则实然，非众论所可比也。我故云：万物之根源，即上帝也；道者，上帝之路也；理者，上帝之意也；气者，上帝之力量也；德者，上帝之荣耀也；用者，其恩典也；礼者，其规矩也；阴阳动静，其法也。万物运行各得其宜，其定见也。何所往而非上帝为之主宰耶？

第十六章　论上帝之所居

或问曰："上帝所居之地，在于何处？"我对曰："难言也。"左八[1]曾云此事甚难考察。（《约伯纪》十一章七节至九节云："上帝非可忖度，全能之主，岂得尽知大哉？上帝之智乎，虽上穷碧落下及黄泉，周行陆地，遍历沧海，亦终莫之能测。"[2]所罗门云：上帝充满乎天地。《列王纪略上书》八章廿七节云："然上帝岂居于地乎？穹苍不足以居尔，天上明宫亦不足以居尔，况我所建之殿乎？"[3]耶利米亦云：上帝充满乎天地。《耶利米书》二十三章二十三四节云："耶和华又曰：'我为上帝，无问遐迩，人能退藏于密，使我不见乎？我岂不能充乎天地哉？'"[4]以赛亚曾云："天乃上帝之坐位，地乃上帝之足凳。"《以赛亚》六十六章一节云："耶和华，

[1]左八，左边八处，即随后列举的八处引文。因为原文系竖排，故"左"即"下"。

[2]《圣经》旧约《约伯记》11：7—9："7你能寻见神的奥秘吗？你能寻见全能者的极限吗？8高如诸天，你能做什么？比阴间深，你能知道什么？9其量度比地长，比海更宽。"

[3]《圣经》旧约《列王纪上》8：27："神果真住在地上吗？看哪，天和天上的天尚且不足容纳你，何况我所建的这殿呢？"

[4]《圣经》旧约《耶利米书》23：23—24："23我是靠近你们的神，不是遥远的神，不是吗？这是耶和华说的。人岂能在隐密处藏身，使我看不见他呢？这是耶和华说的。我岂不遍满天和地吗？"

日天乃我坐位，地乃我足凳。尔曹何殿以容我？何地以安我乎？”[1]以赛亚又云：“上帝居于无始无终之内。”《以赛亚》五十七章十五节云：“我永生之主，至圣至高，居圣所，坐高位。凡谦卑逊顺者，我与偕居，活泼其心神，畅快其意志。”[2]保罗云：上帝居于光明之中。《提摩太前书》六章十五六节云：“届期，将示基督昭著者，独一，有福，有权，诸君之君，诸主之主，惟彼永生，处于光明，众不能至，人所未见亦不得见，愿以尊荣、权力称之，永世靡暨。”[3]）观此，则上帝之所居者，可知矣。

有精于天文者，细察行星，各按其度，绕日而行；日并行星，各按其度，又有所绕之日；其所绕之日，同前日，一并行星，又共绕一日。如是之，绕而行者，不一而足，其所终所绕之日，惟最大。此日也，仍同前之诸日及各行星，转绕不息。其所绕之中，乃天堂也，即上帝之所居也。此地上下洞澈，四围晶莹，无须日月照临，惟上帝自显荣光耳。（《默示录》二十一章二十三节云：“邑不藉明于日月，上帝荣光自致耿耀，羔其烛也。”[4]）此乃

[1]《圣经》旧约《以赛亚书》66：1：“耶和华如此说：‘天是我的座位，地是我的脚凳。你们能为我造怎样的殿宇呢？哪里是我安息的地方呢。’”

[2]《圣经》旧约《以赛亚书》57：15：“那至高至上、永远长存、名为圣者的如此说：‘我住在至高至圣的所在，却与心灵痛悔的谦卑人同住；要使谦卑的人心灵苏醒，使痛悔的人内心复苏。”

[3]《圣经》新约《提摩太前书》6：15—16：“15到了适当的时候都要显明出来：他是那可称颂、独一的权能者，万王之王，万主之主，16就是那独一不死、住在人不能靠近的光里，是人未曾看见，也是不能看见的。愿尊贵和永远的权能都归给他。阿们！”

[4]《圣经》新约《启示录》21：23：“那城内不用日月光照，因为有神的荣耀光照，又有羔羊为城的灯。”

上帝之居也，上帝居此，大显能力，天地任其转运，万物为之主宰。

第十七章　论天堂之荣耀

或问："天堂之景象，可得闻乎？"我对曰："此尤难言之也。"夫天堂之荣耀，岂凡愚所能道者乎？岂尘世所能拟者乎？凡世人眼之所能见者，莫可比其形也；耳之所能听者，莫可比其声也。（《以赛亚》六十四章四节云："人惟上帝是赖，上帝佑之，所行之事，自开辟以来，耳未闻，目未睹焉。"[1]）

宇宙内之可以悦目快心者，不可胜数，则试历叙以拟之。如金石之珍宝、珠玉，闪烁灿烂；草木之花果、枝蔓，红绿鲜妍；即如禽兽羽毛，其颜色之美丽，有不可以言名者；又如乍晴之雨、春水之波，天气之晴朗，日色之华丽；更如夕阳晚照之山川，片舟欸乃，深林迷藏之楼阁，孤月照临。世间佳景，可胜道哉？然究莫可与天堂比拟者。合宇内之大观，如同萤火之映射；而天堂之荣耀，则犹太阳之照临。况乎目之所不及见、耳之所不得闻、心意之所不能想象[2]者乎？[3]

上帝曾默示古圣，暗为之指点也。（《哥林多前书》

---

[1]《圣经》旧约《以赛亚书》64：4："从古以来，人未曾听见，未曾耳闻，未曾眼见，除你以外，还有神能为等候他的人行事。"

[2]象，原文作"像"，据上下文改。

[3]此处分段为整理者添加，原文无。

二章九节、十节云："上帝为爱之者所备之事，目未见，耳未闻，心未念，惟上帝以圣神启我。"[1]此之谓也。）当中华周平王时，有先知以赛亚亲见其象，上帝曾以天堂示之。（《以赛亚》六章一节至三节云："乌西亚王崩时，我见主坐高位。衣裳垂蔽殿宇。晒啦咏侍立，各有六翼，以二翼蔽面，二翼覆足，二翼舒展，此唱彼和，曰：'圣哉！圣哉！圣哉！万有之主耶和华，荣光赫奕，弥纶寰宇，上帝在上，坐于崇高宝座。'"[2]）中华汉和帝时，有使徒约翰受上帝默示，曾遇天开，亲见天堂内事。（《默示录》四章一、二节云："自后我观，在天有门开辟焉。昔我闻声如吹角，今复语我曰：'尔来，我以必至之事启尔。'我即感于圣神，见在天有位，亦有坐之者。"[3]又《默示录》二十一章十节至二十七节云："我感圣神时，天使携我至一山，截然高大，示我圣耶路撒冷大邑，即天堂也。上帝使自天降，上帝照临赫奕，邑光似宝玉，澄澈碧色，邑垣高大，十有二门……垣之缔构，皆碧玉，邑兼金，为之澄澈，似琉璃。邑垣基址，饰以各宝石：一、碧玉；二、青玉；三、苍玉；四、葱珩；五、杂

[1]《圣经》新约《哥林多前书》2：9—10："9如经上所记：'神为爱他的人所预备的是眼睛未曾看见，耳朵未曾听见，人心也未曾想到的。10只有神借着圣灵把这事向我们显明了；因为圣灵参透万事，就是神深奥的事也参透了。"

[2]《圣经》旧约《以赛亚书》6：1—3："1当乌西雅王崩的那年，我见主坐在高高的宝座上。他的衣裳下摆遮满圣殿。2上有撒拉弗侍立，各有六个翅膀：两个翅膀遮脸，两个翅膀遮脚，两个翅膀飞翔，3彼此呼喊说：'圣哉！圣哉！圣哉！万军之耶和华；他的荣光充满全地。'"

[3]《圣经》新约《启示录》4：1—2："1这些事以后，我观看，看见天上有门开着。我头一次听见的那好像吹号的声音对我说：'你上这里来，我要把此后必须发生的事指示你。'2我立刻被圣灵感动，见有一个宝座安置在天上，有一位坐在宝座上。"

红玉；六、玛瑙；七、黄玉；八、绿玉；九、淡黄玉；十、翡翠玉；十一、赤玉；十二、紫玉。珠为一门，十二门以十二珠为之。衢则兼金，澄澈如琉璃。其中不见有殿，盖全能之主上帝及羔，自为殿邑。不藉明于日月，上帝荣光，自致耿耀，羔其烛也。民之得救者。遍行光中，世之列王，以厥尊荣，归于是邑。邑中不夜，门永弗闭。人以邦国之尊荣归于是邑。凡不洁、可憎、伪为者，皆不得入。惟录于羔生命册者，则得入焉。”[1]使徒保罗亦云：“天堂似一极大且固之城垣。乃上帝为信从者预为创造、安置也。”《希百来书》十一章十节云“俟上帝所建造巩固之邑”[2]，使徒彼得亦云“天堂永在，洁净异常，

[1]《圣经》新约《启示录》21：10—27：“10我在圣灵感动下，天使带我到一座高大的山，给我看由神那里、从天而降的圣城耶路撒冷。11这城有神的荣耀，它光辉如同极贵的宝石，好像碧玉，明如水晶。12它有高大的墙，有十二个门，门上有十二位天使，门上又写着以色列人十二个支派的名字。13东边有三个门，北边有三个门，南边有三个门，西边有三个门。14 城墙有十二个根基，根基上有羔羊十二使徒的名字。15那对我说话的天使拿着金的芦苇当尺，要量那城、城门和城墙。16城是四方的，长宽一样。天使用芦苇量那城，共有一万二千斯他迪，长宽高都是一样。17他又量了城墙，按着人的尺寸，就是天使的尺寸，共有一百四十四肘。18墙是碧玉造的；城是纯金的，如同明净的玻璃。19城墙的根基是用各样宝石修饰的：第一根基是碧玉，第二是蓝宝石，第三是绿玛瑙，第四是绿宝石，20第五是红玛瑙，第六是红宝石，第七是黄璧玺，第八是水苍玉，第九是红璧玺，第十是翡翠，第十一是紫玛瑙，第十二是紫晶。21十二个门是十二颗珍珠；每一个门是一颗珍珠造的。城内的街道是纯金的，好像透明的玻璃。22我没有看见城内有殿，因主——全能者神和羔羊就是城的殿。23那城内不用日月光照，因为有神的荣耀光照，又有羔羊为城的灯。24列国要借着城的光行走；地上的君王要把自己的荣耀带给那城。25城门白昼总不关闭，在那里没有黑夜。26人要将列国的荣耀尊贵带给那城。27凡不洁净的，和那行可憎与虚谎之事的人，都不得进那城，只有名字写在羔羊生命册上的才得进去。

[2]《圣经》新约《希伯来书》11：10：“因为他等候着那座有根基的城，就是神所设计和建造的。”

一尘不染，又如奇花鲜妍，叶不枯干，色不焦落”。[1]《彼得前书》一章四节云：“得无敝、无玷、无废之业，为我备于天。”[2]惟耶稣则不多论天堂，其偶言及之者，不过论天堂之大概耳，如云“天父之荣耀充满乎天堂”，又云“天堂乃天父之家”，又云“心内洁净者可以得见天父之面，所有得到天堂者，人各一室”。《约翰福音书》十四章二节云：“我父家多第宅，否则，我必告尔。”[3]天堂之内，永无灾难。《默示录》二十一章四节云：“人昔出涕，上帝拭之，盖旧事已往，然无死亡，无忧患，无哭泣，无疾痛也。”[4]天堂亦无恶人。《默示录》二十一章八节云：“凡犹豫、不信、可憎、凶暴、淫乱、巫觋、拜偶像、言诞亡者，皆必受苦于火坑，有硫火，没后之沉沦如此。”[5]）

[1]《圣经》新约《彼得前书》1：23—25：“23你们蒙了重生，不是由于会朽坏的种子，而是由于不会朽坏的种子，是借着神永活常存的道。24因为‘凡血肉之躯的尽都如草，他的一切荣美像草上的花；草必枯干，花必凋谢，25惟有主的道永远常存’。”

[2]《圣经》新约《彼得前书》1：4：“好得到不朽坏、不玷污、不衰残、为你们存留在天上的基业。”

[3]《圣经》新约《约翰福音》14：2：“在我父的家里有许多住处；若是没有，我就早已告诉你们了。我去原是为你们预备地方去。”

[4]《圣经》新约《启示录》21：4：“神要擦去他们一切的眼泪；不再有死亡，也不再有悲哀、哭号、痛苦，因为先前的事都过去了。”

[5]《圣经》新约《默示录》21：8：“至于胆怯的、不信的、可憎的、杀人的、淫乱的、行邪术的、拜偶像的和一切说谎话的人，他们将在烧着硫磺的火湖里有份；这是第二次的死。”

第十八章　论天堂之作用

或曰："天堂所为之事，可得闻乎？"我对曰："虽未知其详，然上帝亦曾默示古圣贤矣。"

一、上帝居于天堂，管理天地万物。（《诗篇》十一章五节、四节云："耶和华其位在天兮，居彼圣所，鉴察人民兮。为义之人，蒙其眷顾兮，刁恶强悍之徒，为其所恶兮。"[1]又一百三十五篇六节云："上天下地，沧海深渊，耶和华任意作为兮。"[2]）"毛诗"云："皇矣上帝，临下有赫，监观四方，求民之莫。"[3]此之谓也。

二、大小天使，各尽其职，伺候奔走，夙夜靡懈。（《列王纪略上书》二十二章十九节云："米该亚曰：'请听耶和华之命，我观耶和华坐于其位，万天使侍左

[1]《圣经》旧约《诗篇》11：4—5："4耶和华在他的圣殿里，耶和华在天上的宝座上；他的眼睛察看，他们的眼目察验世人。5耶和华考验义人；惟有恶人和喜爱暴力的人，他心里恨恶。"

[2]《圣经》旧约《诗篇》135：6："在天，在地，在海洋，在各深渊，耶和华都随自己的意旨而行。"

[3]意为上帝伟大而又辉煌，洞察人间，慧目明亮。监察观照天地四方，发现民间疾苦灾殃。皇，光辉、伟大；临，监视；下，下界、人间；赫，显著；莫，通"瘼"，疾苦。语出《诗经·大雅·文王之什·皇矣》。"毛诗"，指西汉时鲁国毛亨和赵国毛苌所辑注的古文《诗经》，也就是现在流行于世的《诗经》。

右。’”[1]又《尼希米纪》九章六节云：“尔耶和华惟一，尔创造天上之明宫，及所悬之天象，尔肇基大地，及地上所有、海中所藏，尔覆育万物。诸天使崇拜尔。”[2]又《诗篇》六十八篇十七节云：“上帝之车，万乘千骑，不可胜计。主居其中，在西乃圣山兮。”[3]又一百零三篇十九节至二十一节云：“耶和华之位，在彼穹苍，治理天下兮。耶和华之天使，具能力，遵其命，从其言，亦当颂美耶和华兮。耶和华之天军，奉行厥旨，亦当颂扬耶和华兮。”[4]又《但以理书》七章九节、十节云：“我见坐位已备，亘古不易之主独坐。衣皓如雪，发白如绵，位若烈焰，车轮迅速，若火之熛。火燎于前，奔走者盈千千，侍侧者逾万万；鞫事已备，典册尽展。”[5]）

三、如许天使，且听上帝之命令，往来保护爱敬上帝之人。（《诗篇》三十四章七节云：“耶和华之使者，四周列营，以拯敬主之士兮。”[6]又《希伯来书》一章十四

---

[1]《圣经》旧约《列王纪上》22：19：“米该雅说：‘因此你要听耶和华的话！我看见耶和华坐在宝座上，天上的万军侍立在他左右。’”

[2]《圣经》旧约《尼希米记》9：6：“‘你，惟独你是耶和华！你造了天和天上的天，以及天上的万象，地和地上的万物，海和海中所有的；一切的生命全都是你赏赐的。天军都敬拜你。’”

[3]《圣经》旧约《诗篇》68：17：“神的车辇，累万盈千；主在其中，好像在西奈圣山一样。”

[4]《圣经》旧约《诗篇》103：19—21：“19耶和华在天上立定宝座，他的国统管万有。20听从他命令、成全他旨意、有大能的天使啊，你们都要称颂耶和华！21你们行他所喜悦的，作他诸军，作他仆役的啊，都要称颂耶和华！”

[5]《圣经》旧约《但以理书》7：9—10：“9我正观看的时候，有宝座设立，上面坐着亘古常在者。他的衣服洁白如雪，头发如纯净的羊毛。宝座乃火焰，其轮为烈火。10有火如河涌出，从它面前流出来；事奉他的有千千，在他面前侍立的有万万；他坐着要行审判，案卷都展开了。”

[6]《圣经》旧约《诗篇》34：7：“耶和华的使者在敬畏他的人四围安营，要搭救他们。”

节云："天使岂非执事之神奉遣，事得救之人乎？"[1])

四、自古及今，无论中外，所有圣贤，以及顺从上帝者之灵魂，俱各升于天堂。古昔之圣，有名"以诺"者，以其竭尽心力，顺从上帝。上帝以故将其身体归还其人，接伊于天堂之上。(《创世纪》五章二十四节云："以诺所行，合乎上帝。上帝接之，不居于世。"[2]又，周孝王时，有先知以利亚，上帝予以如火之车，使其乘以升天。《列王纪略下书》二章十一、二节云："仍与偕行，言间，忽有车马，如火炎炎，间隔二人，以利亚乘大风而升天。以利沙见之，呼曰：'我父乎！我父乎！尔以色列之车骑也！'言竟，望之不见，中裂其衣。"[3])自古及今，天下万国，所有信从耶稣、恭敬上帝者之灵魂，无不尽在天堂，共享无穷之福。(《默示录》七章九节至十二节云："自后，我观群众不可胜数，由列国民及诸族姓至，立于位及羔前，衣白，执枣枝，大声呼曰：'我之得救，实赖居位之上暨羔。'位左右灵物、诸老在焉，天使环绕之，俯伏位前，崇拜上帝，云：'我之上帝，宜有其祉，有其荣，有其智，有其颂，有其尊，有其权，有其

[1]《圣经》新约《希伯来书》1：14："众天使不都是事奉的灵，奉差遣为那将要承受救恩的人服务的吗？"

[2]《圣经》旧约《创世记》5：24："以诺与神同行，神把他接去，他就不在了。"

[3]《圣经》旧约《列王纪下》2：11—12："11他们边走边说话的时候，看哪，有火马和火焰车出现，把二人隔开，以利亚就乘旋风升天去了。12以利沙看见，就呼叫说：'我父啊！我父啊！以色列的战车骑兵啊！'以利沙不再看见他的时候，就把自己的衣服撕为两片。"

能，永世靡暨，此诚所愿也。’”[1]）自古圣贤之灵魂，无不在于天堂。《保罗书》言之详矣，并云何人能于生前恭敬上帝、信从耶稣，死后即可上天堂，永居上帝之前。（《希伯来书》十二章二十二节至二十四节云：“但尔所至者郇山，永生上帝邑，天上之耶路撒冷。有天使咸集，不下数万，有冢子之会录于天，有鞫众之上帝，有义人得全其神，有新约中保耶稣，其洒血，默吁较亚伯为尤善。”[2]）中国经书亦尝言及，“毛诗”云：“文王陟降，在帝左右。”[3]此之谓也。

凡入天堂者，无不享永远之福。（《默示录》二十二章一节至六节：“天使以生命之河示我，其水澄洁如晶，自上帝及羔位出；河左右，植生命之树，树外有衢。结果之时，十有二，月结其果；叶可入药，医异邦人。邑无诅咒。上帝及羔位在焉。仆众事之，仆得觐主，录主名于颡[4]。邑中不夜，不藉日光，毋庸烛照，主上帝自能焜耀

[1]《圣经》新约《启示录》7：9—12：“9此后，我观看，看见有许多人，没有人能计算，是从各邦国、各支派、各民族、各语言来的，站在宝座和羔羊面前，身穿白衣，手拿棕树枝，10大声喊着说：‘愿救恩归于坐在宝座上我们的神，也归于羔羊。’11众天使都站在宝座和众长老，以及四个活物的周围，俯伏在宝座前，敬拜神，12说：‘阿们！颂赞、荣耀、智慧、感谢、尊贵、权能、力量都归于我们的神，直到永永远远。阿们！’”

[2]《圣经》新约《希伯来书》12：22—24：“22但是你们是来到锡安山，永生神的城，就是天上的耶路撒冷。那里有千万的天使，23有名字记录在天上众长子的盛会，有审判众人的神和成为完全的义人的灵魂，24并新约的中保耶稣，以及所洒的血；这血所说的信息比亚伯的血所说的更美。”

[3]语出《诗经·大雅·文王》。译为“文王神灵升降天庭，在上帝身边”。陟降，音zhì jiàng，升降，上下。“毛诗”指西汉时鲁国毛亨和赵国毛苌所辑注的古文《诗经》，也就是现在流行于世的《诗经》。

[4]颡，音sǎng，额头。

之。其仆秉权，永世靡暨。”[1])

[1]《圣经》新约《启示录》22：1—6：“1天使又让我看一道生命水的河，明亮如水晶，从神和羔羊的宝座流出来，2经过城内街道的中央；在河的两边有生命树，结十二样的果子，每月都结果子；树上的叶子可作医治万民之用。3以后不再有任何诅咒。在城里将有神和羔羊的宝座。他的仆人都要事奉他，4也要见他的面。他的名字将写在他们的额上。5不再有黑夜；他们也不需要灯光或日光，因为主　神要光照他们。他们要作王，直到永永远远。6天使又对我说：‘这些话是可信靠的，是真实的。主，赐灵感给众先知的神，差遣他的使者，要将必须快要要发生的事指示他的众仆人。’”

第十九章 论世人俱宜爱敬上帝

自古在昔，无论贤愚贵贱，莫不知敬上帝。观夫《书》云“予畏上帝，不敢不正”[1]，又云“我其夙夜，畏天之威”[2]，《诗》云“维此文王，小心翼翼，昭事上帝”[3]，皆所以敬上帝也，亦无不祈祷上帝。《论语》云：“予小子履，敢用玄牡，敢昭告于皇皇后帝：有罪，不敢赦；帝臣，不蔽，简在帝心。朕躬有罪，无以万方；万方有罪，罪在朕躬。”[4]孔子云：“丘之祷久矣。”[5]

---

[1]“夏氏有罪，予畏上帝，不敢不正。”语出《尚书·汤誓》。正，同“征”，讨伐。译为“夏国有罪，我惧怕上帝，不敢不去征伐它”。参见屈万里：《尚书今注今译》，台北：台湾商务印书馆1971年版，第50页。

[2]“我其夙夜，畏天之威，于时保之。”语出《诗经·周颂·我将》。译为“我一定要昼夜努力，敬畏上天的威严，以保持上天与文王之所以明”。参见马持盈：《诗经今注今译》，台北：台湾商务印书馆1979年版，第512页。

[3]“维此文王，小心翼翼，昭事上帝，聿怀多福。”出自《诗经·大雅·大明》。昭，明。译为“由于文王能够小心翼翼，恭顺奋发，以明德事奉上帝，所以就得来了诸般的福禄”。参见马持盈：《诗经今注今译》，台北：台湾商务印书馆1979年版，第402页。

[4]出自《论语·尧曰》。译为：“我履谨用黑色母牛做牺牲，明明白白地告于光明而伟大的天帝：有罪的人（我）不敢擅自去赦免他。您的臣仆（的善恶）我也不隐瞒掩盖，您心里也是早就晓得的。我本人若有罪，就不要牵连天下万方；天下万方若有罪，都归我一个人来承担。”参见杨伯峻译注：《论语译注》，北京：中华书局1980年版，第207页。

[5]出自《论语·述而》。译为“我早就祈祷过了”。参见杨伯峻译注：《论语译注》，北京：中华书局1980年版，第76页。

又曰："获罪于天，无所祷也。"[1]又曰：郊祀之礼，所以祀上帝也。[2]此皆贤贵者之敬上帝也。又，《书》之《召诰》云："夫知保抱携持厥妇子，以哀吁天。"[3]《诗》云："苍天苍天！视彼骄人，矜此劳人。"[4]又云："倬彼昊天，宁不我矜。"[5]《孟子》云："虽有恶人，斋戒沐浴，则可以祀上帝。"[6]《列子》云："宋人有好行仁义者，三世不懈。家无故黑牛生白犊，以问孔子。孔子曰：'此吉祥也，以荐上帝。'"[7]此皆愚贱者之敬上帝也。故无论贤愚贵贱，莫不宜敬而宜祷也。[8]

夫上帝之所以宜敬宜祷者，何也？实因吾人之衣食，逐日赐我者，上帝也；吾人之生命，使我得享永福者，上帝也，似此而不知报上帝之恩，可乎哉？且吾人之根本，

[1]出自《论语·八佾》。译为"若是得罪了上天，祈祷也没用"。参见杨伯峻译注：《论语译注》，北京：中华书局1980年版，第28页。

[2]"郊社之礼，所以事上帝也。"出自《礼记·中庸》。引文与原文并不完全一致。

[3]语出《尚书·召诰》。夫，人人。知，无实义。保，背负。译为"每个人都抱着牵着他的妇女儿童，在悲哀地呼吁老天"。参见屈万里：《尚书今注今译》，台北：台湾商务印书馆1971年版，第118页。

[4]语出《诗经·小雅·巷伯》。骄人，指谗人，因其谗言得逞而得意忘形。视，同"示"，展示，展现，把谗人的真面目展现出来。劳人，指被谗言伤害的人，因其被伤害而心忧劳。译为"老天爷啊！老天爷啊！请你把那些谗人们的罪恶面目，都展示出来吧！请你可怜那些被谗言所陷害的正人君子吧！"参见马持盈：《诗经今注今译》，台北：台湾商务印书馆1979年版，第326页。

[5]语出《诗经·大雅·桑柔》。倬，明。宁，乃。译为"高明无所不见的苍天，竟然一点也不可怜我们？" 参见马持盈：《诗经今注今译》，台北：台湾商务印书馆1979年版，第469页。

[6]"西子蒙不洁，则人皆掩鼻而过之；虽有恶人，斋戒沐浴，则可以祀上帝。"出自《孟子·离娄下》。

[7]出自《列子·说符》。荐，祭献。古代以纯色牛羊做牺牲，故孔子说此白犊可祭上帝。参见景中译注：《列子》，北京：中华书局2007年版，第258页。

[8]此处分段为整理者添加，原文无。

非祖宗，即上帝也，似此而不知敬根本之上帝，可乎哉？天地万物，无非上帝所管理，似此而不守上帝之诫令，可乎哉？《书》之《洪范》云："惟天阴骘下民，相协厥居。"[1]孔颖达注云：民是天所生，形神天之所授。[2]又，天非徒赋命于人，授以形体、心识，乃复佑助，谐和其居业，使有常生之资。视此，则上帝之宜于敬畏、宜于祈祷者，不从可知乎？然而后世亦有禁人祈祷者，如明时之洪武有云："朕思天地造化，能生万物而不言，故命人君代理之。前代不察乎此，听人民祀天地祈祷，无所不至。普天下之民庶繁多，一日之间，祈天者不知其几，渎礼犯分，莫大于斯。"[3]惟此，洪武十三年五月四日，雷震谨身殿，帝亲见火光自空中下，乃拜曰："上帝赦臣，臣赦天下。"[4]似此祈祷，当不第[5]国主一人已[6]也。

吾人最要之事，莫如敬上帝也。欲敬上帝者，莫如明上帝之道，顺上帝之意也。或问曰："何为而可明上帝之道，顺上帝之意也哉？"对曰："其要有三：一，要观上帝所造之天地万物；二，要细观二约圣书；三，要深明耶

[1]语出《尚书·洪范》。译为"老天是保护世间民众的，使他们和睦地住在一起"。

[2]"言民是上天所生，形神天之所授，故'天不言而默定下民'。群生受气流形，各有性灵心识，下民不知其然，是天默定也。"参见孔颖达：《尚书正义·卷十二·洪范第六》。引文与原文并不完全一致。

[3]参见宋濂：《洪武圣政记》，载邓士龙辑：《国朝典故》（上中下），许大龄、王天有主点校，北京：北京大学出版社1993年版，第177页。又见《明实录·明太祖实录·卷五十三》。

[4]参见徐祯卿：《剪胜野闻》，载邓士龙辑：《国朝典故》（上中下），许大龄、王天有主点校，北京：北京大学出版社1993年版，第60页。

[5]第，但。

[6]已，止，罢了。

稣基督一生之事。留心细阅以上三法，即可知上帝之奥妙矣。”

华人亦云：“我中国莫不敬天。”不知华人所敬之天，乃苍苍之天，非上帝也。余岂不知中国之人，亦有敬上帝者乎？当其遇难之际，亦多祈祷上帝，然过此以往，则未有仍归荣耀于上帝者。其旦暮颂祷、朝夕感谢者，有几人耶？我故急劝世人，总宜刻刻感戴、时时爱敬极大仁慈之天父上帝也。

四　卷

第一章　上帝主理人事

前既言上帝主理万物，兹欲论上帝主理世人。万物有万物之理，亦有天道。此理与道，于人为大有益，乃令人预知，预为有备。预有其备，乃有胆有识，可以勇往不怯。如无此理，无此道，则不能知明日日之出没何时，亦不知其播种能生与否。此道与理，类如国之通衢，为行者所必由；亦类国之法律，为黎民所必遵；亦类屋宇之图示，建造者所必需。外此，复有如许细故，入而调停人意焉。假如人有远行，欲至某地，不能不遵大路，约其定期，或限以二十日，或三十日，具载行李而往。时或家有音书[1]，令其回辕[2]，亦或遇友人，迟其行期，或遇劫掠，伤其车马，或反唇舌误于夫役，或失斧资[3]，或患疾病，或遇断桥水阻，均足耽延。外此亦有事故，致稽[4]时日者。由斯以言，人生于世，度此岁月，总由此理此道，作事程工。究惟上帝以外此之事故，进退吾人。假如人

[1]音书，书信，消息。

[2]辕，驾牲畜的两根直木，代指车马。

[3]斧资，即资斧，旅费。

[4]稽，停留，如稽留，稽滞。

欲售[1]一地，置一花圃，恐或无鬻[2]之者，或其生理[3]猝败，囊橐[4]无余；或既得其地矣，依万物之理，开垦之，平治之，拥以粪土，播以种苗，灌溉滋长，有花有木，然或遇螟螣[5]，或生蟊贼[6]，或牲畜践踏，或雨水伤涝。诸如此等，举不由人。假如今日立定一意，明日至某地，周济贫乏，或别有音书，令吾移地，亦或因门内事故，致不果行，亦或遇病不能出。世事大略如此，此殆所谓谋事在人，成事在天者也。

有其不易之理、不易之道，外复有思不及、无可定者，二者兼之，其益无疆。其最要者，致人潜心勤敏。设无此不易之理、不易之道，人无可动作。此如人夜历荒野，不辨向往[7]，莫知所为。有其不易者。设无其无定而思不及者，世人工作，将如旋磨之牛，往来循环，固执涂[8]辙，不役其心，不勤其力，过世如同酣睡。役心勤力，事常有念不到者，乃令人之心活而不死，醒而不寐。有其不易之理、不易之道，人得以考校详明，而务[9]于格致之途，以此理此道，扶翼[10]斯人。设无此不易之理与道，则无所执以考核，如天学、地学、化学等皆无复有。有其不易者，而无其思不及者，人必傲慢，蔑视一切。有

[1]售，本义为卖，此处似应理解为买。
[2]鬻，音yù，卖。
[3]生理，生意。
[4]囊橐，音náng tuó，袋子，借指粮仓、粮库，引申为财产。
[5]螟螣，音míng téng，吃稻苗的害虫。
[6]蟊贼，音máo zéi，吃禾苗的两种害虫。
[7]向往，方向。
[8]涂，通“途”。
[9]务，致力，从事。
[10]扶翼，帮助。

思议所不及之事，所以调停[1]不易之理与道，使人知应祈祷上帝，默为扶持。有不易之理与道，人能前行。有念不到者，令人上仰皇天。有不易之理与道，人能倚己有为。有念不到者，令人亦倚天有为。有不易之理与道，令人操作日增。有念不到者，令人持心冲虚[2]，日为祈祷。

亦复有用焉。有不易者，有无定者，乃令世运昌明，人人心内，自然而然，依此理此道，积日积岁，作事勤工。士之子恒为士，农之子恒为农，各有恒心，不厌其故。猝有念不到者，见有何人，出何书籍，与何新法，灵巧器具，博大医院，利人济人。苟明于此，无不奋兴而前者。又有之。有不易之理与道，复有其变易而至无定者，亦欲美地舆之观。如今岁此日雨，明岁此日不雨，或今岁此日大风，明岁此日乃无风，或今岁此日阴云，明岁此日则晴甚。同一地也，或今岁多花，明岁则减少，今岁草木畅茂，明岁则多枯萎。若此者，岁岁变迁，以新世人之耳目。假如岁月日时，永为一致，每岁春秋冬夏，光景不移，人视之不见新奇，则无以触动其气志也。此如人生饮食，日同其物，将心生厌恶矣。又如机器一具，如许轮轴，彼此牵引，见之者，非不谓其奇异奥妙，然日久习为故常，则几忘其为奇奥矣。然则世宙变动无常，气象万千，今日见有此，明日见有彼，俱为思拟所不及者，乃所以触活人心，以助其兴焉。

盖人性自然好惰，甚不乐勤，凡物欲其久存不敝[3]，

[1]调停，平衡，中和。
[2]持心冲虚，谦卑，虚心。
[3]敝，破旧。

偶经损缺，惮于修为。故凡器具，依万物之理，日不若一日，渐而毁敝，此其常也。曾有人坐椅损其一足，其人将椅倚立于墙，以当其足；或其屋隙漏雨，彼移身异处以避之，客或有至而箴规[1]之，或验其器具之美而惋惜之，则不免有惭色，而依人言以成[2]之。人情大约类此，无自外来鼓舞者，诚难冀[3]其奋兴焉。国度亦然。当中华前汉[4]时，英之民人，皆为生人[5]，体不饰衣，心不知天，崇拜偶像，奉及草木，或栎或橡。有罗马国人，至英国，觅铁锡矿，携有书籍。生人艳[6]之，习其举动，间亦有服其服、读其书者。至东汉时，耶稣降世后，有司牧者[7]，随罗马人来，至英土讲经宣道，愿听者众，因设有教会，此为英国肇兴之基。后欧洲各国人民等，忘其真道，失其礼仪，人私其便，变乱上帝之意，通文字者甚鲜[8]，遗忘上帝圣书，无人诵读，如埋没于地中者焉。于是皆奉偶像，或小儿项锁，或屋舍镇屋，糊糊涂涂，种种邪魔，俗尚皆具。至前明正德年间[9]，有名路得[10]者，起自日耳曼国，既获有圣书，潜心玩索，心领神解，心热如火。乃出而大

[1]箴规，规劝。

[2]成，修缮。

[3]冀，希望。

[4]前汉，即西汉。

[5]生人，野蛮人，未开化的人。类似说法有“生番”。

[6]艳，艳羡。

[7]司牧者，牧师。

[8]鲜，音xiǎn，稀少。

[9]正德，明武宗朱厚照的年号，明朝使用正德这个年号一共16年，即1506年至1521年。

[10]路得，即马丁·路德（Martin Luther，1483—1546），出生于日耳曼中部，16世纪欧洲宗教改革倡导者，基督教新教路德宗创始人。

声疾呼，董戒斯人[1]，令其憸悔[2]，去恶迁善。亦日宣讲圣书，示人知上帝之意，严训以圣书中条戒[3]，故其君若民皆谨奉之。此人之声闻，几如一大号筒，觉聋警瞶[4]，以振兴日耳曼国。其徒亦至英国，热心劝人，亦因以振兴英国。此英国中兴之由，嗣后日增一日，历至于今。中国历代亦迭为兴衰。日本国亦类英国。在中华同治十余年[5]前，其民人崇信虚伪，敬拜偶像，多染污俗。有英、美、布[6]三国人，传教其国。日本国受其鼓励，习其举动、衣服、语言、机器等，上而王制，下而风俗，悉皆西洋是则是效[7]，因此聪明才能，权柄较胜于昔日者实多。亦有习学无始无终上帝之道者，其后明其道、奉其礼仪者愈众，当愈日兴起矣。

有不易之理与道，发动万事，各有定则。上帝以此理此道，或令其彼此交济，以成事故[8]，此任上帝之意；或令此理此道，相反相拒，不成事故，亦由上帝之意；或令其外之事故，入而调停此理此道，亦惟上帝之意。若此者，世宙事故，皆为上帝主之。假如有舟，将出河口，河有水流，引舟而去，如逢潮落，河流加速，舟去亦速，如上帝更施以顺风，舟更速矣，一时之间，可抵数时；如海

[1]董，监督，督促。戒，革除不良嗜好。董戒斯人，督促人们戒除不良嗜好，改过悔罪。

[2]憸，音xiān，奸邪。憸悔，悔过，忏悔。

[3]条戒，戒条。

[4]瞶，音guì，瞎子，眼昏花。

[5]同治，公元1862年至1875年。

[6]布，疑即葡萄牙。

[7]悉皆西洋是则是效，全都学习西洋。则、效，意为效法，学习。

[8]事故，泛指事情。

逢潮涨，舟不能行，是海潮足以阻抵河流，以误舟行；如逢潮落，而引河流，倘有风逆，则舟亦不能行。前康熙年间[1]，英国王，暨在朝大臣，皆奉天主教，强北英之民，共守其礼仪，北英人多不从。王遣大臣，统兵至北英地，磨难其民。人仍不从，乃命军士焚其屋宇禾稼，逐之出。故北英人民，时多匿于山者，受苦无限。北英之西界诸民，聚会起誓："无问何患何苦，必依圣经之言，守其安息，至死不变。"英王暨百官闻之，尤加动怒，故又增兵前往，并令残忍者统之。北英之西人，逢安息日，无敢赴礼拜祠[2]者，亦无敢违礼拜仪，仍入深山穷谷，为人所不及见之地，守礼拜圣餐、施洗等仪。上帝佑之，有希奇事凡几。一日若干人聚集山涧，礼拜上帝，时突有群羊，奔山而下，越其地而过之，其人见此，咸谓有故，一人出视之，遥见马队一起，直奔向前。众皆危惧，无法求救，计不知所出，惟一心祈求上帝。正惶急时，忽然山顶云雾下移，遮覆礼拜诸人，兵一不能见，越而过之。此上帝作此以庇护之。盖上帝令冷风入云，凝为水气，浓厚之至，光不能透，视不能入。夫马善走，能追人，兵多器械，能伤人，上帝以此物理，废万马之力及兵刃之用焉。中华地，东南海角，泊舟口岸，有商船凡几，聚泊于此。其西南有贼舟，闻其消息，将欲近之，以施劫夺。既所备皆具，亦有贸易顺风，瞬息可至，突有大雾迷人，贼舟迷路，不能前行。此上帝以此云雾之力，废此贸易风力焉。农人春耕，拥以粪，播以种，至夏而苗生之，亦有日以曝之，

---

[1]康熙是清朝第四位皇帝爱新觉罗·玄烨的年号。康熙年间，自公元1662年至1722年。

[2]礼拜祠，教堂。

如其不雨，则地之力、种之力，日光生物之力，举为废弃。[1]

此犹其事之小者，上帝亦恒以此法，成大事，兴败国度。前明时，万历十有五年[2]，英国乃一女王，名以利沙伯[3]，意士巴尼亚[4]王，名腓立比[5]，欲与女王结为夫妇，女王不从，腓立比怒甚，不受英之聘问礼仪，将欲攻而败之。以利沙伯，奉耶稣教，亦佑助耶稣教会。腓立比奉天主教，故其于以利沙伯，不惟怒其不嫁，亦为天主教事，坚欲破其国度。其时腓立比，不惟王于本国，所统辖者甚广，如博而土[6]、荷兰诸国，及印度境内，有地凡几，皆为其辖。此时英国地小，人民无多。腓立比断决其意，整兵五万，战艘八十，天主教王[7]，祝福其舟其兵，与以总名，曰“胜不得者阿尔美大”[8]。于是掉[9]舟前往，向英而行。猝有巨风，冲散其舟，令之回。后复整顿其艘，向英再往，至相距不远，遥见英之境土。英之小战艘，迎而击之。方交战时，突西北风大起，鼓[10]意士巴尼亚艘，去

[1]此处分段为整理者添加，原文无。

[2]万历十有五年，即公元1587年。

[3]以利沙伯，即伊丽莎白一世（Elizabeth I，1533—1603），名为伊丽莎白·都铎，是都铎王朝最后一位君主，英格兰与爱尔兰的女王，也是名义上的法国女王。

[4]意士巴尼亚，España，西班牙。

[5]腓立比，即菲利普二世（Felipe II，1527—1598），哈布斯堡王朝的西班牙国王（1556年至1598年在位）和葡萄牙国王（称腓力一世，1581年起）。

[6]博而土，疑即Portugal的音译，今译葡萄牙。

[7]即罗马教皇。1587年2月1日，英国女王伊丽莎白一世签署命令处死了苏格兰信奉天主教的玛丽女王，罗马教皇颁布诏书，号召对英国进行圣战。

[8]胜不得者阿尔美大，即Armada Invencible，西班牙无敌舰队，军力强大，1588年派出，意图征服英格兰。

[9]掉，疑为“棹”之误。

[10]鼓，吹动。

东北行，触于岛，触于石，损伤凡几。余者复东北行，英之小战艘随之。意士巴尼亚舟子，不习其海路，故有被英擒者，有触而坏者，返其国者，舟仅二三。英之小舟，无一损，亦伤人无几。此殆上帝以其风佑助英国，并扶翼耶稣教会。假令当日无此大风，危险极矣，恐其破英必矣。越百年，康熙二十有六年[1]，英亦有一危险事。时英王乃天主教人，名曰雅各[2]，无足倚赖。英国人民，甚不乐此王，以其惟罗马教王命是听。此时荷兰国王，名威力[3]者，聪明忠厚，亦奉耶稣圣教，其王后乃英之前王女。英之廷臣，暨民中有名望者，合而定议，欲尊威力为英王。威力甚惬，非惟私己，亦为信奉耶稣者。因出谕旨，大诰英国，遍示英之都邑云：余欲拯救英民，及耶稣教会。雅各王见之，问心不安，乃诏其大臣，会议其事。有至者，有不至者。至者皆奉天主教，咸有热衷，劳心劳力，勤敏之至，奔走国中，整理兵艘，欲以保护其王雅各。威力之兵伍战艘，亦各整备，离荷兰海口，向英前行。至海之中央，忽大逆风起，吹散其艘，令其回，盖天时犹未至也。越二三日，返其国都，无一艘、一军士、一舟子，或损或伤，咸获安全。又越五日，威力复整船开行，时有大风东起，乃顺风也。其舟始向西北行，雅各王之探敌小舟，见

[1]康熙二十有六年，即公元1687年。

[2]雅各，即詹姆斯二世（James II，1633—1701）。自1685年到1688年是英格兰、苏格兰和爱尔兰的国王。他是最后一位天主教的英国国王。在1688年光荣革命中他被剥夺王位。

[3]威力，即威廉三世（William III，1650—1702），即苏格兰的威廉二世、奥兰治的威廉亲王，奥兰治亲王、荷兰执政、英国国王。他是荷兰执政威廉二世与英国国王查理一世之女玛丽公主的儿子，也是英国国王詹姆斯二世的女婿。

敌舟皆西北行，意[1]其欲至英之东北偏，返报雅各。因令其兵，皆赴东北，以备防御。晚间，威力舟忽返棹西南行，东风亦大。英之兵艘，皆聚于河口推每士[2]。威力舟获顺风，雅各舟乃逆风，以故不能出口。英之水师提督，见威力舟过其前，心烦虑乱，不知所出，又兼为风故，撤其桅梢。威力舟越英之舟师[3]而过，至一狭隘海湾，升炮鼓号，以示喜乐，意欲至英之南海口名多尔贝[4]者，登岸。至四日而至，惜此日早，云雾厚重，不辨口岸，引路小舟，逾越其地，众舟亦随而过之。欲回棹，则逆风。欲仍进，则由此而西，地皆不利。盖自多尔贝之西，凡各海口，皆英之炮台，兵丁镇防。统兵者当此，谓："为之奈何？为之奈何？"方恐惧时，忽东风易而南来，习习宜人，云收雾散，日光朗耀，岸侧清明。威力兵艘，大小六百，齐转向东北，越海角山头，安安逸逸，泊舟多尔贝。兵皆速登，惟有一难，大风之后，波浪不平，马不能离舟登岸，甚为不便。至次晨，波平似镜，舟中人马行李，皆得出舟，一日之间，几完三日之工。登岸已毕，西风大起。前易南风时，雅各舟皆出口，迹威力众艘时，遇西风而逆，不得猝至多尔贝，与威力敌仗，亦不获袭伤威力兵艘。威力乃雍容统兵北上，民皆欢舞，迎兵前行，其有一二阻敌者，亦无害于事，雅各王乃闻之而遁。此二事，可以识上帝之意矣。[5]

[1]意，以为，认为。

[2]推每士，疑即Thames，英格兰南部的主要河流，今译泰晤士河。

[3]舟师，海军。

[4]多尔贝，当为Torbay，今译托贝，英格兰西南区域德文郡境内地名。

[5]此处分段为整理者添加，原文无。

或谓上帝主理人事，治其大者，不治其小者，亦主理物之大者，不主理物之小者。此言非是。盖以事虽微，必有故，与大者同；其非能自然而然、自为出之，亦与大者同。如微小事物，自然出之，此自为主之，实为上帝使之矣。因为因，果为果，无因斯无果，有果则有因。故事无小大，或在天，或在地，或倏而来，或渐而至，至无问其因可见与否，皆为上帝主之。物物皆随地凝滞，不能自为运动，事事亦无能自为主者，故此无问何事何物，皆由上帝而生。耶稣云："二雀非一分金售乎？然尔父勿许，其一不陨地。尔发亦且见数。"[1]

且事之大者，乃由事之小者而成。人皆知灯火之微，失之可以焚及屋宇，伤及人物。同治十年[2]，美国有一巨城，名基割戈[3]，某贾肆，一灯倒火失，延及其屋，时遇大风突起，吹火四出，延及通城，高阁层楼，焚毁殆尽。其以水龙赴救者，几于万人，皆归无用。[4]此其事甚小，而所成甚大。又有小事成为大者。如二人生衅[5]，日深一日，因各连及其友，不睦者增多，二人之友，复连及其友之友，其不睦者愈多，甚至千百成群，互相攻击，致伤如许人者。亦有以一小事，而兴[6]其人，以至于毕生者。极大之木，其由以生之种甚微。人事之大者，亦由人心之一

[1]《圣经》新约《马太福音》10：29—30："29两只麻雀，不是卖一铜钱吗？你们的父若不许，一只也不能掉在地上。30就是你们的头发也都数过了。"

[2]同治十年，即公元1871年。

[3]基割戈，即Chicago，今译芝加哥。

[4]1871年，芝加哥因奶牛踩翻马灯而引发巨大火灾，芝加哥三分之一的城市被烧毁，近半市民无家可归。

[5]衅，音xìn，缝隙，感情上的裂痕，争端。

[6]兴，使之奋起，鼓舞，激励。

念而成。故上帝不治其事之小者，亦不能治其事之大者。

上帝亦可以至小之事，废其事之至大者。假如统率一军，步武[1]齐伐，号令严整，伺敌而出。突其将帅，偶遇风寒，肢体不适。军无指挥，潜师不出。是以一人之小故，废千万人之力于无用矣。香港有一极大轮舟，欲赴美国。既盈其载[2]，乃燃其火，渐足其气，宾客舟子，各就其位，各司其职。将欲开行，乃驰[3]其缆。一缆坠水，误缚其轮轴，舟竟[4]不能行。是一大舟之力，不敌一绳之力也。

或谓人生食土之毛，五谷果蔬，乃天地自生，亦谓前论诸事，如云雾等，乃其适然[5]，人日受光天化日之恩，亦为自然而然者。噫！何其愚也！前卷曾言及西国机器室，有一机器，入其麦，及其出之则为馒首。如谓此馒首乃此机器予我者，宜乎不宜？谓天地生物者，何以异此？此如谓工匠之器具可以自行建造楼阁，文人之翰墨自行抒此文章。有是理乎？

上帝宛一涣号[6]之主，下如许诏书，与如许人。上帝之意，宛如将命者，依万物之理、天地之道，赍[7]书而往，遍给其人。其训诲人者为一书，督责人者为一书，辅翼人者为一书，束缚人者为一书，示人以知某事者为一书。有书令人行，有书令人止，有书令人乐，有书令人忧。故世宙日日，凡有所遇，如此诏书之皆来自天者。书

[1]步武，脚步。
[2]盈其载，满载。
[3]驰，松弛，放开，解开。
[4]竟，终了，终究。
[5]适然，恰好如此。
[6]涣号，指帝王的旨令、恩旨。
[7]赍，音jī，怀抱着，带着；把东西送给别人。

未有出，主之者，必先思其若何立言，具有成算于胸。故上帝亦有成算，预拟人人之为，乃以此理此道，指挥世人，各为所为。《诗篇》曰：“惟我贫乏，望主眷顾兮，上帝佑我援我，毋迟毋缓兮。”[1]其意谓，上帝主理万物，亦存心虑及一一敬虔上帝之小人焉。若此者，举世生民，用水行舟，藉土滋生谷果，以草木燃火炊爨[2]，以丝绵皮毛为衣，以周行[3]为路，以牲畜服役，农工商贾，各归其分，各尽其职，或出或入，各由其意，乃实皆为上帝主理之，调停之。《但以理书》云：“斯世之亿兆，藐乎其小，有如无物。天上军旅，地下人民，上帝随意而作。其取之，孰能御之？其为之，孰能诘之？”[4]

上帝治理斯世，有二意焉。如家主治其子女，其与奴仆大异。世有爱敬上帝者，上帝治理之，如父母之于子女然。《罗马书》八章云：“我侪知万事沓来，无非益诸爱上帝者。”[5]故无问何人何国，服事上帝，实日兴起焉。其不爱敬上帝者，上帝亦治理之，如主人之于奴仆焉，予以饮食、居室、器具，无问其或智或愚、知与不知，皆用以扶助夫爱敬主者。《撒木耳前书》有云：“尊敬我者，

---

[1]《圣经》旧约《诗篇》40：17：“我本是困苦贫穷的，主却顾念我。你是帮助我的，搭救我的；我的神啊，求你不要耽延！”

[2]爨，音cuàn，烧火做饭。

[3]周行，大道，大路。

[4]《圣经》旧约《但以理书》4：35：“地上所有的居民都算为虚无；在天上万军和地上居民中，他都凭自己的旨意行事。无人能拦住他的手，或问他说，你在做什么呢？”

[5]《诗经》新约《罗马书》8：28：“我们知道，万事都互相效力，叫爱神的人得益处，就是按他旨意被召的人。”

我尊显之；藐视我者，亦亦藐视之。”[1]

[1]《圣经》旧约《撒母耳记上》2：30—36：“30因此，耶和华——以色列的神说：‘我确实说过，你和你祖宗的家必永远行在我面前，但现在耶和华却说，我绝不会这样做，因为尊重我的，我必尊重他；藐视我的，他必被轻视。31看哪，日子将到，我要折断你的膀臂和你祖宗家的膀臂，使你家中没有一个老年人。32你在以色列人享福的时候必看见我居所的衰败，你家中必永远没有一个老年人。33你家中的人，我没有从我坛前剪除的，必使你眼睛失明，心中忧伤。你家中所添的人口都必夭折。34你的两个儿子何弗尼、非尼哈所遭遇的事是给你的预兆：他们二人必在同一日死亡。35我要为自己立一个忠心的祭司，他行事必照我的心、如我的意。我要为他建立坚固的家，他必天天行走在我受膏者的面前。36你家所剩下的人都必来叩拜他，求一块银子，一个饼，说：求你给我一个祭司的职分，好使我得点饼吃。’”

第二章　论上帝步武世人

上帝整理世宙，其最希异者，凡人能预知多者，其能治之也愈少；预知少者，其能治之也颇多。此道理中，具有步武次第。一，人愈能主治何事，喜恣睢，愈不能预有所明。如人在两间人类中，法有万万可以难为人者。假有凶恶于此，喜于伤人，如其预能悉知人人之止、人人之事，将更益人之苦。乃无问若何智慧灵敏者，明日之事，必不能知及之，而预为主定，必不知翌日某于某地，某有某备。此乃束缚凶顽，不令自随其意。二，人能管理动物，较人差少；其能预知于动物者亦差多，如飞者、走者、匍匐者、潜跃者，其视人较难于摄理。究之，可预知者，视[1]人为多。预能知其品性，识其习气，亦预知其各何居止，作何生活。三，植物类，人能主理者较动物加[2]少，而能预知者较动物加多。不能令草木不生，亦不能拔而去之，绝其根柢，刈艾[3]之而复生。割一大木，殊费时力。究之，预可知者多，知来岁某地生某草木，某地宜某禾稼焉。四，化学，如金类、石类、气类，人能管理之又

[1]视，较，相较于。

[2]加，更。

[3]刈，音yì，割。艾，音yì，治理。

加少，能预知之又加多。凡各元质，人不能更易。物物相合，各有定理，人无所施其力，如木入水必浮，金入水必沉，火入火药不能不爆烈。究之，万物之性，万物之理，皆预得而细查之。五，地舆[1]，潮汐往来，一不由人。人能为者，不过筑堤岸，以略驱之使去；作沟渠，以引之使来。江河水流，其能为者，亦不过如是。究之，可预知者，实为加多。六，天文，日月星象，人一毫不能为主，其能预知者乃极多。[2]

复有事凡几，可推言之。人愈长于才干，能于事为，愈依赖于人。一，农者碌碌无所短长，性喜安康，不好滋事，故其出作入息，事皆自主，任其意向，不牵制于他人。二，商人颇擅才能，优于谋为，资财亦厚，欲有难于人，亦所能为，假有富商于此，欲凌厉人，其能力足副。究之，倚人者多，不能举随其意。如其司簿书者[3]逃逸，出入无据，贾肆纷扰，是莫大生理[4]，倚此一人。或司厨灶者，辍工而罢，饮馔不供，举家烦苦，是一家倚赖此一小人。农人皆能自行炊爨，富翁则皆役人。三，匠工灵巧，技能颇多，一匠不能为何，匠累百累千，能罢其工，可致一方之苦。此倚多人以成其事者。四，士子读书，明于今古，长于才辩，能力殊多，可能为善，可能为恶，是为可惧。究之，士人无所不倚，不善耕作，不服井臼，不习纺绩，不兼匠作，种种皆仰于人，以终其身。五，官擅权威，能驭民众，究倚其庶民，倚其士子，倚其兵备，亦

[1]地舆，地理。

[2]此处分段为整理者添加，原文无。

[3]司簿书者，管理账务的人，此处指会计。

[4]生理，生意。

倚众官长。如有妒忌，有谗谤，或其属民，或其同僚，皆足败其权而损其威。六，作福作威，权莫高于帝王，其所倚赖者尤多，一倚内阁，二倚军机，三倚六官，四倚都察院，五倚诸文武大臣，六倚兵备，七倚国人。上帝亦用此等以主理世宙。其才能多者，皆多倚他人，无问学问、礼仪、资财、权柄，凡其多者，皆倚其无者，不能任其一人之意焉。试设一微喻，舟愈大，其所能至之地，愈有阻隘，艘之极大者，不能是处皆至，交兵对敌，其小者则无不能至，虽一溪之浅，舟亦可行。此言虽小，可以喻大。

前十有二条之意凡一：其预知之多者，不复能为主理；其能为主理者，其预知之也少。吾可以预知明日，月出何时，如时至戌，宜行某度，亦可以知其大小如何，形体如何，独不能令其度数少[1]退、形体少变；明日可杀一人，毒一人，必不能预知其定居，或有何物自卫者否，有何友同居者否；人可以造历书，预定将来千万年之躔度[2]期候，不能自知其身，历一时后，或吉或凶，或生或死。此盖令人自知，至微至小无何能主。其有预知者，其所能已往；其后有能为者，其知之力已废：二者不能兼全。兼全者，其惟上帝。人当薄暮，见此日西沉，星月东升，俯首自思，当自知其微小，不能有何主理。人知吾人在世，所能为者殊多，不能知明日之吾，或康乐或疾病，或死或生，此复可以自思，自知其微小，无一能为。有此道与理，可以知吾世人共倚上帝，非能自倚一己，所谓“听天由命”者也。

---

[1]少，些微，丝毫。

[2]躔，音chán，天体的运行。躔度，指星体运行在轨道上的度数、位置。

第三章　论上帝治世事有成算

上帝创造宇宙，山海高下原隰[1]，地势不齐；毗寒毗燠[2]，气候不齐；气蒸多寡，雨露亦不齐。因之事功不齐，趋事赴功，人亦不齐。故散置人民，趋附各异事功，或宜于农，或宜于渔，或宜于牧养射猎。五金煤石、地兴宝藏，则宜于博采。服食器用，土产各异，则宜于交易。故滨海之区，而贸易运输，则习于舟楫者是赖，而又地燠饶果实，俯仰易资，其民宽柔而惰。平原勤耕稼，竭作维艰，其民俭朴而淳。山则土高气劲，人习骑射，其民多猛悍善走。其不靖[3]也，往往攻战剽掠[4]，殃及平原。则有刚柔相遇，易置繁衍，百余年间，因仍往复，往往而然。盖上帝于此，特令交错，互相渐染，一则启迪以道德，一则振兴其委靡焉。其聪明学习，与风土为移易者亦然。地气清明，晰于天象，其人必善言天；平原民多质朴，则务于伦常者多，而间习诗歌；其山高人民，则每擅长于风雅；而污下诸民，著述不复多见，则又其怠惰使然。故人谓各国人民，各理各业，各适所欲，不知皆由上帝使

[1]隰，音xí，低湿的地方。

[2]燠，音yù，暖，热。

[3]靖，平安，安静。

[4]剽掠，音piāo lüè，抢劫掠夺，击杀。

然。[1]

不特此也。泰西宿儒，揣摩各国志书，确知各国生齿[2]，年多一年，概有成数[3]，而又男女维均，而又瞽聋喑哑，岁万人中，成数若干，确有可稽。推之，死亡疾病、病愈病故，与凡婚姻嫁娶、罪恶凶杀、舍生自尽，其俱有成数者皆然，以及人事中，各国交兵、人民争斗、往来音书、门庭过客，其略有成数可稽，亦莫不类然。浮海舟楫，岁约千损若干，复不出此。此泰西诸国，保险公司之所由设也。复设保人险公司，事约略同，亦确知岁万人中，其死亡成数，年二十以下者若干，三十以下者若干，四十、五十以下者若干。更有奇者。泰西诸国，音书往来，设有专司，岁中每计函封[4]遗[5]书姓名者，确有若干函。司者遇此，例应开函谛[6]明，代为填书邮递。设遇此书百函，内必有珍重货物，亦成数不易。诸凡如此，明知事由人为，实冥冥有主之者。

[1]此处分段为整理者添加，原文无。

[2]生齿，代指人口。

[3]成数，即几成，百分比。

[4]函封，信封。

[5]遗，遗漏。

[6]谛，仔细。

第四章　论上帝监观世人

吾人入一书塾，见其几案椅凳，师位弟位，陈设犁然[1]。各一其案，各异其书，训饬有威，夏楚二物[2]。虽室无一人，入之者，皆知其为学塾也，亦皆知为之师者，必悉其凡学者[3]之性质[4]、学力，以预为施教之地，善教之以成其材。此可作此世观，而犹未甚似也，则以学者时睹师面，聆其教训，守其矩镬[5]，颇为乐焉。西国有大狱，室面方阔，而层楼五六，其间列屋如许，大小门户，各有门者，亦旁列刑具。犯者入此，人各一室。能工作者，督理之，令各业其工。狱之中，有广院，有花有果，逐日两次，出罪人于院游赏，亦日有先生，两次入狱，与罪人宣讲圣道。假有自远方来者，入而视之，见有门焉者，日夜监守，随处列有刑具，各室内人，各勤操作，苦不自主，莫之敢离，各欲与狱吏笑谈，究惟不能。此不待告语者，其人可知此中之人之为罪人也。此真可作此世观矣。

---

[1]犁然，清楚明晰。

[2]夏楚，音jiǎ chǔ，古代学校中施行体罚的器具。《礼记·学记》：“夏楚二物，收其威也。”郑玄注：“夏，槄也；楚，荆也。二者所以扑挞犯礼者。”

[3]学者，此处指学生。

[4]性质，此处指性情、品质。

[5]矩镬，音jǔ yuē，本指画直角或方形的曲尺。比喻规矩法度。

其一，世人皆罹忧苦，或在内，或在外。在外者体，或疾或伤，痛楚难堪，有不惟一月两月，而期年、积年、恒然者。无问富贵贫贱，欲求其家无此忧苦者，恐十不一焉，非昔有之，或今一罹之。在内者心，其忧苦殆有甚焉，如悲伤哀哭之情，几遍于中西各国。外此，水旱厉疫，岁有死者无算，亦有盗贼饥荒，焚毁屋宇，伤毙人命。男女老幼，忧苦实甚。有是哉，呻吟哭号之声音，充塞于两大之间[1]，几无隙地。

其二，世人各有不易之地，各国其国，各子其民，虽时或有去国而他适者[2]，总之不能去者皆是。

其三，人各有定业，各有劳苦，所不能已，农不汗血则无食，士不苦心则无名，无问[3]或士或农、或工或商，非劳心，非劳力，必致冻馁[4]。故此世人，皆不敢惮劳。

其四，上帝随意主理人事。一家之人，不无离合。子或远游，而父母倚闾[5]；夫或远行，而妇女伤心。外亦有如许束缚人、鉴察人者，如人欲肆恶，究惟难终，极恶之心，图无不至，而身不能随之。妄诞者，欺人无几，为其邻里伺而知之，去而远之。一怒可以杀人，究不惟能，为左右皆得止之。假有某王，自居其国，无何管辖，似可任意横行，乃亦有拘束之者。有饮食男女，过而伤生；疾病患苦，束缚之令不自随者。此人所无可如何，天有以制之。故此世人，无问小大，皆有鉴察之者，遍此寰区，

---

[1]两大之间，天地之间。

[2]虽时或有去国而他适者，即使有时有离开母国到别国去的人。

[3]无问，无论。

[4]冻馁，音dòng něi，寒冷饥饿。

[5]倚闾，音yǐ lǘ，靠着里门，形容父母急切盼望子女回家的心情。

如家有父母教之，师长董之。父师之所不及[1]者，又有国法，如府州县卫，各设官长，一乡一里，亦设有乡长里长。国法所不及者，则有天法。凡一家、一乡、一邑、一国，皆有此伺察之事，亦皆有笞责刑具。

其五，可看前章十二条。[2]

其六，上帝违人甚远，究之无乎不在。人明于道，能见，见不及上帝也；能听，听不及上帝也；能知觉，莫能知觉于上帝也；千里镜妙而适用，用以视上帝座，不见也；电报通千万里语言，不能与上帝言也；呼吁恳至，而不闻上帝之应声；献何祭物、歌舞、诗歌，上帝歆之，而究不显现，诚不见也。究之，上帝实无乎不在，上下、前后、左右皆是，人心无不皆知。天监下民，洞悉内外，亦日以鸿恩施人。昔唐虞[3]时，西方有圣人约百[4]者，甚明于此，故其书云："彼居何方？愿闻其地，我将往。乃趋之于前而彼不见，索之于后而彼不在，意其匿于左而不能遇，意其隐于右而不克觐。我之行为，彼所鉴察，见试之后，若金之既经煅炼。"[5]

其七，人皆曰"敬爱上帝"，实未有爱也。或有疾而愈，或始贫而富，或远游而归，斯时也，或爱上帝；旷达

---

[1]不能及，不能管辖到，不能约束。

[2]见本书第四卷第二章。

[3]唐尧与虞舜的并称。

[4]约百，即《圣经》中的约伯。

[5]《圣经》旧约《约伯记》23：3—10："3惟愿我知道哪里可以寻见神，能到他的台前，4我就在他面前陈明我的案件，满口辩诉。5我必知道他回答我的言语，明白他向我所要说的。6他岂用大能与我争辩呢？不！他必理会我。7在那里正直人可以与他辩论，我就必永远脱离那审判我的。8'看哪，我往前走，他不在那里；往后退，也没有察觉他。9他在左边行事，我却看不见他；他转向右边，我也见不到他。10然而他知道我所走的路；他试炼我，我就如纯金。'"

者，登高遐[1]瞩，偶会悟于光天化日、山海花草、树木禽鸟等，触怀引兴，颂扬赞美。究之，不欲去恶迁善，顺承天命。病而得愈，仍自役役于世务，遗忘上帝，是仍抵罪恶；旷达者，亦过目而忘，无何憸悔，坚意存心养心，以事帝天，死而后已。其感恩者，为时甚暂；为便己者，常终其身也。

其八，人虽圣贤，不能无人心；虽庸愚，不能无道心，二心参半。究之，世人不能退去人心、完其道心，故道心引之于善而不前，人心引之于恶而速往，大抵皆人心为主，而日迷于世故焉。

此八者，有何意义？无他，乃令人知此世宙，非如学塾，人非学者，实为罪犯。故人览此八者所云，亦可以知此世人非上帝良民，实触上帝之怒，为罪人也。罪人不能自去其苦，有耶稣代罪人受其苦。上帝有言："孰为痛悔，信奉耶稣，恭敬上帝，始能得救，死后升天，觐面上帝，享福无疆。"[2]

[1]遐，远。

[2]出处待考。

第五章 论性[1]

（此系旧稿）[2]

昔人论性者多矣。《易》曰：“一阴一阳之为道。继之者善也，成之者性也。”[3]孔子曰：“性相近也，习相远也，惟上智与下愚不移。”[4]《中庸》曰“天命之谓性”[5]，而宓子贱、漆雕开、公孙尼子之徒言“性有善

[1]基督教有原罪观念，可以视为性恶论，与孟子的性善论颇不一样，因此本文中对孟子性善论批评甚多。有研究曾论及本章。参见周志煌：《性恶·原罪·染识：清末民初荀学观念与西学、佛学之对话》，《邯郸学院学报》，2014年第4期。性善论与性恶论的思想结果，可参见张灏：《幽暗意识与民主传统》，北京：新星出版社2006年版。

[2]原文特意注明“此系旧稿”。

[3]出自《周易·系辞》。继，衍生孕育。成，成就，蓄养。译为：“阴与阳的对立依存和相互转化便是宇宙的根本规律。衍生万物是《易》道的美德，成就万物是《易》道的本性。”参见陈鼓应、赵建伟注译：《周易今注今译》，北京：商务印书馆2005年版，第598页。

[4]“子曰：‘性相近，习相远也。’子曰：‘惟上知与下愚不移。’”出自《论语·阳货》。译为：“孔子说：‘人性情本相近，因为习染不同，便相距悬远。’孔子说：‘只有上等的智者和下等的愚人是改变不了的。’”参见杨伯峻译注：《论语译注》，北京：中华书局1980年版，第181页。

[5]出自《礼记·中庸》。

恶”[1]，告子言“性无善不善”[2]，孟子言“性善”[3]，荀子言“性恶”[4]，汉董仲舒言“性有善质而未尽善”[5]，程子云：“生之谓性，性即气，气即性，人生气秉有善恶，善固性也，然恶亦不可不谓之性。”[6]各持一说，分驰杂出，将何从折衷之？曰：欲知性之善恶，当先明何者为性，何者为善，何者为恶。夫善非多也、大也、美且巧也，乃尽名分之谓也；恶非丑陋也、粗鄙也、过失也，乃不尽名分之谓也。性非四端也[7]、良知良能也，乃人思虑言行所根者是也。[8]

性、善、恶，三者已明，乃详审人性，实事求是，贵乎真确，不必曲循古人之说也。麟之性，皆知其仁爱；虎之性，皆知其凶暴；猿之性，皆知其狡狯。何由知之？观

[1]“宓子贱、漆雕开、公孙尼子之徒，亦论情性，与世子相出入，皆言性有善有恶。”出自王充《论衡·本性篇》。宓子贱、漆雕开相传为孔子的弟子，公孙尼子据称为孔子的再传弟子。参见黄晖：《论衡校释》，北京：中华书局1990年版，第133页。

[2]“告子曰：‘性犹湍水也，决诸东方则东流，决诸西方则西流。人性之无分于善不善也，犹水之无分于东西也。’”出自《孟子·告子章句上》。“告子与孟生同时，其论性无善恶之分，譬之湍水，决之东则东，决之西则西。”出自王充《论衡·本性篇》。

[3]孟子持性善论，散见于《孟子》各处。

[4]荀子持性恶论，集中见于《荀子·性恶篇》，该文针对孟子的性善论立论。

[5]“天生民性有善质而未能善，于是为之立王以善之，此天意也。”出自董仲舒：《春秋繁露·深察名号》。

[6]“‘生之谓性’，性即气，气即性，生之谓也。人生气秉，理有善恶，然不是性中元有此两物相对而生也。有自幼而善，有自幼而恶，是气秉有然也。善固性也，然恶亦不可不谓之性。”出自程颢、程颐著，王孝鱼点校：《二程集》，北京：中华书局1981年版，第10页。此处程子指程颢。

[7]此针对孟子性善论而言。“恻隐之心，仁之端也；羞恶之心，义之端也；辞让之心，礼之端也；是非之心，智之端也。人之有是四端也，犹其有四体也。”出自《孟子·公孙丑上》。

[8]此处分段为整理者添加，原文无。

其外，知其内也。今孩提之童，稍拂其意，即知怒而哭；能行，即知相争；能言，即知相詈；及长，教之娴礼节、习诗书，则甚觉其苦；导之观剧、饮酒、博弈、驱逐，则甚觉其乐。发于外者如是，则其内可知。如是而曰性善，谁能信之？然则恻隐、羞恶、辞让、是非四者，人皆有之。此何说也？曰：此乃天之命，非人之性也。上帝以此四者，置人心中，若诏命然，欲人舍己之性，而从之，勉为善，而人卒不肯从，故断然知性之恶也。孟子因四端而言仁义礼智，非由外铄我也，我固有之也。然人果肯依四端而行，则皆圣贤矣，而无如[1]其不肯也。造表者配轮轴，析分秒，所以经营之者备至，而发条之刚柔失宜不能如造表者之心，或失之速，或失之迟，犹夸于人曰“此美表也，内而轮轴，外而分秒，皆精也”，人有不掩口而笑乎？今人视听言动，易流于恶，而犹曰“人有四端，具良知良能也”，何以异于表已坏，而犹夸其轮轴分秒也。以四端、良知而谓性善，何以异于以轮轴分秒精备，而谓发条善也。然则轮轴虽精，分秒虽细，不得并以发条之性为美也；四端虽备，良知良能虽具，不得并以人之性为善也。石用一而成，禽兽合二而成，人合三而成。三者何？血气也，情欲也，良心也。三者合而成性。举一而论性，性不全；举二而论性，性犹不全；必合三者而论之，而人之全性始见。言“性本善”者，则曰“人有四端”也、“具良知良能”也，此举其一遗其二，非性之全也。《孟子注》曰：“无为而安行曰性。”[2]《孝经说》曰：“性

[1]无如，无奈，无可奈何。

[2]原书未见，待考；但“无为而安行，曰性之”见于《康熙字典》“性”字条。

乃生之质也。”[1]性在内未发，不能窥见之，发乃能分善恶。今人行恶甚安，则生之质恶，何得曰性善耶？孔子曰：“性相近也，习相远也。”[2]盖言人性皆恶，不甚相远，必习于善乃善也。或云：人性本善，其为恶者，乃物欲陷溺而然。夫羊不喜食肉，虽尽水陆之珍，和调五味而陈之，不愿也。鱼不能陆居，虽精宫室，美台观，必不肯跃而登也。是则所谓性也。故人性善，则物欲陷溺之甚难，今往往陷溺于物欲，则性必不善矣。《诗》云：“天生蒸（烝）民，有物有则，民之秉彝，好是懿德。”[3]在昔上帝肇造初祖[4]，赋以天性，厥性纯全，是以初祖，视听言动，无一不善，行居坐卧，身心泰然。爰有撒但，魔鬼之王，蛇行骋辩，肆其诱惑。初祖不察，遂为所愚，听信魔言，犯帝法令。帝夺其衷[5]，心性变恶。此恶心性，如浊水源，流出支派，无一不浊。故初祖越至于今，子子孙孙，世济其恶。初祖始生，人之性，天命之性也。自初祖逆命至今，人无听天命者，不得仍云“天命之谓性”[6]矣。孟子曰“富岁，子弟多赖；凶岁，子弟多暴”[7]，然

[1]原书未见，待考。

[2]见《论语·阳货》。

[3]语出《诗经·大雅·烝民》。烝民，众民。有物有则，有某种事物，即必然有某种事物的法则。秉彝，禀赋之常性。译为：“上天生下了众民，有其事物，就必然有其法则。人类的常性，都喜欢美好的德行。”参见马持盈：《诗经今注今译》，台北：台湾商务印书馆1979年版，第485页。

[4]初祖，指《创世记》中的亚当、夏娃。

[5]衷，福，善。

[6]“天命之谓性，率性之谓道，修道之谓教。”见《礼记·中庸》。

[7]“富岁，子弟多赖；凶岁，子弟多暴。非天之降才尔殊也，其所以陷溺其心者然也。”语出《孟子·告子上》。译为：“丰收年成，少年子弟多半懒惰；灾荒年成，少年子弟多半强暴。不是天生的资质这样不同，是由于环境使他们心情变坏的缘故。”参见杨伯峻译注：《孟子译注》，北京：中华书局1960年版，第261页。

观子弟，当富岁，往往骄奢淫逸，乌得云“多赖”也？故人情譬若禽兽，衣食丰则相倾[1]，衣食乏则相争，自古迄今一也。人不得上帝感化，性终不能自善。孟子曰：“凡同类者，举相似也，何独至于人而疑之？圣人，与我同类者。”[2]此之谓也。昔易牙治味[3]，天下称美，易牙知人之口同；师旷作乐[4]，天下称妙，师旷知人之耳同也。今世人作淫书，而人争买；饰青楼，开烟馆，而人群来，盖亦知人之性同也。心心相印，以恶济恶，此明证也。孟子曰：“人性之善也，犹水之就下也。人无有不善，水无有不下。今夫水，搏而跃之，可使过颡[5]，激而行之，可使在山。是岂水之性哉？其势则然也。人之可使为不善，其性亦犹是也。”[6]我则曰：“人性之恶也，犹水之就下也，人无有不恶，水无有不下。今夫水，搏而跃之，可使过颡，激而行之，可使在山。是岂水之性哉？其势则然也。人之可使为善，其性则亦犹是也。”人自少至老，视听言动，日出于恶，自然而然，无所勉强。《记》曰“为

[1]倾，倾轧。

[2]语出《孟子·告子上》。译为：“一切同类之物，无不大体相同，为什么一讲到人类便怀疑了呢？圣人也是我们的同类。”参见杨伯峻译注：《孟子译注》，北京：中华书局1960年版，第261页。

[3]易牙，相传为厨师的祖师爷。治味，烹调。

[4]师旷，春秋时著名乐师。作乐，演奏。

[5]颡，音sǎng，额头。

[6]语出《孟子·告子上》。译为：“水诚然没有东流西流的定向，难道也没有向上或者向下的定向吗？人性的善良，正好像水性的向下流。人没有不善良的，水没有不向下流的。当然，拍水使它跳起来，可以高过额角；戽水使它倒流，可以引上高山。这难道是水的本性吗？形势使它如此的。人的可以使他做坏事，本性的改变也正像如此。”参见杨伯峻译注：《孟子译注》，北京：中华书局1960年版，第254页。

恶则易，为善则难”[1]，此之谓也。或言：赤子之心，未有恶念，可为性善之证。曰：乳虎跳舞，不知捕生，而谓虎性不嗜杀，可乎？果树初生，四五年未结果，而谓树性不生果，可乎？故性必体全而发，所发善则性善，所发则性恶。[2]

欲知其所发善与恶，当准诸上帝之律。上帝之律，凡十条，前四条，教人事上帝之道，后六条，教人尽人之道。今先论后六条。上帝曰“人当孝父母”，请扪心细思，我自少至长，果能尽心竭力，以事父母乎？心稍有不尽，力稍有不竭，即已负亲恩，而犯上帝之律矣。上帝曰：“毋杀人。”[3]非必持刀截人颈，而后谓之杀人也，但少[4]萌怨毒之心，即已如杀人矣。《圣经》云“怨兄弟者，罪等杀人”[5]是也。上帝曰：“毋淫。”[6]人非必真犯奸，而后谓之淫也，但目动心摇，即已如入床闼[7]矣。耶稣曰“见色而好之者，心已淫矣”[8]是也。上帝曰：

[1]《记》为何书，不得而知。但此言见于朱熹：《四书章句集注·论语集注》，北京：中华书局1983年版，第50页。

[2]此处分段为整理者添加，原文无。

[3]摩西十诫第六条：“不可杀人。”出自《圣经》旧约《出埃及记》20：13。

[4]少，稍。

[5]《圣经》新约《马太福音》5：21—22：“21你们听过有对古人说：‘不可杀人’；‘凡杀人的，必须受审判。’22但是我告诉你们：凡向兄弟动怒的，必须受审判；凡骂弟兄是废物的，必须受议会的审判；凡骂弟兄是白痴的，必须遭受地狱的火。”

[6]摩西十诫第七条：“不可奸淫。”《圣经》旧约《出埃及记》20：14。

[7]闼，音tà，门，小门。

[8]《圣经》新约《马太福音》5：27—28：“27你们听过有话说：‘不可奸淫。’28但是我告诉你们：‘凡看见妇女就动淫念的，这人心里已经与她犯奸淫了。’”

“毋盗窃。”[1]非必劫人之财、取人之物，而后谓之盗窃也，但探人之隐、掠人之美，即已如盗窃矣，耶稣云“宜爱人如己”[2]是也。上帝曰：“毋妄证。”[3]非必两造质审，伪作干证，始谓之妄证也，但对人言语，稍涉虚伪，即已同妄证矣。《圣经》云“言诞妄者，必入火坑”，可不惧哉？[4]上帝曰：“毋贪邻之物。”[5]非必起心欲得之，始谓之贪，但稍有羡慕之心，即已贪矣。以此论之，能不犯上帝之律者谁乎？再论前四条。上帝曰：“我而外，不可更事别神。”[6]今寺庙遍城乡，所奉佛、菩萨、天尊、真君诸神，不一而足，四民皆虔心竭神奉事之，而于生我之上帝，我每日饮食、衣服、居处皆其所赐者，反略不加敬也，其罪重乎轻乎？上帝曰“毋雕偶像，拜而崇奉之”，而今世人人崇奉偶像。上帝曰“毋妄呼我名”，今人往往指天而誓，渎上帝莫甚焉。上帝曰“宜守安息日”，六日可作诸工，至第七日，宜安息，虔事上帝，而

[1]摩西十诫第八条：“不可偷盗。”《圣经》旧约《出埃及记》20：15。

[2]“爱人如己”，亦作“爱邻如己”。《圣经》中，耶稣曾多次论及爱人如己、爱邻如己。如《圣经》新约《罗马书》13：8—10：“8你们除了彼此相爱，对任何人都不可亏欠什么，因为那爱人的就成全了律法。9那不可奸淫，不可杀人，不可偷盗，不可贪婪，或别的诫命，都包括在‘爱邻如己’这一句话之内了。10爱是不对邻人作恶，所以爱就成全了律法。”

[3]摩西十诫第九条：“不可做假见证陷害你的邻舍。”《圣经》旧约《出埃及记》20：16。

[4]《圣经》新约《启示录》21：8：“至于胆怯的、不信的、可憎的、杀人的、淫乱的、行邪术的、拜偶像的和一切说谎话的，他们将在烧着硫磺的火湖里有份；这是第二次的死。”

[5]摩西十诫第十条：“不可贪恋你邻舍的房屋；不可贪恋你邻舍的妻子、奴仆、婢女、牛驴，以及他一切所有的。”《圣经》旧约《出埃及记》20：17。

[6]摩西十诫第二条：“除了我以外，你不可有别的神。”《圣经》旧约《出埃及记》20：3。

华人终年工作，不守安息日。故十诫，不论中外男女老少，人尽犯焉，虽圣贤亦自觉多过恶。《论语》曰“夫子欲寡其过而未能”是也。读此篇者，请详心细察，我言是耶否耶。使是也，则不可云性善矣。[1]

《圣经》云：“人自孩提，其心常怀恶念。”[2]《圣诗》云：“惟恶是作，丧其本心，不孳孳而行仁兮。”[3]保罗云：“悉无义人，无人晓悟，无人求上帝，皆弃正而就邪，未有行仁者。”[4]此俱性恶之说也。国家刑人于市，何谓也？诛恶也。其诛公乎，不公乎？至公也。上帝生人，必有死，有胎而死者，有孩提而死者，有壮而死者，有老而死者。既生之，复死之，何谓也？人恶，故死之也。胎者、孩提者，未始为恶，何为亦死也？性恶，故死之也。死之公乎？至公也。人无恶迹而诛之，则国家不公矣；人无恶性而死之，则上帝不公矣。惟上帝至公，而人皆有死，此性恶之显证也。《圣经》云“且以一人在世有罪，因罪而死，于是人皆有罪，人皆有死”[5]是也。

或云：仁义礼智，本于天命，为道心；贪嗔痴妄，

---

[1]此处分段为整理者添加，原文无。

[2]《圣经》旧约《创世记》8：21：“耶和华闻了那馨香之气，耶和华心里说：‘我不再因人的缘故诅咒土地，因为人从幼年就心里怀着恶念；我也不再照我曾做的毁灭一切生物了。’”

[3]出处待考。

[4]《圣经》新约《罗马书》3：10—12：“10就如经上所记：‘没有义人，连一个也没有。’11没有明白的，没有寻求神的。12人人偏离正路，一同走向败坏。没有行善的，连一个也没有。”《罗马书》为保罗所著，所以文中说是保罗所说。“经上所记”，是指《圣经》旧约（《诗篇》第14篇第1—3节、第53篇第1—3节）所载。

[5]《圣经》新约《罗马书》5：12：“为此，正如罪是从一人进入世界，死又从罪而来，于是死就临到所有的人，因为人人都犯了罪。”

本于气质，为人心。[1]试问：天命从何而生？曰：根于上帝之意。气质从何而生？曰：由于习染。问：缘何习染？曰：见种种恶人。问：此恶人何来？曰：更见他恶人。夫性若本善，应无恶人，既无恶人，何从习染？若无习染，应无气质，盖气质具于生初，自有形骸，即有气质。贤父之子，气质亦恶，非由习染，乃根于性。若云气质必由习染，则必有一无习染之人，然自古迄今，中外之人，无人不有气质，故知气质非由于习染，乃自内发也。孩提之童，其性之势向恶，故即思作恶事，犹性慕言语，即思学言语也。譬如指南针，其性指南，虽强之使指东西，而一释手，则指仍指南，其性然也。人为恶，虽强勉之为善，而仍作恶，岂非性恶之证乎？或又云：人性两种，一天命之性，一气质之性。[2]问：既有两性，人何适从？天下之人，多从气质，则气质之性，即人之性。朱子云“在天谓命，在万物为性”[3]，然以此论无知觉之物则可，以此论人则不可。盖无知觉之物，不能自有主意，即不能识别善恶，其善恶一依天命。譬如一葡萄树，彼不能自立主意，思结善果也。惟人则大异焉。人能自有知觉，即能自有主张，能自有主张，则能为善，亦能为恶。夫为善，天之意也；为恶，非天之意也。人不听上帝之命，而为恶事，岂可云“天命之谓性”[4]乎？譬如民之或为盗贼，可云“王之

[1]此句为理学观点。参见黎靖德编、王星贤点校：《朱子语类》（卷第四、卷第七十八），北京：中华书局1986年版，第56—81、2009—2018页。

[2]此句为理学观点。参见黎靖德编、王星贤点校：《朱子语类》（卷第四），北京：中华书局1986年版，第56—81页。

[3]出处待考。

[4]语出《礼记·中庸》。参见朱熹：《四书章句集注》，载朱熹：《朱子全书》（第6册），上海：上海古籍出版社；合肥：安徽教育出版社2002年版，第32页。

所命”乎？世人多事邪神，而无人实事上帝，则其性必非天之所命矣。譬如有一国，其百姓不以孝事父母，不以中忠事君，自幼时即起恶念，作恶事，忤逆父母，不奉旨甘[1]，违悖大君，不遵国法，其性善乎恶乎？吾知其必然恶也。[2]

今世人亦然。上帝是天下之大父母、万国之君、天地之大主也，天地万物，皆上帝所造，衣者、食者、用者，皆上帝所赐也，而无人知爱敬之，无人知感谢之，各逞己意，以作恶事。上帝之命，虽在心而弗从，知恻隐而不用其恻隐，知辞让而不用其辞让，知恭敬而不用其恭敬，知是非而不用其是非，知当为善而故为恶，尚得云“性善”乎？至善、至大，为万物之本者，即是上帝。故弗爱上帝，即是极重罪孽，虽日日为善，不可谓之善。譬如有一人，贸易致富，周给贫乏，日做好事，而父母在家，居破屋中，食不得饱，依人为活，不知回家奉事之，则称为善人乎？盖必先情周骨肉，而后可惠及途人。人于上帝亦然，士农工商，惟知自逞其志，而不知归向上帝，不知恭敬根本，所以为人虽好，而不可谓之善也。必先恭敬上帝，而后作诸善事，始得谓之善也。上帝虽不可见，而上帝所造之物则可见，万物是也。上帝必有，无可疑也。上帝必当[3]事，亦无可疑也。譬如有一果树，欲明其树性，自有美恶耶，抑或天气使然，无关树性耶，则试将种子带至南北东西，天气不同之处，将种子种于土中，或用心培养，或听之自然。若一处之树，有一枝结恶果，人必思设

[1]旨甘，美好的食物，常指养亲的食品。《礼记·内则》：“昧爽而朝，慈以旨甘；日出而退，各从其事；日入而夕，慈以旨甘。”慈，孝敬进奉。

[2]此处分段为整理者添加，原文无。

[3]当，掌管。

法，使结佳果，若各处无数之树，咸结恶果，虽或有彼善于此，然均不堪食，则人必知此树之性本为恶也。惟人亦然，无论或居近北极，或居赤道之下，或居于南方，其地或滨水，或平陆，或海岛，其业或读或耕，或工作或贸易，其资秉或智或愚，其家或贫或富，而皆作恶事，为恶人。虽父母教之，而仍自若；虽官长督之，而仍自若；虽君师临之，而仍自若。则其性本恶故也，岂可云“天命之谓性”乎？或云：人所作事，善者多而恶者少，善恶可以相抵。然善者必不能补救其恶。譬如有一妇人，主持中馈，亲操井臼，事事勤苦，后忽犯奸淫之事，能谓其善恶足相抵乎？所以人虽日为善，不奉事上帝，即为犯罪之人。人性变恶，惟造性者可使之复善。如一显微镜忽坏，惟造此镜者，可修之，使复其初。所以惟上帝能变人性，救其罪苦。

第六章　论自然之心

上帝亦别有一治世之法，乃自然之心。其一则教诲是。父母自无不乐教其子，以期成立。不惟一己教之，亦自无不令之出就外传、承师训。有国者、长民者，亦莫不训其民；父师君长而外，各国亦有圣贤间世而出，具大聪慧，体天立言，训诲一世。诸此教诲，人各幼而聆之，长而习之，终身被服。如其教诲诚正，幼学壮行，品诣可钦；其教诲或有不合，习与性成，及长而欲变易之，是为难也。

人亦自然而然，依人为转移。子效其父，弟效其师，小人则效大人，此乃奇甚，即己亦有不解。一举一动，言貌辞气，悉效其所爱者为之。其作事亦然，或是或非，或善或恶，或彼或此，其依人为转移者，大抵较之承训诲者尤甚。盖以训诲者之言如此，训诲者之面目不如此，故效其面目，而不效其训诲。英国有一大儒，幼年病其一股之筋，其有举动，二足一勤一惰，其弟子未病此者，或有酷摩而肖之者焉。

人本柔弱，自难主张，亦自然而然，皆受制于时尚。时尚所出，人皆趋之。如衣冠、文物等，约无二三载不革其故者，无问其有便与否，有捐其资财，劳其工力，安其苦难，而勉强以随之者。

人亦乐从于世俗。群众之议某时某事，众有某议，非自为潜心究其是非宜否，实与众附和。有似于群羊千百，一羊逸出，群羊随之。世有众论新兴，举皆随声附和，明知非是，而此心力有未足，终无以胜之。

人亦各有敬畏上帝之心。孩提知识未充，究知神明在上，亦自无不知其外之所为、中之所存[1]，举为神之鉴观，有何莫救之苦，亦自知号泣上天。此心自有生而具，复有圣书详为指示，有父兄之责者，皆宜切为训诲，扩其心，使与年俱进，将愈知敬恭上帝，遵奉诫命。如无其书，人自无以测上帝之实，不能不趋于妄诞，心以为此其上帝乎，彼其上帝乎，风有神，海有神，山有神，土有神。惑此魔迷，其为罪特甚，而其为患，乃不可言矣。

之五者自然之心，非善亦非不善，是可以之治人者。其事与品性合，而又教诲端、学习正、时尚宜、众论平、敬畏真，人无有不善者矣。究有其不善者，则以魔鬼欲害吾人，亦能藉此五者以施其权术焉。

[1]中，指内心。中之所存，即心之所想。

第七章　论品性癖性

凡人之生，皆有品性。分其等有三。一为性有天宜。食自于人为天，人自以食为先务，赤子自以其性，饥而知乳，痛痒而知啼号，将欲倾跌，手自先举而为之防。二为性有先觉。凡人观人之面，而知其心之如何，亦察人之色，而知其意之为何，忿怒之声至，性自思避，喜乐之音发，性自争趋。成人有之，孩提亦然。三为性有所流。赤子无知，凡有见闻，往往与为效尤，皆发于不及觉，露于不自知焉。

性亦各有癖焉。莫先于食。食不能一日无，工即不敢一日辍。食不能一物，所嗜者无算，其至要者为五：一曰谷，二曰蔬，三曰肉，四曰鱼，五曰果。依人之体，自必期此五者。五者一有所缺，则养有未安，亦体有未健。人人之身有若此莫解之癖，此乃强人分离[1]，各理各业，有必治其园圃，有必播彼五谷，有必畜此刍豢[2]，有必习于网罟[3]。饮亦如之。或嗜各异之羹，或嗜各异之茶，或嗜各异之酒，必有调其羹者，植其茶者，亦必有役心役力，

[1]强人分离，此处指上帝令人分工。

[2]刍，吃草的牲口。豢，食谷的牲口。刍豢指牛、羊与犬、猪等。

[3]罟，音gǔ，渔网。网罟，指渔网，泛指捕鱼器具。此处指代捕鱼、渔业。

酿其酒者。此乃上帝治世，令人终生劳碌，咸归于上帝之掌握。若夫人自壮年以往，男欲有室，女欲有归，互为婚媾，其要为嗣。外亦复有用焉，同姓不婚，须宜外结，外结婚媾，则戚渐外联，乃令世宙人民，互相联、互相安焉。

至若癖之生于心者，乃更甚。其一为贪知之心。此心自生而具，年愈长，心亦愈增。幼而有见必问，有问必详，时恒有然。及其长也，则好听察，邻里之事，乡党之事，一邑一国，普天之下，惟务心熟悉之。明道之人，或嗜读书，或嗜出游，流连景物，推致物理。此心之热，几如饮食之不可缓。或晨起而访新闻，或读书勤苦，致伤心损目。亦有远适者，勿计其寒，勿计其暑，勿计其饮食缺足，惟务详及地舆。格致家诚热心于此，亦皆详及万物之理，日精一日。此其心大有益也。一则排难解纷，和睦乡里；二则读书稽古，学于古圣贤、历代事迹，以修身而成德；三则游历各国，洞悉各国律例，以裁成其国之法，亦广咨博访，周于世故，可以修己，可以待人，可以治人；四则推致物理，日精一日，足扶翼人，日多一日，令世人各奋勇争前，日为兴起。

其二则希荣之心。举世男女大小，咸欲要誉于人，望人人皆为誉扬。供使令者，希荣于主；农工商贾，亦各仰誉于人；至于儒者，著书立说，每忆及外人奖许，故不惮勤苦。学者[1]亦以此望之师，师以此望之大人，大人以此望之其上之大人，其上之大人望之王者，王者望之上帝。此心亦更有益用。一令人苦心勤敏，竭力工作；二令人尽礼尽爱，温柔待人；三令人乐于赈济贫苦、疾病、死亡，

[1]学者，学生。

施舍用度。假如人欲求[1]此心有何关系，则试思之：如无此心，举世人等，其将与禽兽奚择哉？将举世毫未能安，惟有干戈争斗，互相残害而已。

其三则贪利之心。有生而具，愈长愈甚，男女老幼、野人化人[2]，中西莫不皆然。此心在人，最为牢不可破者。此心一为不善，一亦具有益用焉。一为生命之原，财愈足，给养愈丰，饮食、衣服、宫室、器用愈精，权力愈大。二则令人货殖。赀薄者乡里滋息，少有则市肆斗智，富有则商于各国。货者、售者，各以和气相通，故此诸人，甚不乐有争斗事，此乃令举世人等，互相交易，联为一体。三则生财既足，始能大建功用，裕国便民。如人无厚赀，不复能制轮舟，无轮舟，则人货往来各国，不能速便。西国亦有轮车，造有铁路数十千里，如无厚赀，尤不能成此巨务等。四则举世人等，皆务生财，因而货殖。此一念洋溢乎中心，无暇于为非作歹，反覆不安。五则货财殖矣，华其宫室，置其田里，美其器用，赀愈厚，三者亦愈精。此其人愈益思辅助官家，整理人民，以期国泰民安，故此爱财之癖，乃所以令举世太平。复有莫大之用，乃令人远适异国，或为久居，或为暂寄，皆各有益。中华辽东、蒙古一带等处，极有乐土，无人欲往，无欲往者[3]，地仍荒芜，人仍生野，有负于上帝创置。如有人焉，闻其地最宜生殖，皆迁徙而往，耕作焉，生理[4]焉。前四十有五年，英国人民甚多，无以供给，颇为一难，

[1]求，想知道。

[2]野人，野蛮人。化人，开化之人。

[3]“无人欲往”，“无欲往者”，语义重复，似应删除其中之一。

[4]生理，生意。

莫知所往，将何所为。美国西鄙[1]，金山省地[2]，地极肥腴，无物不长。有自彼书寄英人，谓其地产金实多，英人往而觅之。有明于农者，复相其土宜，而播种之，其后年谷丰稔，赀财繁殖，较胜采金者无算。其始往者，舟行大西洋，绕南洋而西而北，实为不便，嗣后美国开一火车铁路，自美之东省纽尔约[3]，直至金山。其中间有地，至美至广，内产金、银、铜、铁、煤等，惜无人往，惟有本土野人一二。自有铁路以来，往而居焉者不少。地之广也，虽至千百年，人犹不能遍满焉。前复有一事，几类于此。南洋有大海岛，名澳大利亚，并新锡兰[4]，昔为英国充徙军犯之地。前二十有五年，有书来英，谓其地产金，人多迁居焉。今其地有城邑，有商贾，约有仿于英国。此乃上帝以此爱财之癖，调理世人。

其四乃好胜之心。学校有之，一乡、一里、一邑，其人盖无地无之。此其心具有一奇：愈有得，愈觉不足。昔马其顿国有一英武之主，名曰亚力山大[5]，其好好[6]胜之心无已。先并希利尼国[7]，次并巴西国[8]，遂略地及于各国。及至印度西鄙，忽而垂首丧气，泣涕涟涟，盖意世宙尽于此矣，无复可以兼并者矣。此心亦一以为不善，一亦

[1]鄙，边境。

[2]金山省地，旧金山所在省区。

[3]纽尔约，New York的音译，今译纽约。

[4]新锡兰，New Zealand的音译，今译新西兰。

[5]亚历山大大帝（前356—前323），亚历山大三世，马其顿帝国国王。曾师从古希腊著名学者亚里士多德，以其雄才大略，先后统一希腊全境，进而横扫中东地区，不费一兵一卒而占领埃及全境，荡平波斯帝国，大军开到印度河流域。

[6]好，此处似为衍文，应删除其中一个“好”字。

[7]希利尼国，待考。

[8]巴西国，疑为Persia的音译，今译波斯，今伊朗。

大有用益。此其人，帝王出其中，临驭国家，民咸威之；相臣出其中，泽被生民；将臣出其中，善用兵武，争城略地，拓土开疆。若此者，实为辅相上帝，平定世宙。

其五则友爱之癖。人自乐有妻室，乐有子女，聚首一堂。外亦乐为结交，一人有友或十或二十，友亦各有其友，彼此互相连结，推而广之，可以无远弗届。此其癖大有益焉。人或疾病，家人足以供奉汤药，日侍晨昏；遇何辛苦[1]，友可扶助；有何忧患，往谒朋友，谈笑嬉游，可以排解，可以安慰。如此则世宙增加如许快适，虽人各有忧苦，各有患难，可获福乐，且人亦各得以互相保护。

外此，人复有一性情，大为益用。父母之爱子女，不惟养食之，拊循[2]之，亦自然而然，欲教之以为学，训之以遵守成规。及其长也，或令其业[3]儒，或谋其生理[4]，择其善处，意欲其修德禔躬[5]，名扬内外，超出前人。斯世无何可足其父母之心，较望子之兴起为尤快者。此其用无比者，盖以世之为父母者，各具此心，实为善承天意，使世宙平康，日为兴起。

其或有不信者，则试反乎六者而思之。假如人无饮食之嗜好，必不复能知其饮食之多寡足否；或有其嗜好，而谷蔬丝棉，皆自能生成，不资人力，男女老幼，皆为闲民，将普天生民，咸流为匪僻[6]，充塞世宙，谁其复能摄

[1]辛苦，困难。

[2]拊循，fǔ xún，抚养，训练。

[3]业，以……为业，从事。

[4]生理，生意。谋其生理，即谋生。

[5]禔躬，音zhī gōng，犹禔身，安身，修身。

[6]匪僻，邪恶。

理？如无男女之欲，生理早灭，人类绝矣。如无贪知之心，孩提不增知识，人各不思学习，幼壮而老，终身等于犬马。如无好荣之心，则无往来之礼仪，周折[1]之规矩，粗野无文[2]，奚异于物类？如无贪利之心，则宫室、车马、衣服、器用，皆无华美，将仍[3]巢穴之陋。如无上[4]人之心，则不能发愤争雄，日为兴起[5]，比[6]于污池之水，滞而不流，速臭而秽。如无友爱之心，则人皆孤立无与[7]，独立无成，无何扶持，无所庇护，禽兽且敌人而灭之。如无培养后嗣之心，则赤子成人者少，死亡者多，其有存者，亦代愚一代[8]，世宙日即堕败。即此六者，反覆而思，不惟实有上帝，不惟上帝实治理世人。凡此诸癖，非能自然而有，亦非出人意外，乃上帝早为经营，造化人情，用以联合世人者。然则人虽无以见上帝，实皆归于上帝之权理焉。

[1]周折，曲折。
[2]文，礼节仪式。如“虚文”“繁文缛节”。
[3]仍，因袭，沿袭。
[4]上，超过，胜过。
[5]兴起，振奋，蒸蒸日上，繁荣。
[6]比，像，似。
[7]与，交往，友好，友朋。
[8]代愚一代，一代比一代愚蠢。

第八章　论心之感应

世有如许事故，致人心动。事不同，而动者亦不同焉。其一，有令人心动而前、日生其望者。望愈生，则力愈足，益可以有为。善哉此有望之心！儒者为望其名，愈敏其事；货殖者，为望其财，愈小其心，纵使财不即生，亦终身不能去其望。大抵皆然。假有何人，令人心各生此望，彼能帅其民，使莫不乐从之，举随其意之所之。但斯世之望，多生于虚伪，惟上帝予人以天堂之望，足使人存心克己，无问遇何患苦，至死不变。

其二，有令人心动而生爱慕者。有何悦目者，心动而前，以观其象；有何娱耳者，心动而前，以乐其声；或有味于诗书，读之不厌；或有慕于好德，爱之无已，亦时而为之服劳，襄理其事。故上帝置此等事，所以汲引世人，曲随己意。

此二者，吾见其相反者焉，则有致人心动而生惧，惧则力怯，力怯则战兢惕厉[1]，不能有为，心亦昏迷。秉权者，一怒而宇下之人民畏苦，上帝或令大地震陷，吞灭生人，或令雷行电掣，暴击民物，或瘟疫，或饥荒，或刀兵，致普天生民，举为惶恐，不敢稍为纵恣。则亦有令

[1]惕厉，音tì lì，亦作“惕励”，警惕，戒惧。

人心动而生厌者。目之所不欲视，耳之所不乐听，或为凶恶，或为悲惨，或为下流者等。一有所遇，莫不却身而退；时或奋袂而前，攘臂而争，败而去之。总之得望者，心畅体适，啸歌游乐，凡百乐于有为；失望者反是。得所爱者，心闲意安，无畏无缩；失其爱者，怒生之，不宜之事[1]当前，烦苦无似[2]，举室[3]不安。

其三，则友朋有故[4]，或疾病，或患难，皆足动吾心之怜悯。怜悯者，所以慰其人之心，免其人之苦，事诚善也。为如此[5]，则世人之苦有减焉。如反是，则人方忧苦，而仇人来前，苦愈生苦。际[6]其欢娱，尚有可言；际其忧苦，诚有不堪。惜乎人愈有苦，事亦愈增，为[7]人生忧苦，往往百端[8]交集焉。

合而言之，人情实为罕奇，非一物也，非一事也，时而至也，亦时而去矣，情系于心，旋[9]往旋来，莫能断割，塞于心，充于身，致全体莫能自主。世之束缚人者，未有较此为甚者。故上帝即以吾人之情，治我世人。

[1]不宜之事，不顺心的事。
[2]无似，无比。
[3]举室，全家。
[4]故，故去，去世。
[5]为如此，因为如果这样。
[6]际，遇，碰上。
[7]为，因为。
[8]百端，多种事端，千头万绪。
[9]旋，音xuán，不久。

第九章　论心疾有用

天下事有不相谋而适相同者。世人各具天良，各有饮食男女之癖三、心性之癖六、自然者六、动心者六，皆上帝预为造化，以治人者，至深至切，至要至宜。如人皆依此而行，四海之内，兄弟诸国，实皆明哲，实获平康，实日兴起，毫无事故。究之，人各任其意，私心自主，违弃天良，恣其癖性等，流而忘返，是以虽用其癖性，不能无蔽[1]而免于恶。如食以养身，过则伤之；酒以成礼，过则乱之；男女有欲，过则为奸；贪知者，其蔽也荡[2]；希荣[3]者，其蔽也媚[4]；好利者，其蔽也诈；好胜者，其蔽也僭与妄[5]；友爱者，其蔽也狎而玩[6]；笃[7]后嗣[8]者，其蔽则私与惑[9]，品性或废而弃，教诲或愚而悮[10]；表率人者，出其不宜之度；兴时尚者，失其本原之体，如剪

[1]蔽，同“弊”。

[2]荡，放荡，行为不检，不受约束。

[3]荣，荣宠，受宠。

[4]媚，谄媚他人。

[5]僭与妄，意即僭妄，冒用上级的地位和名义，超越本分，妄为。

[6]狎，音xiá，亲近而态度不庄重。玩，玩弄，戏弄。

[7]笃，音dǔ，忠厚，一心一意。此处“笃”言“笃爱”，即厚爱。

[8]后嗣，后人，后代，子孙。

[9]私，与“公”相对，个人的，自己的，偏爱的，不公平的。惑，迷乱，不明智。

[10]悮，同“误”，耽搁，损害，荒废。

发、裹足。理有未完，群附和者，有邪说诬[1]民，滋讼起争[2]；尊上帝者，有释道伪途，引魔入世[3]。动心者，有宜有反，亦发而为嫉妒、嫌疑、怨毒、诽谤、争斗诸不义等蔽。虽然，蔽诚有之，然上帝非弃人也[4]，乃上帝自任其意，以此诸端，摄理[5]世人。假有冒为善良、冒为学问者，有其嫉妒者，可以伺而察之，以破其伪而显其实。有此嫌疑，人各思预防于未然，如古诗云“瓜田不纳履，李下不整冠”是也。有此怨毒、诽谤，人各思潜心修德，反求诸身[6]以息之。争斗者所关尤巨，人各不甘居下，不能必上，恒互为上下，有此争心，乃令人发愤为雄，以日兴起焉。推之其余诸蔽，亦皆可以令人涂[7]穷而思反[8]，见恶而知悔，潜心笃志，以务[9]于圣贤之域。其有不知反而自取败亡者，亦往往而然，然固不足道也。

---

[1]诬，惑，欺骗。

[2]滋讼起争，意即挑起纷争，惹是生非。滋，滋生；讼，诉讼，官司；起，挑起；争，争斗。

[3]释道伪途，引魔入世，自明末基督教入华，长期秉持“利玛窦路线”，竭力争取儒家士大夫的同情与支持，而排斥佛教和道教，因此认释和道为侍奉魔鬼之邪说、伪途。有不少论著论及此一传教取径。

[4]上帝非弃人也，上帝不是要遗弃人类。

[5]摄理，管理，治理。

[6]反求诸身，言反求之于自己，从自身找原因，自我反省。

[7]涂，通“途”。

[8]途穷而思反，走投无路时考虑返回，喻陷入困境时反思。反，同“返”。

[9]务，追求，达致。

第十章　论人心之念

人生之初，其心虚旷无物，纤污不生，有如纸素。究之，具有才能，能视，能听，能闻，能探物，而知觉其形体小大、或动或止，亦能别五味，辨五色，察刚柔，识寒暖。凡物之感，心亦能知而生慕，知而生厌，知而生惧，知而生乐，亦知其何者为因、何者为果，亦具天良，能别善恶、诚伪。愈长诸才能，心亦愈开。假如心无他能，惟此诸才，则皆一无所用。如自孩提心无记性，此诸才咸置无用，不能记忆，不能学习，尤不能生其明悟，扩其灵慧，永其意味。故此记性最为切要之才能，乃人生日为兴起之原。固非凭虚无据者。上帝有不易之理，辅翼诸才，能令其易为记忆，亦记忆详明。

其一，无问或事或物，有会集于吾目者，逾时而偶遇其一，其余亦按时而毕忆于心。假于某地曾阅[1]其地势、屋宇、商贾、人物、事宜，凡此者皆连结于心，其后或见其地之一人、一物、一事，凡有阅者皆相引而起。又如见有食果而忆其味，见有伤割而触其痛。学者谒[2]一师长，其后追念之，亦忆其书室及书室中人。或登海岸，见行舟

[1]阅，观看，见到。

[2]谒，音yè，拜见，拜访。

有名鸟者，忆其为粤人；有名沙者，忆其为闽人。某地或遇故人，后至其地，友虽不在亦追念之。或居于某而遘[1]虐疾[2]，越日而再至之，所事咸触于心。外有音书[3]适[4]至，视其书迹[5]，可忆其人之语言、面目、举动、行为，并其举室人等，凡有事故，悉在目前。有一远行者，去[6]其乡邑[7]千万里遥，至一旷野，杳[8]无居人，烦苦无似[9]，既而席地而坐，启囊而食，突见一匕首，上镌都会制造印记，酷类其家所日用者，因而百念感触而起，念其家之父母昆弟、日用事物、风景、外之邻里戚友，后忆及都会之景物、商旅交游，暨其所玩之地、所乐之事。须臾间，百端交集，往来充塞于胸中，时而令其乐，亦时而令其忧焉。此其理为至要，盖以偶遇其一者，即因以触其余者，其余更触其余，一一相引，可以推暨靡涯[10]，无远弗届。

其二，某时凡遇有某事，倘复遇其时，而其事亦一一为之触。春日而有何赏心乐事，后再值[11]其日，而其事各触于心。吾人于春秋冬夏，阅历终岁时事，其明年各值其时，各忆旧时。如某日偶值风暴，忽逢灾难，倘其风暴

[1]遘，音gòu，遇到。
[2]虐疾，音nüè jí，亦作“疟疾”，暴疾，重病。
[3]音书，书信。
[4]适，刚好。
[5]书迹，笔迹。
[6]去，距离，离开。
[7]乡邑，故乡。
[8]杳，音yǎo，无影无声。
[9]无似，无比。
[10]推，推衍，延伸；暨，及，到，至；靡涯，无涯，无边。推暨靡涯，无限延伸。
[11]值，遇，当。

逾时再来，因而不忘其灾难焉。今兹十一月朔[1]，金星过日[2]，中西各国人民，各以烟薰玻璃，映目仰观。如其后言及其事，皆忆其前之目睹情形，亦忆及烟薰玻璃事；或遇有烟薰玻璃者，亦忆及其星日事。

其三，凡有何物、何事、何地、何人，其大小、形色、事迹，适有其相似者，偶见其一，而举凡相似者，虽不同类，亦莫不触念而起，大者触其大者，小者触其小者，形相近者形相触，事相仿者事相触。事可触物，物亦与人，地由人来，人亦以地起。如见何长人，长若干尺，倘复遇其大者，或人或物，或山岭或草木，而此一人宛然在目；见何珍禽奇兽，羽毛华采，倘复遇其形类者，或禽或兽，或但遇其色似者，若草木，若人之被服，而此一珍奇者，忽为忆及；见有伤者，倘复有其伤之似者，无问或人或物，皆感触之；见有某屋火灾，忆及他屋之灾；今观于金星过日，亦忆及日蚀、月蚀事；若夫见人之面目耳鼻有何异痣，或语言神情，凡有相似其人者，无不因而忆之；至如路遇一人，无问其耳目手足，或举动仪容，毫有似我友者，更令我忆我友矣。

此三者，内有喻意存焉。日之方中，照临下土，此有

[1]朔，农历每月初一。

[2]金星过日，又称金星凌日，指金星运行到太阳与地球之间且三点在一条直线上时，从地球上可以看到太阳表面有一个黑点慢慢穿过的天文现象。1874年12月9日，即同治十三年十一月初一日，上午9:32至下午2:18间，在中国部分区域可见金星凌日现象。相关研究可参吕凌峰、石云里：《科学新闻与占星辨谬——1874年金星凌日观测活动的中文记载》，《中国科技史杂志》，2009年第1期，第139—150页；庞雪晨：《19世纪金星凌日天象在中西方的反响——从郭嵩焘使英日记切入》，《自然辩证法研究》，2014年第4期，第104—110页。

似道之触[1]照人心，故具有聪明者，见日而忆及于道焉。登山非易，愈上而景亦愈增，此有似读书稽古，明物察伦，心愈有得而愈悦乐，故有心者登高远眺，亦感触而有得于道。蚕入茧，脱而复生，信耶稣者见而触于复生之理，毫无疑义。

其四则因有所见而忆及其相反者焉。如见一矮人，思及魁伟丈夫；见一小舟，行海危险，忆及轮舟之大；遇有饥馑，忆及丰稔；见有大人，侍从威武，忆及乞丐小人，赤身无与[2]；见有罪人监苦，忆及广厦宴乐；事四方者，栉风沐雨[3]，每忆及居室之安。推之茹苦思甘，守黑知白，见善触恶，见恶思善，俭而思费，劳而思休，见鸟畜樊笼，而忆其山梁之空阔。诸如此者，不可胜计。

其五则感自外来者，甚[4]或致人忧苦，或增人喜乐，后此诸事中，偶遇其一，凡百不忘。如一孩提受人之侮，外受创痛，内受恐惧，此其事终身不忘。或异日[5]而复忆其人，或遇其受侮之具[6]，此其事亦一一追忆之。又如远行失路[7]，误入危险，昏暮无投[8]，无食无家，防凶恶兽，益增惶恐，突有来者引至其室，救其危险，供其寝食，其后倘遇其一端，凡其所值者，皆一一应念而来。又

[1]触，疑为“烛”之误。

[2]无与，无友朋交往，无依无靠。

[3]栉风沐雨，风梳发，雨洗头，形容人经常在外面不顾风雨地辛苦奔波。栉，音zhì，梳头发。

[4]甚，厉害，严重。

[5]异日，他日。

[6]具，器具。

[7]失路，迷路。

[8]昏暮无投，黄昏时候却无投宿处。

如行千里者，经历多苦，后有斯须[1]之苦，凡其阅历，历历不忘。假如父母有疾，日甚一日，为之子者，因而日忧一日，及其父母既殁，有何遗训，有何遗迹，异日而问及如此之言、如此之事，一一咸忆及其父母焉。

其六则耳目之所习见习闻者，一言其一，而即忆其全焉。如久于京师者，一言及京师字，而其城郭、庐舍形势，举在目前。闻人姓字，忆及其人之全。地亦如之，闻其地之名目，乃并其地与其地之城垣、街巷、市肆、庙宇，毕忆于心。娴于《诗》《书》者，闻其一言而忆其全经；或娴于鼓琴、习于歌曲，闻其一音，而众音皆悉于胸中。

此其理有习与性成之弊，乃其益实多。则以事之难者为之，可以易不经心亦为之矣。[2]士农工贾，各倚此理，以各善其事焉。

---

[1]斯须，片刻。

[2]此句意思是：这种记忆的能力固然有其弊端，但益处很多。有些很不容易做的事，因为人有这种记忆的能力，而变为不需专心致志也可以做到。

第十一章　续论人心之念

前论人心之发念有六，乃其大者，外此各事其事，而其念亦各依所事而生。学者念起于《诗》《书》，如嗜史学者则史学之念起，嗜格物者则察物之念起，农以农之务心充其念，工以工之务心充其念，商以商之务心充其念，兵伍则攻伐之术盈其心，舟人则洋海之务盈其心。

气体爽健，奋发有为，中心快适，则欢娱之事兆于心，虽或毫末之忧，适自外来，亦未有不驱之使去，必不使之入，以稍阻其兴。若夫患难、疾苦、忧困于心，则百忧交集矣，虽或有至乐之事，欲入而解之，或至密之友，欲劝而慰之，将更以谈笑之境，反增其悲泣焉。

人方怒时，倘别有事至，乃益增其怒，其事复引其余事，足令怒者忿不可言。假如人谨守中庸，则中庸之念在兹。君子恒念为君子，小人恒念为小人。无问何人，人有何为，或平康，或疾病，万念纷乘，要皆依前之六者大者而兴。或有疑于此言者，如其存心渐察，谨伺其发念之几[1]，必知理实有此六者，互相连结于心，所言不为虚矣。有有心者沉潜反覆于六者之理，可以知人心诸念，非一一独生之，如孑然一人，各自为主，乃一一牵引，有似于连环之索，各以六而连，固结之至。此六者凡人皆

[1]几，音jī，细微。

具，旁亦连其小者，乃人各自具者。此连环之索，莫之能断[1]，非惟莫断，亦其环日增一日，故人毕生所事，皆牵连之而内存于心。突有某物某事自外来者，致人所思不及、几于忘者，皆引而起，毕生所事无一之或遗[2]。人心有类于灵妙之琴，其弦之部位各有定音，播[3]之某弦则某音来应，故吾人之心念，逐一皆妥为布置于方寸[4]，其有何感自外来，即何念应之而起。

此心之念，时恒出之，如水之源，莫止其流。如偃卧时，渺无关心，此念依前之六者自为牵引而生。如逢快适可视，此诸念之互为往来，寝寐时亦出之，安寝则不及觉，寝有不安，因而成梦。梦则神不守舍，故梦乃虚幻。

然人虽不能止其念而不发，亦不能主其念，使各由己意。假如友遇苦难，吾可往而慰其心，令甚宜之念生之，以曲为之解，不令不宜者生之，致愈增其苦。友之心慰，吾可以去。而宣道不杂以他念，以善解经训之意，此其事毕，吾亦可以谒见大人。理何事故，非诚益其事之念，不令之生，既而归，吾复可以甚宜之念，述为文词。

自能主，他人亦得而主之。人可以讯吾，无问吾之欲不欲，彼有某问，其念自不能不兴，言不必言，思实及之。况上帝亦感动人心，令凡有所为，举赴心前，良心判其宜否，或用斥责，或用劝勉，此乃所以治世者。而且没世以后，即以此诸念审判吾人，各以其身之所为，或善或恶，受其不易之报。

[1]莫之能断，即不能断之。
[2]无一之或遗，意即无一遗之。
[3]播，疑当为“拨”。
[4]方寸，一平方寸，言极小的地方。

第十二章　论上帝福善祸淫

上帝如欲强人为善，甚易易事也。如一伶巧[1]者，作为[2]钟表，其轮轴发条，布置一一恰当，各按其部位运行，无少缺略，无少龃龉，验之何时皆宜，毫厘不紊。若此者，非人也，乃物也，不能恶，不能善。不为人，不能善，不能恶，则心无至乐。心无至乐，为人奚益？耶稣谓上帝能令石作人，谨依律法而行，究非上帝之意也。世人早自寻恶而行，上帝欲令恶者自欲去恶迁善，成为义人，故法有如许[3]以感动人心，令人自愿寻善而行。[4]

其一，人生各具天良。良心之为用也有三：一示人知其事之宜否；一示人以为善；一则赏罚人之善恶。如刑官焉，有法律，有讯鞠[5]，有吏役。上帝置此心于人，令其主治内外，或癖性，或感动，或七情，或发念万万，与凡有所为者。惟此身之平常作事，举动行止，此心不问；外此若饮食男女等癖，若七情，若感动发念，凡有意而为之者，无一出乎此心统理之外。其何者有误，即以何极宜之

[1]伶巧，聪明，技术高超。
[2]作为，制造。
[3]法有如许，有许多方法。
[4]此处分段为整理者添加。
[5]讯鞠，审讯。

法律，用其权以示人。人有顺乎此心，此心嘉美，致人生喜乐；人有违于此心，此心用刑，致人心苦不安。故此心之主乎一身，如人君之主乎一国，故有谓此心为上帝之钦使者，乃良心虽自操其权能，究赖有《圣经》而常惺[1]，得自行其大权焉。

然良心之蔽[2]亦有四。其一，人犹未受至正之训，实愚于无稽之风俗，如崇奉偶像、焚香焚楮[3]、游移于凡百鬼神等。其二，则攻[4]乎异端，信乎不宜者而以为宜。如印度国俗有一惨事，即夫死，妇为从死。其家人为之备其木架，妇即往赴，悬而自缢，戚友偕来，化之以火。中国亦有其俗，但无火化事，戚友吊临，乡里诵为美谈。此其事实有不合，是乃轻贱人命也。究之良心不责其人，以其幼而见闻习熟，其事是为至荣。印度国俗，亦有人将初生之女，弃诸水滨，付之河流。闻中国亦有之。复有造桥梁者，以婴儿填桥梁之基，谓无此婴儿，桥梁不成。如此等事，诚非其本心欲为，良心固不为此，此乃自欺其心者也。亦视乎善者而以为不善。如耶稣教有至善之礼，西国有合宜之规，华人轻之，视为恶途。盖以上帝之道照临未及其心，故其视此礼此规也，如人以着色玻璃视物，莫得清明。其三则良心依乎人心，凡有不义，始犹可责，而其后亦渐恕之矣。其四乃丧其天良，虽为极恶，良心视如未有，究之无能灭绝此心者，偶遇正人指责，或当其将死，皆能天良发现，痛自怨艾，如梦寐之忽觉者。假如此心果

[1]惺，音xīng，领会，清醒。

[2]蔽，同“弊”。

[3]楮，chǔ，纸的代称。

[4]攻，致力学习或研究。

受至实之训诲，兼具至足之才能，实各自为主理一己，亦即主理一世矣。

其二，上帝定人心性、体质，宜于善，不宜于恶。作善者，心坦而体舒泰，自生喜乐；作不善者，心戚而体畏缩，自生惭怩。作善者快，作不善者拘。作善者力有余，作不善者力不足。此皆上帝所以悚动[1]世人向善者也。

其三，上帝治世，与人为善，所关甚广。忠厚者，邻里乡党莫不敬之、爱之、扶持之、倚赖之，较诈伪者甚异。博名誉者，任所至止，人争趋奉。正直者多友，邪曲者无之。如廉吏清心寡欲，不贪于贿，不枉于法，爱民如子，及一朝辞位而去，祖道攀辕[2]者不可胜数。此虽无一金之余，较秽吏[3]金银满室，而无此荣者，其乐盖不啻霄壤[4]矣。

其四，则天罚世人。恶贯满盈，或遘虐疾猝亡，或遇暴雷震死，自古迄今，代代皆有，自西徂东，各国皆然。述之不尽，试详其一二。昔在周孝王十四年[5]，亚兰王有一军长，身遘癞疾，诣以色列人先知以利沙，医而得痊。立于先知前曰："今我知天下惟以色列族中有上帝，愿馈礼物，请勿却。"以利沙曰："我指所事之耶和华而誓，我必不受。"促之，固辞。以利沙之从者其哈西

[1]悚动，此处言警戒、驱策。

[2]祖道，古代为出行者祭祀路神，并饮宴送行；攀辕，拉住车辕，不让车走，意为挽留好官。

[3]秽吏，贪官污吏，与廉吏相对。

[4]不啻霄壤，无异于霄壤之别。啻，音chì。

[5]周孝王十四年，疑即公元前878年。因中国信史始于公元前841年，之前历史纪年无确切根据。

贪于货财，故于军长去之无几[1]，追而绐[2]之曰：“我主遣我告尔曰：‘今有先知之徒，年少者二人，自以法莲山来就我，请以银一千五百及衣二袭与之。’”军长曰：“请受三千。”促之而许，遂取银三千，盛于二囊，与衣二袭，使二仆负之以行，在其哈西前。至于山冈则受之，藏于室中，遂遣二仆往，进立于主前。以利沙曰：“其哈西从何而至？”曰：“仆无所往。”曰：“彼下车迓尔之时，我心非与尔同在乎？此时岂可受人所馈？或金或衣，以售[3]橄榄圃、葡萄园、牛羊、仆婢乎？故乃慢之癞，必移于尔，及尔苗裔[4]，历世勿愈。”遂出成癞，皓白如雪。（见《列王纪略下书》五章[5]）犹太国当周宣王十七年[6]，有王名乌西亚，国强心骄，以召祸患，干上帝耶和华命，入殿焚香于坛。祭司长亚萨哩亚，与耶和华祭司八十人，从王入殿，谏曰：“凡分享于耶和华前者，惟亚伦子孙为祭司则可，非尔所得与焉。今尔干大典，入圣所，上帝耶和华必不加荣。尔宜速退。”王于殿间坛侧、祭司之前，执鼎焚香，闻谏而怒，颡忽患癞。祭司长亚萨哩亚，与众祭司，望见王颡患癞，遂驱之出。王亦速出，知为耶和华所击。王既患癞，终身不治，异室独处，不得入殿。其子约但，理王家，鞠兆民[7]。（《历代志略下》

[1]无几，不一会，不久。
[2]绐，音dài，欺骗，欺诈。
[3]售，购买。
[4]苗裔，后裔，后代子孙。
[5]《圣经》旧约《列王纪下》第5章。原文较长，兹不赘录。
[6]周宣王十七年，即公元前811年。
[7]鞠兆民，抚育万民。鞠，养育，抚育；兆，百万，极言其多；兆民，即万民、百姓。

二十六章[1]）耶稣复生后，始立教会，教友皆鬻产输金，以均需用。有名亚拿尼亚者，与妻撒非喇鬻产，夫妇同谋，潜藏数金，余挈置使徒前。彼得曰："亚拿尼亚，胡为撒但惑尔心，潜藏售田数金，以欺圣神耶？田未售，非尔田乎？既售，非尔金乎？心生此念何为？是尔非欺人，乃欺上帝也。"亚拿尼亚听此，即仆而气绝。闻者大惧，少者，数人起，殓尸舁[2]出葬之。逾时有半，其妻亦入，犹未之知也。彼得曰："尔售田之值止此乎？明以告我。"曰："然。止此。"彼得曰："尔曹曷与谋[3]，试主之神耶？葬尔夫者，足已及门，亦将舁尔出矣。"妇立仆其前而气绝。少者，人见其已死，舁之出葬于夫侧。全会与闻者咸大惧。（《使徒行传》五章[4]）嗣后东汉建武十有六年[5]，犹太有一希律王，困苦教会，杀一使徒，意尚欲毁灭教会。时希律甚怒推罗、西顿人，二邑人因来求和。希律衣[6]王服坐于位，面谕之，民呼曰："此上帝之声，非人声也。"希律不归荣上帝，主之使遂击之，为虫所噬而气绝。（《使徒行传》十二章[7]）再后至东晋升平四年[8]，罗马国王名如利昂，其王少年信奉耶稣，领受洗礼，登位后背弃耶稣，谓："余不信，余信罗马。"依古以来，所奉之偶像，凡有庙宇，皆为重饰，度其僧尼道

[1]《圣经》旧约《历代志下》第26章。原文较长，兹不赘录。

[2]舁，音yú，抬。

[3]尔曹曷与谋，你们为何要同谋。尔曹，你们；曷，何。

[4]《圣经》新约《使徒行传》第5章。原文较长，兹不赘录。

[5]东汉建武十有六年，即公元40年。

[6]衣，穿。

[7]《圣经》新约《使徒行传》第12章。原文较长，兹不赘录。

[8]东晋升平四年，即公元360年。

士，讲经说法。禁绝耶稣圣教，亦著书谤诋，罗马境内，凡有礼拜会堂，金银器具，皆收敛之，赏赉[1]兵民。亦尝试耶稣教人，令弃耶稣，供奉偶像，人咸不乐。乃止闭耶稣教书塾，禁止宣讲，亦下令国中，勿许称谓耶稣字意，欲尽耶稣教会，悉为灭之。圣书言耶路撒冷倾圮无能建者，直待耶稣自定之期。此王欲先知之言无验，乃发其工役，往耶路撒冷重修圣殿。工役操作，方起基址，突有火自地出，焚毁工役，歼灭无遗。王闻之，愤怒耶稣之气，愈冲于怀。嗣后王往战于巴西国[2]，身获重伤，血流溅溅，彼以手承而举之，隐指耶稣，厉声喊曰："尔加利利人战胜矣！"言毕气绝。若此等事，如详言之，积卷不能终其说。人生斯世，常目睹夫天罚及人，致人改恶迁善。类如凶恶者，志欲伤人，遘虐疾，体或麻木，或被屋压，或受雷击，事不恒见，时而有之，乃令人知上帝欲警觉人心，日为乾惕[3]。又前明嘉靖三十三年[4]，英国有一显官，捉二传教牧师，拟以死罪，命人束缚之，加积柴上，燃火以焚之。官于此时不遑饮食，急望牧师死音来报，从容快适，以饮以食。方食时，突生奇疾，遍体溃烂，臭恶不堪，无人至前。彼身受痛楚，心增苦难，别无所为，惟诅人诅上帝，言不可说污秽之言而死。又，北英国有一驶船主人，幼年差[5]强壮而自暴，沉湎于酒，嗤笑侮辱耶稣

[1]赉，赏赐，赐予。

[2]巴西国，疑为Persia的音译，今译波斯，今伊朗。

[3]乾惕，心存警惕。

[4]嘉靖三十三年，即公元1554年。

[5]差，音chā，大致还可以。

教徒，诅咒邻里。一日于旅次[1]，无故大怒，肆口诅骂，突而血气大升，冲绝血管，须臾而毙。

[1]旅次，旅途。

第十三章　论上帝以恶灭恶

余读《旧约·列王前书》十有六章，昔以色列王以拉即位之二年，其臣下有名心哩者，忽而谋叛，弑其国王于得撒，代之为王。以色列族闻之，即于是日，立军长暗利为以色列王。暗利率以色列族众，自基庇顿往攻得撒，心哩知邑已陷，乃进王宫纵火自焚。缘其行恶于耶和华前，从耶罗波安所为，使以色列族陷罪故也。（见十六节至十九节[1]）又云暗利行恶于耶和华前，较前王尤甚。（二十五节[2]）又云暗利子亚哈，治以色列，凡二十二年，行恶于耶和华前，较前王尤甚。（二十九节、三十节[3]）《列王后书》九章云，为先知者年少，诣基列之喇末。既至，见武士之长皆坐，曰："长者我有事相告。"耶户曰："欲告何人？"曰："长者尔即是也。"耶户起而入室。先知

---

[1]《圣经》旧约《列王纪上》16：16—19："16军兵在营中听说心利已经背叛，杀了王，以色列众人当日就在营中立暗利元帅作以色列王。17暗利率领以色列众人，从基比顿上去，围困得撒。18心利见城被攻陷，就进了王宫的堡垒，放火焚烧宫殿，自焚而死。19这是因为他犯罪，行耶和华眼中看为恶的事，行耶罗波安所行的道，犯他使以色列陷入罪里的那罪。"

[2]《圣经》旧约《列王纪上》16：25："暗利行耶和华眼中看为恶的事，比他以前所有的王作恶更严重。"

[3]《圣经》旧约《列王纪上》16：29—30："29犹大王亚撒第三十八年，暗利的儿子亚哈登基作以色列王。暗利的儿子亚哈在撒玛利亚作以色列王二十二年。30暗利的儿子亚哈行耶和华眼中看为恶的事，比他以前所有的王更严重。"

倾膏于首，曰："以色列之上帝耶和华云：'我以膏沃尔，使治我民，为以色列王，尔必灭尔主亚哈之家。昔耶洗别杀我先知众仆，故行歼灭，以雪其忿，亚哈全家，必沦胥以亡。在以色列族中，我必绝其所有，或仆或主，不遗一男，使亚哈全家，与尼八子耶罗破暗家、亚希亚子巴沙家无异，在耶斯烈田，耶洗别必为犬所噬，无人埋葬。'"先知言竟，启门而遁。（见四节至十节[1]）[2]

埃及国人，心蠢而骄，崇拜偶像，兼奉牲畜，王与臣民，悉行无道。时有尼尼微王灭其国，尼尼微王与其臣民，仍蹈于恶。嗣有巴比伦国王得其国，巴比伦王骄奢肆恶，销金铸像，高六丈，广十尺，立于巴比伦土喇平原之所，召方伯州牧、显宦刑官、管库之士、刀笔之吏、说法之师与众邑宰俱至，欲衅[3]所铸之像。百官既集，立于像前，将行衅礼，遒人[4]大声呼曰："民人族姓，王命尔曹，闻角鼗[5]、琴瑟、笙箫乐器之音，即当伏拜尼布甲尼撒王所铸之金像，不然，立投尔于洪炉。"（见《但以

[1]《圣经》旧约《列王纪下》9：4—10："4于是那青年，那年轻的先知往基列的拉末去了。5他到了那里，看哪，众军官都坐着，就说：'长官，我有话对你说。'耶户说：'你要对我们哪一个说呢？'他说：'长官，我要对你说。'6耶户就起来，进了内室，那青年把膏油倒在他头上，对他说：'耶和华——以色列的上帝如此说："我膏你作耶和华百姓以色列的王。7你要击杀你主人亚哈的全家，我好在耶洗别身上，为我仆人众先知和耶和华所有仆人的血伸冤。8亚哈全家都必灭亡，凡属亚哈的男丁，无论是奴役的、自由的，我必从以色列中剪除。9我必使亚哈的家像尼八儿子耶罗波安的家，又像亚希雅儿子巴沙的家。10至于耶洗别，狗必在耶斯列田里吃她，无人埋葬。"'于是那青年就开门逃跑了。"

[2]此处分段为整理者添加，原文无。

[3]衅，音xìn，古代用牲畜的血涂器物的缝隙。

[4]遒人，音qiú rén，古代帝王派出去了解民情的使臣。

[5]鼗，音táo，同"鞀"，两旁缀灵活小耳的小鼓，有柄，执柄摇动时，两耳双面击鼓作响，俗称"拨浪鼓"。

理》三章一至十节[1]）后又心骄，自谓："此非巴比伦大城，我所建造者乎？我以之为国都，显我能，彰我荣。"言未竟，自天有声曰："上帝有命，尔将失国，当驱逐尔，不与人偕居，尔与兽错处[2]，啮刍若牛[3]，以待七年之届[4]。俾知至上者，权操于寰区，随意升降。""我即于斯时遭此灾患，倏被驱逐，不与人居，啮刍若牛，身为露所沾濡，首发长若鹰翮，指甲利若鸟爪。其日既届，我尼布甲尼撒，仰观乎天，心复灵慧，颂美永生至上之主。其国靡暨，永世弗替。斯世之亿兆，藐乎其小，有如无物。天上军旅，地下人民，上帝随意而作，其取之，孰能御之？其为之，孰能诘之？是时我得灵慧，光复旧物，尊荣赫耀。我之议士、牧伯，再谒见我，我国复立，威仪郁

[1]《圣经》旧约《但以理书》3：1—11："1尼布甲尼撒王造了一个金像，高六十肘，宽六肘，立在巴比伦省杜拉平原。2尼布甲尼撒王差人将总督、钦差、省长、参谋、财务、法官、地方官和各省的官员都召了来，为尼布甲尼撒王所立的像行开光礼。3于是总督、钦差、省长、参谋、财务、法官、地方官和各省的官员都聚集，站在尼布甲尼撒王所立的像前，要为尼布甲尼撒王所立的像行开光礼。4那时传令的大声呼叫说：'各方、各国、各族的人哪，有命令传给你们：5你们一听见角、号、琴、瑟、三角琴、鼓和各样乐器的声音，就当俯伏，拜拜尼布甲尼撒王所立的金像。6凡不俯伏敬拜的，必立刻扔在烈火的窑中。'7因此百姓一听见角、号、琴、瑟、三角琴、鼓和各样乐器的声音，各方、各国、各族的人就都俯伏，拜尼布甲尼撒王所立的金像。8在那时，有几个迦勒底人进前来控告犹大人。9他们对尼布甲尼撒王说：'愿王万岁！10你，王啊，你曾降旨，凡听见角、号、琴、瑟、三角琴、鼓和各样乐器的声音，就当俯伏拜这金像。11凡不俯伏下拜的，必扔在烈火的窑中。'"

[2]错处，交错相处，杂居。

[3]啮刍若牛，像牛一样啃啮、反刍，形容像牲畜一样。

[4]届，到期。

郁。”（见《但以理》四章三十节至三十六节[1]）其后王为恶较尤甚，肆筵设席，召有爵位者千人，咸赴王醼[2]，与众同饮。饮酒时，命取金银器皿，乃王之祖——尼布甲尼撒得之于耶路撒冷上帝殿者，遂取之至。王公后妃以之饮酒。饮时，美金、银、铜、铁、木、石所造诸上帝。忽有人手之指显现，书文字于王宫粉壁、烛台相向之所。王见之勃然变色，中心郁陶[3]，腰骨闪损，两股战栗，大声召诸博士、太史卜师、巴比伦哲士咸至，王告之曰：“有能读斯文字、解其义者，身衣[4]绯衣，项系金索，为国之相，职居其三。”哲士入，文字不能识，奥义不能明。

---

[1]《圣经》旧约《但以理书》4：30—36：“30王说：‘这大巴比伦岂不是我用大能大力建为首都，要显示我威严的荣耀吗？’31这话还在王口中的时候，有声音从天降下，说：‘尼布甲尼撒王啊，有话对你说，你的国离开你了。32你必被赶出离开世人，与野地的走兽同住，吃草如牛，且要经过七个时期；等你知道至高者在人的国中掌权，要将国赐给谁就赐给谁。’33当时这话就应验在尼布甲尼撒身上，他被赶出离开世人，吃草如牛，身体被天上的露水滴湿，头发长得像鹰的羽毛，指甲长得像鸟爪。34‘时候到了，我——尼布甲尼撒举目望天，我的知识复归于我，我就称颂至高者，赞美尊敬活到永远的神。他的权柄存到永远，他的国度存到万代。35地上所有的居民都算为虚无，在天上万军和地上居民中，他都凭自己的旨意行事。无人能拦住他手，或问他说，你在做什么呢？36那时我的知识复归于我，威严和光荣也复归于我，使我的国度得荣耀，我的谋士和大臣也来朝见我。我又重建我的国度，更大的权势加添在我身上。’”

[2]醼，同“宴”，宴会。

[3]郁陶，忧思。

[4]衣，音yì，穿着。

（《但以理》五章一节至八节[1]）但以理读其文，而译之。（二十五节至二十九节[2]）[3]

前米太王大利乌，曾围巴比伦城，莫能破，盖其城大而壮，门亦坚固，牢不可破，足恃以无恐。有一河出入城中，其水门为极坚，铁栅最难出入。当此夜中，大利乌命人潜掘其河，令为旁流，一拥而入。是夕迦勒底王伯沙撒为敌所虏，米太人大利乌得迦勒底地而王之。（《但以理》五章三十节、三十一节[4]）大利乌王之后裔，亦复作恶于上帝前，马其顿王来灭之。马其顿王死，其国分为四，四国臣民皆奉偶像，后罗马国王灭此四国，督理天下。越数百年，罗马国人亦奉偶像，沉湎酒色，有蒙古往败之。时日耳曼国退去蒙古，立为至大至国。嗣后法国胜之，为天下主。再后英国起焉，为天下主。现今时国有其

[1]《圣经》旧约《但以理书》5：1—8："1伯沙撒王为他的一千大臣摆设盛筵，与这一千人饮酒。2伯沙撒欢饮之间，吩咐人将他父尼布甲尼撒从耶路撒冷圣殿掳掠的金银器皿拿来，好与大臣、王后、妃嫔用这器皿饮酒。3于是他们把圣殿，就是耶路撒冷神殿中所掳掠的金器皿拿来，王和大臣、王后、妃嫔就用这器皿饮酒。4他们饮酒，赞美金、银、铜、铁、木、石造的神明。5当时，忽然有人的指头出现，在灯台对面王宫粉刷的墙上写字。王看见写字的指头，6就变了脸色，心意惊惶，腰骨好像脱节，双膝彼此相碰，7大声吩咐将巫师、迦勒底人和观兆的领进来。王对巴比伦的智慧人说：'谁能读这文字，并且向我讲解它的意思，他必身穿紫袍，项带金链，在我国中位列第三。'8于是王所有的智慧人都进前来，他们却不能读那文字，也不能为王讲解它的意思。"

[2]《圣经》旧约《但以理书》5：25—29："25'所写的文字是："弥尼，弥尼，提客勒，乌法珥新。"26解释是这样：弥尼就是神数算你国的年日到此完毕。27提客勒就是你被秤在天平上，秤出你的亏欠来。28毗勒斯（与乌法珥新同义）就是你的国要分裂，归给玛代人和波斯人。'29于是伯沙撒下令，人就把紫袍给但以理穿上，把金链给他戴在颈项上，又传令使他在国中位列第三。"

[3]此处分段为整理者添加，原文无。

[4]《圣经》旧约《但以理书》5：30—31："30当夜，迦勒底王伯沙撒被杀。31玛代人大流士年六十二岁，取了迦勒底国。"

三，即英国、美国、德国，皆为供奉上帝之国。王家人，皆信奉耶稣为此大国，主理天下。三国见以为然，无或以为不然者。

第十四章　论恶人自陷其网罗

世有事甚不平，致人莫可解者。善者多困苦，而恶者多奋兴；恶者恒恣睢[1]，而善者蒙其侮辱。或谓上帝治世，奚为事有若此者？欲求其故，有二焉。其一，上帝如尽去斯世之恶者，则善者亦苦。假如其父兄恶而早夭，其孩提之子弟有善者，愈增其苦；其东主之恶者或夭，则凡助理者咸苦。世人皆相互牵连，其有何者去之，即有何者苦生之。其二，则以有来世，有审判，可以整理其事，而各为报之。究之，上帝治世，亦有报之于当世者，恶人每自中其诡计。《诗篇》云："恶者拔刃张弓，欲害贫乏，欲戮善良，不知其刃，反贯其衷，而折其弓兮。"（见三十七章十四五节[2]）又云："斯世之人，遍施网罟，我心忡忡，彼掘坎阱，自陷其中。"（见十七章六节[3]）[4]

昔中华周敬王时，巴西国有王名亚哈随鲁，其朝有二臣，一名哈曼，为亚甲人，一名木底改，为犹太人。哈曼

[1]恣睢，音zì suī，暴横，放纵，自得。

[2]《圣经》旧约《诗篇》37：14—15："14恶人刀已出鞘，弓已上弦，要砍倒困苦贫穷的人，要杀害行为正直的人。15他们的刀必刺入自己的心，他们的弓必折断。"

[3]《圣经》旧约《诗篇》17：6："神啊，我求告你，因为你必应允我；求你向我侧耳，听我的言语。

[4]此处分段为整理者添加，原文无。

本恶，嫉妒尤甚；木底改敬畏上帝。哈曼位冠群僚；木底改位居其下。《以士帖纪》[1]详载其事，今试撮其大略。当其时凡御阍[2]待命者，俱遵王命，揖拜哈曼，惟木底改不拜。同寮问之曰："尔奚违王命？"木底改以己为犹太人对众，众以告哈曼。哈曼怒甚，既知其属犹太族，意谓陷此一人犹微事耳，将歼灭其众，于通国俾无噍类[3]。哈曼奏王曰："有一族之民，散处天下州邑，异律是从[4]，不遵王命。如王以臣言为然，可颁明诏，翦灭斯族，我当以金一千五百万输于国帑[5]，以补赋税。"王乃以环赐之曰："余不纳尔金，惟尔所欲为。"正月十三日，王召缮写[6]从哈曼所欲书之诏，依各州方言文字，钤[7]以国玺，普告臣工、方伯、民长，遣邮颁诏各州，使于十二月十三日，杀戮犹太人，取其货财，凡旄倪[8]妻子[9]，毋俾遗种。木底改知此，自裂其衣，衣麻蒙灰，遍行邑中，大声哀哭。至御阍前，因衣麻不可入。诏至各州，犹太人禁食哀哭，衣麻蒙灰甚众。内竖[10]以告后[11]，后遣内竖问木底改所为何故。木底改以实告，嘱后见王，为民求恩。越三日，后衣朝服进深宫，至殿前。王曰："后来何求？即

[1]《圣经》旧约《以斯帖记》。

[2]阍，音hūn，宫门，代指宫殿；御阍，王宫，朝廷。

[3]噍类，尚生存的人。噍，音jiào，吃东西，嚼。

[4]异律是从，遵从别的律条，不遵本国法令。

[5]帑，音tǎng，古代指收藏钱财的府库或钱财。国帑，指国库，代指国家公款。

[6]缮写，抄写，誊写。

[7]钤，音qián，印章，盖印章。

[8]旄倪，音máo ní，老人和小孩。

[9]妻子，妻子和儿女。

[10]内竖，内宫童仆。竖，旧称未成年的童仆，小臣，引申为卑贱的。

[11]后，王后。

国之半，我亦与尔。”后曰：“我已设筵，如愜[1]王意，则令哈曼侍王赴宴。”王命哈曼速行，如后所言。宴饮之时，王谓后曰：“尔有何求？”后曰：“如王悦从我所请，明日，王与哈曼赴宴，我乃以所求陈于王前。”哈曼中心欣喜，退而招其友及妻西勒曰：“后宴王，群臣皆不得与[2]，惟我一人侍食。明日宴王，我又见[3]请。惟见犹太人木底改，不快我心。”其妻与友人谓之曰：“当立木高五丈，明日求王悬木底改于上，然后从王赴宴。”哈曼善其言，使立木焉。是夕，王不得寝，命取《历代志略》[4]诵于其前。有云内竖某谋弑王，木底改知之，首告[5]。王问侍臣曰：“木底改首告，当时膺何赏乎？”对曰：“无之。”曰：“孰当入直者？”对曰：“哈曼。”时哈曼适至王宫外院，欲求王悬木底改于木。王宣之进，问曰：“余赏一人何如？”哈曼意谓：“王欲赏者，非我其谁？”遂曰：“王欲赏之，则备衮服[6]、路马[7]、王冕，命人臣以赐之，为之执辔[8]，游行邑衢[9]，播告于民云：‘惟王大赉如是。’”王命哈曼曰：“诚如子言，速取衣马，木底改在御阍，即以此饰之，毋少欠缺。”哈曼遂取衣服、马匹，赐木底改，为之执辔，游行邑衢，播告

[1]愜，音qiè，满足。
[2]与，参与，随同。
[3]见，被。
[4]《圣经》旧约《历代志上》《历代志下》。
[5]首告，出首告发别人的犯罪行为。
[6]衮服，古代君王等的礼服。衮，音gǔn。
[7]路马，君主之马。
[8]执辔，牵马。辔，音pèi，驾驭牲口的嚼子和缰绳。
[9]邑衢，城中街道。

于民。木底改反[1]御阍，哈曼趋归，蒙首哭泣。王差内竖至，诏哈曼急赴后筵。宴时，王谓后曰："尔有何求？"后曰："如王施恩婢子，俯听我祈。我与我民为人所陷，杀戮陨亡。即鬻我为奴婢，我亦无词；惟有损于王，敌虽输金，无所裨益。"王曰："孰敢设是谋？其敌何在？"后曰："敌非他，哈曼是也。"王怒。内竖破拿告王曰："木底改昔有救王之功，哈曼反立木于家，高五丈，欲悬之于上。"王曰："即以此木悬哈曼。"昔哈曼立木，欲悬木底改，而反以自悬焉。

[1]反，通"返"。

第十五章　论上帝以恶人济善用

上帝每以恶人济上帝之用，其事不可胜计。兹特举其一二显要者。昔耶稣升天，门徒安居耶路撒冷，心畅意乐，为其主获在天之荣，无出而宣道之意。故上帝令诸不义官民，逼迫圣徒。《使徒行传》云："当时在耶路撒冷，圣会大遭窘逐，使徒而外，皆散处犹太、撒马利亚诸地。敬虔者葬士提反，为之拊膺大哭。扫罗噬害教会，入其家，执男女囚之。散处者，遍行传福音。腓力至撒马利亚邑，以基督之道示人。众闻腓力言，见所行异迹，心向往之。有多患邪鬼者，鬼大呼离人而出，瘫疯者、跛者得愈，邑中大喜。"由此耶稣门徒散往各国，相传名多马者也，曾至亚细亚[1]云。[2]

亚美利加洲，自古至前明时，无何禾稼果蔬，但见

[1] 亚细亚，Asia的音译，亚洲。

[2]《圣经》新约《使徒行传》8：1—8："1扫罗也赞同处死他。从那一天开始，耶路撒冷的教会遭受到大迫害，除了使徒以外，众门徒都分散在犹太和撒马利亚各处。2有些虔诚的人把司提反埋葬了，为他大大哀哭。3扫罗却残害教会，挨家挨户地进去，拉着男女关在监里。4那些分散的人往各地去传福音的道。5腓利下撒马利亚城去，向当地人宣讲基督。6众人都聚精会神，同心合意地听腓利所说的话，一边听他的话，一边看他所行的神迹。7因为有许多人被污灵附着，那些污灵大声呼叫，从他们身上出来；还有许多瘫痪的、瘸腿的都得了医治。8那城里，有极大的喜乐。"

峻岭参天，大木林立，土尽荒芜，人惟生野。欧洲人民，日增一日，繁衍稠密，须此旷地，必宜有先往而为之导者。惟不宜以贪恶者作其始为。夫导其始者，即踵其后者之成式[1]也，故上帝必以廉善者导之。越在万历三十有五年[2]，适英国第一雅各王[3]在世，其王善则善矣，但以人纵欲，亦强人依其自定礼仪，崇拜上帝。其有不乐从者，仍以《圣经》古礼行事。英之国中有一邑名士克路卑[4]，邑有明敏忠厚诸人，潜自聚集一室，守其礼拜礼仪。有诉之官者，各附王意以磨难其人，苦不可言。难者太甚，苦不自安，诸人共谋坚意往徙荷兰，爰[5]携家资、器用、男女人等，皆由海口登舟。舟且开行，追兵突至舟中，各驱之登岸，肆掠其家资、器具，将其人执之官道旁，嗤者指不胜数。已而皆系之狱，越四旬余，始释之回。其明年，诸人仍潜赴海口，思往荷兰。登舟者半，未登舟者半。继有小舟附岸，促之速登。舟主遥见追者兵马弃拥而前，乃不俟后登者，起锚而行。先登者从容而抵荷兰。未登舟者仍就执系于狱，越时仍释之，后各一一散行，岁余皆抵荷兰。嗣后，英国有耶稣教人蒙难者，皆接踵而入荷兰，同先至者居焉。此其人皆英国中之最足倚赖者，居荷兰凡十有一年。其时荷兰人精于工艺，或布，或纸，或书籍，皆

---

[1]成式，旧有的法规。

[2]万历三十有五年，即公元1607年。

[3]第一雅各王应指英格兰国王詹姆斯一世（James I，1566年6月19日—1625年3月27日），1603年3月24日到1625年3月27日在位，同时也是苏格兰国王詹姆斯六世（James VI），1567年7月24日至1625年3月27日在位。

[4]士克路卑，当即Scrooby的音译，今一般译为斯克洛比、史克罗比，位于诺丁汉郡北部的一个镇。

[5]爰，音yuán，于是。

精巧绝伦，故此英之难民，潜心勤敏，学其工艺。学既有得，不欲久留，乃合议共越西洋，浮海而往美国。爰售夹板帆船一只，名曰“美飞路尔”[1]。船之大，容百有六十吨，时值前明泰昌元年，耶稣降世千六百二十年。舟载具备，百人先往，登舟后，牧师率众共祷，祷毕启行。其时为秋，阅两月半，至冬日而至其地。其水土有类于中华山左[2]风景，则宛然之罘[3]左右。时届严冬，滴水成冰，人苦太甚。有聪明者几人，离舟而去，凭石登岸。岸无庐舍，但有草木成林。爰筑其室，不暇壮美，故其岁特增苦难，有死亡者，亦有野人起而争斗，败其野人。此乃美国之基，其后人民渐增，渐亦兴起，直至于今。此其故有三：非英之长民者[4]逼迫之，其始诸人无去国之思；非上帝感之令其先入荷兰，不习其精巧技艺，以为起家之计，亦无以传示子孙；非其信奉上帝，确有主见，入此旷土，蒙此艰难，不能恒忍其心，至死不变，使圣道绵延，及于子孙。

[1]美飞路尔，即May Flower的音译，今通译为五月花号。

[2]山左是山东省的别称。山左中的“山”指太行山。坐北朝南，太行山左侧遂为山东省。

[3]之罘，音zhī fú，也作芝罘，山名，在今山东烟台市北，常用以代指烟台。本书作者韦廉臣长期居住于烟台，故以之为比。

[4]长民者，即官长，统治者。长，音zhǎng，领导，负责。

第十六章　论死后复活

复生之道，乃耶稣教基址之一。（见《希百来人书》六章二节[1]）复生之事，非失魂而返、既死而苏，盖及期而举世之墓尽开，自太古以来，所有死者皆复生焉。其理至为奥矣，究之，此理皆自万物显之，人能细心体察，而此理自明。如时至严冬，宇内之禾稼、草木皆枯，几类于死，乃至春日，皆浡[2]然而生，草木向荣，咸被[3]以花叶，虫豸皆启户而出，飞鸟弄其喉吭。故此春夏花果胚胎，皆预储于严冬之日，播种于土，其种不死，不复萌芽结实。耶稣曰："我诚告尔，粒麦遗地未化，则仍是一粒，化则结实多矣。"（见《约翰》十二章二十四节[4]）故人皆倚此复生之理，以为食。棉之种未化，则无棉，蚕非成茧而死，则无丝，故人皆倚此复生之理，以为衣。然则春之发生，夏之长养，秋之收敛，人之有何喜乐，皆自复生之理而来。试详言之。假如播种之一粒于土，待其后

[1]《圣经》新约《希伯来书》6：1—2："1所以我们应当离开基督道理的基础，竭力进到成熟的地步；不必再立根基，就如懊悔致死的行为、信靠神、2各样洗礼、按手礼、死人复活，以及永远的审判等的教导。"

[2]浡，音bó，旺盛。

[3]被，覆盖。

[4]《圣经》新约《约翰福音》12：24："我实实在在地告诉你们，一粒麦子不落在地里死了，仍旧是一粒；若是死了，就结出许多子粒来。"

视之，可以知，其种之外愈朽，而内愈萌芽。芽既出地，则其种尽矣。如吾身内有何物为不能朽者，虽其外体皆朽，其不能朽者，即不能不生。有一切近之喻，莫如鸡卵。卵之内有黄有白，黄白之间有膜，膜之内即未生之雏，其物内别无所有，几如水。母鸡妪伏，一日则其体加长，有血管出，而吸其黄。血管日增一日，至三日，则满其黄，时乃有心，心尚无血。逾三时见有大血管二，内有血。至六日，其翼与股可验。七八日，其首与目可验。日完一日，至二十有一日而雏生。微物如此，而况万物之灵[1]乎？阅此足知吾人身内，亦必有一至小灵明之物，为复生之本，水不能濡，火不能热，寒不能裂，刀不能割，地不能压，凡物皆不能毁者，待耶稣再临，由之而复生焉。

非惟种也、卵也，足以显此复生之理。譬彼飞虫，尤详且明焉。各飞虫经秋各遗其卵，春日而卵各生，蠋[2]蛓[3]类各食其草木叶，作茧而死于其中，至期而美丽之飞虫出焉。蠋蛓类可作人观；茧可作棺木观；内有尸，至期而飞虫出，可作人死复生观。此其大略也。试即蚕之一虫言之，此人所习见，可自镜[4]者。春夏日，蛾生卵，约十日而蚕生之，体极小，日长一日，亦易其色，凡三五蜕而成。将作茧，辍而不食。茧既成，不动不作，几类于死。后至其期，美丽之蛾破茧而出。此其事奥不可测，其果死而复生矣。蛾之形体，较蚕之形体，美丽多矣，故人复生

[1]万物之灵，指人类。

[2]蠋，音zhú，蝴蝶、蛾等昆虫的幼虫。

[3]蛓，音cì，一种毛虫，刺蛾科黄刺蛾的幼虫。俗称“洋辣子”。

[4]自镜，借鉴，反观自身。

之体，当亦如复生之蛾之非复本来面目矣。[1]

不惟一蚕，凡物皆具此理也。有可观者凡几，系出自水中者。蜻蜓之前身，由水而出，故蜻蜓乃由水而复生者。蚊虻之卵，与其卵生之虫，皆出于水。及其将出之时，其茧上浮于水，茧破而蚊虻出之。凡飞虫脱化，皆由此理。故某地某时有此飞虫，即某地某时显此复生之据。此上帝爱人之意，其何理莫测。其何莫测之理，皆随在而显其如许之据焉。凡畜类生子，各自寻其合宜之地，飞禽亦然，此皆其生性之自然也。此如世人不明于道，各随其性之所之，择一善地，安葬其尸，其子孙、亲戚，亦皆相为助理焉。

耶稣教《圣书》讲此道理，与万物所具之理十分相合。《圣书》曾言，至天地末日，世界之坟墓皆裂（事见《约翰福音书》五章二十八节[2]、《使徒行传》二十四章十五节[3]、《默示录》二十章十三节[4]；旧约书亦言之，《约百纪》十九章二十六节[5]、《诗篇》四十九章十五

[1]此处分段为整理者添加，原文无。

[2]《圣经》新约《约翰福音》5：28—29："28你们不要对这事感到惊讶，因为时候将到，凡在坟墓里的，都要听见他的声音，29并且要出来；行善的，复活得生命；作恶的，复活被定罪。"

[3]《圣经》新约《使徒行传》24：15："我对神存着这些人自己也接受的盼望，就是义人和不义的人都要复活。"

[4]《圣经》新约《默示录》20：13："于是海交出其中的死人，死亡和阴间也交出其中的死人；他们都照各人所行的受审判。"

[5]《圣经》旧约《约伯记》19：26："我这皮肉灭绝之后，我必在肉体之外得见神。"

节[1]、《以赛亚》二十六章十九节[2]、《但以理》十二章二节[3]）。犹太人皆预望其事（《约翰》十一章二十四节[4]、《希百来》十一章三十五节[5]）。犹太人中，有撒吐该教会，不信其事，问耶稣，耶稣责之（见《马太传》二十二章二十三节[6]）。亦别有愚人辩驳此事（见《提摩太后书》二章十八节[7]）。耶稣谓，旧约纪载暨犹太人所望，皆为诚然，亦自论此道甚明（见《马太》二十二章二十九至三十二节[8]、《路加》十四章十三四节[9]、《约

[1]《圣经》旧约《诗篇》49：15："然而神必救赎我的命脱离阴间的掌控，因他必收纳我。"

[2]《圣经》旧约《以赛亚书》26：19："你的死人要复活，我的尸首要起来。睡在尘土里的啊，要醒起歌唱！你的甘露好像晨曦的甘露，地要交出阴魂来。"

[3]《圣经》旧约《但以理书》12：2："睡在地里尘埃中的必有多人醒过来；其中有得永生的，有受羞辱永远被憎恶的。"

[4]《圣经》新约《约翰福音》11：24："马大对他说：'我知道在末日复活的时候，他会复活。'"

[5]《圣经》新约《希伯来书》11：35："有些妇人得回从死人中复活的亲人。又有人忍受严刑，拒绝被释放，为要得着更美的复活。"

[6]《圣经》新约《马太福音》22：23："那天，撒都该人来见耶稣。他们说没有复活这回事，于是问耶稣……"

[7]《圣经》新约《提摩太后书》2：18："他们偏离了真道，说复活的事已过去，败坏好些人的信心。"

[8]《圣经》新约《马太福音》22：29—32："29耶稣回答他们说：'你们错了，因为不明白圣经，也不知道神的大能。30在复活的时候，人也不娶也不嫁，乃像天上的使者一样。31论到死人复活，神向你们所说的话，你们没有念过吗？32他说："我是亚伯拉罕的神，以撒的神，雅各的神。神不是死人的神，乃是活人的神。"'"

[9]《圣经》新约《路加福音》14：13—14："13你摆设宴席，倒要请那贫穷的、残疾的、瘸腿的、失明的，你就有福了。14因为他们没有什么可报答你，到义人复活的时候，你要得到报答。"

翰》五章二十八九节[1]）。《使徒》等亦详论之（见《使徒行传》四章十二节[2]，又十七章十八节[3]，又二十四章十五节[4]。已有复生者矣。见《马太》九章二十五节[5]，又二十七章五十三节[6]，《路加》七章十四节[7]、《约翰》十一章四十四节[8]、《希百来》十一章三十五节[9]）。耶稣生前常谓："余死，上帝必复生余。"其后死而葬，三日果复生。此令人皆知其诚然也。上帝自以其大能大权，成此奥妙之事，三位一体，齐皆显现（《马太》二十二章二十九节）[10]：谓上帝复生人（《约翰》五

---

[1]《圣经》新约《约翰福音》5：28—29："28你们不要对这事感到惊讶，因为时候将到，凡在坟墓里的，都要听见他的声音，29并且要出来；行善的，复活得生命；作恶的，复活被定罪。"

[2]《圣经》新约《使徒行传》4：12："除他以外，别无拯救。因为在天下人间，没有赐下别的名，我们可以靠着得救。"

[3]《圣经》新约《使徒行传》17：18："还有伊壁鸠鲁和斯多亚两派的学士也与他争辩。有的说：'这胡言乱语的要说什么？'有的说：'他似乎是宣传外邦鬼神的。'这是因保罗传讲耶稣与复活的福音。"

[4]《圣经》新约《使徒行传》24：15："我对神存着这些人自己也接受的盼望，就是义人和不义的人都要复活。"

[5]《圣经》新约《马太福音》9：25："众人被赶出后，耶稣就进去，拉着女孩的手，女孩就起来了。"

[6]《圣经》新约《马太福音》27：53："耶稣复活以后，他们从坟墓里出来，进了圣城，向许多人显现。"

[7]《圣经》新约《路加福音》7：14—15："14于是耶稣进前来，按着杠，抬的人就站住了。耶稣说：'年轻人，我吩咐你起来，起来！'15那死人就坐了起来，开始说话，耶稣就把他交给他的母亲。"

[8]《圣经》新约《约翰福音》11：44："那死了的人就出来了，手脚都裹着布，脸上包着头巾。耶稣对他们说：'解开他，让他走！'"

[9]《圣经》新约《希伯来书》11：35："有些妇人得回从死人中复活的亲人。又有人忍受严刑，拒绝被释放，为要得着更美的复活。"

[10]《圣经》新约《马太福音》22：29："耶稣回答他们说：'你们错了，因为不明白圣经，也不知道神的大能……'"

章二十五至二十九节[1]）；谓耶稣复生人（《罗马人书》八章十一节[2]）；谓圣神复生人，复生之时，为耶稣再临之期，信之者先得复生（《哥林多书》十五章二十三节[3]、《帖撒罗尼迦前书》四章十六节[4]）。复生之后，永生受福（《但以理》十二章二节[5]）。复生，与耶稣同其荣耀，有光有辉，有能干乃灵如天使，如耶稣各受恩赐。世之奉事耶稣有加者，恩赐亦有加；奉事耶稣少减者，恩赐亦有减。复生之期至，其信耶稣而犹未死者，身体乃变化之（《哥林多前书》十五章五十一节[6]、《帖撒罗尼迦前书》四章十七节[7]）；其时不信者亦复生之，

[1]《圣经》新约《约翰福音》5：25—29："25我实实在在地告诉你们，时候将到，现在就是了，死人要听见神儿子的声音。听见的人就要活了。26因为父怎样自己里面有生命，也照样赐给他儿子自己里面有生命，27并且赐给他施行审判的权柄，因为他是人子。28你们不要对这事感到惊讶，因为时候将到，凡在坟墓里的，都要听见他的声音，29并且要出来；行善的，复活得生命；作恶的，复活被定罪。"

[2]《圣经》新约《罗马书》8：11："然而，使耶稣从死人中复活的神的灵若住在你们里面，那使基督从死人中复活的，也必借着住在你们里面的圣灵使你们必死的身体又活过来。"

[3]《圣经》新约《哥林多前书》15：23："但各人是按着自己的次序复活：初熟的果子是基督；然后在他来的时候，是那些属于基督的。"

[4]《圣经》新约《帖撒罗尼迦前书》4：16："因为，召集令一发，天使长的呼声一叫，神的号角一吹，主必亲自从天降临；那在基督里死了的人必先复活。"

[5]《圣经》旧约《但以理书》12：2："睡在地里尘埃中的必有多人醒过来；其中有得永生的，有受羞辱永远被憎恶的。"

[6]《圣经》新约《哥林多前书》15：51—52："51我如今把一件奥秘的事告诉你们：我们不是都要睡觉，乃是都要改变，52就在一刹那，眨眼之间，号筒末次吹响的时候。因号筒要响，死人要复活成为不朽坏的，我们也要改变。"

[7]《圣经》新约《帖撒罗尼迦前书》4：17："以后我们这活着还存留的人，必和他们一同被提到云里，在空中与主相遇。这样，我们就要和主永远同在。"

永受羞辱（《但以理》十二章二节[1]），亦拟以死（《约翰》五章二十九节[2]），亦受审判（《马太》二十五章三十一节至末[3]）。其先得复生，实为福乐（《默示录》二十章六节[4]，其在《以西结书》三十七章一至十四

[1]《圣经》旧约《但以理书》12：2："睡在地里尘埃中的必有多人醒过来；其中有得永生的，有受羞辱永远被憎恶的。"

[2]《圣经》新约《约翰福音》5：29："行善的，复活得生命；作恶的，复活被定罪。"

[3]《圣经》新约《马太福音》25：31—46："31当人子在他荣耀里，同着众天使来临的时候，要坐在他荣耀的宝座上。32万民都要聚集在他面前。他要把他们分别出来，好像牧人分别绵羊、山羊一般，33把绵羊安置在右边，山羊在左边。34于是王要向他右边的说：'你们这蒙我父赐福的，可来承受那创世以来为你们所预备的国。35因为我饿了，你们给我吃；渴了，你们给我喝；我流浪在外，你们留我住；36我赤身露体，你们给我穿；我病了，你们看顾我；我在监狱里，你们来看我。'37义人就回答：'主啊，我们什么时候见你饿了给你吃，渴了给你喝？38什么时候见你流浪在外，留你住；或是赤身露体，给你穿？39又什么时候见你病了，或是在监里，来看你呢？'40王回答他们说：'我实在告诉你们，这些事你们做在我这弟兄中一个最小的身上，就是做在我身上了。'41王又要向那左边的说：'你们这被咒诅的人，离开我！进入那为魔鬼和他的使者所预备的永火里去！42因为我饿了，你们没有给我吃；渴了，你们没有给我喝；43我流浪在外，你们没有留我住；我赤身露体，你们没有给我穿；我病了，我在监里，你们没有来看顾我。'44他们也要回答说：'主啊，我们什么时候见你饿了，或渴了，或流浪在外，或赤身露体，或病了，或在监里，没有伺候你呢？'45王要回答：'我实在告诉你们，这些事你们没有做在我任何一个最小的弟兄身上，就是没有做在我身上了。'46这些人要往永刑里去；那些义人要往永生里去。"

[4]《圣经》新约《启示录》20：6："在头一次复活有份的有福了，圣洁了！第二次的死在他们身上没有权柄。但他们必作神和基督的祭司，也要与基督一同作王一千年。"

节[1]），乃圣神显此复生之理，致人明悟。人各宜存心务信耶稣，积善累德，乃预定其期既至，与善者同复生焉。假如死于水，或死于火，乃亦得复生焉。《默示录》云："溺于海者，海必出之；幽于阴府死所者，阴府死所必出之。使各被鞫，视其所行。"（见二十章十三节[2]）复生之后，乃得永生。信耶稣者之体，比于耶稣一样荣耀；不信者，亦有身体，退居幽暗，永不睹上帝面。耶稣曰："此人入永刑。义者入永生。"（见《马太》二十五章四十六节[3]）故人当知今世非关紧要，来世实为至要矣。盖上帝有言曰："凡先复生者成圣，而蒙福祉，没后沉沦

---

[1]《圣经》旧约《以西结书》37：1—14："1耶和华的手按在我身上。耶和华借着他的灵带我出去，把我放在平原中，平原遍满骸骨。2他使我从骸骨的四围经过，看哪，平原上面的骸骨甚多，看哪，极其枯干。3他对我说：'人子啊，这些骸骨能活过来吗？'我说：'主耶和华啊，你是知道的。'4他又对我说：'你要向这些骸骨说预言，对它们说：枯干的骸骨阿，要听耶和华的话。5主耶和华对这些骸骨如此说：'看哪，我必使气息进入你们里面，你们就要活过来。6我要给你们加上筋，长出肉，又给你们包上皮，使气息进入你们里面，你们就要活过来；你们就知道我是耶和华。'7于是，我遵命说预言。正说预言的时候，有响声，看哪，有地震；骨与骨彼此接连。8我观看，看哪，骸骨上面有了筋，长了肉，又包上皮，只是里面还没有气息。9耶和华对我说：'人子啊，你要说预言，向风说预言。你要说，耶和华如此说：气息啊，要从四方而来，吹在这些被杀的人身上，使他们活过来。10于是我遵命说预言，气息就进入骸骨，骸骨就活过来，并且用脚站起来，成为极大的军队。11他对我说：'人子啊，这些骸骨就是以色列全家。他们说："看哪，我们的骨头枯干了，我们的指望失去了，我们灭绝净尽了。"12所以你要说预言，对他们说，主耶和华如此说：我的子民，看哪，我要打开你们的坟墓，把你们带出坟墓，领你们进入以色列地。13我的民哪，我打开你们的坟墓，把你们带出坟墓时，你们就知道我是耶和华。14我必将我的灵放在你们里面，你们就要活过来。我把你们安置在本地，你们就知道我——耶和华说了这话，就必成就。这是耶和华说的。'"

[2]《圣经》新约《启示录》20：13："于是海交出其中的死人，死亡和阴间也交出其中的死人；他们都照各人所行的受审判。"

[3]《圣经》新约《马太福音》25：46："这些人要往永刑里去；那些义人要往永生里去。"

不及其身，为上帝与基督祭司同乘权，凡历千载。”（见《默示录》二十章六节[1]）

[1]《圣经》新约《启示录》20：6：“在头一次复活有份的有福了，圣洁了！第二次的死在他们身上没有权柄。但他们必作神和基督的祭司，也要与基督一同作王一千年。”

第十七章　续论死后复活

前篇吾言复活之理，既验之于万物，又考之于圣书，固历历而不爽矣。而又有一希奇，与复活之理大相比附者，蝗虫是也。古之时必有之，无所考究，姑不必论。曾闻昔者大美国中，有两省之地，于二百年前，见此虫者数次。初次一千八百十七年有之（即中国嘉庆二十一年）[1]。二次，一千八百三十四年又有之。中暌[2]十有七年之久。当其时，此虫自何而来，如何而生，从未有知其原由者。格物先生因而殚心细考，始得其详。原其始生之形，类如小虫，体质不完，其色黑紫，好比蜗牛，前身只有二足，如蚓爬行，行至树下，缘木上行，不过一二尺之高，便住于此。陡然全身惊动，惊动频仍，如有战兢。少待体质改变，将退原皮，先自领后竖裂一缝，初次脊出，二次尾出，三次后腿出，四次两翼出，翼出甚难。必须久待，首始出，全身毕露矣。体质虽备，而软弱无力，步履艰难，且行且止。至得所止之处，以左右望，如有怪异之意，两眼昏昧不明。待太阳愈上，精神愈爽，腿之力量全足，跳跃而行，眼睛色变深红，全身变黄，明朗可观，两

[1]原文有误，公元1817年，对应嘉庆二十二年。

[2]暌，音kuí，间隔，距离。

翼光亮，如玻璃相似。翼之中间，竖有一大筋为经，横有众小筋为纬，如纱罗相似。待至日午之时，虫之公者能鸣，先是最小之声，以渐而大，彼此皆鸣，东西南北，到处互鸣，声音纱罗纱罗，如喉哑而不亮。于是来来往往，且飞且鸣，飞鸣不止，来往不断，如甚慌忙之意。逾三四日外，虫之母者遗卵。母虫之腹后，有二小足，足有小齿如锯。欲遗卵之时，飞于树梢小枝，先用其足齿，将树枝磋一空隙，即遗卵于其中，盈其数，再寻一小枝如前。其卵遗在枝内，一一成行不紊，个个摆列匀停。及又盈其数，俱用腹后齿足，将有卵之枝，下边磋一口，日久枝干，被风吹动，折落在地，其卵得沾土气。至此之时，虫之公者不鸣，力气日减，朗色全退，眼睛瞎而不见，坠落于地而死。母者亦然。其卵在坭[1]中者，又尽生许多小虫，遍地皆是，转瞬间，都入地中，愈入愈深，八尺、十尺不等，于是无论耕地、铺道、修盖房屋，挑取基址者，皆无妨也。再历十七年，五月间，或道之上，或房基之下，或石缝之中，一一不遗，全数尽出。西国一千八百三十四年有之，一千八百五十一年又有之，一千八百六十八年亦有之。此与复活之理大相比附矣。此虫之生不过十二日、十五日不等，待十有七年之久，在地六千二百零五日而始复生。若人在世四十、五十、八十、九十岁不等，葬于地下应待三四万年，而亦复活也，宜矣。

[1]坭，音ní，同“泥”。

五　卷

第一章　论上帝创造万物令人喜欢快乐

上帝创造万物，不但特意加增人之聪明、人之能力，而且令人心内喜欢、快乐，如最慈之父养育其子也者。夫父之于子，饥即予之以食，而食必求其口腹之欲，寒即予之以衣，而衣必备其其观瞻之美。天父之爱人，亦犹是。天父知口之于味也，有同嗜焉；目之于色也，有同美焉。故或五谷，或菜蔬，或鱼肉，所以充人之饥者，而又各加之美味，以悦人之口；或麻丝，或布帛，或毛革，所以暖人之体者，而有各加之美色，以娱人之目。夫五谷、菜蔬、鱼肉，能充人之饥，而味能充人之饥乎？丝麻、布帛、毛革，能暖人之体，而色亦能暖人之体乎？味与色，于我何补哉？味与色之美恶，又何足取舍哉？而天父之意不尔也。天父生物，为人之食，不啻自以为食，必求其味之悦我口也；天父生物，为人之衣，不啻自以为衣，必求其色之悦吾目也，亦不啻非味不可以充饥，非色不可以暖体，而求其色与味之有美而无恶也。且美味之中，又有五味之调和，美色之外，又有七色之纷华，天父养人、衣人之心无所不至也如是。窃思养人、衣人者，天父意中之慈悲，而又悦人之口、悦人之目者，实天父格外之恩典。藉曰非也，天父而外，谁能生物而为之食，生物而为之衣，若此哉？谁能食必予以味之甘，衣必予以色之美，若此哉？吾故曰：上帝创造万物，而能令人喜欢快乐者也。天父爱人之意，不减于慈父爱子之意。[1]

夫万物之充塞于天地间者，皆有本来之景象，怡人心目，而令人喜欢、快乐者也。试观其丽乎天者，有日月星辰，罗列整齐之可观；其载乎地者，有山岳河海，布置雄壮之可观；其流行于天地间者，有云雾之浮动，虹蜺[2]之出见[3]，或聚或散，或浓或淡，时而出没，时而变化，时有五色，时有万象。又朝有清爽之气，暮有黄昏之色，春有明媚之光，蔼然可观，秋有淡雅之景，豁然宜人，是一日之内，一岁之间，而气候不齐。人杂处于万物之中，其喜欢、快乐之心即境而生，亦触物而动，因时而遷[4]，亦逐日而增，其乐也无止境，亦无穷期。孰为为之？孰令致之？盖莫之为而为，莫之致而至者，天父也。[5]

上帝创造万物，不惟系于天，列于地，散布于天地间者，能令人喜欢快乐也。即花果之细物，其令人喜欢、快乐者，亦不逊于天地间之众象也。试先以花论之。花之色，无色不全，花之形，无状不俱，花之叶，即无形不备，或三轮、两轮之不一，或五轮、六轮之不齐，而孰能枚举哉？吾且概而论之。论其形，有萼，有瓣，有须，有心，四者之数恒相应：萼三出者，瓣亦三出，须或三出，或六出，或九出，而心之末，皆三出；萼五出者，瓣亦五出，须或五出，或十出，或二十出，而心之末，恒五出。

---

[1]此处分段为整理者添加，原文无。

[2]蜺，音ní，古同“霓”，虹的一种。

[3]见，通“现”。

[4]原文为“迁”，据日本明治版改正。

[5]此处分段为整理者添加，原文无。

萼瓣之数，恒以三与五为准，故有六出者，有九出者，有十二出者，有十八出者，此皆本于三也；有十五出者，有二十出者，此皆本于五也。有十五出者，则兼三与五也。有有心无须者，亦有有须无心者，有萼与瓣一一相对者，有交错相配者，亦有错杂不相配者。总之，花之形状不一，而各有一定之形状则一。再以花之色言之。有一花即具一色者，亦有一花而兼具数色者，但以色论，色之纯者有三种：一红色，一黄色，一蓝色者。红与黄合，则成丹黄色，黄与蓝合，则成绿色，红与蓝合，则成紫色。此三种非纯色，名曰次色。又丹黄与绿色合，则成鹅黄色，紫色与绿色合，则成橄榄色，丹黄与紫色合，则成灰色。此三种名又次色。如绿与红合，紫与黄合，蓝与丹黄合，如此者名曰相合色。凡相合色配合，最能悦目者也，如画工之渲染、女工之刺绣，及衣服之镶嵌，宜用相合之色，依类配衬，则色始相宜也。若花之色，尤百倍于画工、女工之配衬也，果谁为配合之哉？盖上帝于天地万物之色，默然用此理，令相配合，以娱人目，故花之色工且备也。若果之令人喜欢、快乐者，而又不逊于花也。不惟有悦人之色，而又有悦人之味；不惟色能悦人之目，而味又能怡人之口，盖七色具备，而五味亦具全，故工于绘事者，着丹黄而描画之，工于文词者，作诗赋以颂咏之。凡此者，皆喜欢、快乐之心，所流露于外者也。然文人、画工，能肖其色，肖其形，而不能肖其味，此所谓人难胜天者也。惟上帝所生之物，能令人喜欢、快乐也。凡上帝生有可悦之物，必令人悦此可悦之物。除人以外，若飞禽，若走兽，若昆虫，虽亦有官骸，亦有知识，而能悦此可悦之物者，有几哉？[1]

上章言生植之物，能令人喜欢、快乐，而血气之物亦然。如飞禽走兽，具有四肢百体，上帝造之，而配合其体质，配合其毛色，无不相宜，令观之者自生其羡慕焉。吾思上帝之生物也，予之以何性，即予以何能，又必予以何形，使相宜而无相左，无兼全，亦无偏废，故去其角者予以齿，两其足者辅之翼。一物虽不足重，而上帝生之，俱有至意在其中。当其始，安排其体质，布置其骨骸，配合其毛色，盖巧莫巧于上帝，神莫神于上帝也。天下事，习见焉而若忘，反观之而易明。假使马配以牛之首，牛配以马之尾，抑使牛马配以犬之首或尾，是不相配者，即不相宜，而观之者，不觉而生厌也。故各兽有不一之性，即有不一之形，各兽各有一定之性，即各有一定之形。飞禽亦然。飞禽之种类不一，而体骸翼翮亦不一，羽毛颜色亦不一。一禽而具一色者有之，一禽而具数色者亦有之，即一毛而兼具数色者亦有之，且七色具全者有之，而不止全乎七色者又有之。上帝既予以各样之性，故予以各样之形，而必予以各样之色者，何为也？又有蛱蝶者类，其纷华美丽之可观，较他物为尤甚。上帝生之，而必予以纷华美丽之形，又何为也？总之，禽兽昆虫，虽有可悦之形，而自不知悦其形也，虽有可悦之色，而自不知悦其色也。自不知悦其形与色，而其有此形与色者，何也？上帝使之也。上帝既使其有可悦之形与色，而不使自悦其形与色者，又何也？上帝之意，盖为人也。为人有喜欢、快乐之心，而

[1]此处分段为整理者添加，原文无。

始使禽兽昆虫有此可悦之形、可悦之色，以悦人也。[1]

上帝令人喜欢、快乐，更不但在生植之物、血气之物，即日用之物，令人喜欢、快乐，亦不可胜道也。如布帛，如丝罗，如毛革，不过用之以作衣，用之以庇体，一[2]斯可矣，而必各样皆齐者，何为也？又，或正色，或次色，或兼色，不过用以改素，用以变质，一斯可矣，而必各色皆备者，何为也？盖为人之喜欢、快乐也。除人以外，其孰能用此各物乎？其孰能悦此各色乎？乃物不能用而人用之，物不知悦而人悦之，此即上帝令人喜欢、快乐之意也。不但此也。如珍宝珠石等类，如金银器俱[3]，及佩服各物，又如案头玩赏、屋宇陈设、家中密藏，凡此皆非日用衣食之所必需，而天父生之，何也？乃人视之为无用，而天父视之正大有用也，用之令人喜欢、欢乐也。天父爱人之意，不百倍于慈父爱子之意也哉？人尚可不敬天父乎？可不悔罪，而感谢天父乎？[4]

上帝令人喜欢、快乐，不独有娱目者之可观，而又有悦耳者之可听也。有如风之生也，鼓动万物；雷之鸣也，震惊百里；山虽无声，谷则有时而应；海虽无声，潮则逐时而生；急雨之声淋漓，疏雨之声丁东；松涛乔木，飞泉瀑布。万类有不齐之名，万籁即有不齐之声。他如蝉鸣高树，虫吟荒草，乌衣巷口之外，喜雨者有燕声，绿杨渡头之堤，呼晴者有鸠声，又有山鸟呼名，家鸡唱晓，悦耳之声不可胜道。盖声有自天来者，有自地起者，有触物而有

[1]此处分段为整理者添加，原文无。

[2]一，统一。

[3]俱，当为“具”。

[4]此处分段为整理者添加，原文无。

者，有有形而能有声者，有无形而亦有声者。六合之内，凡能入耳者，皆为声也。动人之感者莫若声，而兴人之兴者亦莫若声，此所以上帝创造万物，使各有其形，必使各有其声，使影之随其形，亦必使响[1]之随其声。声之令人喜欢、快乐者，不可与娱目之色同日而语也哉。[2]

夫能令人喜欢、快乐者，不独上帝所生之物能之，即人受上帝之聪明能干，而所造之物，亦能悦人之目，悦人之耳，而令人喜欢、快乐也。如层楼崇阁，峻宇雕墙，其纷华美丽而夺目者，不可胜道。如衣冠佩服、玩赏珍物，其奇异巧妙而无比者，不可胜数。此皆有真质、有实形者，可令人观其造作之巧也。若画工之摹效，更有巧于此者。或山川，或花木，或禽兽，或人物，无论四时之景、万物之形，皆能仿佛于指掌之间。不独像其象，而且传其神；不独如其形，而又肖其致；可夺天工之巧，以尽观瞻之美。又如宫商角徵羽五律之声，匏土革木金石丝竹八音之声，其清浊高下、抑扬节奏，皆有序而不紊。凡此悦人之目、怡人之耳者，皆有聪明能干者之所作也。夫聪明能干，人具之，实上帝予之。吾试以唱诗之事验之。西国先生，有特教学生唱诗，习练腔调、节次。人求其众，声求其同，或三千人，或五千人，如琴瑟之相偕，如钟鼓之齐鸣，虽数千万人之声，如出于一人之口。又，大美国，曾有许多唱诗先生，同寓一所，在一大城之内，众先生又请许多先生，又英、法、德等国之人，共计两万，同居二十余日，唱诗声音，同归一辙。自古以来，颂诵之声音，未

[1]响，回声。

[2]此处分段为整理者添加，原文无。

有如此之众者，更未有如此之众而能同者也。此固为赞美上帝起见，然而闻声之人，能不喜欢、快乐哉？非有聪明、有能干者，其孰能若此？上帝予人以聪明、能干，虽不专为唱诗，而亦为令人喜乐也。吾故曰：令人喜欢、快乐者，不独上帝所生之物能之，即有聪明、有能干者所造之物亦能之。然天下之聪明、能干，亦皆上帝之所造也。

第二章　论人当知上帝令人喜欢快乐之意

前数章论万物皆为人而生，此论人当知上帝为人生物之意：一为加增人之聪明；二为加增人之能干；三为令人喜欢快乐。天父生物为人之意如此。[1]

乃有人云：草木有生棘刺者，禽兽有彼此残害者，人有许多疾病者，又有遭不测之虞，意外之患，或艰难困苦之境者，又有毁谤人者、骂詈人者、凌虐人者，及以大欺小、以小加大者，似此者，人之喜欢、快乐安在哉？[2]

吾想上帝创造天地万物，本有善而无恶。（《创》一章二十九节[3]）天父本以爱人为心，因何有不善之事若此哉？此皆魔鬼之所为也。魔鬼使人有此苦恼之事，天父始令独生之子耶稣降世，攻魔鬼之恶迹，破魔鬼之诡计，感化有信心之人，去其恶根，予以热心，又令人各尽本

---

[1]此处分段为整理者添加，原文无。

[2]此处分段为整理者添加，原文无。

[3]《圣经》旧约《创世记》1：29—31："29神说：'看哪，我把全地一切含种子的五谷菜蔬和一切会结果子、果子里有种子的树，都赐给你们；这些都可作食物。30至于地上一切的走兽、天空一切的飞鸟，并一切在地上爬行的，有生命的物，我把绿色植物赐给它们作食物。'事就这样成了。31神看一切所造的，看哪，都非常好。有晚上，有早晨，这是第六日。"

分，多行善事，爱人如己，彼此辅助，使善事充满天下，令世人都享太平，去恶草、恶禽、恶兽，改变天下之人心性情。（《赛》十一章四节至九节[1]）亦治理万国之人，分别善恶，使恶者尽灭，善人兴旺。（《默》七章九节至十七节[2]）总而言之，天父创造天地是为人，耶稣治理世界亦是为人，俱是疼爱人之一意耳。故无论男女老幼、富贵贫贱，皆当深信耶稣。能信耶稣者，即为天父之忠臣；不信耶稣者，即为魔鬼之门徒。靠天父而生者，必靠耶稣以得救；靠天父养身体者，必靠耶稣以养灵魂。使靠天父而不靠耶稣，是犹出不由户，入不得其门者也。人当知耶稣之道理，即天父爱人之道理，非西国独有之道理也。

[1]《圣经》旧约《以赛亚书》11：4—9："4却要以公义审判贫寒人，以正直判断地上的困苦人，以口中的棍击打全地，以嘴里的气杀戮恶人。5公义必当他的腰带，信实必作他胁下的带子。6野狼必与小绵羊同住，豹子与小山羊同卧；少壮狮子、牛犊和肥畜同群；孩童要牵引它们。7牛必与熊同食，牛犊与小熊同卧；狮子与牛一样吃草。8吃奶的婴孩在虺蛇的洞口玩耍，断奶的幼儿必按手在毒蛇的穴上。9在我圣山各处，它们都不伤人，不害物；因为认识耶和华的知识要遍满全地，好像水充满海洋一般。"

[2]《圣经》新约《启示录》7：9—17："9此后，我观看，看见有许多人，没有人能计算，是从各邦国、各支派、各民族、各语言来的，站在宝座和羔羊面前，身穿白衣，手拿棕树枝，10大声喊着说：'愿救恩归于坐在宝座上我们的神，也归于羔羊！'11众天使都站在宝座和众长老以及四个活物的周围，俯伏在宝座前，敬拜神，12说：'阿们！颂赞、荣耀、智慧、感谢、尊贵、权能、力量都归于我们的神，直到永永远远。阿们！'13长老中有一位回应我说：'这些穿白衣的是谁？是从哪里来的？'14我对他说：'我主啊，你是知道的。'他向我说：'这些人是从大患难中出来的，他们曾用羔羊的血把衣裳洗得洁白。15所以他们在神宝座前，昼夜在他殿中事奉他。那坐在宝座上的要用帐幕覆庇他们。16他们不再饥，不再渴。太阳必不伤害他们，任何炎热也不伤害他们，17因为宝座中的羔羊必牧养他们，领他们到生命水的泉源；神必擦去他们一切的眼泪。'"

第三章　论上帝生人为己之意

上帝创造万物，增人聪明，加人能干，令人喜欢、快乐如此，而上帝造人，果何为哉？盖欲人深明道理，谨依道理而行，表明天父之荣耀也。自古及今，人事本不能齐，如士以诵读为事，农以稼穑为事，工以制作为事，商以贸易为事，有职任之责者，以致君泽民、安上全下为事。此皆职分之所当为者，固人事之宜也。而上帝生人之意，又不专在此矣。夫不为其职分之所当为者，固非上帝之意，而但为其职分之所当为者，亦难满上帝之心。上帝既欲人尽其身外之事，又欲人尽其心内之理，既欲人为其职分所当为之事，又欲人明其性分所固有之理：一，欲使人明自己之心性；二，欲使人明自己之灵魂；三，欲使人明自己之本分；四，欲使人明天父之意思；五，欲使人明圣书之旨意；六，欲使人明万物之道理。人能如此，今世可称为善人，来世可称为完人。斯人也，何人也？是能表明天父之道理，而荣耀上帝之人也。盖上帝生物，原所以为人也，而上帝生人，则实又为己矣。上帝生物，使物有益于人，而上帝生人，亦欲人有益于己。不然，如禽兽、鳞介、昆虫、草木等物，亦皆上帝生之者，上帝亦增其聪明乎？亦增其能干乎？上帝既未增其聪明、能干，其不能赞美上帝、荣耀上帝也，宜矣。夫人为万物之灵，上帝又生物以增其聪明、能干，令其喜欢、快乐，苟不尽其职，固谓违逆上帝。即但[1]尽其职，而不能究其性分之所以然，与万物之至理，亦必不能明上帝之真道，尚何能荣耀上帝哉？是尤违逆上帝之甚者也。其与上帝生人为己之意，不大相悬殊哉？如此而欲得天父之恩典也，不亦难乎？且上帝不惟不赐之以恩，且将加之以刑。不观夫人之植果树者乎？夫人之植果树者，非为树也，乃为己也，是以灌溉者有之，培养者有之，原望其果累累，历年增盛而加多。倘硕果不存，则谁复为之灌溉，谁为之培养乎？吾知其割而弃之于火也，必矣。天父之生人，亦犹是。夫人者，犹果树也；植树者，果树之主也；灌溉者，犹天父之慈悲也；培养者，犹天父之保护也；结果者，犹之表明天父之道理，感谢天父之恩典，而荣耀归于天父也；终无善果，割而弃诸火者，犹天父之威严刑罚也。总之，人之植树，乃为己也，非为人也；上帝生人，亦为己，非为人也。人既被上帝之慈悲以灌溉，又受上帝之恩典以培养，而不能表明上帝之道理，感谢上帝、赞美上帝、荣耀归于上帝，其何异于不果之树？不将同归于火也哉？[2]

天地万物，上帝生之，上帝俱有深意在其中。如地之生物，其人所及见而得用者，上帝生之，固为人也；至于地中之金玉、珍宝、血气等物，则又不可胜数矣；又如海之生物，有人所及见而得用者，上帝生之固为人也。至于海底之下，花草山石，则又不胜屈指矣；其舟车所不能至之海隅荒野，人力所不能通之崇山峻岭，草木花果、珍禽

[1]但，仅。

[2]此处分段为整理者添加，原文无。

奇兽，生于寂寞无人之地者，皆人之所不及见、所不得用者也，上帝生之，果谁为哉？盖上帝之生物也，概论之，上帝似乎为人，细究之，上帝实系为己。如云之形也，触石而生，因风而行，五色纷华，万象迭呈；虹之见也，红蓝着色，弯曲成形，如长桥兮卧波，如半月兮横空；又有雪花之独剪六出，冰雹之如大珠小珠；狂风之拂空，直道而行；旋风之徘徊，卷地而生。是在天之形，人不得而用之者。沧海之潮汐也，或来或往，旋进旋退，进者往之，退者来之，来往不断，进退有定，有如出队之兵；河水之流行也，或勇往而直前，或千回而百转，有如巡阵之兵。是在地之形，亦人所不得而用之者。而上帝生之，果何为哉？为己之喜欢、快乐也。亦有其至小莫比之物，上帝生之，亦为己者。水之原质，本如珠粒，以珠粒之小，颗颗相合，遂成江河湖海之大。水珠之内，亦成血气之物，趋跃于珠粒之中。水之色，即为物之体，小亦极矣。又，花之心，皆有粉，颗颗成形，亦极小之物，非显微镜不能见其体质之完备，毛色新鲜，水愈臭，则此物亦愈多。此又人之所及见而不及见[1]者，上帝生之，皆为己也。故上至霄汉[2]，下至黄泉[3]，无论在天在地，或可见或不可见，凡为上帝所生者，皆当感谢上帝，赞美上帝，令上帝喜欢、快乐也。观

[1]见，疑为“用”字之误。

[2]云霄和天河，指天空。

[3]黄泉，古代认为天玄地黄，天是青黑色的，地是黄色的。泉在地下，所以称为黄泉，并用以指代地下，进而指代坟墓和死后世界。

圣书之言，可知矣。（《诗》十九篇[1]、一百四十五篇[2]、

[1]《圣经》旧约《诗篇》19："1诸天述说神的荣耀，穹苍传扬他手的作为。2这日到那日发出言语，这夜到那夜传出知识。3无言无语，也无声音可听。4它们的声浪传遍天下，它们的言语传到地极。神在其中为太阳安设帐幕，5太阳如同新郎步出洞房，又如勇士欢然奔路。6他从天这边出来，绕到天那边，没有一物可隐藏得不到它的热气。7耶和华的律法全备，使人苏醒；耶和华的法度确定，使愚蒙人有智慧。8耶和华的训词正直，使人心快活；耶和华的命令清洁，使人眼目明亮。9耶和华的典章真实，全然公义，敬畏耶和华是洁净的，存到永远，10比金子可羡慕，比极多的纯金可羡慕；比蜜甘甜，比蜂房下滴的蜜甘甜。11因此你的仆人受警戒，遵守这些有极大的赏赐。12谁能察觉自己的错失呢？求你赦免我隐藏的过犯。13求你拦阻仆人不犯任意妄为的罪，不容这罪辖制我，我就完全，免犯大罪。14耶和华——我的磐石，我的救赎主啊，愿我口中的言语，心里的意念在你面前蒙悦纳。"

[2]《圣经》旧约《诗篇》145："1我的神、我的王啊，我要尊崇你！我要永永远远称颂你的名！2我要天天称颂你，也要永永远远赞美你的名！3耶和华本为大，该受大赞美，其大无法测度。4这一代要对那一代颂赞你的作为，他们要传扬你的大能。5他们要述说你威严荣耀的尊荣，我要默念你奇妙的作为。6人要传说你可畏的能力，我也要传扬你的伟大。7他们要将你可记念的大恩传开，并要高唱你的公义。8耶和华有恩惠，有怜悯，不轻易发怒，大有慈爱。9耶和华善待万有，他的怜悯覆庇他一切所造的。10耶和华啊，你一切所造的都要称谢你，你的圣民也要称颂你。11他们要传讲你国度的荣耀，谈论你的大能，12好让世人知道你大能的作为和你国度威严的荣耀。13你的国是永远的国！你执掌的权柄存到万代！14耶和华扶起所有跌倒的，扶起所有被压下的。15万有的眼目都仰望你，你按时给他们食物，16你张手，使一切有生命的都随愿饱足。17耶和华一切所行的，无不公义，一切所做的，都有慈爱。18耶和华临近凡求告他的，临近所有诚心求告他的人。19敬畏他的，他必成就他们的心愿，也必听他们的呼求，拯救他们。20耶和华保护凡爱他的人，却要灭绝一切的恶人。21我的口要述说赞美耶和华的话；惟愿有血肉之躯的都永永远远称颂他的圣名。"

一百四十八篇[1]、《箴》十六章四节[2]、《赛》四十三章七节[3]、《罗》十一章三十六节[4]、《哥》一章十六七节[5]、《默》四章十一节[6]）夫上帝创造世界，如人之修屋宇也。吾观崇楼高阁，峻宇雕墙，陈列珍宝者有之，种植花木者有之，可玩赏者有之，可密藏者又有之，总之非为物也，皆为己也。若上帝之创造世界，创造万物，其为己之意，亦犹是也。且上帝不但生物为己，而上帝生人，尤为为己。“人生若长梦，忽如远行客”，诚哉是言也，盖人之生也，如花之朝开暮落，如草之一枯一荣，如云雾之忽来忽往，忽聚忽散，如海浪之消长，如星象之流行，百年诚易过耳，于人有何益哉？而上帝生人为己之意，欲

[1]《圣经》旧约《诗篇》148：“1哈利路亚！你们从天上赞美耶和华，在高处赞美他！2他的众使者啊，要赞美他！他的诸军啊，都要赞美他！3太阳月亮啊，要赞美他！放光的星宿啊，都要赞美他！4天上的天和天上的水啊，你们都要赞美他！5愿这些都赞美耶和华的名！因他一吩咐就都造成。6他将这些设定，直到永永远远；他订了律例，不能废去。7你们哪，都当赞美耶和华，地上一切所有的，大鱼和深洋，8火和冰雹，雪和雾气，成就他命令的狂风，9大山和小山，结果子的树木和一切香柏树，10野兽和一切牲畜，昆虫和飞鸟，11世上的君王和万民，领袖和世上所有的审判官，12少年和少女，老人和孩童，13愿这些都赞美耶和华的名！因为独有他的名被尊崇，他的荣耀在天地之上。14他高举自己百姓的角，使他的圣民以色列人，就是与他相近的百姓得荣耀。哈利路亚！”

[2]《圣经》旧约《箴言》16：4：“耶和华造万物各适其用，就是恶人也为祸患的日子所造。”

[3]《圣经》旧约《以赛亚书》43：7：“就是凡称为我名下的人，是我为自己的荣耀创造的，是我所塑造，所做成的。”

[4]《圣经》新约《罗马书》11：36：“因为万有都是本于他，倚靠他，归于他。愿荣耀归给他，直到永远。阿们。”

[5]《圣经》新约《歌罗西书》1：16—17：“16因为万有都是在他里面造的，无论是天上的、地上的，能看见的、不能看见的，或是有权位的、统治的，或是执政的、掌权的，一概都是借着他、为着他造的。17他在万有之先，万有也靠他而存在。”

[6]《圣经》新约《启示录》4：11：“我们的主，我们的神，你配得荣耀、尊贵、权柄，因为你创造了万物，万物因你的旨意被创造而存在。”

人能表明天父之道理，能感谢天父，赞美天父，荣耀归于天父，令天父喜欢、快乐。此天父生人为己之意，倍切于生物为己之意也夫。

第四章　论人当明白万物之理当感谢上帝之恩

上帝创造万物，以加增人之聪明、能干、喜悦，则万物固大有益于人者矣。乃人知万物之有益，而不知考察万物之理者，何也？天之生物，皆有一定不易之理。如星辰之丽于天也，名象不一，大小亦不一，而各有一定之轨道、一定之分量、一定之光景、一定之作用；太阳之照临也，其所行之道，所发之光，所长养万物之力量，皆有一定之理；地球之离心力、向心力，亦有一定者。若人履于地球之上，而在光天化日之中，可不细察其一定不易之理者乎？不但此也，即热气、电气等物，皆有一定之规。凡有原质者，亦皆有一定之式样，一定之分量，一定之能干。无论有血气者、无血气者，各类有各类之形质，各类有各类之性情，各类有各类之作用，各类有各类之标记。人必先明各类之标记，始能考察各类之形质、各类之性情、各类之作用，或有益于人，或无益于人，或大有益于人，如此斯可谓明万物之理，斯可谓顺天父之意也。吾想天下无无用之物，亦无无益于人之物，无论体质之大小、性情之善恶，凡为物者，皆有用也。夫不有有害于人之物乎？夫不有有毒于人之物乎？人能察其性情，明其道理，则有害于人者，可使而为有利于人；有毒于人者，可使而为有济于人。凡有损者，皆有益也。观于电气可知矣。电气之气，谁能当之？电气之性，谁能用之？而有聪明者，自能度其理，达其性，用之传递音信，虽数万万里之遥，只在转瞬之间，是无用者，而大有用也。至于药味之中，其以毒攻毒者，不可胜数矣。所谓“造物无弃材”者，若此耳。不谓造物无弃材，而人则弃之，不但无用之材弃之，即有用之材亦弃之，如金石煤炭，非大有用者乎？上帝生之，如珍宝之藏于柜中。中国疆宇[1]之内，产此物之地亦多矣，乃永远埋没于沙土之中。以有用之物，置于无用之地，是亦金石煤炭之一憾也，有负天恩，莫甚于此。再观火轮车船等物。火轮船，一昼夜能行千有余里；乃中国之船，不用火而用风，致行程之无定。火轮车，一日能行三千里；乃中国之车，不用火而用马，甚而至于用人，一日不过数十余里。岂中国无作火轮车船之材乎？无如其不用，何也？又如寒暑表之知冷暖，风雨表之知阴晴，此皆大有益于人者，而中国人皆弃之。如石灰之为用更多，乃今之修屋、修城者多用泥，常有风雨之虑，倾覆之患。又如铁可铺路，而人则弃铁而踏泥；玻璃可以作灯，可以作窗，而人则以粗磁为灯，以明瓦、细纸为窗。陕西、四川两省之地，皆出石油，可以为灯火之资，而人则只用豆油与灯草。至于药味等类，及一切微细之物，中国之人，其辜负天父之恩典也，多多矣。天父生五谷，所以为人食也，亦必足人之食；生丝棉麻革，所以为人衣也，亦必足人之衣。在天父之意，原欲人丰衣足食，乐岁终身饱，凶

[1]疆宇，国土，领土。

年亦免于饥寒，熙熙怡怡[1]，喜乐而不已也；乃世之人惰怠成性，男不力耕种，女不勤纺织，如此者，丰年犹不足用，凶荒难免于死。况吾人身体，天父所生，则身体不得私为己有，所谓“父之遗体”是也。乃今之人，或酗于酒，或吸洋烟，滔滔者，天下皆是也。为非作恶，耗费钱财，伤其元气，损其形体，负天父之恩典者，罪固已重，损天父之身体者，罪尤难免。且书有许多善言，教人为善，亦有许多律法，戒人勿恶，又有许多传教先生，宣扬道理，劝人去恶迁善；乃世之人，诽其书，毁其人，贬斥其道理。噫！曷其不思之甚也？道本于天，理具于人，天下无二天，天下即无二道；天下无二天，天下即无二理。道理者，合天下古今无二者也，岂载在西国之书，传自西国之人，即谓西国之道理乎？实上帝之道理也。将谓西国各有一道理，西国亦各有一上帝乎？夫上帝者，天下万国之大父也。试观山川草木、百谷六畜，虽不识不知，而生长成熟，无不各尽其本分，是即可谓顺上帝之命。若人独得上帝之聪明，而洞辙[2]于胸中，乃屡负上帝之恩典，且诽谤圣书与传教之士，岂非违上帝之意乎？盖耶稣之教，传于万国，未必非上帝有天下一家之意，而使之然也。不然，何其传教之士，不辞辛苦，不畏险阻，费其资斧，劳其体肤，而为所乐为若此哉？夫上帝而名之曰“天父”，盖犹父子之谓与[3]！又称之曰“天主”，亦犹主仆之谓与！子宜顺亲，仆宜顺主，而人亦宜顺上帝。子不顺亲，

[1]熙熙怡怡，和乐喜悦。

[2]辙，当为“澈”或“彻”之误。

[3]与，通“欤”，文言助词，表示疑问、感叹、反诘等语气。

不可以为子；仆不顺主，亦不能常为其仆，则挥而去之也，必矣。如人能明白万物之理，不负上帝之恩，以感谢上帝，荣耀上帝，是可谓顺上帝之人矣；如人不欲明万物之理，辜负上帝之恩，不知感谢上帝，荣耀上帝，是可谓违逆上帝之人矣。顺乎上帝者恒旺；违逆上帝者恒亡。吾告夫天下之顺上帝者，当勉之；吾告夫天下之违上帝者，当戒之。

第五章　论上帝造人是令人于今生之时以预备来生之事

尝谓人为万物之灵，则人异于物也，明矣。然人异于物，不在今生之日，而在来生之时；不在生前之日，而在死后之时。盖物只有今生之事，而无来生之事，亦生前有其事，而死后无其事，故无论物之大者、小者，或有血气者，或无血气者，上帝生之，上帝必予以本分之能，必予以本分之用。物在生前，第能尽其本分之能，用其本分之用，即可谓无负上帝生之之意，其一生之事已尽，其本分之事亦完结矣。若人则不然，生前固有其本分之事，而死后更有其本分之事；有人所共见之本分之事，亦有己所独知之本分之事。使但尽其生前本分之事，与人所共见之本分之事，而未尽其死后本分之事，与己所独知之本分之事，是终不可谓之完结其本分之事。必须明晰道理，洁净其心，预备来生之事，此乃人之尽其本分之事，而异于物之尽其本分之事欤。试以物之本分之事言之。如指南针之一定不移，能令人知东西南北；如钟表之轮流运行，能令人明早晚时辰：此器用之物，能尽其本分之事者。如百谷之生长成熟，而无愆期[1]；百果之着花结实，而有定式：此食用之物，各尽其本分之事者。如犬能守夜，鸡能司晨，马之奔走驰驱，是血气之物，各尽其本分之事者。凡此诸物者，但尽其生前之事，斯已耳，而来生无问矣。若人则不然。如士之居今稽古，谁谓非士之本分哉？农之春耕秋敛，谁谓非农之本分哉？工之创造制作，商之服贾牵车，谁谓非工与商之本分哉？知各有其本分之事，即各为其本分之事，谁谓非士农工商之各尽其本分哉？然如士农工商，谓之各尽其本分之事，则可，而谓此即完结其本分之事，则不可。盖今生之本分虽已尽，而来生之本分尚未完，且生前本分之事有限，而死后本分之事无穷，今生本分之事尚轻，而来生本分之事尤重。故人但尽其生前之本分，而不尽其身后之本分，又不于生前早为预备其身后，虽尽其一生本分，亦终不可谓之完全矣。

其一，恭敬天父。比如有一士人于此，言忠信，行笃敬，而不知孝其父母，虽有万善，不可谓之尽其本分矣。所以人即言无不善，行无不正，而不知恭敬天父、服事天父、祷告天父，虽有万长，不可谓无亏于本分矣。

其二，须存洁净之心。比如有一人焉，其心本不善，口无实言，心无懿行，时常与人争斗，偶有指摘之者，亦知过而认非，面从心违，内藏无限祸根，吾知其必不能进天堂矣。又如有人于此，腋秽不净，衣服蓝缕[2]，而欲入富贵之门，其挥而去之也，必矣。若犹是人也，前疾尽除，全体清洁，加以文绣之衣，复有人代为美言，力诩其

[1]愆期，音qiān qī，失约，误期。

[2]蓝缕，同“褴褛”，衣服破烂的样子。

善，如此而欲入缙绅之家，亦至易耳。孟子云：“西子蒙不洁，则人皆掩鼻而过之；虽有恶人，斋戒沐浴，则可以事上帝。”[1]其斯之谓与？所以人不能去其不洁之心，不信服耶稣，又无代为善言者，而欲入天堂也，难矣。有洁净之心者，无此虑也。《大学》云：“汤之《盘铭》曰：‘苟日新，日日新，又日新。’”[2]谓洁净其身者，正谓人当洁净其心之意也。

其三，当学明道理，以预备来生之事。比如学生初入学堂，学规矩[3]，学算盘，此皆为以后计也。若人生在世，亦与学生初入学堂一理也。人生在世所作之事，与学生所学之事，亦一理也。前事之善否，即后事之祸福因之。故人之生也，非一生而已也，今日之日短，而来日之日长，今生之路近，而来生之路远。人生在世，如行远者之初登程耳。如除此世界之外，尚有许多地球，亦有许多日月星宿，每地球都有各日月星之道理。人于生前，不能明其道理，死后何以得其全美？信乎予所言者，乃天下之公言，非予一人之私言也。不观《汤誓》言桀之罪，专曰“弗克若天”[4]，《泰誓》言纣之罪，首曰“弗敬上

[1]孟子曰：“西子蒙不洁，则人皆掩鼻而过之；虽有恶人，斋戒沐浴，则可以祀上帝。”出自《孟子·离娄下》。

[2]出自《礼记·大学》。

[3]规矩，此用本义，画圆和方的工具。

[4]“惟天惠民，惟辟奉。有夏桀弗克若天，流毒下国，天乃佑命成汤，降黜夏命。”译为：“上帝惠爱民众，君王恭奉上帝。夏王桀不能顺应上帝，传播邪恶给天下四方。上帝于是扶佑赐福命给成汤，降下废除夏朝的命令。”原文出自《尚书·泰誓中》，此处言《汤誓》，疑有误。另，《泰誓》仅见《古文尚书》，分上、中、下篇，《今文尚书》无此篇，一般认为系伪作。

天”。[1]桀纣尚有不敬天之罪，士庶人当何如也？孔子言“克己复礼”[2]，孟子言“养心寡欲”[3]，圣贤尚求洁净其心，庸愚者当何如也？《论语》之言“志于道，据于德，依于仁”[4]，“好古，敏以求之者”[5]，岂非为明晰道理而言哉？吾愿天下人以弗敬上天者为戒，以洁净其心、明道理者为法焉。果能恭敬天父，洁净其心，而又深明夫道理，在今生称之为完人，在来生亦称之为善人。斯人也，非天堂之内，何地能容其身哉？总而言之，人当明白天父造人，不但为生前一世，乃欲人早备来生之事也。吾屡验之矣。

一，人心本无穷期，人皆欲富，而不欲贫，欲贵，而不欲贱。如贫者遽富矣，乃富而又望其富；贱者遽贵矣，乃贵而愈望其贵。人情大抵皆然。若禽兽则不计此，只知饱食而已，饱食以外，无他意矣。至于人则不但顾一生之境遇，且宜图将来之事业。

---

[1]“今商王受弗敬上天，降灾下民，沉湎冒色，敢行暴虐，罪人以族，宫人以世。”译为：“现在商王纣不恭敬上帝，降灾祸给人民，沉溺于酒，贪好女色，竟敢施行残暴虐杀，用灭族之法惩罚民众，用世袭的办法选拔官吏。”原文出自《尚书·泰誓上》。

[2]“颜渊问仁。子曰：‘克己复礼为仁。一日克己复礼，天下归仁焉。为仁由己，而由人乎哉？’”译为：“颜渊问怎样做才是仁。孔子说：‘克制自己，一切都照着礼的要求去做，这就是仁。一旦这样做了，天下的一切就都归于仁了。实行仁德，完全在于自己，难道还在于别人吗？’”原文出自《论语·颜渊》。

[3]“养心莫善于寡欲。”译为：“修养心性的方法最好是减少欲望。”参见杨伯峻译注：《孟子译注》，北京：中华书局1960年版，第339页。

[4]“志于道，据于德，依于仁，游于仁，游于艺。”译为：“目标在道，根据在德，依靠在仁，而游憩于礼、乐、射、御、书、数六艺之中。”出自《论语·述而》。参见杨伯峻译注：《论语译注》，北京：中华书局1980年版，第67页。

[5]“我非生而知之者，好古，敏以求之者也。”译为：“我不是生来就有知识的，而是爱好古代文化，勤奋敏捷地去追求知识的人。出自《论语·述而》。参见杨伯峻译注：《论语译注》，北京：中华书局1980年版，第72页。

二，人生在世，其境遇亦无定限。无论富贵贫贱，聪明蠢愚，上帝使其为人，每予以艰难困苦之事，苦其心志，劳其筋骨，使终身不得安息。夫上帝使其不得安息者，正所以增益其知能，使预备来生之事。此上帝生人之意也。

三，人心本愈用愈灵，人之能干，亦愈用而愈大。是以读书之人，读书多，聪明亦多，能干亦愈多，能办事务，能明道理。不惟读时如此，即掩卷之后，亦能会悟许多奥妙；其所及见、及闻之事，固能明悉，即所不及见闻之事，亦能会悟。若物则不然，如禽兽之修巢穴也，历年相同，不能革故鼎新，即其飞鸣知觉，始终如一，亦不能日胜一日。若人之聪明、能干，都能由浅及深，由粗及精，由小及大，由近及远，是永远前进，而无止境者也，此上帝生人之意也。或者曰：人老则聪明渐少，能干亦少，甚而至于聋瞎者亦有之。然此皆身外之事，若灵魂亦有少之时乎？且人之聪明、能干，自[1]老而不改者，世亦不乏人也。谁谓人之身体老，灵魂亦与之俱老乎？

四，吾观天下古今之人，晚年则多畏死，窥其心意，未必非为生前所作之事，多有不善，恐死后不敢当上帝之审判耳。此亦人之良心，预为警人，当修来生之事与？上帝造人，令人不能满意者，正为使人知尚有未来之世耳。盖人有老期，良心无老期，人有死时，灵魂无死时。灵魂乃永远前进而不已者，年增一年，月贵一月，而奉事天父，则尤日紧一日。天父固不欲灭此灵魂。比如治家国者，必用人焉，以使令而辅翼之。其人之任其事者，始而

[1]自，疑为“至”之误。

茫然，继而释然，终且无论事之巨细盘错，无不尽美而尽善焉。如此而谓主理其事者，犹欲废弃斯人而去之，无是理也。

六　卷

第一章　论魔鬼必有一[1]

或问曰：世宇之事，何为而有不善者？我对曰：魔鬼之所致也。又问曰：因何而有魔鬼？我对曰：此事深奥难明，然其中不能无说，读书君子，倘肯虚心相问，我则请为详言之。夫魔鬼之为害也，由来久矣。[2]

一，太初之时，上帝创造世宇，其初次所造之有血气者，形大而完，如鱼及昆虫鸟兽等类，体皆甚巨而可观；其后之鱼，渐小而形劣，或比其目[3]，或偏其口[4]，或错乱其翅；昆虫鸟兽之形，渐以不及其初；又后则有长蛇焉，有恶兽焉。从可知天地间所有之物，俱系先造者善，而后变为恶，此皆因魔鬼所致，非上帝之本意也。

二，世之留心植物者，细察其初，原无有刺之类。后渐有棘，棘分二种。一种之刺，初生似毛。一种之刺，可使开花，西国有其法焉。设使园丁如法修植，则有毛之刺，将尽变为毛而无刺，而刺之大者，亦将尽变为花而无

[1]基督教的世界观中包含一个堕落（退步）叙事，即黄金时代在最初，其后堕落，堕落的肇事者是魔鬼。这与儒家认为黄金时代在三代相似，与进化论暗示的进步叙事则截然不同。

[2]此处分段为整理者添加，原文无。

[3]比目鱼，两只眼睛长在一边的奇鱼，被认为需两鱼并肩而行，故又名比目鱼。

[4]左口鱼，比目鱼中眼睛长在左边的，看起来嘴也在左边。

刺。所有棘类之刺，亦因受外物之感而生。故其刺之开花者，主宰之本意；而其刺之伤人者，则非主宰之本意也，由魔鬼也。

三，动物之理，犹植物也。四肢百骸，安置得宜，举动行止，跳舞奔驰，上帝之本意也。其偶有疼痛者，皆因外受之伤，非上帝之本意也。身心爽快，气力充足，欢饮乐食，上帝之本意也。其偶有疾病者，或因饮食不宜，或因风寒之感，亦非上帝之本意也。从可知创造之主宰，原为使动物快乐耳，至疾病疴痒等事，皆有魔鬼之故也。

四，上古初造之动物，其性皆善，故无论大小昆虫，体俱无毒。后之蛇蝎等类，皆因受不善之感而生者也。其初之兽，足如牛马之蹄。后之生者渐恶，故口有利锥之牙，足有曲钩之爪，如虎狼之类是也。即其初所造之天地也，不拘昼夜之明暗、四时之冷暖、雨露之多寡、风霜之大小、海水之潮汐，无不各得其宜，皆有美意在其中也。后因有不善之感，遂有水旱之灾，风浪之险，苦雨严霜，在在失宜。此外又有烟瘴疠疫之气，人被其灾，物受其害。魔鬼之为患，可胜道哉？

五，自古始祖[1]，身体康泰，心无私欲，所居之地，乃快乐园，不费心力，而饮食充足，又无疾病患难之苦，其乐何如乎？而孰意魔鬼从而生心焉？

六，始祖所食之物，亦惟菜蔬果品类耳；肉食之事，乃后人之所为也。格物者细心推究，大约世之瓜果菜草等物，尽足备人禽之食用，是以彼此相残之物，互相争斗之

[1]始祖，指亚当、夏娃。

人，皆非主宰之本意，乃魔鬼之所使也。[1]

观以上诸务，则魔鬼之必有也明矣。

[1]此处分段为整理者添加，原文无。

第二章 论魔鬼必有二

一，万物之愈出愈恶者，非由上帝本意所生，乃由上帝之仇敌而感也。上帝之仇敌者谁？非魔鬼耶？（《诗》一百四十五篇十七节："凡主所行的尽是公义，凡主所为的无不慈悲。"[1]）

二，人之所以为恶者，实皆背其良心，并非自然而恶者也。是犹水性就下，非有激之者，则不能逆流而上行。始祖之性本善也，若无魔鬼之感动，则不能昧良而丧心。后世之人，亦莫不有良心也，若非魔鬼之迷，则不能不顺其良心以尽人事矣。

三，恶事之中，足以见魔鬼之深意焉。盖魔鬼每欲生事之时，必先备生事之人。譬如一村之中，若魔鬼有意相害，必先集其不良之人，往来引诱，络绎不绝，及其一切齐备，则百祸皆兴。如西国近有一城，起初先来一医，品行不端，不悉医理，又无学问。继又来以[2]良医，品学兼优，惜乎毫无主见，反被前医所惑，听其指使，前医借之以取重利。后又来一儒医，虽医理精通，而性则狡猾，见

[1]《圣经》旧约《诗篇》145：17："耶和华一切所行的，无不公义，一切所做的，都有慈爱。"

[2]以，疑当作"一"。

其初来之医，仝借继来医力，心甚不忿，即劝继来之医，不为前医所使，以致前之二医，不相为睦。后又来无品之妇三人，各投一医，互相造言生事，因此通城内外，无不受此六人之害。由此观之，无无品之医，无事也；有无品之医，而无无主见者继之，无事也；有此二医，而无后来之医，仍无事也；仅此三医，若无无品之妇三人，则亦可望无事也。似此奸邪齐备，非大有能力之魔鬼，乌得如此安置乎？夫魔鬼之欲乱国都也，必先惑其不良之人，使之处其中；或诱其在上者，激变良民；或引起在下者，抗违公务。幸灾乐祸之徒，皆魔鬼之胥役[1]也。故凡事之有美义在其中者，皆所以表明上帝也；而事之有恶意在其中者，则所以表明魔鬼也。

四，魔鬼之惑人，犹罗[2]鸟者之设网也，必先有为之诱者，又如捕鱼者之垂钓也，必先有为之饵者。故魔鬼凡欲害人，必先快人之心，悦人之意，而后能使人执迷不悟。不惟稚子幼童，甘受牢笼，即聪明成立[3]者，亦不易出其圈套。有网罗、钓饵等物，知世宇有捕鱼、捉鸟之人，有风花雪月等事，知世宇有迷人、害人之鬼。

五，自古及今，中外各国，所有魔鬼之迷人者，其计谋大略相同，是以请仙疗病、过阴跳神等事，古今一辙，中外皆然，足征魔鬼之根源一也。

---

[1]胥役，差役。

[2]罗，网罗。

[3]成立，长大成人。

第三章　论魔鬼之始

当未造天地万物之前，万缘皆空，一无所有，惟有圣父、圣子、圣神，三位一体之上帝，实无始无终，无穷无尽之快乐也。（《箴》八章二十二节至三十节：“越在古昔，造化之始，我与耶和华共在。自元始天地之先，我已为尊。未有深渊，未有渊泉，未有山岗，已有我矣。大地、田野、尘寰、平睦[1]，俱未缔造，我已在矣。主创造穹苍，圆包环海，我亦同在。上排天云，下置渊泉，命海水勿越其限定，地维不失其界，我亦偕在。与主缔造，见悦于主，我于其前，常得欢乐。”[2]）

上帝开创之始，即先造大有能力而灵者之天使，天使之分位，虽有大小之不同，然无一不善者焉。后因渐生骄傲，违逆上帝之命令，遂有变而为魔鬼者。彼既成魔鬼，而复诱诸天使，因而魔鬼遂多。故自始祖及今，历代相

---

[1]平睦，待考。

[2]《圣经》旧约《箴言》8：22—30：“22在耶和华造化的起头，在太初创造万物之先，就有了我。23从亘古，从太初，未有大地以前，我已被立。24没有深渊，没有大水的泉源，我已出生。25大山未曾奠定，小山未有之先，我已出生。26那时，他还没有创造大地和田野，并世上头一撮尘土。27他立高天，我在那里。他在渊面的周围划出圆圈，28上使穹苍坚硬，下使渊源稳固，29为沧海定出范围，使水不越过界限，奠定大地的根基。30那时，我在他旁边为工程师，天天充满喜乐，时时在他面前欢笑。”

传，无不受魔鬼之迷。（《犹》六节："昔有天使，不受厥职，轻去其所，主以不断之索拘挛而幽囚之，以待鞠之日至。"[1]）

因有问余者曰：战争之事，非由私心生耶？我对曰：诚哉子之言也，战争之事，实系生于私心。夫人本系有主见者也，有良心者也。乃顺一己之私，此人之所以无不获罪也。人既无不有罪，则不能不借其战争，以互相报应。细心思之，乘间而入之魔鬼，必有矣。

魔鬼之分位，其大小不等。盖有有权有力者，亦有权小力微者。其权力之大者，虽不甚多，而权力之小者，则不可胜数。其为首者，名地啊不拉（乃希利尼语[2]也，译"诘告"二字），以其无理，冤枉好人也。（《默》十二章九节："巨龙与其使者，皆逐于地；昔有蛇，亦称魔鬼撒但，素惑天下亿兆，即此龙也。"[3]）又名撒但，译"抗拒好事"。（《百》二章二节："耶和华谓撒但曰：'汝奚自？'对曰：'余遍历尘寰，往来靡定。'"[4]《亚》三章一节："使者示我以象，见祭司长约书亚侍于耶和华天使前，撒但立于右以御之。"[5]）又名别西卜，译苍蝇之王，谓其俦类过多，屡惹人烦也。（《太》十二

[1]《圣经》新约《犹大书》1：6："至于那些不守本位、离开自己住处的天使，主用锁链把他们永远拘留在黑暗里，等候大日子的审判。"

[2]希利尼语为公元前3世纪到公元6世纪时期，在欧洲及中东流行的希腊语，又称通用希腊语。

[3]《圣经》新约《启示录》12：9："大龙就是那古蛇，名叫魔鬼，又叫撒但，是迷惑普天下的；它被摔在地上，它的使者也一同被摔下去。"

[4]《圣经》旧约《约伯记》2：2："耶和华问撒但说：'你从哪里来？'撒但回答说：'我从地上走来走去，在那里往返。'"

[5]《圣经》旧约《撒迦利亚书》3：1："天使指给我看：约书亚大祭司站在耶和华的使者面前，撒但站在约书亚的右边控告他。"

章二十四节："法利赛人问之，曰：'彼逐鬼，无非借鬼王别西卜耳。'"[1])

又名老蛇，为其暗藏洞中，不防则出而伤人也。又为魔鬼，曾借蛇形以迷世人之始祖也。（《默》二十章二节："昔有龙蛇即魔鬼撒但，天使执之，缚之至于千年。"[2])

魔鬼之所居者，空气以内也，是以魔鬼之首领，即名空气之王。（《弗》二章二节："从世俗，服在空乘权者，即惑不信之神。"[3]）亦名暗世之君。（《弗》六章十二节："盖我所与战者，不第血气之人，乃权力及暗世之君，在空恶神。"[4])

魔鬼之游行于冥中者，无处无之，其晓事之速，为害之疾，更有甚于今世之电报者。故无论天涯地角，大小善恶等事，无不洞悉于顷刻间也，如市镇之推命测字诸类，往往有其应如神者，皆魔鬼之所凭依也。间有无识之辈，不拘男女，被其所迷，亦能先知，如云某日宜有某事，而后果皆验，某处应有某人，而一一不爽，皆魔鬼之所密示也。

---

[1]《圣经》新约《马太福音》12：24："但法利赛人听见，就说：'这个人赶鬼，无非是靠着鬼王别西卜罢了。'"

[2]《圣经》新约《启示录》20：2："他捉住那龙，就是古蛇，就是魔鬼、撒但，把它捆绑一千年。"

[3]《圣经》新约《以弗所书》2：2："那时，你们在过犯罪恶中生活，随从今世的风俗，顺服空中掌权者的领袖，就是现今在悖逆的人心中运行的邪灵。"

[4]《圣经》新约《以弗所书》6：12："因为我们的争战并不是对抗有血有肉的人，而是对抗那些执政的、掌权的、管辖这幽暗世界的，以及天空灵界的恶魔。"

第四章　论魔鬼作用

夫魔鬼之必有也，《圣书》屡言之矣。

一，魔鬼曾迷吾人之始祖，今世仍受其害。（《创》三章一节至十三节："耶和华上帝所造生物中，莫狡于蛇。蛇谓妇曰：'囿有百树，上帝岂语汝云勿食乎？'妇曰：'囿树结实，我俱可食；惟囿之中有一树焉，上帝命毋食毋扪，恐陷死亡。'蛇曰：'汝未必死，上帝知食之之日，尔目必明，能辨善恶，仿佛上帝。'妇视其树，食可适口，观可娱目，能益智慧，使人生慕，故取果食之。亦以奉夫，夫亦食之。二人目明，自知裸体，遂编蕉叶为裳。日有凉风至，耶和华上帝遨游于囿。亚当与妇闻其声，匿身树间以避之。耶和华上帝召亚当云：'汝何在？'曰：'我闻尔声于囿，以我裸，故畏而自匿。'曰：'孰言尔裸乎？我命尔勿食之树果，尔乃食乎？'亚当曰：'尔以妇赐我，与我为偶，妇予我果，而我食之。'耶和华上帝谓妇曰：'尔何为耶？'妇曰：'蛇诱我食之。’”[1])

二，魔鬼性情，原来荒唐，言语不实，且喜于使人学其荒唐不实等事。（《约》八章四十四节：“尔所自出之父魔鬼也，尔父所喜，尔欲行之。彼自始为杀人者，不存真理，以其内无真理。魔鬼言诳本于性，性生以其为诳及诳者之父也。”[2])

三，魔鬼诱人任意妄为。（《哥后》四章四节：“即世之上帝惑不信者心，使肖上帝之基督福音之荣不光照焉。”[3])

四，魔鬼有骄傲之心。（《提》三章六节：“甫入教

---

[1]《圣经》旧约《创世记》3：1—13：“1耶和华神所造的，惟有蛇比田野一切的走兽更狡猾。蛇对女人说：‘神岂是真说，你们不可吃园中任何树上所出的吗？’2女人对蛇说：‘园中树上的果子，我们都可以吃；3只是园子中间那棵树的果子，神曾说：“你们不可吃，也不可摸，免得你们死。”’4蛇对女人说：‘你们不一定死；5因为神知道，你们吃的日子眼睛就开了，你们就像神一样知道善恶。’6于是女人见那棵树好作食物，又悦人的眼目，那树令人喜爱，能使人有智慧，她就摘下果子吃了，又给了与她一起的丈夫，他也吃了。7他们二人的眼睛就开了，知道自己赤身露体，就编织无花果树的叶子，为自己做成裙子。8天起了凉风，那人和他妻子听见耶和华神在园中来回行走的声音，就藏在园里的树木中，躲避耶和华神的面。9耶和华神呼唤那人，对他说：‘你在哪里？’10他说：‘我在园中听见你的声音，我就害怕；因为我赤身露体，我就藏了起来。’11耶和华说：‘谁告诉你，你是赤身露体呢？莫非你吃了那树上所出的，就是我吩咐你不可吃的吗？’12那人说：‘你赐给我、与我一起的女人，是她把那树上所出的给我，我就吃了。’13耶和华神对女人说：‘你怎么会做这种事呢？’女人说：‘那蛇引诱我，我就吃了。’”

[2]《圣经》新约《约翰福音》8：44：“你们是出于你们的父魔鬼，你们宁愿随着你们父的欲念而行。他从起初就是杀人的，不守真理，因他心里没有真理。他说谎是出于自己的本性，因他本来是说谎的，也是说谎者之父。”

[3]《圣经》新约《哥林多后书》4：4：“这些不信的人被这世界的神明弄瞎了心眼，使他们看不见基督荣耀的福音。基督本是神的像。”

者未可为督，恐自衔，与魔鬼同刑。”[1])

五，魔鬼喜自专自用。（《百》一章六节：“一日，众天使偕耶和华前，撒但亦在其中，耶和华问撒但曰：‘汝奚自？’对曰：‘我遍历尘寰，往来靡定。’”[2])

六，魔鬼之能力甚大。（《弗》二章二节：“从世俗，服在空乘权者，即惑不信者之神。”[3])

七，魔鬼凶恶之极。（《约一》二章十三节：“余书遗父老，因尔识元始之主。余书遗少者，因尔胜恶敌。余书遗孺子，因尔知父。”[4]《路》八章二十九节：“盖耶稣曾命邪神出是人，此神强取之已久，虽系以铁索，械以桎梏，即断械系之具，为鬼逐诸野。”[5]九章四十二节：“来时，鬼倾跌、拘挛之，耶稣斥邪神，医此子，以与其父。”[6])

八，魔鬼以害人为事。（《百》一章九节：“撒但

[1]《圣经》新约《提摩太前书》3：6：“刚信主的，不可作监督，恐怕他自高自大，落在魔鬼所受的刑罚里。”

[2]《圣经》旧约《约伯记》1：6—7：“6有一天，神的众使者来侍立在耶和华面前，撒但也来在其中。7耶和华问撒但说：‘你从哪里来？’撒但回答耶和华说：‘我从地上走来走去，在那里往返。’”

[3]《圣经》新约《以弗所书》2：2：“那时，你们在过犯罪恶中生活，随从今世的风俗，顺服空中掌权者的领袖，就是现今在悖逆的人心中运行的邪灵。”

[4]《圣经》新约《约翰一书》2：13：“父老们，我写信给你们，因为你们认识从起初就有的那一位。青年们啊，我写信给你们，因为你们胜过了那恶者。孩子们啊，我写信给你们，因为你们认识父。”

[5]《圣经》新约《路加福音》8：29：“这是因耶稣曾吩咐污灵从这人身上出来。原来这污灵屡次抓住他；他常被人看守，又被铁链和脚镣捆锁，他竟把锁链挣断，被鬼赶到旷野去。”

[6]《圣经》新约《路加福音》9：42：“他正来的时候，那鬼把他摔倒，叫他重重地抽风。耶稣斥责那污灵，把孩子治好了，交给他父亲。”

曰：‘约百畏上帝，岂无为而然乎？’”[1]二章四节：“撒但曰：‘害未及身，犹可忍也；害及其身，不可忍也。”[2]）

九，魔鬼喜于欺人。（《王上》二十二章二十一二节：“有神越班而出，侍耶和华前，曰：‘我将诱之。’曰：‘诱之若何？’曰：‘我将感其先知，胥动以浮言。’曰：‘往哉！行此，尔必诱之，以成尔志。’”[3]《哥后》十一章三节：“昔蛇欺惑夏娃，我惧尔心见诱，不诚信基督亦若是。”[4]十四节：“斯何奇之有？盖撒但貌为光明天使。”[5]）

十，魔鬼以抗违上帝之意为事。（《亚》三章一节：“使者示我以象，见祭司长约书亚侍于耶和华天使前，撒但立于右以御之。”[6]《撒前》二章十八节：“我保罗一而再欲莅尔处，惟撒但阻我。”[7]）

---

[1]《圣经》旧约《约伯记》1：9：“撒但回答耶和华说：‘约伯敬畏神，岂是无故呢？’”

[2]《圣经》旧约《约伯记》2：4—5：“撒但回答耶和华说：‘4人以皮代皮，情愿舍去一切所有的，来保全性命。5但你若伸手伤他的骨头和他的肉，他必当面背弃你。’”

[3]《圣经》旧约《列王纪上》22：21—22：“21随后有一个灵站出来，站在耶和华面前，说：‘我去引诱他。’22耶和华问他说：‘用什么方法呢？’他说：‘我要出去，在他众先知的口中成为谎言的灵。’耶和华说：‘这样，你去引诱他，必能成功。你出去，照样做吧。’”

[4]《圣经》新约《哥林多后书》11：3：“我只怕你们的心偏邪了，失去那向基督所献诚恳贞洁的心，就像蛇用诡诈诱惑了夏娃一样。”

[5]《圣经》新约《哥林多后书》11：14：“这也不足为奇，因为连撒但也装作光明的天使。”

[6]《圣经》旧约《撒迦利亚书》3：1：“天使指给我看：约书亚大祭司站在耶和华的使者面前，撒但站在约书亚的右边控告他。”

[7]《圣经》新约《帖撒罗尼迦前书》2：18：“所以我们很想到你们那里，我——保罗有一两次要去，只是撒但阻挡了我们。”

十一，魔鬼能作许多希奇之恶事。（《撒后》二章九节："恶者之至，借撒但力，其妙用、异迹、奇事，无非伪为。"[1]《默》十六章十四节："彼即鬼之神，能行异迹，凭依天下诸王，招之使集，待全能上帝战日至，是为大日。"[2]）

十二，魔鬼以勾引世人为事。（《提》三章七节："会以外，督宜有令闻，恐遭摈斥，而罹魔鬼之网。"[3]《提后》十二章六节："当弃诸妄论浮词，因浸久，弊必从滋。"[4]）

十三，魔鬼善试世之君子。（《代上》二十一章一节："撒但欲害以色列族，诱惑大卫，使核民数。"[5]《太》四章一节至十一节："圣神引耶稣适野，见试于魔鬼。耶稣禁食四十日夜，饥。试者就之曰：'尔若上帝子，此石可令为饼。'耶稣曰：'记有之：人得生，不惟饼，惟上帝所命。'魔鬼携之至圣京，升之殿顶，曰：'尔若上帝子，可投下，记有之："主命使者扶尔，免足触石。"'耶稣曰：'记亦有之："勿试主——尔之上帝。"'魔鬼复携彼登峻峭之山，以天下列国尊荣示之，曰：'若俯伏拜我，悉以予尔。'耶稣曰：'撒但，退！

---

[1]《圣经》新约《帖撒罗尼迦后书》2：9："这不法的人来，是靠撒但的运作，行各样的异能、神迹和一切虚假的奇事。"

[2]《圣经》新约《启示录》16：14："他们本是鬼魔的灵，施行奇事，到普天下众王那里去，召集他们在全能者神的大日子作战。"

[3]《圣经》新约《提摩太前书》3：7："监督也必须在教外有好名声，免得被人毁谤，落在魔鬼的罗网里。"

[4]出处有误，待考。

[5]《圣经》旧约《历代志上》21：1："撒但起来攻击以色列人，激起大卫数点以色列人。"

记有之：“当拜主——尔之上帝，独崇事焉。”’于是魔鬼离耶稣。天使至而服事之。”[1]《路》二十二章三十一节：“主曰：‘西门，西门！撒但欲簸尔曹若麦。”[2]）

十四，圣书曾用喻言，论魔鬼惑人，有似乎捉鸟者。（《诗》九十一篇三节：“予谓敬虔之士尝曰：‘主必使尔不罹鸟罗，不患疫疠兮。’”[3]）又如小人将稗子掷于良田之内。（《太》十三章二十五节：“寝时，敌至，撒稗麦中而去。”[4]二十八节：“曰：‘敌为之。’仆曰：‘我往薅[5]之，可乎？’”[6]）亦如豺狼。（《约》十章十二节：“佣非羊牧，羊非佣羊，佣见狼至，弃羊而逃，狼获羊而群散矣。”[7]）又如犬焉。（《诗》

[1]《圣经》新约《马太福音》4：1—11：“1当时，耶稣被圣灵引到旷野，受魔鬼的试探。2他禁食四十昼夜，后来就饿了。3那试探者进前来对他说：‘你若是神的儿子，叫这些石头变成食物吧。’4耶稣却回答说：‘经上记着说：“人活着，不是单靠食物，乃是靠神口里所出的一切话。”’5魔鬼就带他进了圣城，叫他站在圣殿顶上，6对他说：‘你若是神的儿子，就跳下去！因为经上记着说：“主要为你命令他的使者，用手托住你，免得你的脚碰在石头上。”’7耶稣对他说：‘经上又记着说：“不可试探主——你的神。”’8魔鬼又带他上了一座很高的山，将世上的万国和万国的荣华都指给他看，9对他说：‘你若俯伏拜我，我就把这一切赐给你。’10耶稣说：‘撒但，退去！因为经上记着：“当拜主——你的神，惟独事奉他。”’11于是，魔鬼离开了耶稣，立刻有天使来伺候他。”

[2]《圣经》新约《路加福音》22：31：“主又说：‘西门，西门！撒但要得着你们，好筛你们，像筛麦子一样。’”

[3]《圣经》旧约《诗篇》91：3：“他必救你脱离捕鸟者的罗网和毁灭人的瘟疫。”

[4]《圣经》新约《马太福音》13：25：“在人睡觉的时候，他的仇敌来，将杂草撒在麦子里就走了。”

[5]薅，音hāo，去掉。

[6]《圣经》新约《马太福音》13：28：“主人回答他们：‘这是仇敌做的。’仆人对他说：‘你要我们去拔掉吗？’”

[7]《圣经》新约《约翰福音》10：12：“雇工不是牧人，羊不是他自己的，他一看见狼来，就撇下羊群逃跑；狼抓住羊，把他们赶散。”

二十二篇十六节："枭獍围我，恶党环我，伤我手足兮。"[1]）亦如恶狮。（《彼前》五章八节："勤守儆醒，尔敌乃魔鬼，譬彼吼狮，遍行欲吞噬人。"[2]）如毒蛇焉。（《创》三章一节："耶和华上帝所造生物中，莫狡于蛇。蛇谓妇曰：'囿有百树，上帝岂语汝云勿食乎？"[3]）如蝗虫焉。（《默》九章三节："烟中有蝗遍地，上帝赐权，伤人如蝎子。"[4]）如闪电焉。（《路》十章十八节："耶稣曰：'我见撒但自天而陨，如电然。'"[5]）

[1]《圣经》旧约《诗篇》22：16："犬类围着我，恶党环绕我；他们扎了我的手、我的脚。"

[2]《圣经》新约《彼得前书》5：8："务要谨慎，要警醒。因为你们的仇敌魔鬼，如同咆哮的狮子，走来走去，寻找可吞吃的人。"

[3]《圣经》旧约《创世记》3：1："耶和华神所造的，惟有蛇比田野一切的走兽更狡猾。蛇对女人说：'神岂是真说，你们不可吃园中任何树上所出的吗？'"

[4]《圣经》新约《启示录》9：3："有蝗虫从烟中出来，飞到地上，有权柄赐给它们，好像地上的蝎子有权柄一样。"

[5]《圣经》新约《路加福音》10：18："耶稣对他们说，我曾看见撒但从天上坠落，像闪电一样。"

第五章　论魔鬼自由[1]

或曰：魔鬼之为害也如此，上帝何不禁止乎？抑知上帝奥妙之意，小民原难洞悉。此犹帝王之筹画，岂蝼蚁所能知乎？然细心思之，不能无因果在其中也。

或曰：上帝无所不能，何为任魔鬼如此之不善也？

一，岂知上帝亦有所不能禁耶？譬如偶数，复加以偶，上帝不能使为奇；偶数复加以奇，上帝不能使为偶。上帝之所不能者，皆因其有已定者也。从可知天使计已得自行作主之权，上帝即不可禁其自便矣。况上帝即能禁其外貌之形体，亦不能禁其心内之主见也。

二，犹护国之兵，当太平无事之日，安居乐业，惟日习技艺而已，固其乐也。即有事之秋，出师迎敌，无昼无夜，冲风冒雨，无冬无夏，炎日寒霜，似不堪其苦矣。然至得胜奏凯，功建业立，则其乐更甚。若自古无此魔鬼，始祖不受其迷，世宇至今，仍犹太古，日享无穷之福，未必知有可乐之处也。既有魔鬼，即有恶事，此必待克己复礼之人，有胆有识者，主见已定，则富贵不能淫，贫贱不能移，威武不能屈，然后可蒙耶稣之救，而升天堂，始知其乐无穷也。

[1]此章处理神正论的问题，主要即归因于魔鬼的自由意志。

三，如世宇若无穷苦者，善人将何处周济？若无愚鲁者，哲人将何处训诲？无昏夜之暗昧，无以显白昼之光明。无横逆之凶恶，无以表善者之德行。子夏云："死生有命，富贵在天。"[1]似此魔鬼之扰乱世宇也，亦必有天命在焉。是以魔鬼之兴也，上帝知之，上帝未尝阻之也。

四，上帝亦有时以魔鬼之力，助善事焉，故凡事无论善恶，莫不为有益于爱敬上帝之人也。（《罗》八章二十八节："我侪知万事沓来，无非益诸爱上帝者，即依其旨而见召也。"[2]）

至魔鬼所为之恶，俟其恶事完毕，上帝则必置诸地狱矣。夫上帝之设地狱也，本为魔鬼而设，非为人设也。（《太》二十五章四十一节："又谓在左者曰：'尔服诅者，离我入永火，乃为魔及其使而备者也。"[3]）

后因人多乐从魔鬼，甘心为其门徒，上天诞怒，遂一并置诸地狱之中，然必待时日一至，而后上帝始暇及此也。（《默》二十章一节至三节又谓："我见天使自天降，掌深渊之钥，持大铁索。昔有龙蛇，即魔鬼撒但。天使执之缚之，至于千年，投于深渊，加以管钥封闭，不许眩惑列邦，限满乃暂释。"[4]《犹》一章六节："昔有

[1]语出《论语·颜渊》。

[2]《圣经》新约《罗马书》8：28："我们知道，万事都互相效力，叫爱上帝的人得益处，就是按他旨意被召的人。"

[3]《圣经》新约《马太福音》25：41："王又要向那左边的说：'你们这些被诅咒的人，离开我！进入那为魔鬼和他的使者所预备的永火里去！'"

[4]《圣经》新约《启示录》20：1—3："1我又看见一位天使从天降下，手里拿着无底坑的钥匙和一条大铁链。2他抓住那龙，那古蛇，就是魔鬼、撒但，把它捆绑了一千年，3扔在无底坑里，把无底坑关闭，用印封上，使它不再迷惑列国，等到那一千年满了。这些事以后，它必须暂时被释放。"

天使，不守厥职，轻去其所。主以不断之索，拘挛而幽囚之，以待严鞫之日至。”[1])

五，造物之贵贱不同。活物即贵于死物，有知识者，又贵于无知识之物，聪明者，则贵于蠢愚之物。若能别善恶，而又能去善为恶者，则更系创造使令中之最贵者也。其所以能别善恶之由，皆以其自有主见也；若自无主见，则必不能为善，亦必不能为恶矣。如钟表之逐日周转，永无舛错者，不得谓其善；即其时而停止，时而舛错，亦不得谓其恶也，皆因其不能自以为主也。倘能自以为主，则周转无错者，固可谓其善，而舛错停止者亦可谓其恶矣。此犹上帝创造极大之天使，必与以自能作主之权，则此天使也，为善固有自主，为恶亦由其自主也，是以善者固其一己之德行，而恶者亦其一己之罪孽也。从可知魔鬼之所由来，不得归咎于上帝矣。如有百人在此，必有为之首者居其中也。而为之首者，不必文学之士也，不必智谋之人也，然必须善于统辖，善于调遣，而后能胜此任也。究其所以能如此者，非有主见则不可。主见者，实系最要之能也。上帝若欲天地万物，俱随己意，上帝固能为此；上帝既许其为能力之天使，即不可因其中途之变为魔鬼，而废之矣。

[1]《圣经》新约《犹大书》1：6：“至于那些不守本位、离开自己住处的天使，主用锁链把他们永远拘留在黑暗里，等候大日子的审判。”

第六章　论魔鬼虽多究系因人而施

魔鬼者，固有能力而为数无算者也，实人人之所难防，而亦无处可避者也。

但魔鬼之为害，非无由也。一由于上帝之允准。同一事也，上帝允其扰乱，则魔鬼始得猖獗；上帝禁其滋闹，则魔鬼自必敛迹。此所谓“万事莫不由天”者是也。（《王上》二十二章二十一二节：“有神越班而出，侍耶和华前，曰：‘我将诱之。’曰：‘诱之若何？’曰：‘我将感其先知，胥动以浮言。’曰：‘往哉！行此，尔必诱之，以成尔志。’”[1]又《百》一章十二节：“耶和华曰：‘彼凡所有，任尔处之，惟勿击其身。’撒但退。”[2]）

二，由于人心之信从。若人执意不信，则魔鬼无由而来；心不邪想，则魔鬼无由以入。如卖耶稣之犹大，实因其先有贪财之念，魔鬼始得迷其心也。（《约》十三章二

[1]《圣经》旧约《列王纪上》22：21—22：“21随后有一个灵站出来，站在耶和华面前，说：‘我去引诱他。’22耶和华问他说：‘用什么方法呢？’他说：‘我要出去，在他众先知的口中成为谎言的灵。’耶和华说：‘这样，你去引诱他，必能成功。你出去，照样做吧。’”

[2]《圣经》旧约《约伯记》1：12：“耶和华对撒但说：‘看哪，凡他所有的都在你手中；只是不可伸手加害于他。‘于是撒但从耶和华面前退出去。”

节："魔鬼以卖师之意惑加略人西门子犹大。"[1]）

三，由于人心之不实。昔亚拿尼亚与其妻撒非喇，因其皆有不实之心，魔鬼即从而惑之。（《徒》五章三节："彼得曰：'亚拿亚！胡为撒但惑尔心，潜藏售田数金，以欺圣神耶？"[2]）

四，由于人心之骄傲。昔大辟王因生骄傲之心，魔鬼即诱之，以违上帝。（《代上》二十一章十七节："曾是上帝以令所行，犹为不足，复有应许，欲昌我后，至于恒久，耶和华上帝赐我得同于斯世之豪杰。"[3]）

五，由于身心之懦弱。若其人身体康健，心神清爽，则魔鬼即无隙可乘矣。

六，由于人心之不敬。如果恭敬天父，顺从上帝，则魔鬼不足惧矣。（《约一》五章十八节："出之上帝者，吾知其不犯罪；既自上帝出，则自慎防闲，恶敌不足以害之。"[4]）

七，由于人心之不勇。如果存心定，于魔鬼为敌，则魔鬼自必远扬矣。（《雅》四章七节："故当服上帝，攻魔鬼，则魔鬼离矣。"[5]）

八，由于人之不知祈祷上帝也。若果肯朝夕祈祷上

---

[1]《圣经》新约《约翰福音》13：2："晚餐的时候，魔鬼已把出卖耶稣的意思放在加略人西门的儿子犹大心里。"

[2]《圣经》新约《使徒行传》5：3："彼得说：'亚拿尼亚！为什么撒但充满了你的心，使你欺骗圣灵，把卖田地的钱私自留下一部分呢？'"

[3]出处有误，待考。

[4]《圣经》新约《约翰一书》5：18："我们知道，凡从神生的，必不犯罪；从神生的那一位，必保守他，那邪恶者无法加害于他。"

[5]《圣经》新约《雅各书》4：7："所以，要顺服神。要抵挡魔鬼，魔鬼就必逃避你们。"

帝，上帝则必禁止魔鬼，不令其竭力引诱也。（《哥前》十章十三节："尔所遇试惑，亦人之常耳。上帝言出惟行，不忍尔曹莫御之试惑，试惑中，使尔力能御之，必出迷途。"[1]）

九，君子获罪上帝，亦难遽赦。抑或有时而以魔鬼试之也，但不令其伤之过重耳。故彼得曾经，撒但意欲害之，耶稣曾为之祈祷焉。（《路》二十二章三十一二节："主曰：'西门，西门！撒但欲簸尔曹若麦。然我为尔祈，使尔信不渝，反正后，可坚尔兄弟。"[2]）

十，由于心生私欲，性好偏僻，故不能逃魔鬼之网罗，惟有悔罪改过，信从耶稣，爱敬上帝，逐日祈祷，始可望出其范围。（《弗》一章十节全十八节："届期，将以天地间万物，悉归基督，惟随意行万事者预定；我因基督得嗣业，使我侪首赖基督者颂赞之也。尔曹闻真理、救尔之福音，信基督，遂得所应许之圣神相印，即我侪得嗣业之质，至赎日而颂赞之。我闻尔信主耶稣，爱诸圣徒，故为尔称谢不息，祈祷间缅怀尔，求吾主耶稣基督之上帝，即荣耀之父，赐尔以智慧、默示之神，使尔识主，心目克明，知其召尔所望之福何如，圣徒之业，其富何

[1]《圣经》新约《哥林多前书》10：13："你们所受的考验无非是人所承受得了的。神是信实的，他不会让你们遭受无法承受的考验，在受考验的时候，总会给你们开一条出路，让你们能忍受得了。"

[2]《圣经》新约《路加福音》22：31—32："31主又说：'西门，西门！撒但要得着你们，好筛你们，像筛麦子一样。32但我已经为你祈求，使你不至于失了信心。你回头以后，要坚固你的弟兄。'"

如。”[1])

[1]《圣经》新约《以弗所书》1：10—18：“10要照着所安排的，在时机成熟的时候，使天上、地上、一切所有的，都在基督里面同归于一。11我们也在他里面得了基业；这原是那位随己意行万事的神照着自己的旨意所预定的，12为要使我们，这些首先把希望寄托在基督里的人，颂赞他的荣耀。13在基督里你们听见真理的道，就是那使你们得救的福音，你们也信了他，就受了所应许的圣灵为印记。14这圣灵是我们得基业的凭据，直等到神的子民得救赎，使他的荣耀得到称赞。15因此，我既然听见你们对主耶稣有信心，对众圣徒有爱心，16就不住地为你们感谢神，祷告的时候常常提到你们，17求我们主耶稣基督的神，荣耀的父，把那赐人智慧和启示的灵赐给你们，使你们真正认识他，18照亮你们心中的眼睛，使你们知道他呼召你们来得的指望是什么，他在圣徒中所得荣耀的基业是何等丰盛。”